KB233384

중국 근대 공문서에 나타난 韓中關係

「淸季駐韓使館檔案」 解題

중국 근대 공문서에 나타난 韓中關係

「淸季駐韓使館檔案」解題

박정현 외 8인 지음

이 책은 2008년 정부(교육과학기술부)의 재원으로 한국연구재단의
지원을 받아 수행된 연구임(NRF-2008-332-A00030).

　　지금까지 한중관계사에서 이용된 사료의 한계를 획기적으로 보완할 수 있는 새로운 자료가 대만 中央硏究院 近代史硏究所 檔案館에서 공개되었다. 「淸季駐韓使館檔案」으로 명명된 자료가 바로 그것이다. 이 檔案은 한중 양국의 교섭이 중앙과 지방에서 실제 어떻게 이루어지고 있었는가를 구체적으로 보여주는 양국 간 소송 안건 자료를 대거 포함하고 있다.

　　「淸季駐韓使館檔案」에는 19세기 말부터 20세기 중반까지 한국과 중국의 외교 당국 사이에 오간 각종 형식의 공문서, 그리고 그 공문서가 처리되는 과정에서 오고 간 개인 명의의 서신 등 다양하고도 방대한 문서가 망라되어 있다. 이들 문서나 서신은 정식 공문이 아닌 경우 대부분 다소 난삽한 草本의 원형 그대로 남아 있다. 따라서 한문서체에 대한 기본적인 소양이 부족하다든지, 공문서 자체에 대한 일정한 지식을 갖추고 있지 못하면 문서가 작성된 목적이나 그 내용에 대한 깊이 있는 이해는커녕 접근조차 용이한 일이 아니다. 이 때문에 「淸季駐韓使館檔案」이 개항기 한국사회에 관해 풍부한 내용을 담고 있는 매우 중요한 자료임에도 불구하고 더 많은 연구자들이 이를 연구에 본격적으로 활용하는 데 상당한 어려움이 있다.

이 연구는 한국연구재단의 토대연구지원사업(2008~2011년)으로 진행되었다. 그 결과 1884~1912년 사이 「淸季駐韓使館檔案」 전체 당안 42,183쪽 가운데 소송 관련 당안 11,945쪽에 대한 해제를 책으로 출판하게 되었다. 소송은 양측의 이해관계가 정면으로 부딪혀 서로 합의에 이르지 못한 결과, 마지막 수단으로서 법적으로 해결하기 위한 제도적 장치이다. 특히 그 대상이 외국인이 될 경우에는 복잡한 외교 문제로 비화되었다. 19세기 후반 한국은 동아시아 국제질서가 전통적 朝貢체제에서 서구의 萬國公法체제로 전환되던 과도기에 처해 있었다. 또한 중국과 일본은 물론 서양 각국이 한국을 가운데 두고 서로 치열한 각축을 벌이고 있었다. 따라서 당시 한국과 중국 사이에 벌어진 다양한 소송안건과 그 처리과정은 한중 간의 전통적 조공체제의 지속과 변화 및 와해 과정을 구체적으로 이해할 수 있는 중요한 소재가 된다. 소송안건 가운데에는 일본을 비롯한 서양 각국과의 직간접적인 관련 내용도 적지 않기 때문에, 당시 조선이 처해 있던 복잡한 외교 사정도 깊이 있게 조명할 수 있다. 첨예한 이해

관계의 충돌 결과인 소송은 그 과정에서 당사자의 입장과 위상 및 한계가 적나라하게 드러나기 때문이다. 결국 소송안건은 역사적 전환기에 처한 당시 한중관계를 심도 있게 이해할 수 있는 좋은 소재가 된다고 할 수 있다. 소송안건이 「淸季駐韓使館檔案」에서 가장 많은 분량을 차지하고 있는 것은 결코 우연이 아니다.

「淸季駐韓使館檔案」 소송 당안은 한·청 양국 사이에 교환한 照會와 照覆, 청나라 내부 교환 문서 등의 공문서와 개인서신, 진정서, 소송결과에 대한 보고서 등 다양한 형태로 남아 있다. 이 자료를 이해하기 위해서는 공문서 형식, 공문서 작성방법에 대한 연구가 필요하다. 아울러 초서와 필기체로 된 자료는 연구자들이 읽고 이해하기 어렵기 때문에, 자료에 대한 기본 구조와 전체 내용을 파악할 필요가 있다. 이 책은 자료에 대한 기초적인 정보를 제공하고 연구자들이 쉽게 이용할 수 있도록 소송안건 전체에 해제작업을 했다. 이 해제를 통해 연구자들은 「淸季駐韓使館檔案」 내의 소송 안건에 대한 개략적인 내용을 이해하고 연구 주제를 정하는 데 도움을 받을 수 있을 뿐 아니라 연구에 필요한 부분을 쉽게 찾아갈 수 있을 것이다.

따라서 이 해제 작업은 국내 한중관계 연구자들에게 획기적인 자료 정보를 제공하는 한편 개항기 한국 사회를 보다 심도 있게 이해하고 연구하는 데 크게 기여할 수 있을 것이다.

해제를 진행하면서 분량이 방대하고, 원문이 불완전하거나 잘 보이지 않아 작업에 여러 가지 어려움이 있었다. 그렇지만 해제의 오류가 있다면 이는 모두 본 연구진의 잘못이다. 이 책이 출간되는 데에는 여러 분의 도움을 받았다. 해제 작업 후반부에 참여해서 도움을 주신 박은숙 선생님과 이학로 선생님에게 감사드린다. 특히 박은숙 선생님은 한국의 화폐단위를 정리해주셨고 해제 전반에 걸쳐 많은 조언을 주셨다. 아울러 이 책의 출판을 허락해준 한국학술정보(주)에도 감사를 드린다.

2013년 5월
저자를 대표해서 박정현 씀

차 례

6) 許台身: 訴訟__395

제1장

「清季駐韓使館檔案」이란?

가. 「淸季駐韓使館檔案」의 내용과 체제

1) 「淸季駐韓使館檔案」의 내용 소개

「淸季駐韓使館檔案」은 訴訟, 人事, 商務, 任內往來, 中韓交涉, 修建工程, 護照・執照, 僑務, 禁令, 各國交涉, 稅務, 輪船招商, 煙賭, 條約, 學務, 軍事, 鑛務, 租界, 開埠, 邊界, 漁業, 기타 등 모두 21개 항목, 총 856冊의 안건을 포함하고 있다. 각 冊은 안건의 중요도나 남아 있는 자료의 양에 따라 적게는 2쪽, 많게는 367쪽으로 이루어져 있으며, 당안의 전체 분량은 42,183쪽에 달한다. 또한 시기별로 작성된 당안의 분량도 외교사절의 임무를 수행하면서 문서를 정리하고 보고했던 總辦朝鮮商務委員, 駐紮朝鮮總理交涉通商事宜, 總商董, 公使, 領事 등의 재임기간이나 시대적 상황에 따라 적게는 10여 건, 많게는 193건으로 차이가 있다.

가) 안건별 내용

안건별 내용은 크게 다섯 가지로 분류할 수 있다.

▶ 中韓交涉, 各國交涉, 條約, 軍事, 租界, 開埠, 邊界 등은 한중 양국에 관련된 내용을 다루고 있다.

▶ 人事, 任內往來, 修建工程 등은 외교사절의 임면이나 공관의 수리 건축과 관련된 업무를 다루고 있다.

▶ 商務, 護照・執照, 禁令, 稅務, 鑛務, 漁業, 輪船招商 등은 양국 간 무역을 비롯한 경제적 이권과 관련하여 활동 영역, 납세, 물품의 운반에 관한 내용을 포함하고 있다.

▶ 訴訟은 중국인과 조선인 사이의 각종 분쟁이 처리되는 과정을 담고 있다.

▶ 僑務, 學務, 煙賭 등은 화교, 유학생, 범법자 등 중국인 체류자들에 관한 문제를 다루고 있다.

나) 재임시기별 내용

재임시기별 내용은 세 시기로 나눌 수 있다.

▶ 1882~1899년 사이에 조선에 머무르고 있던 陳樹棠, 袁世凱, 唐紹儀 등이 외교 업무를 처리하면서 본국에 보낸 당안이다. 訴訟, 人事, 商務, 中韓交涉, 軍事, 租界 등 거의 모든 분야를 포괄하고 있으며, 전체 안건의 절반을 넘는 수량을 차지하고 있다.

▶ 1899년 韓淸通商條約의 체결로 양국이 공식적인 외교관계를 맺은 뒤에 1905년까지 공사로 파견되었던 徐壽朋, 許台身, 曾廣銓, 그리고 총영사 吳廣霈, 傅良弼, 吳其藻, 陳本仁, 二等參贊 錢明訓 시기에 작성된 당안이다. 이 시기에도 訴訟, 人事, 商務 등이 가장 많은 수량을 차지하며, 條約 관련 문서가 일부 포함되어 있다.

▶ 1906~1912년 을사조약으로 외교권을 상실한 이후 총영사 馬廷亮 시기에 작성된 당안이다. 이 시기에는 中韓交涉을 비롯하여 국가 간 문제와 관련된 문서가 보이지 않으며, 訴訟, 人事, 商務 등이 주를 이룬다.

이상 「淸季駐韓使館檔案」의 안건별, 재임시기별 수량을 표로 정리하면 다음과 같다(<표 1> 참고).

<표 1> 「淸季駐韓使館檔案」의 안건별, 재임시기별 수량

	陳樹棠	袁世凱	唐紹儀	徐壽朋	吳廣霈	許台身	傅良弼	陳本仁	曾廣銓	吳其藻	錢明訓	馬廷亮	계
訴訟	28	41	72	12	24	10	8	6	5	5	3	29	243
人事	8	32	13	22	7	14	7	3	6	4	2	26	144
商務	17	21	30	7	6	15	3	5	5	4	2	21	136
任內往來	8	10	5	2		9	3	1	4	1	2	17	62
中韓交涉	3	11	4	5	1	7							31
修建工程	4	8	6	3	1	3	1		1			1	28
護照執照	2	8	6	3			2		1			4	26
僑務		7	2		5	2	1				1	3	21
禁令		10	2	2	1	3	1			1			20
各國交涉		10	6			1				1			18
稅務	1	8	6	2								1	18
輪船招商	3	4	8									1	16
煙賭			4		4		1	1			1	4	15
條約	1			7	1	2							11
學務	1	1	1			3			2		1		9
軍事		7	1						1				9
鑛務	1	4				2						1	8
租界		4			2	1						1	8
開埠	2	1	2		2	1							8
邊界	1	1	1									1	4
漁業		1		1		1					1		4
기타		4	2	2	1	4					1	3	17
합계	80	193	171	68	55	77	28	16	26	16	13	113	856

2) 「淸季駐韓使館檔案」의 분류 체계 내용

대만 중앙연구원 근대사연구소 당안관의 「淸季駐韓使館檔案」은 全宗號 > 系列號 > 宗號 : 宗名 > 册號 등의 분류 체계로 구성되어 있다. 각각을 설명하면 다음과 같다.

▶ 全宗號는 總理衙門에서 관리한 경우 01, 外務部에서 관리한 경우 02의 번호를 부여했다.

▶ 系列號는 총리아문 朝鮮檔의 경우 41로, 외무부 朝鮮檔은 35의 번호를 부여했다.

▶ 宗號는 주한 중국 외교사절(상무위원, 공사, 총영사)이 재직하는 동안 작성되거나 왕래한 안건들을 재임 외교사절에 따라 문서의 분류번호를 總理衙門의 경우는 001, 002, 003 등의 순서로 077번까지, 外務部의 경우는 001부터 067번까지 차례로 부여했다.

→ 總理衙門 당안의 재임자별 宗號

陳樹棠[001－015], 袁世凱[016－035], 唐紹儀[036－053],

徐壽朋[054－065], 吳廣霈[066－077]

→ 外務部 당안의 재임자별 宗號

許台身[001－015], 傅良弼[016－025], 陳本仁[026－030],

曾廣銓[031－039], 吳其藻[040－045], 錢明訓[046－053],

馬廷亮[054－067]

→ 宗名: 각 재임자들 宗號의 범위는 안건 종류에 따른 분류, 즉 中韓交涉, 邊界, 條約, 開埠, 租界, 商務, 稅務, 鑛務, 學務, 僑務, 軍事, 人事, 護照・執照, 訴訟, 輪船招商, 修建工程, 煙賭, 禁令, 雜項 등

각 宗名을 포함한다.

<예시> 徐壽朋[054-065]: 054 中韓交涉 / 055 條約 / 056 商務 / ……

　　　　061 訴訟 / …… 065 雜項

▶ 册號는 각 宗號로 분류된 안건들을 다시 개별 안건으로 나누어
일련번호를 부여했다.

<예시> 01-41-061-03 韓人彭 周控華商姜雲卿案

→ 總理衙門 > 朝鮮檔 > 徐壽朋 : 訴訟 > 訴訟 3번째 안건

이상 분류 체계를 그림으로 표시하면 다음과 같다(<그림 1> 참고).

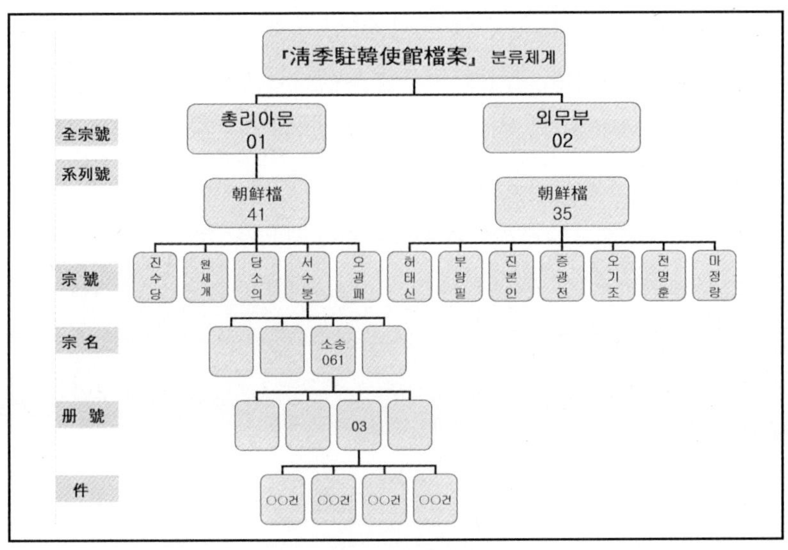

<그림 1> 분류 체계

3) 『淸季中日韓關係史料』, 『淸案』과 『駐韓使館檔案』 비교

기존에 이용된 淸末 한중관계사 연구의 기본 자료는 『淸季中日韓關係史料』 및 『淸案』이다.

『淸季中日韓關係史料』는 淸末 외교 담당 기구였던 總理衙門(1861~1901)의 「朝鮮檔」과 外務部(1901~1911) 자료 중 商務, 邊務, 路鑛, 僑民, 魚鹽, 航運, 郵電 등과 관련된 교섭 안건 기록을 일부 정리, 출간한 것이다. 『淸案』은 규장각 도서로 외교문서 가운데 華案, 淸函, 淸來案, 淸原案, 淸案, 淸去來案 등의 표제명이 붙은 문건을 모두 '淸案'으로 묶어 통일하여 연월일 순으로 정리, 출간한 것이다. 부속문서로 일부 관련 문건들이 포함되어 있으나, 1883~1905년의 20여 년간 朝鮮 外部와 조선 주재 淸國公館과의 공식적 외교상 왕래문건을 기본 문건으로 한다.

「淸季駐韓使館檔案」은 臺灣 中央研究院 近代史研究所에서 淸末 總理衙門 및 外務部 「朝鮮檔」의 일부를 정리한 것이다. 특히 1882년 朝淸商民水陸貿易章程에 근거하여 總辦朝鮮商務委員으로 부임한 陳樹棠부터 1912년 마지막으로 귀국한 총영사 馬廷亮까지 주한 중국 외교사절 관련 자료를 포함한다. 분류 목록은 2004년 4월 공개되었고, 당안 원문은 2005년 11월부터 同 研究所 內의 인터넷망을 통해서만 열람 복사가 가능하다.

「淸季駐韓使館檔案」과 기존의 출간 자료 『淸季中日韓關係史料』 및 『淸案』과 자료의 분류 및 범위, 시기별 분포를 비교하면 다음과 같다 (<표 2>, <표 3> 참고).

<**표** 2> 자료의 분류 및 범위

	『淸季中日韓關係史料』 (대만: 1972)	『淸案』 (한국: 1970~1971)	「淸季駐韓使館檔案」 (대만: 未出刊)
시기	1864~1912년	1883~1905년	1882~1912년
대상	韓・中・日	韓・中	韓・中
문건 형식	上諭, 奏疏, 函札, 照會, 咨文, 條約, 合同, 報告, 稟帖 등	照會 및 일부 附屬文件	上諭, 奏疏, 函札, 照會, 咨文, 條約, 合同, 報告, 稟帖 등
분류 체계	− 각 독립 문건을 연월일에 따라 배열 − 각 독립 문건마다 일련번호(各號) 부여	− 각 독립 문건을 연월일에 따라 배열 − 각 독립 문건마다 일련번호(各號) 부여	駐韓 중국 외교사절의 임직 시기별 분류(各 宗號) → 공사(총영사)별 임직 기간 내, 총 21개 항목의 안건별 분류(各 册號) → 각 안건 내, 관련된 독립 문건을 통합 수록(未整理狀態)(분류 체계 참조)
내용	商務, 邊務, 路鑛, 僑民, 魚鹽, 航運, 郵電 등	訴訟, 邊界, 商務, 中韓交涉 등	訴訟, 商務, 往來文件, 中韓交涉, 僑務, 稅務, 輪船招商, 條約, 租界, 開港, 邊界 등
상태	手稿編輯本(총 14,516頁)	活字編輯本	手稿本(총 42,183頁)

<**표** 3> 자료의 시기별 분포

시기 (주한사절)	『淸季中日韓關係史料』 (1972) 總 文件數	『淸案』 (1970~1971) 總 文件數	「淸季駐韓使館檔案」 (未出刊) 總 案件數	 訴訟 案件數
1864~1882	648件(13%)	−	−	−
1883~1894. 6. (陳樹棠, 袁世凱, 唐紹儀)	1,262件 (25%)	1833件 (70%)	444册 (51%)	141册 (58%)
1894. 7.~1896. 11.	1,462件(29%)	−	−	−
1896.12.~1905 (唐紹儀, 徐壽朋, 吳廣霈, 許台身, 曾廣銓, 傅良弼, 吳其藻, 陳本仁, 錢明訓)	895件 (18%)	798件 (30%)	273册 (32%)	65册 (27%)
1906~1912 (馬廷亮)	781件 (15%)	−	142册 (17%)	37册 (15%)
분량	總 5,048件 (총 14,516頁)	總 2,631件	總 856册 (총 42,183頁)	243册

나. 근대 조선과 청의 외교관

<표 4> 조선과 청의 외교관 비교표

趙寧夏	(1882. 12. ~ 1883. 5.)	總辦常務委員 陳樹棠	(1883. 9. ~ 1885. 9.)
閔泳穆	(1883. 5. ~ 1884. 4.)		
金炳始	(1884. 4. ~ 1884. 7.)		
金弘集	(1884. 7. ~ 1884. 12.)		
趙秉鎬	(1884. 12. ~ 1884. 1.)		
金允植	(1884. 1. ~ 1885. 6.)		
徐相雨#	(1885. 6. ~ 1885. 6.)		
金允植	(1885. 6. ~ 1886. 5.)	總理交涉通商事 宜 袁世凱	(1885. 9. ~ 1894. 6.)
徐相雨#	(1886. 5. ~ 1886. 9.)		
金允植	(1886. 9. ~ 1887. 7.)		
徐相雨	(1887. 7. ~ 1887. 9.)		
朴周陽#	(1887. 9. ~ 1887. 9.)		
趙秉式	(1887. 9. ~ 1888. 9.)		
李重七#	(1888. 9. ~ 1888. 10.)		
趙秉稷#	(1888. 10. ~ 1889. 8.)		
閔種默	(1889. 8. ~ 1892. 10.)		
李容稙	(1892. 10. ~ 1892. 11.)		
趙秉稷	(1892. 11. ~ 1893. 5.)		
南廷哲	(1893. 5. ~ 1893. 12.)		
金鶴鎭#	(1893. 12. ~ 1894. 1.)		
趙秉稷	(1894. 1. ~ 1894. 4.)		
金鶴鎭#	(1894. 4. ~ 1894. 5.)		
趙秉稷	(1894. 5. ~ 1894. 7.)		
金嘉鎭	(1894. 7. ~ 1894. 8.)		

비고: 조선은 督辦交涉通商事務 #표시는 署理督辦

金允植	(1894. 8~1896. 2)	總商董 唐紹儀	(1895.7~1896. 10)
李完用	(1896. 2~1896. 9)		
高永喜#	(1896. 9~1896.10)		
李完用	(1896.10~1897. 7)	總領事 唐紹儀	(1896. 12~1898. 9)
閔種默#	(1897. 7~1897.11)		

趙秉式	(1897.11~1898. 1)		
李道宰	(1898. 1~1898. 2)		
閔種默#	(1898. 2~1898. 3)		
閔種默	(1898. 3~1898. 3)		
趙秉稷#	(1898. 3~1898. 4)		
趙秉稷	(1898. 4~1898. 5)		
俞箕煥#	(1898. 5~1898. 8)		
李道宰#	(1898. 8~1898. 8)		
趙秉稷	(1898. 8~1898. 8)		
朴齊純#	(1898. 8~1898. 9)		
趙秉稷	(1898. 9~1898.10)		
朴齊純	(1898.10~1898.11)		
閔商鎬#	(1898.11~1898.12)		
朴齊純	(1898.12~1899. 3)		
李道宰#	(1899. 3~1899. 4)	公使 徐壽朋	(1899. 11~1901. 8)
朴齊純	(1899. 4~1900. 1)	總領事 吳廣霈	(1899. 8~1901. 5)
閔種默#	(1900. 1~1900. 4)		
朴齊純	(1900. 1~1900. 4)		
閔種默#	(1900. 1~1900. 4)		
朴齊純	(1900. 4~1901.10)		
崔榮夏#	(1901.10~1901.10)		
閔種默#	(1901.11~1902. 1)		
朴齊純	(1902. 1~1902. 3)		
俞箕煥#	(1902. 3~1902. 4)		
崔榮夏#	(1902. 4~1902. 5)		
俞箕煥#	(1902. 5~1902. 6)	公使 許台身	(1901. 8~1905. 1)
崔榮夏#	(1902. 6~1902. 7)	總領事 傅良弼	(1901. 5~1903. 1)
俞箕煥#	(1902. 7~1902. 8)	總領事 吳其藻	(1903. 1~1903. 4)
崔榮夏#	(1902. 8~1902.10)	總領事 陳本仁	(1903. 4~1905. 9)
趙秉式#	(1902.10~1902.10)		
趙秉式	(1902.10~1903. 2)		
李道宰	(1903. 2~1904. 1)		
朴齊純	(1904. 1~1904. 4)		
李夏榮	(1904. 4~1905. 9)		
朴齊純	(1905. 9~1905.11)	公使 曾廣銓 代理 總領事 吳其藻	(1905. 1~1905. 11) (1905. 9~1906. 6)
		總領事 馬廷亮	(1906. 6~1912)
비고: 조선은 외부대신#표시는 署理		비고: 청은 공사와 영사	

다. 駐韓使館檔案의 문서의 종류·형식·용어

1) 문서의 종류

본 해제는 한국과 중국의 (외교)관리들 사이에 오고 간 공문서를 대상으로 삼고 있다. 공문서란 행정조직을 움직이는 문서로 어느 기관(관리)으로부터 어느 기관(관리)으로 발송하느냐에 따라 크게 세 종류로 나뉜다.

1. 上行文: 하급기관(관리)나 일반인으로부터 상급기관(관리)으로 발송된 공문서. 稟文.
2. 平行文: 동급기관(관리)으로부터 동급기관(관리)으로 발송된 공문서. 咨文, 照會.
3. 下行文: 상급기관(관리)으로부터 하급기관(관리)나 일반인에게 발송된 공문서. 札文.

여기에서 「行」이란 발송한다는 의미로 쓰였는데, 원래 「行」字는 문장을 쓰고 기안한다는 의미도 갖고 있다.

2) 문서의 형식

가) 내어쓰기

　현재 일반적으로 한글문서를 작성할 때 문단이 바뀌는 경우 들여쓰기를 하고, 각주나 참고문헌을 달 때 내어쓰기를 한다. 공문서에서 독특한 점은 동사의 주체가 상급기관이나 상급관리일 때 내어쓰기를 한다는 것이다. 여기서 내어쓰기는 현재의 문단을 바꾸는 것과는 다른 것으로 동사의 주체를 존중하는 의도를 담고 있다. 예를 들면, 아래 공문은 華商 王慶林이 陳樹棠에게 올린 稟文이다. 여기에서 王慶林은 稟文을 받는 주체인 大人(＝陳樹棠)을 존중하기 위해 두 칸 내어썼고, 大人이 행위의 주체가 되는 恩査와 行知를 한 칸 내어썼다.

<보기 1> 稟文의 내어쓰기

```
　　　具稟華商住漢城席洞卜宅生盛號王景林謹
　　　稟
大人閣下敬稟者竊商爲賃住民房被竊財貨乞
　　恩査辦獲贓事……………………………
大人臺前仰懇
　　行知朝鮮有司衙門…………………………

光緒　十年四月二十六日華商生盛利記謹呈
　　　　　（문서번호 01－41－012－09）
```

나) 제목

제목을 표시하는 기본적인 형식은 다음과 같다.

「爲……事」

여기에서 제목은 「爲」와 「事」의 사이에 넣게 되는데, 앞의 <보기
1>에서 인용한 문서의 경우에 「(爲)賃住民房被竊財貨乞恩査辦獲贓(事)」
가 제목이 된다.

다) 맺는말

공문서를 맺는말에는 크게 두 가지 전형적인 사례를 들 수 있다.

1) 상급기관(관리)에게 공문서를 올릴 때,
   「仰懇……謹呈」(<보기 1>의 稟文)
   「伏乞……示遵肅此具稟」
2) 동급기관(관리)에게 공문서를 보낼 때,
   「……須至咨(會)者. 右咨(會)○○○」

欽命二品銜監督天津新鈔兩關辦理直隸通商事務兼管海防兵備道周　　　為

　　咨會事案照上年

　奏定中國朝鮮商民水陸貿易章程內開

　　朝鮮國王···

　··

　···為此合咨

　　貴道請煩查照照會

　　朝鮮統理衙門備案施行須至咨者

　　右　　　　　　　　　　　　咨

　　總辦朝鮮商務分省遇缺卽補道陳

　　光緒 九年十一月　　　　　　　二十五日

　　　　　　(문서번호01－41－014－03)

3) 上行文의 맺는 말 형식은 다섯 가지로 분류할 수 있다.

① 정리형:「理合具文呈請……」　　→「이런 이유로 문서를 갖추어
　　　　　　　　　　　　　　　　　　야 하니 올려 청컨대……」

② 청구형:「懇祈……」　　　　　　→「간절히 바라건대……」

③ 결론형:「鑑核示遵.」　　　　　　→「살펴보시고 지시하시면 따
　　　　　　　　　　　　　　　　　　르겠습니다.」

④ 호소형:「實爲德便.」　　　　　　→「(처리해주시면)실로 은덕을
　　　　　　　　　　　　　　　　　　입어 편안할 것입니다.」

⑤ 단정형:「謹呈.」　　　　　　　　→「삼가 올립니다.」

라) 인용문

공문서에 자주 보이는 것이 인용문이다. 인용문에 사용된 동사를

보면, 해당 공문서를 상급기관·동급기관·하급기관 중 어느 곳으로
부터 받았는지 쉽게 알 수 있다. 인용문에 사용되는 용어는 다음과
같이 정리할 수 있다.

1) 상급기관(관리)으로부터 공문서를 받았을 때,
   「蒙」·「奉」을 사용함.
2) 동급기관(관리)으로부터 공문서를 받았을 때,
   「准」을 사용함.
3) 하급기관(관리)이나 일반인으로부터 공문서나 서신을 받았을 때,
   「據(據○○○稱)」을 사용함.
4) 중화사상에 근거하여 외국기관(관리)으로부터 공문서를 받았
   을 때, 3)에 따랐음.

인용문의 말미에 「……라고 했다.」고 하여 문장을 끝내는데, 이때
「……等~」의 형식을 사용하고 문서의 종류에 따라 용어가 조금씩 다르다.

1) 상급기관(관리)의 공문서(명령)을 받았을 때,
   ……等因(奉此)
   ……等因(蒙此)
2) 동급기관(관리)의 공문서를 받았을 때,
   ……等因(准此)
3) 하급기관(관리)의 공문서를 받았을 때,
   ……等情(據此)
   ……等語(據此)

……等因(據此)

※ 황제의 칙지를 받았을 때에 한하여 「……等因欽此」를 사용함.

앞서 인용한 문장 전체를 가리키거나 받은 문서를 가리키는 경우도 문서의 종류에 따라 용어가 다르다.

1) 상급기관(관리)의 공문서를 가리킬 때,

准咨前因, 並據前情

准咨前因

今准前因

綠准前因

奉令前因

茲奉前因

綠奉前因

2) 동급기관(관리)의 공문서를 가리킬 때,

准咨前由

綠准前由

3) 하급기관(관리)의 공문서를 가리킬 때,

已據前情

인용문의 뒤에는 문서를 보내는 상대방에게 구체적인 요구(요청)를 표시하게 되는데, 이때 사용되는 용어도 문서의 종류에 따라 다르다.

1) 상급기관(관리)에게 요청할 때,

　　理應……이나 理合……

2) 동급기관(관리)에게 요청(의뢰)할 때,

　　相應……

3) 하급기관(관리)에게 요청(요구)할 때,

　　合行……

3) 문서의 용어

공문서의 용어는 일상생활에서 사용되는 漢字와 의미가 어느 정도 다른 경우도 있지만, 한자의 본래 의미를 알고 있고 익숙한 사람이라면 본래 의미로부터 확장된 의미를 이해하는 데 큰 어려움이 없을 것이다. 여기에서는 개별 한자의 의미와 관용적 표현으로 나누어 공문서의 용어를 살펴본다.

가) 개별 한자의 의미

- 案: ① 사건. ② 현안이라는 뜻도 있고 여러 문서에서 사용된다.
- 爲~: ~라는 것은.
- 惟: 「維」와 혼용된다. 다만.
- 因: 종전대로 따라야 할 것.
- 押: 호송하다.
- 下: (하급기관에) 문서를 발송하는 것.

- 解: 보내어 전달하다.
- 開: 기록하다. 상급이나 동급기관(관리)으로부터 받은 내용을 인용하는 경우에 사용한다.
- 槪: 일체, 전부.
- 簡: (황제가) 임명하다.
- 乾: 없어지다.
- 回: 「歸」 대신에 사용한다.
- 核: 자세히 조사하다.
- 希: 바란다는 뜻으로 상대방이 명령이나 규정에 따라 하지 않으면 안 될 때 사용한다.
- 起: 시작하다.
- 擬: ~할 계획. 하고자 하다.
- 鳩: 모으다.
- 業: 이미. 業已도 같은 뜻.
- 京: 큰, 대단한. 큰 사건은 「京案」이라고 한다.
- 稽: 멈추다.
- 經: 이미 ~한. 뒤에 「在案」이 따르면 경과나 진행 상황을 표시한다.
- 頃: 최근.
- 見: ① 의견. ② 현재. ③ ~하게 하다.
- 股: 주식.
- 交: 건네다.
- 口: 항구.
- 向: 과거에.
- 行: (문서를) 발송하다.

- 刻: 곧.
- 差: 파견하다.
- 紗: 綿絲.
- 釁: 戰端.
- 昨: 어제.
- 札: 書簡. 위에서 아래로 보내는 문서·통달. 포고.
- 參: 탄핵하다.
- 棧: 창고.
- 算: 계산하다. 정산하다.
- 止: 다만, 오직.
- 時: 평소.
- 字: 자애하다.
- 示: 지시 있기 바람. 示遵.
- 悉: ① 이상의 내용을 알겠음. 批答이나 指令의 제목 끝에 붙인다. 다만 내용을 보았다는 의미로 옳고 그르다는 판단과는 관계가 없다. ② 자세히 알다.
- 照: ~에 의거하여 하다.
- 稱: 하급·민간으로부터 받은 문서의 내용을 인용할 경우에 사용한다.
- 詳: 詳文.
- 銷: ① 팔다. ② 취소하다는 것.
- 順: 차례로.
- 署: (＝署理) 代理.
- 摺: 上奏文, 折手本

- 情: 일.

- 訊: 소식.

- 須: 필요로 하다.

- 申: 上海의 별칭.

- 制: ① 天子의 말. ② 명함에 制가 있는 것은 喪中을 의미한다.

- 征: 징수.

- 成: 10분의 1.

- 整: 우수리 없다는 뜻.

- 正: 「整」과 같음.

- 折: ① 돈으로 환산하다. ② 할인하다.

- 接: 받다.

- 旋: 나중에, 다음에.

- 塞: 말을 돌리다, 회피하다.

- 屬: ～에 속하다.

- 台(臺): 존칭.

- 第: 다만, 아직.

- 奪: 가라앉히다, 확정하다.

- 乃: 여전히.

- 値: ～에 해당하다.

- 置: 구매.

- 挑: 하천 바닥을 준설하는 공정.

- 調: (병사나 사람)의 이동.

- 呈: 위로 올리는 글.

- 抵: 이르다, 도착하다.

- 訂: 약속을 정하다.
- 邸: 親王·郡王의 호칭.
- 杜: 막다.
- 倒: 상점의 도산 또는 그에 다른 점포의 매매.
- 到: (문서의) 도착.
- 東: ① 錢主. ② 일본.
- 統: 모조리, 전부.
- 動: 돈을 움직이다.
- 認: 맡다, 책임지다.
- 派: 임명하다.
- 班: (군대를) 이동·철수시키다.
- 否: ~여부.
- 頗: 약간, 조금.
- 憑: 의지하다. 증거.
- 埠: 상업지.
- 煩: 바랍니다. 자신의 사정에 의해 상대방에게 요구하는 경우
  에 사용한다.
- 冒: 모조, 남용하다.
- 每: 늘, 항상.
- 務: 되도록, 가급적, 가능한 한.
- 由: ① 보통 「由~」의 형식으로 뒤에 기관·조직 명칭이나 직명
  이 올 경우 책임이나 관할하는 사람을 표시한다. ②「爲……事」
  의 대신 「爲……由」가 사용되는 경우가 있다.
- 用: ~로써, ~로 因하여.

- 理: 다스리다.
- 歷: 자세하게, 소상히.
- 論: 처리하다.

나) 관용적 표현

- 吃: 손실이나 어려움을 입다.
- 及~: (시간적으로) ~에 이르러.
- 妥: 빈틈없이, 가능한 한의 의미로 여러 관용어가 있다.
- ~得: 結得·札得·照得처럼 「~한 결과 아래와 같이 되었다(했다)」는 의미의 표현이고, 앞의 동사를 받아서 그 결과 어떻게 되었다는 구체적인 내용을 서술하는 데 사용된다.
- 從~: 「~에 따라」와 같이 느끼고 진행하거나 처리하는 경우를 나타내는 단어에 사용된다.
- 委員: 관리를 파견하다.
- 一倂: 나란히, 함께.
- 因革: 「따라야 할 것과 고쳐야 할 것」으로 고치는 것.
- 往來: 거래.
- 強迫敎育: 의무교육.
- 五金: 광석류를 총칭한다.
- 護理: 代行, 代理.
- 工夫: 공부.
- 在案: 이미~하여 있다. 「現經~在案」이나 「業經~在案」처럼 관용적으로 사용한다.

- 實在: 사실, 실제.
- 除~外: ① 일이나 문서의 처리를 알리는 형식. ② 여러 사실들을 병기할 때 사용한다.
- 是否: ~인가의 여부, ~해야 하는가의 여부.
- 生理: 장사, 직업.
- 卽當: 즉시 ~해야 할.
- 代電: 전보로 대신하는 긴급문서.
- 調理: 요양.
- 頂戴: 보자에 붙은 휘장.
- 撤銷: 철폐하다, 취소하다.
- 統帶官: 사령관.
- 當卽: 즉시. 「卽當」과는 다르다.
- 日內: 하루 이틀 사이, 近日.
- 把握: 自信, 재검토.
- 批准: 批答하여 허가하다.
- 約束: 단속하다.
- 理合: 이상에서 서술한 이유에 의해 ~해야 하는.

다) 줄임말

- 案經: 本案은 이미. =此案業經.
- 彙案核轉: 다른 안건과 함께 심사하여 타 기관으로 전송하여 처리하게 함.
- 彙案核一: 다른 안건과 함께 심사하여 처리하게 함.

- 彙轉: 다른 문서와 함께 전송하게 함.
- 核飭: 심사하고 따를 것을 명함. =査核飭遵.
- 核轉: 심사하고 전달하게 함. =査核轉呈(咨令).
- 函准: 이 안건은 이미 공문을 보내 요청했으니 회답을 바람. → 咨准
- 據情: =據情前呈.
- 謹聞: =謹以奉聞.
- 具報: =具文呈報.
- 件存: 첨부한 각 문건을 조사를 위해 보관함. =附呈各件存査.
- 候奪: 呈文을 보내고 조사 결정을 기다림. =呈候核奪.
- 査一: 상세하게 조사하고 처리한다.
- 咨准: 이 안건은 먼저 자문을 보내 요청하니 곧 회답을 바람. → 函准
- 示遵: 심사하고 지시하면 따르겠음. =敬請核示俾便遵行.
- 遵速一理: 지시한 내용에 따라 신속하게 처리해야 함. =遵照令飭各節迅速一理.
- 遵一: 지시에 따라 그대로 처리함. =遵照一理.
- 仍宿: 발송한 문건은 처리가 끝나면 돌려보냄.
- 知照: 照會에 따라 그대로 실행함. =知照一理.
- 呈核: 呈文을 보내 회답하고 본 기관의 심사결정을 기다림.
- 呈實: 呈文을 이미 보았음. =據呈已悉.
- 呈准: 이 안건을 먼저 呈文을 보내 지시를 받으려 함. =呈請准許. → 令准.
- 呈奉: 이 안건을 먼저 呈文을 보내 곧 지시를 받으려 함.
- 轉遵: 청컨대 모기관에 전달하여 遵照 혹은 知照하게 함.
- 備核: 심사를 함께하거나, 본기관에 회답하여 심사에 편하게

함. ＝以備查核.

- 奉經: ＝奉此業經.
- 奉發: 지시에 따라 문서를 발송함. ＝奉令頒發某件.
- 令據: 앞서 呈文을 보내 요청했는데 허가하는 명령을 받으려 함.
- 令准: 이 안건은 이미 呈文을 보내 요청했고 허가하는 명령을 받으려 함.
- 令遵: 명령을 내리면 따르는 데 편리할 것임.
- 令發: 문서의 발송을 명함.

개항기 조선에 유통된 화폐(1876～1910)

1. 갑오(1894) 이전 화폐

■ 常平通寶(엽전, 동전)
- 단위 : 兩(냥)－錢－文(分, 푼)
- 기본단위 : 냥
- 가치 : 1냥＝10전＝100문
  * 1관＝10냥
  * 엽전은 1문짜리로 제조됨.
    (엽전 1개 → 1문, 엽전 10개 → 1전, 엽전 100개 → 1냥)

■ 當百錢
- 가치 : 엽전 1문짜리 100개 해당

· 당백전 1개 → 100문＝1냥

  (명목가치 100문, 실질가치 5~6문)

－ 제조 : 1866년~1867년

－ 금지 : 1868년

■ 淸錢 유통

－ 종류 : 嘉慶通寶, 道光通寶, 同治通寶 등

－ 가치 : 상평통보 1문과 等價 유통(실질가치는 1/3에 불과)

－ 유통금지 : 1874년

■ 大東銀錢

－ 종류 : 대동 1전, 대동 2전, 대동 3전

－ 제조 : 1882년 10월~1883년 6월

  * 원료 말굽은[紋銀]의 가격 등귀로 1883년 제조 중단

■ 當五錢

－ 가치 : 엽전 1문짜리 5개 해당

· 당오전 1개 → 5문

  (명목가치 5문, 실질가치 2~3문)

－ 제조 : 1883~1894년

－ 금지 : 1894년 7월

■ 平壤錢(新錢, 平錢)

－ 가치 : 상평통보 1문과 等價 유통

(실질가치는 엽전 1문의 1/3에 불과)

- 제조 : 1892년
- 금지 : 1894년

2. 갑오(1894) 이후 화폐

■ 신식화폐발행장정 공포 시행(1894)

- 은본위제 : 본위화폐－銀錢 5냥
- 화폐의 단위 : 냥－전－분
· 1냥＝10전＝100분
- 화폐의 종류 : 4종 5등급
· 銀錢 : 5냥, 1냥
· 白銅錢 : 2전 5분
· 赤銅錢 : 5분
· 黃銅錢　: 1분
- 교환 비율
· 은전 5냥→舊錢(엽전) 500매
· 은전 1냥→구전 100매
· 백동전 2전 5분→구전 25매
· 적동전 5분→구전 5매
· 황동전 1분→구전 1매

■ 일본 화폐 유통
· 은화 1圓 : 1898～

· 일본 제일은행권 1원, 5원, 10원: 1902년~

· 일본 제일은행권 50전, 20전, 10전 임시 통용 : 1904년~

■ 화폐조례 반포 시행(반포 1901년, 시행 1905년)

－ 금본위제 : 본위화폐-金貨 20환, 10환, 5환

－ 화폐의 종류 : 4종 7등급

· 金貨 : 20圜, 10환, 5환

· 銀貨 : 半圜, 20전

· 白銅貨 : 5전

· 赤銅貨 : 1전

－ 교환 비율

· 기준 : 舊貨 銀 10냥 ＝ 新貨 금 1환

■ 일제강점 후

－ 구한국은행권(1910~1911)

· 종류 : 1원, 5원, 10원권

－ 조선은행권(1911~)

· 종류 : 1원, 5원, 10원, 100원권

(참고자료: 『조선왕조실록』; 『일성록』; 『구한국관보』; 한국은행, 1969, 『증보 한국화폐사』; 원유한, 2006, 『한국화폐사』)

4) 공문서 견본

가) 공문서 봉투

<평친 모양>   <접은 모양, 앞과 뒤>

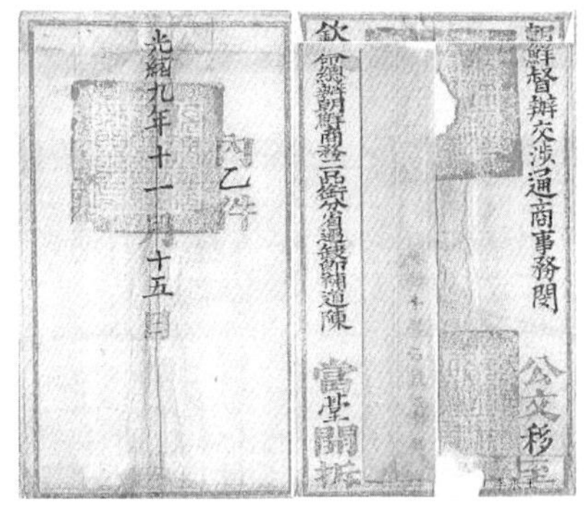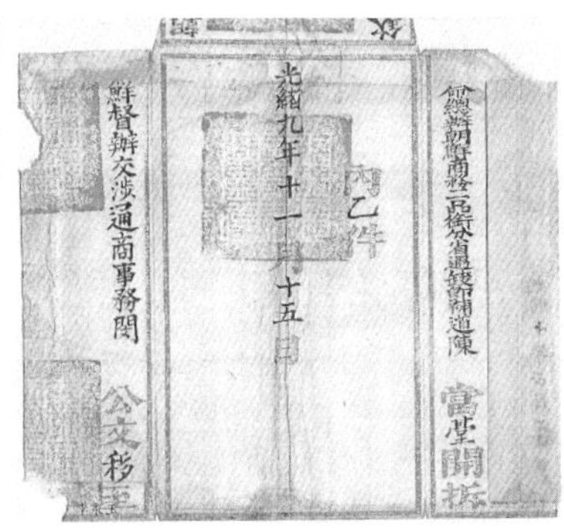

나) 照會

<앞>

<뒤>

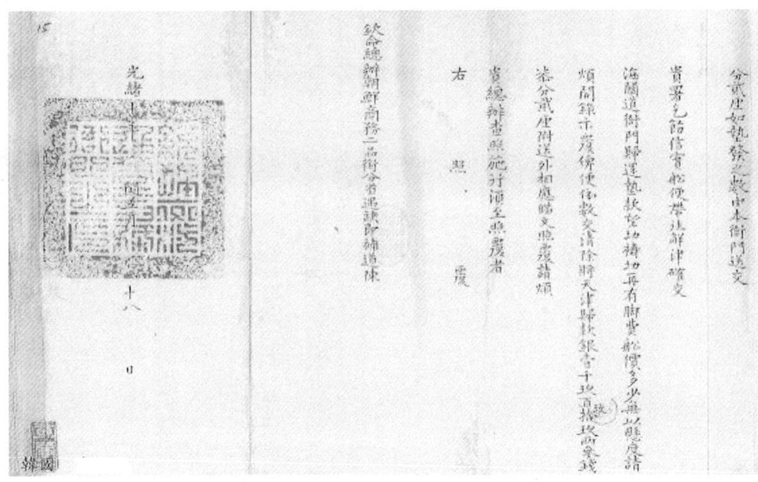

다) 咨文

<앞>

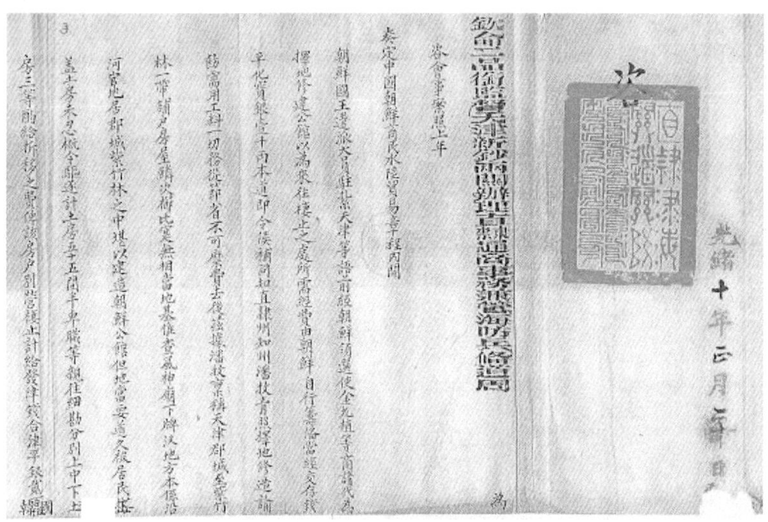

<뒤>

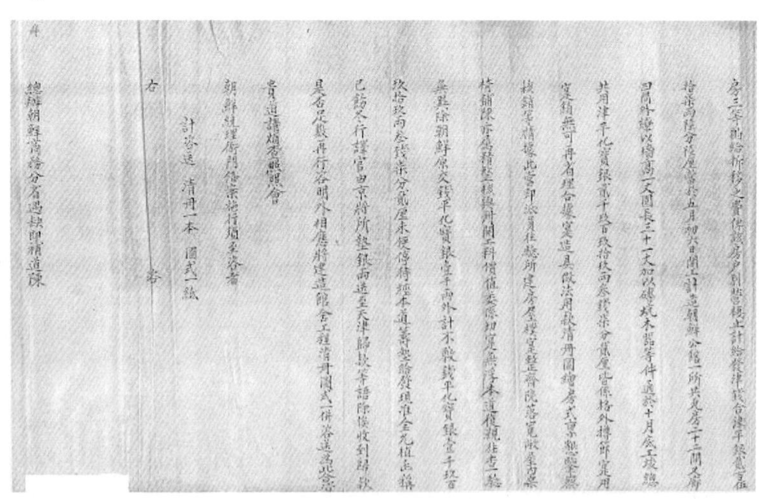

라) 稟文

<앞>

具禀華商永源順號張詩繡謹

禀　　光緒十年四月　日　[印]

大人台前敬禀者竊爲人　爲立標認貨稅逃傾騙錢財事竊於本
年三月十九日朝鮮王京北門谷居民金應五同中張詩根賣
去商號佳元六十九包計重七千四百八十一斤每斤言明價
七十七文共合錢五百七十六千零七十五文當交錢二百七
十六千零七十五文下欠錢三百千金姓仰中說合討期以
四月初五日交付清楚恐口無憑同中立稽爲證不料金姓
味良傾騙勾剝中先期逃逃至期局韓等同赴金姓家中
特據禀欵中保債主一概不見特向金姓父兄討欵此欵不
意伊等情强忤喝幾被凌辱聲言伊家鄉崔圍等再欵强
禀此項卽喚差絕送衙門等語粗粗不遜實屬難堪商亦
未使與其爭嚷爲此被騙受虧遞迎上憲

4

未使與其爭嚷為此視騎受辱渡迫上車

大台館仰光

移令朝鮮衙門迅速措持會辦違歉以肇才積而恤商賈

實為公使甫重上呈

抄呈原稟一帋

光緒十年四月初十日華商 謹呈

令石價卷竹兩四月初五日即出給棧

甲申三月十九日北門答金應五

마) 札文

<앞>

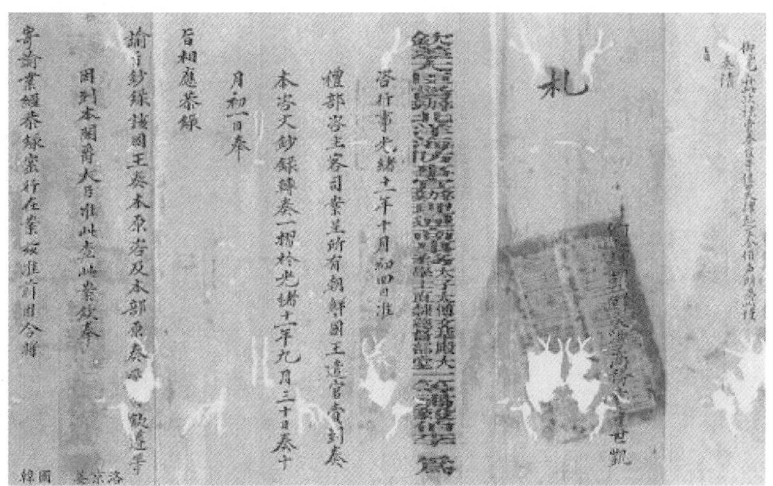

<뒤>

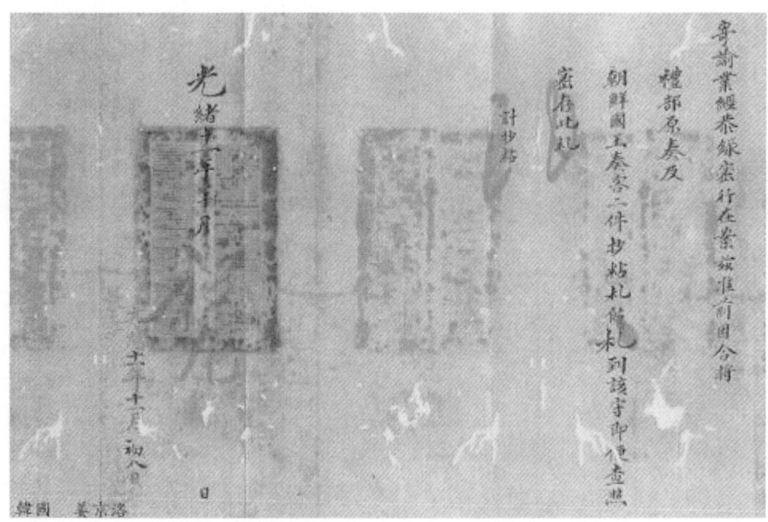

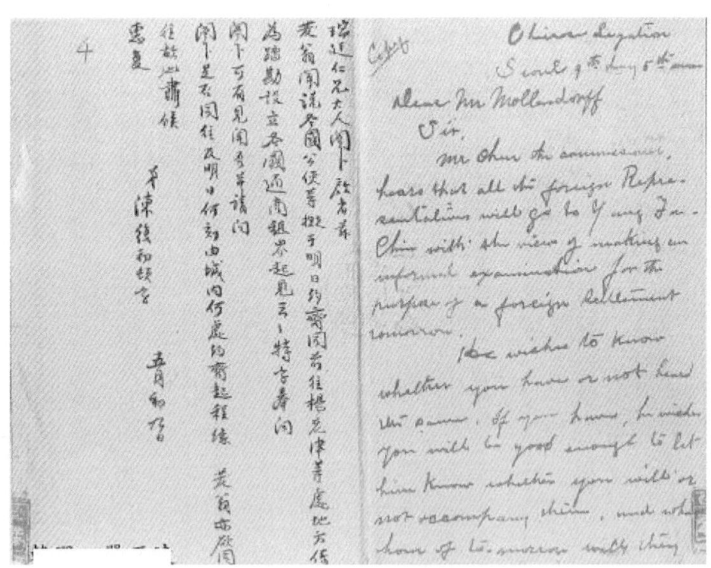

제2장

해제

1) 생산 시기는 별도로 표기되어 있지 않는 한 음력을 기준으로
   했다. 괄호로 표기된 서기는 해당 음력 1월을 기준으로 하여
   표기했다.

2) 수발자는 관직에 있는 사람으로 한정했다. 이름이 확인되기 어
   려운 경우 관직과 성만 표시했다.

3) 해제 문서는 주로 한 개 안건에 한 개 사건을 다루고 있다. 하
   지만 여러 개 안건을 합쳐 놓은 안건도 있는데 이러한 안건은
   따로 목차를 작성하고 각 안건에 대한 해설을 했다.

1) 陳樹棠: 訴訟

漁船越界捕魚滋事

館藏號	01-41-012-1
全宗	總理各國事務衙門
系列	駐韓使館保存檔案
宗	陳樹棠: 訴訟案件 1
冊	어선이 경계를 넘어 생선을 잡다가 불거진 사건(漁船越界捕魚滋事)
생산시기	光緒 11년(1885) 5월~동년 7월
총면수	24
수발자	陳樹棠, 李鴻章

이 안건은 光緒 11년(1885) 5월에 淸國의 산동 소속 어선이 규정을 어기고 경계를 넘어 고기를 잡다가 조선인을 만나 재화를 빼앗긴 뒤 조선 지방관의 도움으로 장물의 일부를 돌려받은 사건을 다루고 있다. 사건이 종결되는 과정에서의 원고의 피해물품 명세서, 장물 반환 수령증 및 보증서, 稟文과 批文 등으로 구성되어 있다.

안건의 주요 내용은 다음과 같다.

光緒 11년(1885) 5월에 산동의 船戶 徐長增과 徐泰興 등의 두 어선이 大靑島에서, 苗百川, 孫作敏, 孫作敬 등의 세 어선이 烟島에서 각각 조선인에게 재화를 강탈당하는 사건이 벌어졌다. 이는 중국의 산동과 봉천 소속 선박이 평안도와 황해도의 경계를 넘어서는 안 된다는 약정을 어긴 데서 기인한 일이었다. 사건의 발발 후 조선의 현지 지방관은 수색에 나서 조선의 土民으로부터 淸錢과 장물 등을 수거했다. 그런데 원고가 약탈당했다고 보고한 그액은 손실액의 1/10도 되지 않았다.

조선의 지방관은 조속히 안건을 종결시키기 위해 2,186량을 어부들에게 지급하기로 했다. 어부들도 애초에 규정을 어기고 경계를 넘었다는 점에서 원인 제공을 한 데다가 허위보고의 혐의도 피할 수 없었기 때문에 이 정도 선에서 사건을 마무리하고자 했다. 결국 5월 16일 장물을 묘백천 등 세 어선에게 발급했고, 조선 관원이 마련한 금액 가운데 우수리를 뗀 2,000량을 6월 6일에 각각 몫을 나누어 발급했다.

總辦商務委員 陳樹棠은 이후 해당 어부들을 각각 귀국시키는 한편 조선의 外務衙門, 즉 統理交涉通商事務衙門에게 照會했다. 아울러 이상의 안건의 연유를 憲臺, 즉 北洋大臣 李鴻章에게 보고하면서, 批示를 내려 종결해 주기를 청하자 李鴻章은 이를 승인하는 批文을 내렸다.

釜山華商德興號控日本官(1)

館藏號	01-41-012-2
全宗	總理各國事務衙門
系列	駐韓使館保存檔案
宗	陳樹棠: 訴訟案件 2
冊	부산의 華商 德興號가 일본의 관리를 고소함(釜山華商德興號控日本官)(1)
생산시기	光緒 9년(1883) 10월~동년 12월
총면수	39
수발자	閔泳穆, 陳樹棠, 李鴻章, 穆麟德(瑞廷: 묄렌도르프)

이 안건은 수년 동안 일본의 고베(神戸)에서 장사하던 廣東人 鄭翼之 등이 光緒 9년(1883) 10월에 부산으로 건너와 일본인 소유의 상점을 빌어 운영하던 德興號가 일본 理事官에 의해 강제 封閉된 사건을 다루고 있다. 光緒 9년 10월부터 동년 12월까지 조선, 淸國, 日本의 각급 관리와 원고인 華商 등이 서로 주고받은 稟文, 批示, 咨文, 書銜, 照會, 照覆, 傳票, 緣由書, 合同 등 다양한 문서로 구성되어 있다.

안건의 주요 내용은 다음과 같다.

원고인 廣東 香山 谷都人 鄭翼之·鄭渭生은 수년 동안 일본의 고베 (神戸)에서 장사하던 중 光緒 9년(1883) 9월 26일에 고베를 떠나 10월 1일 부산으로 건너왔다. 상점을 구하려 했으나, 일본인이 허락하지 않았다. 이에 海關司事인 영국인을 통해 일본인의 상점을 대신 얻어 본월 7일에 개장하고 德興號라 명명했다. 그러자 일본 理事官이 강제로 封閉한 뒤 "부산항은 일본의 地基라서 일본 관리에게 照會하여 인준을 받아야 한다"고 했다. 이에 陳樹棠에게 上告했다.

陳樹棠이 閔泳穆에게 조회한 결과 일본이 海關을 두고 부산을 사실상 관리하고 있음을 파악하고는 李鴻章에게 稟文을 올려, 淸國도 현지에 관리자를 둘 것을 제의하면서 劉家驄, 譚賡堯과 陳爲焜 3인 가운데 2인을 부산과 원산에 파견할 후보자로 추천했다.

11월 다시 일본 관원이 원고들을 협박했다는 上告가 있자, 陳樹棠은 묄렌도르프와 閔泳穆 등에게 후속 조치를 촉구했다. 淸國과 日本 사이에서 입장이 곤란해진 閔泳穆은 원고 측에게 별도의 租界에서 상점을 열 수 있도록 하겠다는 타협안을 제시했다. 이에 陳樹棠은 우선 조선 국왕이 임명한 大員과 함께 현지 조사를 하겠다고 제안하여 결국 묄렌도르프와 함께 동행했다. 진수당은 이러한 사정을 즉각 이홍장에게 보고했다.

한편 원고 측은 그동안의 손실액이 3만 원에 달한다는 품문을 올렸지만, 진수당은 자세한 내역서를 요구했다. 간단한 현지조사 후 진수당은 漢城으로 돌아가서 조선 정부와 일본 公使에게 照會한 뒤 다시 진행 상황을 보고하겠다는 稟文을 이홍장에게 올렸다. 아울러 덕흥호의 손실은 서구열강의 통례에 따라 일본 영사관에게 배상토록 하는 것이 좋겠다는 의견을 피력했다. 또 唐紹儀가 나이가 어려도 노련하므로 부산에 보내어 임시로 사무를 맡게 했음을 알렸다. 아울러 陳樹棠은 閔泳穆에게 조회하여 일본 公使를 압박할 것을 권유했지만, 閔은 일본 정부의 답변서를 받은 뒤에 다시 논하자는 입장을 피력했다.

釜山華商德興號控日本官(2)

館藏號	01-41-012-3
全宗	總理各國事務衙門
系列	駐韓使館保存檔案
宗	陳樹棠: 訴訟案件 3
冊	부산의 華商 德興號가 일본의 관리를 고소함(釜山華商德興號控日本官)(2)
생산시기	光緖 10년(1884) 1월~동년 6월
총면수	35
수발자	閔泳穆, 陳樹棠, 李鴻章, 金炳始, 唐紹儀, 黎庶昌, 井上馨, 伊藤博文, 陳爲焜

이 안건은 수년 동안 일본의 고베(神戶)에서 장사하던 廣東人 鄭翼之 등이 光緖 9년(1883) 10월에 부산으로 건너와 일본인 소유의 상점을 빌어 운영하던 德興號가 일본 理事官에 의해 강제 封閉된 사건을 다루고 있다. 光緖 10년 1월부터 동년 6월까지 조선, 淸國, 日本의 각급 관리와 원고인 華商 등이 서로 주고받은 稟文, 批文, 照會, 照覆, 書銜, 申文, 箚知 등 각종 문서로 구성되어 있다.

안건의 주요 내용은 다음과 같다.

光緖 9년(1883) 10월에 발생한 일본 관리에 의한 부산의 華商 德興號에 대한 폐쇄 조치를 둘러싼 고소 안건이 진행되던 중 조선의 督辦 閔泳穆이 물러나고, 金炳始가 署理로 부임하자 陳樹棠은 金署理에게 진행상황을 문의했다. 이에 대해 金炳始는 일본 공사에게 확인한 사항 등을 전했다. 원고 측이 새로 임대한 점포 상황 등에 대해서는 唐紹儀가 보고했다. 한편 光緖 9년 11월부터 다음해 1월 사이에 일본 주재

欽差大臣 黎庶昌과 일본 外務卿 사이에 공문이 오갔다. 당시 黎庶昌은 陳樹棠에게 조선 정부가 중국인을 위해 특별히 租界를 부산에서 마련해주어야 한다는 견해를 표명했다.

　한편 원고 측은 진수당의 지시에 따라 피해액의 내역을 보고했다. 진수당은 부산과 고베 등지에서의 정확한 피해액을 조사할 것을 지시했다. 진수당은 부산에서 발생한 손실에 대해 조선 정부에 배상 요구 방침을 천명하면서 고베에서 발생한 손실에 대해 黎庶昌에게 일본 측에 배상 요구해 할 것을 요청했다. 陳爲焜은 부산 손실액이 과장되지 않았다는 점을 확인한 반면, 黎庶昌은 고베 손실액이 허위였음을 밝혔다. 이에 따라 고베 손실액 청구를 포기할 수밖에 없게 된 黎庶昌은 일본 측에 점포 폐쇄로 인한 피해에 대한 배상만을 요구했지만, 일본 外務省은 영사 조치가 적법한 것이었다면서 이마저도 거부했다. 이에 黎庶昌은 陳樹棠에게 그때까지의 진행상황을 통보하는 동시에 원고의 일방적인 주장에 현혹되지 말 것을 충고했다. 陳樹棠은 중국 상인에 대한 사전 통보의 미비, 조선 粆署의 사건 처리 미숙과 시간지체로 인한 중국 상인의 손실 등의 이유를 들어 이번 사건의 모든 책임은 조선이 져야 마땅하다고 강변하면서 일체의 피해액도 조선 측에서 배상하여야 했지만, 그간의 情誼를 감안하여 부산에서의 피해액에 대해서만 조선의 粆署에게 요구할 방침임을 천명했다.

朝鮮人控林喬松欠房租卷

館藏號	01-41-012-4
全宗	總理各國事務衙門
系列	駐韓使館保存檔案
宗	陳樹棠: 訴訟案件 4
册	조선인이 林喬松의 房租 미납을 고소한 안건에 관한 卷宗 (朝鮮人控林喬松欠房租卷)
생산시기	光緒 10년(1884) 1월~동년 4월
총면수	6
수발자	閔泳穆, 陳樹棠

이 안건은 淸國 상인 林喬松이 漢城 시민 金進吉에게 商館을 대여받은 뒤 대여금인 房租 등을 납입하지 않았다는 이유로 金進吉 등이 陳樹棠에게 고소한 사건을 다루고 있다. 光緒 10년(1884) 1월부터 동년 4월까지의 원고의 稟告(告狀)과 피고의 稟文(訴狀) 및 陳樹棠의 批文 등으로 구성되어 있다. 淸國 상인 林喬松은 林松喬라고도 표기되어 있다.

안건의 주요 내용은 다음과 같다.

京城 대립동 金進吉은 商館을 제공하는 대가로 상품매매가의 1/100을 받는 商稅와 商館 대여금인 房租를 받아 생계를 이어왔다. 그런데 淸國 상인 林喬松 등이 光緒 9년 7월에 商館을 임대한 이후 6개월 동안 商稅와 房租를 내지 않았다. 이에 원고 金進吉은 光緒 10년 1월에 陳樹棠에게 이를 고소했다.

이후 피고 林 등이 생각을 바꾸어 房租 400여 량을 내기로 했으나,

처음 약정 시에 商稅 건은 포함되지 않았다며 商稅 납부를 거부했다. 그러자 피고는 당시의 통역인이 현재 귀향한 상태이기는 하지만, 상관 주인에게 상품매매가의 1/100稅를 납부하는 것은 □錢이라 하여 조선의 관례에 해당한다며, 지난해 7월부터 12월까지 6개월 동안의 미납금을 돌려받기를 원하는 제1차 고소장을 제출했다.

이에 피고 林 등은 반박문을 제출했다. 즉 거간인 李建爀을 통해 지난해 7월 상관을 임대할 때 매월 洋銀 10원을 지급하기로 했는데, 건물주가 1兩당 1分씩 내는 □文으로 房貰를 충당하기로 했지만, 이미 금년 1월분 방세를 받아간 상황이므로, 商稅와 房租를 이중으로 부담하는 것이라고 항의하여, 건물주가 방세를 돌려주는 대신 □文으로 대체하기로 한 것에 대해 건물주가 이의제기 하지 않았다는 것이다. 이에 陳樹棠은 거간인 李建爀으로 하여금 조정토록 지시했다.

그로부터 양측이 다시 협의하여 약 3개월 후인 4월에 결국 피고 측이 2/100의 商稅를 내어 방세로 충당하기로 했다. 이에 林喬松 등이 원고 측과 合同을 작성한 뒤 이를 필사하여 첨부하면서 陳樹棠에게 안건의 종결처리를 요청하자, 陳은 이를 인준하고 合同은 첨부하여 보관토록 했다.

馬宗耀稟控朝人崔致等誆財

館藏號	01-41-012-5
全宗	總理各國事務衙門
系列	駐韓使館保存檔案
宗	陳樹棠: 訴訟案件 5
冊	馬宗耀가 조선인 崔致(基) 등이 誆財했다고 고소함 (馬宗耀稟控朝人崔致等誆財)
생산시기	光緒 10년(1884) 2월 ~ 동년 12월
총면수	30
수발자	陳樹棠, 閔泳穆, 金炳始.

이 안건은 山東 監生 馬宗耀가 조선인 崔致基에게 元寶銀 8錠을 넘겨주고 대금 4,000량을 받지 못하자 사기죄로 고소한 사건을 다루고 있다. 각종 稟文, 批文, 보증서, 照會, 照覆, 원고와 피고의 진술서, 手條 등으로 구성되어 있다. 한편 이 안건의 제목에서 '崔致' 다음에 '基'字가 누락되어 있다.

안건의 주요 내용은 다음과 같다.

山東 登州府 蓬萊縣 監生 馬宗耀는 光緒 9년 11월 4일에 조선인 崔致基에게 元寶銀 8錠을 4,000량으로 계산하여 넘겨주고는 期票를 작성하고 11월 15일에 대금을 받기로 했다. 그런데 崔는 全家가 도망가 버리고 말았다. 光緒 10년 1월 3일 우연히 그의 아들을 만나 현장에서 그의 親友 金德俊과 張錫泰 2인이 보증서를 작성하고는 1월 10일까지 갚겠다며, 만약 갚지 못하면 대신 부담하기로 했다. 하지만 약속한 날에도 갚지 않자 陳樹棠에게 고소하면서 보증서 등을 증거물

로 첨부했다.

陳樹棠은 조선 督辦 閔泳穆에게 照會하여 崔, 金, 張 등 3인을 출두시켜 함께 회동하여 신문하기를 요청했다. 이에 대해 督辦署理 金炳始가 응낙하며 원고에게도 출석토록 통보해줄 것을 요청했다. 결국 3월 2일 漢城府에서 원고와 피고 등에 대한 심문이 벌어졌는데, 手標에 피고의 手蹟이 있다는 이유로 피고에게 4,000량을 갚으라고 판결했다.

피고는 집안 형편상 4월 2일에 2,000량을, 16일에는 200량을, 25일에는 500량을 각각 분납하여 아직 1,300량이 미납된 상태에서 다시 납부기한을 연장하고자 했다. 한편 漢城府尹은 조선의 관례라면서 수수료 400냥을 원고 측에 요구하는 手條를 보내왔다. 이에 대해 원고는 무역장정 제2조의 규정을 어기는 것이라며 진수당에게 이를 수용할 수 없음을 호소하는 한편 한성부윤에게 통지하여 피고의 완납을 재촉해 달라고 요청했다. 진수당 照會에 대하여 金炳始는 수수료 건은 해당 서리에게 재범을 엄중히 경고했다는 한성부윤의 보고를 전하는 동시에 미납 건은 피고가 완납을 약속했다고 답변했다.

원고는 5월 말에 1,000량을 받았지만, 미납된 300량은 서리의 수수료로 충당한다는 이야기를 듣고 윤5월 3일에 한성부에 가서 항의했다. 府尹은 서리와 使令 등이 이미 그 돈을 均分使用했다면서 欠帖 한 장을 써서 6월 10일까지는 반드시 갚도록 했다. 그런데 약속한 날이 되자 다시 7월 15일로 연기해달라고 간청했다. 9월에 조선 外署의 공문에 따라 원고가 漢城府에 이르러 수수료 300량을 받으려 했지만, 府尹이 서리의 명단을 보여주며 한 푼도 주지 않았다. 이에 명단을 첨부하여 진수당에게 다시 호소했다. 결국 진수당은 조선 外署에 照會하여 漢城府로 하여금 300량을 완납토록 했다.

仁川海關扣留李明進船卷

館藏號	01-41-012-6
全宗	總理各國事務衙門
系列	駐韓使館保存檔案
宗	陳樹棠: 訴訟案件 6
冊	인천 海關이 李明進의 선척을 扣留한 안건에 관한 卷宗 (仁川海關扣留李明進船卷)
생산시기	光緖 10년(1884) 2월~동년 5월
총면수	134
수발자	閔泳穆, 陳樹棠(茇南), 李乃榮(星衕), 周馥(玉珊, 玉山), 金炳始, 瑞廷(묄렌도르프), 佑民, 李鴻章, 袁世凱, Shulze.

이 안건은 인천의 海關에서 山東 李明進의 범선을 扣留하면서 시작된 조선과 淸國의 치열한 論戰이 결국 조선의 굴복으로 끝나기까지의 일련의 과정을 다루고 있다. 공식·비공식 문건을 포함하여 모두 134면에 걸치는 자못 방대한 내용을 담고 있다. 문서의 종류로는 稟文, 書衕, 批文, 照會, 照覆, 密啓, 移文, 箚飭, 箚知, 告示, 조사보고서 등이 망라되어 있다.

안건의 주요 내용은 다음과 같다.

光緖 10년(1884) 2월 8일 山東 李明進의 범선이 楊花津에 이르러 納稅했지만, 稅務司가 載運을 거부했다. 그 전날에는 新順泰號가 인천 海關에 의해 扣留되었다. 인천 주재 分辦商務委員 李乃榮의 보고로 이러한 사실을 인지한 總辦商務委員 陳樹棠은 조선 督辦 閔泳穆에게 照會하여 貿易章程에 따라 처리해줄 것을 요청했다. 이에 대해 閔은 章程 제

4조에 중국 상선이 한강으로 들어와도 된다는 明文이 없었고, 1883년 李明津이 도래했을 때 다시는 배를 끌고 들어오지 말 것을 言明했다는 점에서 인천 海關의 조치는 적법한 일이었다고 답변했다.

陳樹棠은 사전에 알려주지 않은 점을 閔泳穆에게 지적하는 한편 北洋大臣 李鴻章에게 보고하겠다고 다시 照會했다. 이에 대해 閔은 사소한 일로 판단하여 알리지 않았을 뿐이었다고 해명했다. 다소 수세에 몰린 陳樹棠은 閔이 1883년 이래 입국한 산동의 배가 2척이었다고 했지만, 실제로는 6~7척 이상임이었음을 지적하는 한편 通商章程에 대해 다시 문의하는 등 대대적인 반론을 제기했다. 아울러 '李明進'은 '李名振'이고 '新順泰'는 '源順泰'로 정정할 것을 요청했다. 이에 閔은 산동의 배 수치에 대한 오류를 인정하는 한편 章程 내의 '通商口岸'은 해관이 설치된 3口이며, 작년에 산동의 배에 대해서는 마포로 다시 들어오지 말라고 한 것을 묄렌도르프가 분명히 告知한 바 있다고 답변했다. 陳樹棠은 다시 閔에게 照會하여 通商口岸은 3口로 볼 수 없다면서, 본건으로 인해 외국세력이 끼어들 것을 걱정할 필요가 없음을 강조했다. 동시에 陳樹棠은 天津海關道 周馥에게 묄렌도르프의 강경한 태도를 전하면서 자문을 구했다. 李乃榮은 묄렌도르프와의 협의 사항을 陳樹棠에게 보고했다. 한편 이 와중에서 督辦 閔泳穆이 교체되고, 金炳始가 署理를 맡게 되었다.

양국 사이에 치열한 論戰이 진행되던 2월 말 강경했던 인천 해관의 태도가 누그러졌음이 李乃榮의 보고로 드러났다. 강제로 풀어놓았던 화물을 산동 선장에게 가져가도 좋다고 했던 것이다. 陳樹棠은 묄렌도르프, 조선 外部와의 협의를 통하여 출입 시에 인천 해관에서 조사와 납세를 하는 조건으로 산동선은 마포로 들어와 짐을 풀도록 하는 것으로 합의했다. 다만 1개월을 기한으로 한다는 조선 측의 통고에 대해서는 유보적 태도를 보였다. 이 소식을 접한 중국 상인들은 1개월 限期를 수용할 수 없음을 밝히고 조선의 배가 열악하여 이용할 수 없다며 密啓의 형식으로 호소했다. 陳樹棠은 李鴻章에게 稟文을 올려 보고하고 조선 국왕에게는 咨文을 보내 마포로 들어갈 수 있도록 해달라고 요청했다. 또 묄렌도르프에 대한 조선 민심이 좋지 않고, 중국군이 철수하면 조선 정세가 위험하게 될 것이라는 것을 閔黨의 감시를 피해 密啓 형식으로 보고했다. 한편 陳樹棠은 佑民, 周馥, 袁世凱 등에 書信, 公文 등을 보내 협조를 구했다. 이에 周馥은 묄렌도르프에게 서신을 보내는 한편 陳樹棠에게 通商章程 제21조를 원용하라고 권고하면서 袁世凱와 상의하여 처리하라고 충고했다. 1개월 기한 건은 결국 조선이 철회했다.

陳樹棠의 보고를 접한 李鴻章은 조선 국왕에게 咨文을 보내는 한편 陳樹棠에게는 1883년에 조선에서 중국 상인에게 稅課를 많이 거두었다며 이를 조선 정부에 조회하여 받아내도록 조선에 압력을 가했다. 결국 金炳始는 陳樹棠에게 照會를 보내 200톤 이하의 중국 상선이 양화진에 들어갈 수 있도록 허용한다는 점을 알렸다. 하지만 진수당은 200톤으로 제한하는 것에 대해 의문을 표시하는 한편 해관 分關을 마포에 설치하기 전 24시간 내에 해관 인원이 도착하여 조사하지 않을 경우 중국 상인이 스스로 짐을 풀 수 있게 해달라고 요청했다. 김병시는 200톤 제한 건은 다시 상의하자고 하면서 마포에서 24시간이 지나면 짐 푸는 것을 허용한다고 통보했다. 7~8월에는 Shulze가 海關의 명을 받고 인천에서 한성에 이르는 한강의 수심을 조사한 결과 200톤 이하의 배가 운항하는 데 전혀 지장이 없다는 보고서를 보

냈다. 진수당은 稅課 문제는 조선의 답변을 기다려야 하지만 사실상
이 안건이 종결되었다고 이홍장에게 보고하는 한편 중국 상인들에
게 한강 왕래에 관한 章程을 告示했다.

　본 안건과 관련하여 완강한 태도를 견지하던 묄렌도르프를 제거
하기 위한 공작이 시작되었다. 특히 묄렌도르프를 보증·추천한 바
있었던 周馥은 진수당에게 원세개와 비밀리에 그 후임자를 협의하여
조선 측에 적임자를 추천하도록 의견을 보냈다. 陳樹棠도 묄렌도르
프를 제거하기 위해 이홍장에게 密啓를 올렸다.

朝鮮人控陳慶瀾

館藏號	01-41-012-7
全宗	總理各國事務衙門
系列	駐韓使館保存檔案
宗	陳樹棠: 訴訟案件 7
冊	조선인이 陳慶瀾을 고소함(朝鮮人控陳慶瀾)
생산시기	光緖 10년(1884) 2월~동년 2월
총면수	5
수발자	閔泳穆, 陳樹棠

이 안건은 조선인 趙君綱과 중국 상인 陳慶瀾 사이에 上海 元寶 매매를 둘러싸고 일어난 논란 끝에 陳이 趙家에 와서 행패를 부렸다는 이유로 趙가 陳樹棠에게 고소한 사건을 다루고 있다. 무고로 종결되기까지 원고의 告狀, 標, 피고와 經手人의 공술서 및 판결문 등으로 구성되어 있다.

안건의 주요 내용은 다음과 같다.

光緖 10년 2월 17일 조선인 趙君綱이 陳樹棠에게 山東 登州府 福山縣 출신의 중국 상인 陳慶瀾을 고소했다. 전날 陳에게 元寶 20개를 주고 대금 1만 3,000량을 받았는데, 陳哥가 80개를 가져오라고 했지만, 팔지 않자, 陳과 作黨 2인이 갑자기 內庭으로 들어와 무수히 구타했다는 것이다. 다음 날에도 그 전날 밤 陳 등 3인이 다시 찾아와 거간인을 잡아가서 亂打하고, 銀子買給標도 강탈하는 등 행패를 부렸다고 다시 고소했다.

하지만 피고 陳慶瀾은 이를 전면 부인했다. 그는 光緖 9년 冬月 12일 조선으로 건너와서 雜貨를 팔았는데, 다음해 2월 16일 趙에게 元寶 100錠(1錠에 650량)을 사기로 하고, 元寶 20錠을 받고 곧 동전 1만 3,000량을 지급하면서, 나머지 80정은 18일에 현금과 교환하기로 약속했는데, 趙가 후회하여 元寶를 주지 않았다고 주장했다. 約單도 있어, 元寶를 내도록 재촉한 적은 있지만, 구타에 대해서는 부인했다.

증거로서 標 외에도 經手人이 구타 건에 대해서는 다소 회피적인 태도를 보였지만, 대체로 피고의 주장에 동조했다. 결국 원고가 피고에게 동전 5,000문을 돌려주는 선에서 안을 종결하고, 피고가 원고에게 문제의 80정을 요구하지도 못하게 하고, 피고는 다시는 원고를 '무고'하지 말도록 경고했다.

永源順號張詩緒稟控朝鮮人金應五逃騙貨價卷

館藏號	01-41-012-8
全宗	總理各國事務衙門
系列	駐韓使館保存檔案
宗	陳樹棠: 訴訟案件 8
册	永源順號 張詩緒가 조선인 金應五가 물건 값을 내지 않는다고 고소한 안건에 관한 卷宗(永源順號張詩緒稟控朝鮮人金應五逃騙貨價卷)
생산시기	光緒 10년(1884) 4월~동년 10월
총면수	13
수발자	金炳始, 陳樹棠

이 안건은 漢城 시민 金應五가 淸國 상인 張詩緒로부터 倭元을 구입하고 대금의 일부를 미납한 채 도주하자 光緒 10년(1884) 4월에 張이 고소하여 그 가족에게 받아낸 사건을 다루고 있다. 각종 稟文, 標, 所志, 口供, 具限狀, 照會, 照覆, 수령증 등으로 구성되어 있다. 다만 12~13면의 <華商 各號가 陳樹棠에게 올린 稟文>은 내용상 본 안건과 직접 관련이 없는 듯하다. 따라서 다른 안건에 들어가야 할 문건이 잘못 기재된 것이라고 생각한다.

안건의 주요 내용은 다음과 같다.

光緒 10년 3월 19일 漢城 居民 金應五가 중개인 張賢根과 함께 永源順號로부터 倭元 69包, 7,481근 반을 구입했다. 1근을 77문으로 계산하여 모두 5,760량 75문이었는데, 당일 2,760량 75문을 지급하고 3,000량은 미납했다. 나머지는 4월 5일에 완납하기로 약정하고 標를 작성했는데, 이후 중개인과 함께 도주했다. 張詩緖는 동료들과 함께 金應五 집에 가서 그 父兄에게 갚도록 요구했으나, 도리어 협박을 당했다며 陳樹棠에게 標의 사본을 첨부한 稟文을 올려 그 가족을 고소하자 조선 아문에 移會하여 법에 따른 신속한 처리를 요청했다. 피고 측은 동생 宜鉉(應五?)이 3월 21일 가출 이후 생사가 불명이라며 대금 미납 건은 믿을 수 없다는 자세를 취했다.

진수당이 원고와 피고에 대하여 심문한 결과, 원고의 손을 들어주었다. 결국 피고는 미납금을 내겠다며 하면서 대신 6월 말까지 납부 기간을 늘려달라고 요청했다. 진수당은 피고의 具限狀을 첨부하여 署理督辦 金炳始에게 照會를 보냈다. 결국 미납금은 6월 말에 500량, 7월 2일에 1,000량, 26일에 500량, 8월 4일에 1,000량을 원고가 각각 수령함으로써 안건은 종결되었다.

辦理生盛號被竊永來盛號被盜兩案卷

館藏號	01-41-012-9
全宗	總理各國事務衙門
系列	駐韓使館保存檔案
宗	陳樹棠: 訴訟案件 9
冊	生盛號의 被竊과 永來盛號의 被盜 두 안건의 처리에 관한 卷宗 (辦理生盛號被竊永來盛號被盜兩案卷)
생산연도	光緒 10년(1884) 4월~동년 5월
총면수	15
수발자	閔泳穆, 陳樹棠, 吳兆有, 袁世凱, 金炳始, 李鴻章

이 안건은 光緒 10년(1884) 4월 말에 발생한 淸國 상인 王景林의 절도 피해 사건, 5월 초에 발생한 청국 상인 王雲階의 강도 피해 사건을 다룬 것이다. 陳樹棠에게 고소한 두 가지 안건의 처리와 관련하여 원고들이 작성한 稟文, 淸國의 각급 관원이 주고받은 咨文, 移文, 서신과 답신, 조선과 淸國의 담당관이 주고받은 照會와 照覆 등이 포함되어 있다.

안건의 주요 내용은 다음과 같다.

漢城 席洞 卞宅 내에 위치한 生盛號의 淸國 상인 王景林은 光緒 10년(1884) 4월 26일 아침에 그 전날 밤에 洋布와 오가피주 등을 도둑맞은 것을 발견했다. 이에 즉각 總辦 陳樹棠에게 稟文을 올려 조선의 담당 아문에게 문서를 보내어 도둑을 잡고 贓物을 찾아내게 하도록 청했다. 한편 漢城 鐘樓大街 細洞에서 永來盛號를 개설 운영하던 王雲階도 5월 3일 밤에 흉기를 소지한 조선인 4~5명에게 布疋과 洋針 등을 강탈당하여, 그 다음 날 商董을 통하여 陳樹棠에게 피해물품 내역서

를 첨부하여 조선 측에 照會해 줄 것을 호소했다.

연이어 발생한 절도와 강도 사건에 대한 호소문을 받은 陳樹棠은 각각 조선의 통리아문에 照會했다. 이에 조선의 督捕 韓圭稷은 범인을 체포하겠다는 서신을 보냈고, 통리아문도 照覆을 보냈다. 陳樹棠은 당시 漢城의 치안이 불안함을 認知하고, 그간의 사정을 統領 吳兆有에게 咨文을, 總理 袁世凱에게 移文을 각각 보내어 통보하고, 조선의 官兵이 범인 체포에 적극 나서주도록 힘써달라며 협조를 구했다. 특히 5월 8일에는 袁世凱에게 두 장의 서신을 연달아 보내어, 內衙門을 통하여 조선의 國王에게 범인 체포를 종용하는 글을 보내줄 것을 요청하는 동시에 해당 淸國 상인들이 두 차례에 걸쳐 조선 督捕 韓圭稷의 집에 가서 소란을 피운 일에 대해 자초지종을 해명했다.

袁世凱는 조선 정부 측에 협조를 구하고 순찰 업무를 강화하는 선에서 도움을 주겠다며 직접 관여하는 데 난색을 표하는 동시에 소란을 피운 상인들은 불문에 부치는 것이 좋겠다는 의견을 피력했다. 吳兆有도 답신을 보내어 陳樹棠이 전면에 나서서 범인 체포를 재촉하는 것이 좋겠다는 의견을 개진했다. 한편 陳樹棠은 袁世凱에게 강도 사건의 고소장에서 明火라는 두 글자가 들어가게 된 연유를 설명하고 대신 해명을 부탁하여 승낙을 얻었다.

陳樹棠은 5월 16일에 조선의 署理督辦 金炳始에게 照會하여 조속히 범인을 체포해줄 것을 요청하여, 그 다음 날 金炳始의 照覆을 받고, 19일 北洋大臣 李鴻章에게 稟文을 올려 그간의 사정을 전하는 한편 5월 17일 밤에 校洞 公盛和號에서 다시 강도 사건이 일어나 從犯을 잡고 증인을 확보했지만, 3일이 지나도록 贓物을 찾아내지 못하고 있다면서 漢城의 치안 문제의 심각성을 보고했다.

朝漢城藥局崔宅英命案辦理卷(1)

館藏號	01-41-012-10
全宗	總理各國事務衙門
系列	駐韓使館保存檔案
宗	陳樹棠: 訴訟案件 10
册	朝鮮 漢城 藥局 崔宅英의 命案 처리에 관한 卷宗 1 (朝漢城藥局崔宅英命案辦理卷)(1)
생산시기	光緒 10년(1884) 1월 25일~동년 4월 17일
총면수	8
수발자	金炳始, 陳樹棠, 李鴻章, 袁世凱

이 안건은 光緒 10년(1884) 1월 2일 밤 漢城의 崔宅英 소유 약국에서 중국인과 관련된 살인 사건을 다룬 것이다. 중국의 각급 관원이 주고받은 공문인 稟文, 批文, 箚飭 등으로 구성되어 있다.

안건의 주요 내용은 다음과 같다.

光緒 10년(1884) 1월 2일 밤 2경 이후에 한성 大席 通橋의 동쪽 끝에 위치한 崔宅英 소유 약국에서 살인 사건이 발생했다. 중국인 3명이 청심환을 사러 왔다가 분쟁이 생겨 최택영의 아들 奇一을 살해했고, 택영도 부상을 당했던 것이다. 이러한 소식을 접한 陳樹棠은 간단한 조사 후, 약국은 華人과 평소에 별문제가 없었고, 당일 밤에 이웃집에 소리가 들렸을 뿐 목격한 자는 없었다고 李鴻章에게 보고했다. 그러자 이홍장은 범인이 중국인인지 여부를 확실히 조사해서 보고하도록 지시했다.

조선 정부는 이 사건에 대해 防軍統領 吳提督에게 조회하여 조사토록 했다. 陳樹棠은 조선의 博文局 旬報의 기사 내용이 불공정하다고 판단하는 한편 이홍장에게 조선 정부의 태도가 소극적이라고 보고했다. 또 조선 국왕에게 咨會하여 大員을 보내 자신과 會同하여 철저하게 조사토록 하고, 防軍에게 함께 조사토록 해달라는 요청을 하고는, 이상의 내용은 대외비로 할 것을 희망했다. 이에 이홍장은 진수당과 원세개에게 각각 批文과 箚飭을 내려 양자가 수시로 회동하여 조사하도록 지시했다.

朝漢城藥局崔宅英命案辦理卷(2)

館藏號	01-41-012-11
全宗	總理各國事務衙門
系列	駐韓使館保存檔案
宗	陳樹棠: 訴訟案件 11
冊	朝鮮 漢城 藥局 崔宅英의 命案 처리에 관한 卷宗 2 (朝漢城藥局崔宅英命案辦理卷)(2)
생산시기	光緒 10년(1884) 3월~동년 5월
총면수	120
수발자	陳樹棠, 袁世凱. 金炳始, 金晩植, 閔泳穆, 周馥, 吳兆有, 李鴻章

이 안건은 위 崔宅英 人命案의 진범 색출을 둘러싼 과정을 다룬 것이다. 淸國의 각급 관원 사이에, 그리고 조선과 淸朝 양국 관원 사이에 주고받은 公函, 移文, 照會, 照覆, 告示, 咨文, 批文, 供述, 讞案 등으로 구성되어 있다.

안건의 주요 내용은 다음과 같다.

崔宅英의 아들을 살해하고 도주한 범인이 채무관계에 있었던 중국인 같다는 朝鮮 博文局 旬報의 보도가 두 차례에 걸쳐 이어졌다. 駐朝鮮 淸兵 3인이 袁世凱에 의해 처형된 것이 이 사건과 관련이 있을 것이라는 소문도 돌았다. 陳樹棠은 이 旬報가 비록 官報는 아니지만, 이 기사가 심지어는 외국에까지 轉載될 수도 있다는 점에 주목했다. 淸朝의 위신을 실추시킬 수도 있다는 위기의식 하에서 陳樹棠은 그 기사의 진위 여부를 조선 측에 문의했다. 범인이 중국어를 하고 중국

복장을 하고 있었다는 증언이 있지만 조선인이 중국인으로 가장했을 개연성을 배제할 수도 없다는 문제제기였다. 조선 측은 일단 그 기사가 '傳聞'에 의거한 것임을 인정했다. 이후 陳樹棠은 진범 체포를 위하여 告示를 發하는 한편 袁世凱를 비롯한 淸朝 관원 내지 統領들 그리고 조선 측의 협조를 구했다. 이 문제를 둘러싸고 陳樹棠은 수시로 袁世凱와 공식, 비공식의 문건을 교환했다. 한편 北洋大臣 李鴻章과 天津海關道 周馥은 이 안건을 포함하여 이후 조선 내에서 발발하는 사건에 대해 袁世凱와 긴밀하게 협의하여 처리할 것을 陳樹棠에게 지시했다. 陳樹棠과 袁世凱는 조선 정부의 협조를 얻어 사건 관련자 3인과 博文局 旬報 관계자를 拘引하여 會審했지만, 뚜렷한 결론을 내는 데에는 실패하고, 李鴻章에게 계속 엄밀한 조사가 필요하다고 보고했다.

이 사건 과정에서 조선 外部의 督辦과 協辦 3인의 인사변동이 있었음이 확인된다. 즉 督辦 閔泳穆이 金炳始로, 協辦 洪英植과 李祖淵이 金允植과 尹泰駿으로 바뀌었는데, 陳樹棠은 이 사실을 周馥에게 보고하면서 이후 상황이 유동적임을 알렸다.

朝人金台善控中國林松唐卷

館藏號	01-41-012-12
全宗	總理各國事務衙門
系列	駐韓使館保存檔案
宗	陳樹棠: 訴訟案件 12
冊	조선인 金台善이 중국의 林松唐을 고소한 안건에 관한 卷宗 (朝人金台善控中國林松唐卷)
생산시기	光緒 10년(1884) 윤5월~동년 9월
총면수	56
수발자	陳樹棠, 金允植, 金炳始

이 안건은 조선인 金台善・吳永烈과 중국인 林松唐 사이에 불거진, 銅과 鉛에 대한 貸金 시비에 관한 소송을 둘러싼 사건을 다룬 것이다. 양측의 稟文과 관련 帳簿, 淸單, 欠票, 合同, 陳情書 등 각종 자료 및 淸國・朝鮮 양국의 담당 관원 사이에 주고받은 公函과 照會 등으로 구성되어 있다.

안건의 주요 내용은 다음과 같다.

光緒 10년(1884) 윤5월 29일 조선인 司果 金台善과 前判官 吳永烈이 陳樹棠에게 稟文을 제출했다. 그들은 전년도인 光緒 9년 4월에 중국인 林松唐에게 위탁하여 上海로 가서 銅鉛을 주조하여 오게 했는데, 원가를 제하고 1,300여 량을 주면 되는데도 林이 장부조작을 통하여 1,800여 량을 요구했다는 내용이었다. 이에 맞서 浙江 寧波 출신으로 肇康號 소속의 林은 자신이 도리어 무고를 당한 것이라며, 稟文과 함께 당시 체결한 合同 및 淸單 등을 陳樹棠에게 제출했다. 즉 林은 光緖 9년 6월 上海에서 조선인 金과 吳 양인과 合同을 체결했고, 이후 약정에 따라 두 차례에 걸쳐 銅과 鉛을 輪船에 싣고 왔는데, 대금의 차액에 관하여 분쟁이 생긴 것이며, 당시 자신은 동생인 林喬松에게 처리를 맡기고 上海로 돌아갔다고 주장했다. 이후 이 안건에 관하여 金允植, 陳樹棠 등 조선과 淸朝의 관련 관원 사이에 公函이라는 비공식적인 루트를 통하여 사건의 조율과 협조를 꾀했다.

안건이 단기간에 해결될 조짐이 보이지 않던 중 金台善과 吳永烈은 다시 稟文을 올려 林松唐이 증거로 제시한 合同은 신뢰하기 어렵다는 이유로 관련 장부에 대한 조사를 간청했다. 朝鮮署理督辦通商事務 金炳始도 7월 22일 陳樹棠에게 吳永烈과 金台善의 告狀 사본을 첨부한 照會를 보내어 合同 외에 관련 장부까지 다시 조사해줄 것을 요청했다. 이에 대하여 林松唐은 8월에 다시 合同과 증명서 사본 등 관련 문건을 첨부한 稟文을 올려 대금의 부족분을 받을 수 있기를 희망했다. 다만 이 안건이 결국 어떻게 종결되었는지는 관련 문건이 없기에 알 수 없다. 한편 이 안건의 최후에는 京城 거주민 金景三과 林松唐 사이에 불거진 家屋 매매에 관한 분쟁에 대한 문건이 실려 있는데, 본 안건과의 직접적인 관련성은 없는 듯하다.

仁川日本水兵毆傷華人畢金和

館藏號	01-41-012-13
全宗	總理各國事務衙門
系列	駐韓使館保存檔案
宗	陳樹棠: 訴訟案件 13
册	인천의 일본 水兵이 중국인 畢金和에게 상해를 가함 (仁川日本水兵毆傷華人畢金和)
생산시기	光緒 10년(1884) 5월~동년 5월
총면수	10
수발자	李乃榮, 陳樹棠

이 안건은 인천의 일본 水兵이 華商 畢金和에게 상해를 입힌 사건을 다룬 것이다. 淸朝와 日本 양국 관원 사이의 照會와 照覆, 淸朝 관원 사이의 公函은 물론 가해자와 목격자의 진술서, 피해자에 대한 진단서 등이 포함되어 있다.

안건의 주요 내용은 다음과 같다.

明治17년(1884) 5월 12일, 즉 光緒 10년 4월 18일 오후 4시 30분경에 인천의 일본 租界 부근에서 일본 水兵과 淸商 畢金和 사이에 싸움이 벌어졌다. 양자가 길을 가다 서로 접촉하면서 불거진 우발적인 충돌이었는데, 결국 畢金和가 일본 孟春艦 소속의 水兵 池田猪藏에게 돌을 맞아 콧등이 함몰되는 중상을 입었다. 이에 淸朝의 仁川商務委員 李乃榮이 일본 領事에게 照會를 보내어 사건 처리에 협조를 요청했다. 일본 영사는 진단서 외에 관련자들을 소환 심문하여 확보한 공술 등을 첨부한 照覆을 보냈는데, 비록 범인이 취중의 실수였다고 하나 상해를 가한 잘못이 분명하고, 무기 소지 여하에 대하여 원고와 의견이 맞지 않는 부분이 없지 않지만, 사소한 차이에 불과하다는 입장을 표명했다. 아울러 淸側이 범인을 공동으로 심문할 것을 요청했으나, 이미 일본 본국의 군법에 따라 처벌키로 하고 범인은 원대복귀가 되었다며 양해를 구했다. 한편 李乃榮에게 보낸 公函에서 陳樹棠은 본건은 응당 淸日 양국 간에 체결한 조약에 따라 처리해야 하고, 일본 영사와 함께 조사하기를 바란다는 의견 제시와 함께 別件인 和祥號 소속 淸商 于淸熙에 관한 건도 협조를 부탁하고 있는데, 후자의 別件은 다음 안건인 01－41－12－14 문건에 보인다.

仁川海關扣留華商和祥號原貨不准出口卷

館藏號	01-41-012-14
全宗	總理各國事務衙門
系列	駐韓使館保存檔案
宗	陳樹棠: 訴訟案件 14
冊	인천 해관에서 華商 和祥號의 原貨을 扣留하고 출항을 인준하지 않은 안건에 관한 卷宗(仁川海關扣留華商和祥號原貨不准出口卷)
생산시기	光緒 10년(1884) 5월~동년 5월
총면수	7
수발자	金炳始, 陳樹棠

이 안건은 淸商이 조선에서의 미판매 물품을 배에 싣고 돌아가려다 인천 해관에 적발되어 상품이 압류된 사건을 다룬 것이다. 總辦商務委員에게 올린 稟文과 淸國·朝鮮 양국의 담당 관원 사이에 주고받은 照會와 照覆 등 모두 3장의 公文으로 구성되어 있다.

안건의 주요 내용은 다음과 같다.

光緒 10년 5월 16일 淸商 和祥號 于淸熙가 陳樹棠에게 稟文을 제출했다. 인천 海關에서 자신의 상품을 압류하여 출항시키지 않음을 호소하면서 해결을 청원하는 내용이다. 즉 于는 당월 11일 漢城에서의 상행위를 일단 마감하고 歸鄕하기 위하여, 이미 納稅했지만 아직 팔리지 않은 상품을 젊은 일꾼 林克勤에게 인천으로 解送하게해서 輪船에 싣고 귀국하려 했다. 그런데 林이 海關에 신고를 하지 않는 실수를 범해 해관 직원에게 상품을 압류당하게 되었다. 于는 稅務司를 찾아가 호소하여 즉각 몰수를 당하지는 않았지만, 陳樹棠에게 증명서를 받아 제출해야 한다는 이야기를 듣게 되었다. 于는 전년도 8월 23일과 11월 12일에 각각 배 1척씩을 이용하여 煙臺로부터 인천으로 入港할 때 싣고 온 중국산 상품과 洋貨에 대하여 이미 납세했고, 현재 압류된 상품은 그때 가지고 온 물건 중에 아직 팔리지 않은 것일 뿐이라면서, 이상의 사정을 稅務司에 알려 압류한 물품을 내어주어 출항시켜 주도록 해달라는 내용의 稟文을 올렸다.

이상의 稟文을 받은 陳樹棠은 바로 조선의 金炳始에게 照會를 보내어 인천의 海關에게 협조를 구하도록 요청했다. 다음 날인 5월 17일 照會를 받은 金炳始는 당일 즉각 陳樹棠에게 照覆을 보냈다. 于淸熙가 빼앗긴 물품의 淸單을 海關에 보내어 압류품을 돌려주어 출항토록 한 조치를 이미 내렸다는 답변이었다. 華商이 인천을 통하여 귀로에 오를 때 적재한 상품에 대한 신고를 해관에 하지 않은 절차상의 하자가 있었음에도 입항 시에 이미 納稅했다는 華商의 주장이 받아들여져 무사히 귀국하는 것으로 사건이 종결되었던 것이다.

華商永來盛號被盜劫案

館藏號	01-41-012-15
全宗	總理各國事務衙門
系列	駐韓使館保存檔案
宗	陳樹棠: 訴訟案件 15
冊	華商 永來盛號가 절도를 당한 안건(華商永來盛號被盜劫案)
생산시기	光緒 10년(1884) 5월~동년 9월
총면수	16
수발자	陳樹棠, 韓圭稷, 金炳始

이 안건은 漢城에 개설한 永來盛號에서 절도를 당했다고 淸商이 고소한 사건을 다룬 것이다. 원고의 稟文과 具領狀, 조선과 청조 양국 관원 사이의 公函 외에 照會 및 照覆 등의 문서로 구성되어 있다. 한편 본 안건에 대해서는 01-41-012-9 문건 속에도 관련 문서가 포함되어 있다.

안건의 주요 내용은 다음과 같다.

光緒 10년(1884) 5월 4일 山東 登州 출신의 華商 王雲階가 절도를 당했다고 陳樹棠에게 稟文을 올렸다. 王은 漢城 鐘樓大街 細洞에 永來盛號를 개설했는데, 雷雨가 치던 전날 밤 4更에 이상한 소리에 잠이 깨어 보니 조선인 4~5명이 布疋 등의 물품을 훔치고 있었다. 날이 밝자마자 中華會館의 商董에게 보고하여 陳樹棠과 조선의 관원에게 각각 알리도록 하고 절도를 당한 물품의 명세서와 함께 稟文을 올렸다. 당일 朝鮮 督捕 韓圭稷과 陳樹棠이 公函을 교환했고, 陳樹棠은 金炳

始에게 照會를 보냈는데, 이틀 후 金炳始가 陳樹棠에게 照覆을 보내어 이미 左右捕廳에게 범인 체포를 지시했음을 밝혔다. 한편 당일 韓圭稷이 公函을 보내어, 華商들이 자신의 邸宅에 몰려와 소란을 피운 사실을 전하자 陳樹棠이 答信을 보내어 소란을 피운 것을 불문에 붙인 데 대하여 謝意를 표하며, 이후 이를 단속할 것임을 약속했다. 5월 29일에는 王雲階가 절도를 당한 물건 일부를 돌려받음을 확인했다. 본 건은 이로써 사실상 종결되었다.

다만 유사한 절도사건이 이후 漢城에서 반복되었던 것으로 보인다. 9월 19일 본 건의 주체인 永來盛號 외에 淸商이 운영하는 각 號 공동으로 陳樹棠에게 稟文을 올려, 계속되고 있는 절도사건에 대하여 조선아문에 移文해서 도둑을 잡고 贓物을 돌려받을 수 있게 되기를 호소했다. 이에 陳樹棠은 金炳始에게 照會를 보냈고, 다음 날 金炳始는 照覆을 보내어 이미 각급 관원에게 범인 체포에 대해 지시했음을 밝혔다.

漢城華商和興順號控朝鮮人林學淵誆騙貨價卷

館藏號	01-41-012-16
全宗	總理各國事務衙門
系列	駐韓使館保存檔案
宗	陳樹棠: 訴訟案件 16
冊	漢城의 華商 和興順號가 고소한 조선인 林學淵의 貨價 갈취 안건에 관한 卷宗(漢城華商和興順號控朝鮮人林學淵誆騙貨價卷)
생산시기	光緒 10년(1884) 6월~11년(1885) 1월
총면수	56
수발자	陳樹棠, 金炳始, 金弘集

이 안건은 漢城에 개설된 淸商의 和興順號와 生盛號에서 각각 조선인 林學淵에게 支鐵의 대금을 사기 당했다고 고소하면서 약 반년 동안 이어진 사건을 다룬 것이다. 원고의 稟文, 관련자의 供述 내지 所志(陳情書), 조선과 청조 양국 관원 사이에 주고받은 照會 및 照覆 등의 문서로 구성되어 있다.

안건의 주요 내용은 다음과 같다.

光緒 10년(1884) 6월 20일 和興順號의 包星伍와 生盛號의 王景林이 각각 조선인 林學淵에게 사기를 당했다며 陳樹棠에게 稟文을 올렸다. 전달인 윤5월에 각각 조선인 經手를 통하여 支鐵을 林學淵에게 주어 판매케 했는데, 林이 약속한 날짜에 대금의 대부분을 갚지 않은 채 잠닉했다는 내용이었다. 經手 3명 가운데 崔致善은 체포되었으나, 나머지 2인은 행방불명이었다. 陳樹棠은 朝鮮署理督辦交涉通商事務 金炳

始에게 照會를 보내어 협조를 당부했다. 이후 약 한 달이 지나도록 사건의 주요 인물 소재가 묘연한 가운데 원고 包星伍는 林學淵 측 가옥을 金錢化하여 미납대금을 충당하는 등의 적극적인 방안을 조선 측이 강구토록 해달라는 稟文을 올렸다. 또 달아난 經手 金奎煥이 元山에서 출몰했다는 소식을 전하기도 했다. 8월 21일에는 包가 거리에서 또 다른 經手 金伯賢을 우연히 만나, 그를 붙잡아 陳樹棠에게 넘기기도 했다.

陳樹棠으로부터 이에 관한 照會를 받은 金炳始는 23일 照覆을 보내어 林學淵을 체포했음을 통보하면서 金伯賢과 대질심문을 한 결과 범행을 인정토록 했지만, 가난하여 대금을 갚을 길이 없을 것이라는 의견을 표명했다. 한편 林은 徐敬淑에게 빌린 돈을 갚기 위해 華商에게 받은 支鐵을 金豊賢 등 4인에게 헐가로 팔아 외상 대금의 일부로 충당했는데, 700량은 通事 겸 經手인 金奎煥이 갖고 달아났다고 자백했다. 淸商은 9월 14일과 10월 11일에 각각 사건의 지지부진함에 답답함을 토로하면서 조속한 해결을 요청하는 稟文을 올렸다. 甲申政變 후인 12월 10일에 다시 稟文을 올려 金奎煥의 체포를 청했고, 다음해 1월 24일에 재차 稟文을 올렸지만, 陳樹棠은 이에 대하여 현재 多事多難한 조선의 사정을 감안하여 앞으로 다시는 같은 내용의 稟文을 올리지 말고 해결을 조용히 기다리라는 批文을 내리는 동시에 督辦 金弘集에게 협조를 구하는 照會를 보냈다. 결국 淸商은 피해대금을 받지 못한 채 사건은 유야무야된 것으로 보인다.

朝人高承翌假稱欠日人賬卷

館藏號	01-41-012-17
全宗	總理各國事務衙門
系列	駐韓使館保存檔案
宗	陳樹棠: 訴訟案件 17
冊	조선인 高承翌이 일본인에게 돈을 빌리고 갚지 않았다고 假稱한 안건에 관한 卷宗 (朝人高承翌假稱欠日人賬卷)
생산시기	光緒 10년(1884) 6월~동년 6월
총면수	5
수발자	金炳始, 陳樹棠

이 안건은 高承翌이라는 浮浪輩가 林雨夏와 모의하여 일본 상인에게 돈을 빌렸다가 도주해버림으로써 그 배상책임이 高의 同族에게 전가되는 사기 사건을 다룬 것이다. 朝鮮署理督辦交涉通商事務 金炳始가 보낸 照會와 陳樹棠이 보낸 箚飭으로 구성되어 있다.

안건의 주요 내용은 다음과 같다.

光緒 10년(1884) 6월 2일 朝鮮署理督辦交涉通商事務 金炳始가 陳樹棠에게 照會를 보냈다. 평안도 義州의 高承文이 金炳始에게 稟文을 올려 부랑배인 同族 高承翌이 사기를 쳤다고 고소했기 때문이었다. 즉 高承翌과 한패로 보이는 德源府의 林雨夏가 평안도 觀察使에게 거짓으로 자기가 한 일본 상인에게 3만 6,700량을 빌어 高承翌에게 전해주었는데, 高가 도주했다며, 高의 諸族에게 추징하기를 요청했다. 아울러 高族은 林의 소재를 찾았으나 종적이 묘연했고, 일본 상인에게도 문의했지만 林에 대한 어떠한 단서도 발견하지 못했다고 하소연 했다. 이상과 같은 고소를 접한 金炳始는 곧 陳樹棠에게 照會를 보내 앞으로도 이와 유사한 일이 다시 발생할 가능성이 높으니, 각 개항장의 領事에게 알려 淸商이 조선인 商民에게 물건 값을 줄 때에는 證書와 花押이 있는 자로 한정하여 동종의 폐해가 재발되지 않도록 협조를 구했다. 이에 陳樹棠은 담당 관원에게 箚飭을 내려 淸商에게 이를 알리도록 했다.

漢城華商和興順號被竊卷

館藏號	01-41-012-18
全宗	總理各國事務衙門
系列	駐韓使館保存檔案
宗	陳樹棠: 訴訟案件 18
冊	漢城의 華商 和興順號가 절도를 당한 안건에 관한 卷宗(漢城華商和興順號被竊卷)
생산시기	光緒 10년(1884) 6월 ~ 동년 6월
총면수	11
수발자	陳樹棠, 金炳始

이 안건은 漢城에 개설된 和興順號 소속의 清商 车桂林이 동전을 절도 당한 사건을 다룬 것이다. 원고의 稟文, 원고와 인근주민의 供述, 清國과 朝鮮의 담당 관원의 照會와 照覆 등의 문서가 수록되어 있다.

안건의 주요 내용은 다음과 같다.

光緒 10년(1884) 6월 5일 和興順號 소속의 清商 车桂林이 陳樹棠에게 稟文을 올렸다. 그 전날 야간에 漢城의 二宮에 개설한 和興順號의 동전 1,065량을 잃어버렸는데, 야간 순찰을 한 更夫가 한통속일 가능성이 농후하니, 朝鮮의 담당관원에 알려 체포해서 臟物을 돌려받기를 원한다는 것이었다. 陳樹棠은 당일 幫辦인 升用知府 譚賡堯를 보내 진상조사를 지시하는 한편 원고와 인근주민을 소환하여 공술을 들은 뒤 협조를 구하는 照會를 金炳始에게 보냈다. 金炳始는 즉각 照覆을 보내 捕官에게 범인을 체포토록 지시했음을 밝히는 한편 更夫는 일개 순찰직으로서 도둑 체포의 책임이 없는데 단지 한패일지 모른다는 의심만으로 죄를 묻기는 어렵겠다는 뜻을 보냈다. 이에 陳樹棠은 다시 바로 照會를 보내어 현재 확보한 관련자의 공술 내용을 전하면서 신속한 해결을 촉구했다. 金炳始는 나흘 뒤 照覆을 보내어 捕盜衙門에 공문을 보내어 범인 체포를 지시했음을 밝혔다. 그 이후 이 절도사건이 어떻게 귀결되었는지는 불분명하다.

華商利順興號控朝人欠貨價款

館藏號	01-41-012-19
全宗	總理各國事務衙門
系列	駐韓使館保存檔案
宗	陳樹棠: 訴訟案件 19
册	華商 利順興號에서 조선인이 물건 값을 갚지 않았다고 고소함 (華商利順興號控朝人欠貨價款)
생산시기	光緒 10년(1884) 7월~동년 9월
총면수	16
수발자	陳樹棠, 金炳始

이 안건은 公順興號와 利順號 소속 淸商이 조선인 劉漢世가 고의로 물건 값을 갚지 않았다는 이유로 공동으로 고소한 사건을 다룬 것이다. 원고 측의 稟文, 淸朝와 조선의 담당 관원의 照會와 照覆, 원고와 피고의 供述 등이 수록되어 있다.

안건의 주요 내용은 다음과 같다.

光緒 10년(1884) 7월 18일 公順興號의 黃廷瑚와 利順號의 于化亭 등 두 명의 淸商이 공동으로 陳樹棠에게 稟文을 올렸다. 5월에 조선인 劉漢世에게 물건을 외상으로 팔았는데, 처음에는 조금씩 갚더니, 6월 19일부터는 欠帖에 기재된 날짜가 도래해도 전혀 상환하지 않아 현재 미납된 금액이 1,756량에 달했다는 것이었다. 劉는 부족액을 蠶繭(=누에고치)과 房屋으로 상환하기로 했지만, 역시 약속을 지키지 않았다는 이유로 고소당했다. 다음 날 陳樹棠은 金炳始에게 照會를 보내

어 협조를 구했다. 22일 金炳始는 照覆을 보내어 漢城府에서 劉漢世를
심문한 결과 미납액수에 차이가 있는 등 대질의 필요가 있으니, 원
고를 漢城府에 보내줄 것을 요청했다. 결국 金炳始는 27일 원고와 피
고 모두 3인을 대질한 끝에 8월 말까지 기한을 새로 정하여 피고가
미납금을 전부 상환하기로 했다는 공술을 첨부하여 陳樹棠에게 照會
를 보냈다. 하지만 이 약속도 이행되지 않자 9월 7일 원고 黃과 于
양인은 다시 공동으로 稟文을 陳樹棠에게 보냈다. 당일 陳樹棠은 金炳
始에게 照會를 보내어 피고에게 누에고치와 房屋을 동전으로 바꾸어
밀린 외상값을 갚도록 漢城府에서 재촉해 주기를 요청했다.

한편 7월 19일 陳樹棠에 보낸 照會 내에는 01-41-012-16에 보이는
生盛號 王景林 등이 조선인 林學淵을 고소한 안건에 대한 협조를 구하
는 내용이 포함되어 있다.

朝人金興敏控華商姜鳳彩

館藏號	01-41-012-20
全宗	總理各國事務衙門
系列	駐韓使館保存檔案
宗	陳樹棠: 訴訟案件 20
冊	조선인 金興敏이 華商 姜鳳彩를 고소함(朝人金興敏控華商姜鳳彩)
생산시기	光緒 10년(1884) 8월~11년(1885) 2월
총면수	38
수발자	陳樹棠, 金弘集, 金炳始

이 안건은 조선인 金興敏이 李光淳으로부터 구입한 가옥에 대한 소유권을 淸商 姜鳳彩가 방해하고 있다고 고소하고, 姜鳳彩는 李光淳이 鋼鐵에 대한 대금을 미납했다고 고소한 사건을 다룬 것이다. 稟文과 供述 및 陳情書, 조선과 청조 관원의 照會와 照覆 및 公函 등의 각종 문건으로 구성되어 있다.

안건의 주요 내용은 다음과 같다.

光緒 10년(1884) 8월 18일 조선인 金興敏과 淸商 姜鳳彩가 陳樹棠에게 각각 稟文을 올렸다. 金興敏은 李光淳으로부터 가옥을 실제 間數에 따라 금액을 지불하고 구입했는데, 淸商인 姜鳳彩가 소유권 행사를 방해하고 있음을 호소했다. 姜鳳彩는 李光淳에게 鋼鐵을 팔았는데, 대금 중 상당액을 미납한 채 행방불명되었다며 李光淳을 고소했다. 陳樹棠은 姜鳳彩가 그 가옥에 대한 계약서를 소지하고 있다는 이유로 姜鳳彩의 주장에 동조하는 의견을 담은 照會를 양자에게 받은 공술을 첨부하여 署理督辦交涉通商事務 金炳始에게 보냈다. 이에 조선의 漢城府에서는 증인과 通事를 포함한 관련자 대질심문을 하게 되었는데, 거꾸로 姜鳳彩의 주장을 받아들이지 않는 쪽으로 잠정적인 결론을 정했다.

이에 불만을 품은 陳樹棠은 8월 25일 조선의 신임 독판 金弘集에게 公函을 보내어 李光純을 체포하여 대질심문하기를 건의하는 동시에 앞으로 한성부에서 姜鳳彩를 소환해도 이에 응하지 않을 것임을 밝혔다. 하지만 姜鳳彩의 재소환에 협조를 구하는 金弘集의 답장에 응하지 않을 수 없었다. 마침 李光純도 체포되어 京畿監營에서 漢城府로 이감토록 했다. 결국 姜鳳彩는 미수금을 10월 15일에 朝鮮外務衙門에 가서 받고 해당 가옥에 대한 文記를 金興敏에게 넘기기로 했다.

하지만 姜鳳彩가 몸이 불편하다는 이유로 약속된 날짜를 넘겼고, 17일에는 이른바 갑신정변이 일어났다. 정국이 안정된 12월에 이르러 陳樹棠은 우선 7일에 姜鳳彩가 미수금을 받을 수 있도록 조선 측에 협조를 요청하는 照會를 보냈고, 다음해 1월 19일에도 照會를 보냈지만 여전히 별다른 진전이 없자 2월 14일 다시 照會를 보내 대금을 전부 수령해야 房契를 金興敏에게 전달할 것임을 밝히면서 조속한 해결에 적극 응해줄 것을 요청했다.

華商天豊號被竊卷

館藏號	01-41-012-21
全宗	總理各國事務衙門
系列	駐韓使館保存檔案
宗	陳樹棠: 訴訟案件 21
册	華商 天豊號가 절도를 당한 안건에 관한 卷宗(華商天豊號被竊卷)
생산시기	光緒 10년(1884) 8월~11년(1885) 3월
총면수	15
수발자	陳樹棠, 金炳始, 金弘集

이 안건은 漢城 天豊號에서 절도를 당했다고 고소했는데, 범인이 잡히기도 전에 다시 도둑이 들었기 때문에 재차 고소하면서 아울러 자위권의 범위에 대해서도 논의한 사건을 다룬 것이다. 본 卷宗에는 원고의 稟文 외에 淸朝와 조선 관원의 照會 및 照覆 등의 문서가 수록되어 있다.

안건의 주요 내용은 다음과 같다.

光緒 10년(1884) 8월 7일 밤에 漢城 水標橋에 위치한 天豊號에 도둑이 들었다. 洋布 등 부피가 나가는 물건은 대문이 잠겨 있었기 때문에 피해를 입지 않았지만, 은시계와 조선 동전 등을 잃었다. 이에 天豊號 소속의 淸商 葉煥이 陳樹棠에게 失物 명세서와 함께 稟文을 올렸다. 陳樹棠은 署理督辦 金炳始에게 照會를 보내어 범인 체포에 협조를 구했지만, 별다른 진전이 없었다. 다음해 2월 14일 밤에 다시 天豊號에 도둑이 들었다. 이번에는 인기척을 듣고 잠에서 깬 점원이 총을 쏘았고, 도둑은 놀라 그대로 달아났다. 비록 잃어버린 물건은 없었지만, 계속되는 절도 사건을 그대로 방치할 수 없다고 판단한 天豊號에서는 盧春生의 명의로 稟文을 올려 이후 다시 야밤에 도둑이 들면, 총을 쏘아 도둑을 죽이는 일이 벌어질 가능성을 배제할 수 없음에 대하여 양해를 구했다. 이에 陳樹棠은 督辦 金弘集에게 照會를 보내 앞으로 도둑이 흉기를 들고 저항하면 중국법률에 따라 格殺하고, 흉기가 없이 사로잡히면 조선 측에 신병을 인도하여 조선법률에 따라 처벌할 것임을 알렸다. 이에 대하여 金弘集은 照覆을 보내어 앞으로 淸商이 도둑을 잡으면 捕盜衙門에 넘기는 것이 좋겠다는 의견을 피력했다.

한편 본 卷宗에는 인천 海關에서의 關稅에 관한 내용으로서, 본 안건과의 직접적인 상관성은 없는 것으로 보이는 光緒 10년 12월 2일자 天豊號 葉臣豪의 稟文도 수록되어 있다.

張詩緖控康載欽欠項

館藏號	01-41-012-22
全宗	總理各國事務衙門
系列	駐韓使館保存檔案
宗	陳樹棠: 訴訟案件 22
冊	張詩緖가 康載欽이 대금을 갚지 않았다고 고소함(張詩緖控康載欽欠項)
생산시기	光緖 10년(1884) 9월~ 光緖 11년(1885) 1월
총면수	10
수발자	陳樹棠, 金弘集

이 안건은 永源號 소속의 淸商 張詩緖가 조선인 康載欽이 외상으로 구입한 銅價를 갚지 않았다고 고소한 사건을 다룬 것이다. 원고의 稟文과 照會 등의 문서가 포함되어 있다.

안건의 주요 내용은 다음과 같다.

光緖 10년(1884) 1월 5일 永源號는 經紀 金樂元을 통해 銅을 조선인 康載欽에게 외상으로 팔았다. 하지만 康載欽은 상환날짜가 지난 지 몇 개월이 되도록 갚지 않고 2,556량을 미납한 채 잠적했다. 永源號는 康載欽의 妻子에게서 그의 房屋을 넘겨받았지만 房契는 康載欽이 가지고 있다고 하여 확보하지 못했다. 이에 永源號는 9월 22일 張詩緖 명의로 陳樹棠에게 稟文을 올려 사정을 호소하면서 康載欽이 대금을 갚지 않으면 그의 房屋을 팔아 충당할 것임을 밝혔다. 당일 陳樹棠은 金弘集에게 照會를 보냈지만, 별다른 조치가 없었다. 다음해 1월 19일 永源號는 馬兆斌이 稟文을 올려 張詩緖가 전년도의 12월 초에 煙

臺로 돌아갔다면서 관련 標記를 넘긴 데 대하여 인정해줄 것을 청했다. 永源號는 康載欽이 銅價를 미납한 데 대한 標記와 그의 房屋을 담보로 확보한 채 康載欽의 체포를 기다려야만 했다.

白翎島民焚劫華船

館藏號	01-41-012-23
全宗	總理各國事務衙門
系列	駐韓使館保存檔案
宗	陳樹棠: 訴訟案件 23
冊	白翎島民이 華船을 불사르고 겁탈함(白翎島民焚劫華船)
생산시기	光緖 10년(1884) 윤5월~光緖 11년(1885) 6월
총면수	67
수발자	金炳始, 陳樹棠, 劉家驄, 陳志銘, 李鴻章, 李乃榮, 金弘集

이 안건은 백령도민이 華船을 겁탈한 사건과 관련해서 중국 선원의 피해물품에 대한 보상과 범인 체포 및 처벌 그리고 재발방지책에 대한 논란 등을 다룬 것이다. 청조와 조선 양국 관원의 照會, 照覆, 稟文, 札飭, 咨文, 移文, 批文, 牒報 등의 각종 공문은 물론 公函, 조사관원의 비용 명세서, 사건 관련자의 供述과 受領證 등 다양한 문서로 구성되어 있다.

안건의 주요 내용은 다음과 같다.

光緖 10년(1884) 윤5월 26일 백령도민이 중국 선박을 불사르고 약탈한 사건이 일어났다는 牒報가 署理督辦 金炳始에게 보고되었다. 首唱者 李昌西 등은 도주했고, 從犯 金用俊과 李樂先 등은 체포되어 조사를 받았다. 27일 金炳始는 陳樹棠에게 照會를 보내 이창서가 銀子 200량(＝동전 2600량)을 강탈한 뒤 가지고 달아났지만, 일체의 피해물품은 보상할 것임을 약속했다.

이후 현지조사를 위하여 조선과 청조 양측의 관원이 출항했다. 조사 후 淸側의 劉家驄은 증거인멸의 징후가 있다는 우려를 표하는 한편 해당 지방관에게 도주범 체포에 적극 나서도록 종용할 것을 요청하는 稟文을 陳樹棠에게 올렸다. 陳樹棠은 김용준 등을 梟首하는 등 엄벌에 처할 것을 金炳始에게 요청하는 동시에 사건의 개요를 北洋大臣 李鴻章에게 보고했다. 이후 보상으로 200량 등을 받은 船主 등은 受領證을 작성했다. 한편 중국 선박에 대한 보호조치 강구책의 일환으로 항구에 店鋪 개설을 원하는 淸側에 대하여 金炳始는 수용에 난색을 표했지만, 앞으로 華船이 정박하게 되면 검찰관으로 하여금 수시로 보고토록 할 것임을 밝혔다.

다음해 3월 5일 督辦 金弘集은 照會를 보내어 도주범을 체포한 뒤 이미 首犯 이창서는 梟首했고, 나머지 2인은 遠配했음을 통보했다. 이에 陳樹棠은 이미 체포된 從犯 김용준 등에 대한 조치가 보이지 않는 데 대한 의문을 표하자 다음 날인 9일 金弘集은 김용준 등도 杖 100에 유배형에 처했음을 알렸다. 보고를 받은 李鴻章은 店鋪개설 건은 일단 조선정부의 주장을 수용하여 이후 재론토록 하고, 재발방지를 위하여 각지의 지방관이 적극 임하도록 독려하는 선에서 본 안건의 종결을 지시했다.

仁川鄧凝鈞被控

館藏號	01-41-012-24
全宗	總理各國事務衙門
系列	駐韓使館保存檔案
宗	陳樹棠: 訴訟案件 24
册	仁川의 鄧凝鈞이 고소를 당함(仁川鄧凝鈞被控)
생산시기	光緒 10년(1884) 2월~동년 2월
총면수	5
수발자	李乃榮, 陳樹棠

이 안건은 인천에서 활동하고 있던 중국인 鄧凝鈞이 일본인 森勝治
와의 알력이 발단이 되어 그에게 총격을 가하여 危害하려 한 데 대
하여 고소를 당한 사건을 다룬 것이다. 사건의 개요가 한 장의 稟文
에 담겨 있다.

안건의 주요 내용은 다음과 같다.

光緒 10년(1884) 2월 7일에 일본 領事署 巡捕 겸 通事 谷信近이 중
국인 鄧凝鈞을 체포한 뒤 일본인 森勝治와 冲野七郎을 대동해서 仁川
商務署에 이르렀다. 鄧凝鈞이 洋槍과 小刀를 들고 노상에서 森勝治를
쫓아 일본영사서 옆에까지 와서 양창 한 방을 발사했으나, 森勝治가
총소리를 듣고 冲野七郎 뒤로 몸을 피했다.

廣東 廣州府 順德縣 출신의 요리사 鄧凝鈞은 仁川商務署에서 밝힌 공
술에서, 森勝治와는 특별히 원한관계도 없고 단지 狐狸를 쫓아온 것
일 뿐이라며 범행을 부인했다. 하지만 冲野七郎은 鄧凝鈞이 실제로

森勝治를 향해 발사한 것임을 증언했다. 冲野七郎은 아울러 森勝治와 함께 木洋房에서 일하던 鄧凝鈞이 당일 오전 11시에 木洋房에 와서 銅을 가져가려 했는데 森勝治가 이를 주지 않으려 하여 양인이 다투었고, 동료들이 말리자 일단 돌아갔다가 다시 거리에 나타나 오후 2시에 총을 쏜 것이었다고 부언했다. 또한 鄧凝鈞이 비록 日語는 못하지만, 양인이 다툴 때에는 영어를 사용했음도 증언했다.

이와 같은 비교적 명확한 대질증언을 접하고, 백주대낮에 발생하여 엄폐가 불가하다고 판단한 仁川商務委員 李乃榮은 "결국 例에 따라 杖 100에 40량으로 保釋토록 해야 하지만, 새로 마련한 章程에서 中國의 商民이 죄를 지으면 枷杖은 면하고 笞刑을 가한다 하니, 笞 40에 保釋함이 좋을 것 같다"는 의견을 첨부한 稟文을 2월 12일 陳樹棠에게 보냈다.

朝鮮商民稟控各案

館藏號	01-41-012-25
全宗	總理各國事務衙門
系列	駐韓使館保存檔案
宗	陳樹棠: 訴訟案件 25
冊	朝鮮 商民이 고소한 각 안건(朝鮮商民稟控各案)
생산시기	光緖 11년(1885) 12월~光緖 17년(1891) 9월
총면수	70
수발자	陳樹棠, 袁世凱, 陳同書, 洪子彬, 閔種黙, 奭, 盛宣懷, 唐紹儀

이 안건은 光緖 11년부터 17년까지 조선 商民이 중국인에게 당한 각종 피해 사건을 다룬 것이다. 모두 7개의 안건으로 구성되어 있는데, 陳情書, 批文, 稟文, 供述, 受領證, 保證書, 札飭, 照會, 咨文, 照覆, 咨覆 등의 다양한 문서가 포함되어 있다.

각 안건의 주요 내용은 다음과 같다.

1. 光緖 11년(1885) 12월 白木廛 新房 市民 朴道植 등이 陳樹棠에게 陳情書를 올렸다. 二宮號의 중국인이 本廛 시민 安禹洪이 대금을 갚지 않고 도주했다는 이유로 市房을 封鎖했다는 내용이었다. 이에 대하여 陳樹棠은 외상을 갚지 않았다는 이유로 市房 20여 間을 封鎖하고 冊子文書를 빼앗아 간 것은 법을 무시한 행동이라 하여 관원을 보내 봉쇄를 풀도록 했다.

2. 光緖 12년(1886) 6월 25일 席珍이 稟文을 올렸다. 京職人員 伍某

가 20세의 미망인인 조선 부녀 李文氏를 중국에 데려가기 위하
여 배에 태워 인천을 떠나려다 불발에 그친 사건을 접한 席珍
은 본건이 淸國의 체면에 관련된 것이라는 이유로 公事로 처리
하지 않고, 供述을 淸摺에 갖추어 해당 부녀와 함께 憲臺(袁世
凱?)에게 보냈다. 그 이후 본건이 어떻게 처리되었는지는 알 수
없다.

3. 光緖 12년(1886) 5월 21일 조선 京城民 李順和가 袁世凱에게 陳情
   書를 올렸다. 李順和는 약 2년 전 淸國人 黃在福의 도움을 받아
   貞洞에서 穀商을 하면서 그와 친숙해져 結義兄弟했는데도 돈을
   빌렸다가 심한 상환독촉을 받게 되었다. 李順和의 딸은 15세로
   이미 조선의 金씨 아들과 定婚한 상태였다. 黃在福은 袁大人을
   假稱하며 金氏 집에 가서 경제적 도움을 준 대가로 李順和의 딸
   이 자신과 결혼하기로 되어 있다고 말하여 파혼되게 했다. 아
   울러 黃在福은 李順和의 房契를 빼앗아 갔다. 袁世凱는 미납한 외
   상은 갚도록 하되, 黃在福이 가져간 房契를 되돌려주도록 하는
   한편, 黃在福에게 태형을 가하도록 했다.

4. 光緖 12년(1886) 11월 2일 京商 廉致弘이 袁世凱에게 陳情書를 올
   렸다. 廉致弘은 7월 20일에 同順泰에서 白米 1,500包를 구입하기
   로 하고, 우선 6천량을 지불했다. 나머지는 약속된 날짜에 지불
   하고 白米를 수령하기로 했는데, 비가 많이 내리는 바람에 늦어
   지고 말았다. 다음 날 날이 밝자마자 찾아갔지만, 약속 위반을
   이유로 白米를 내줄 수 없다는 말을 들었다. 이미 지불한 돈도

주지 않았을 뿐만 아니라 환산액에도 문제가 있다는 등의 호소
가 진정서의 주요 내용이었다. 이에 대하여 袁世凱는 辦理龍山通
商事務 陳同書에게 札飭을 보내어 철저한 조사를 지시했다.

5. 光緖 15년(1889) 4월 20일 南門外에 거주하는 金龍九가 袁世凱에
   게 진정서를 올렸다. 1888년 8월에 華商 永來盛號의 洋布 100疋
   을 6천량으로 계산해서, 2,500량을 먼저 지급하고, 나머지 3,500
   량은 나중에 갚기로 했는데, 차액을 둘러싸고 분쟁이 생겼다.
   金龍九는 永來盛號에서 자신의 家屋까지 강탈하려 한다며 사정
   을 호소했다. 이에 대하여 袁世凱는 龍山商務 洪子彬에게 札飭을
   내려 철저한 조사를 지시했다.

6. 光緖 16년(1890) 9월 19일 義州民 韓今永이 袁世凱에게 진정서를
   올렸다. 韓今永의 숙부 韓孝奉은 1889년 2월 15일 밤에 몇 명이
   노새를 끌고 가려는 것을 발견하고 外從 金漢基와 함께 버티며
   날이 새기를 기다렸는데, 다음 날 중국인 20~30명이 몰려와
   서로 亂打하는 과정에서 중국인 1명이 부상당했다는 내용이었
   다. 이에 義州府尹과 安東縣丞 등 양국 지방관의 조사로 노새 절
   도범 李正化와 洪發崇 등 4인을 체포했다. 奉天東邊兵備道 奭某는
   咨覆을 올려, 光緖 15년(1889) 2월 14일에 縣民 苗喜良 집에서
   노새 한 마리를 잃어버렸는데, 苗喜明 등과 함께 韓孝奉 집에 이
   르러 분쟁이 생긴 것이고, 혼란 중에 苗喜明 등이 돌에 맞아 다
   쳤고, 苗喜良은 결국 사망했으며, 韓孝奉과 金漢基의 공술에 의
   하면 洪發崇 등이 노새를 훔친 뒤 金漢基에게 주어 보관토록 한

것이었기에, 洪發崇 등을 체포토록 했음을 통보했다. 이상의 咨
覆 내용은 韓今永의 稟文과는 사정이 다른 셈이었는데, 이후 어
떻게 되었는지는 알 수 없다.

7. 光緒 17년(1891) 7월 8일 閔種默이 袁世凱에게 照會를 보냈다. 江
   華府 船商 朴萬福은 1890년 2월 豊川에 가서 秋麰와 黃豆 등을
   구매하여 배에 싣고 돌아오다가 도중에 盧聖弼의 쌀도 실어서
   仁川으로 출발하여, 4월 7일에 연평도 부근에 이르렀는데, 갑자
   기 華船 한 척이 다가와 白米와 黃豆 등을 강탈하고, 煙臺로 데
   려갔다며 船主 申姓, 店號 成順德店를 고소했다. 袁世凱는 山東登
   萊靑兵備道 盛宣懷에게 咨文을 보내어 조사를 부탁했다. 9월 8일
   도착한 盛宣懷의 咨覆에서, 成順德 店主 申姓의 혐의에 대한 증거
   가 없을 뿐만 아니라 申姓 등은 도주했다는 지방관의 보고를
   전했다. 9월 14일 代理交涉通商事宜 唐紹儀는 閔種默에게 照會를
   보내어, 福山縣에게 札飭하여 신병을 확보하여 신문토록 할 것
   임을 밝혔다.

馬汝祺, 吳栢池由仁川進城中途被劫(附英文函)

館藏號	01-41-012-26
全宗	總理各國事務衙門
系列	駐韓使館保存檔案
宗	陳樹棠: 訴訟案件 26
冊	馬汝祺, 吳栢池가 仁川에서 漢城으로 入京하다가 중도에 약탈당함(英文의 書函이 첨부되어 있음)[馬汝祺, 吳栢池由仁川進城中途被劫(附英文函)]
생산시기	光緒 10년(1884) 8월~동년 9월
총면수	18
수발자	陳樹棠, 金炳始, 阿 .

이 안건은 인천 소재 영국 상인이 운영하는 怡和洋行 소속의 중국인 馮汝祺와 吳栢池가 인천에서 漢城으로 짐을 싣고 가다 중도에 약탈당하게 되자 도적의 체포와 혐의자 수사를 의뢰한 사건을 다룬 것이다. 원고의 稟文과 淸國, 朝鮮, 英國 삼국 관원의 照會, 照覆 등의 문서가 포함되어 있다. 제목에 있는 馬汝祺의 성씨 馬는 馮의 誤記이다.

안건의 주요 내용은 다음과 같다.

英商이 운영하는 仁川의 怡和洋行에서 무역에 종사하고 있었던 淸國人 馮汝祺와 吳栢池는 光緒 10년(1884) 8월 28일 조선인으로부터 말 3필을 빌어 짐을 싣고 인천을 출발하여 여의도에 이르렀다. 그런데 짐을 실은 말 1필이 뒤에 처지더니 한참 지난 뒤에 馬夫가 비로소 도착했다. 짐의 소재를 물어보니, 마부는 약탈당했다고 답변했다. 이에 사람을 대동해서 급히 쫓아가서 箱物 6건은 찾았지만, 도적은 이미 달아나고 말았다. 다음 날인 29일 마부와 함께 잃어버린 물건의 명세서를 첨부한 稟文을 陳樹棠에게 올렸다. 陳樹棠은 金炳始에게 照會를 보내어 도둑의 체포와 마부에 대한 수사를 의뢰했다. 金炳始는 여의도 지역에서 火賊에게 물건을 빼앗겼다는 馬夫 金元圭의 供述을 첨부한 照覆을 보내었다. 9월 1일(양력 10월 19일) 大英欽命駐箚朝鮮管理本國通商事務總領事官 阿가 陳樹棠에게 照覆을 보내어 감사의 뜻을 표하는 한편 조선 관원에게 도적 체포를 요청하는 照會를 보냈음을 밝혔다. 이후의 진행 상황은 알 수 없다.

華商于, 趙姓與朝商金姓鬪毆卷

館藏號	01-41-012-27
全宗	總理各國事務衙門
系列	駐韓使館保存檔案
宗	陳樹棠: 訴訟案件 27
册	華商 于姓과 趙姓이 조선 상인 金姓과 鬪毆한 안건에 관한 卷宗 (華商于, 趙姓與朝商金姓鬪毆卷)
생산시기	光緒 10년(1884) 12월~동년 12월
총면수	6
수발자	陳樹棠

이 안건은 華商 于長貴와 趙德一이 조선 상인 金壽福에게 私刑을 가한 사건을 다룬 것이다. 판결문 1장이 담겨 있는데, 그 안에는 원고와 피고의 供述이 포함되어 있다. 판결문의 마지막 부분에 金壽福의 이름이 金守福으로, 趙德一의 이름이 趙德義로 되어 있다.

안건의 주요 내용은 다음과 같다.

光緒 10년(1884) 12월 17일 原告인 조선인 金壽福이 淸商 于長貴와 趙德一을 고소했다. 당일 아침에 두부를 會館北院에 배달하러 갔는데, 갑자기 華商 于長貴와 趙德一이 가죽 끈으로 묶고 막대기로 때렸다는 것이었다. 趙德一이 돈을 잃어버렸다고 하나 자신은 모르는 바라고 주장했다. 이에 대하여 被告인 趙德一은 공술에서, 상자에 넣어둔 동전 2,500문을 그 전날 아침에 잃어버렸음을 밝히는 한편 자신은 원고를 묶기는 했지만, 때리지는 않았다고 주장했다. 于長貴는 가죽 끈을 趙德一에게 건네준 것에 불과하다고 공술했다. 陳樹棠은, 趙德一이 증거도 없이 私刑을 가한 것은 잘못이지만, 급박한 사정을 참작하는 한편 스스로도 잘못을 인정했으므로 10板에 처하고, 于長貴는 가죽끈으로 묶었지만 잘못을 인정했으므로 20板에 처하되, 보증을 받고 석방토록 하며, 진범을 추후에 잡으면 자세히 조사할 것이라는 요지의 판결문을 내렸다.

山東船戶控許常世卷

館藏號	01-41-012-28
全宗	總理各國事務衙門
系列	駐韓使館保存檔案
宗	陳樹棠: 訴訟案件 28
冊	山東의 船戶가 許常世를 고소한 안건에 관한 卷宗(山東船戶控許常世卷)
생산시기	光緒 10년(1884) 12월~동년 12월
총면수	10
수발자	陳樹棠

이 안건은 淸國의 山東 船戶 盧元文과 戚二興 및 王廣武가 조선인 許常世에게 貸借金과 판매 물품대금을 각각 받지 못하게 되자 이를 고소한 사건을 다룬 것이다. 원고들의 稟文과 이에 대한 批文 그리고 최종 판결문 등의 문서가 포함되어 있다.

안건의 주요 내용은 다음과 같다.

光緒 10년(1884) 12월 10일, 山東 船戶 雙合盛號의 盧元文은 稟文을 올렸다. 裏島에서 알게 된 許常世가 돈이 없어 장사를 할 수 없다 하여 약 165량을 빌려주었는데, 돈을 갚을 것을 요구하자 이리저리 핑계를 대었을 뿐 아니라 심지어는 돈을 빌린 적이 없다며 惡言을 퍼부었고, 증인 許某가 증언하자 입을 다물고는 갚을 돈이 없다고 발뺌만 하고 있다는 내용이었다. 陳樹棠은 批文에서 許常世를 소환해서 조사할 것임을 밝혔다. 한편 같은 날 山東 船戶 戚二興과 王廣武은 공동으로 稟文을 올렸다. 그들도 許常世에게 물건을 팔았는데 값을 지불

하지 않았는데 許常世가 인천에서 漢城으로 이주하려 해서 계속 지불
요구를 하자, 도리어 폭언을 했다며 고소한 것이다. 陳樹棠은 批文에
서 이미 盧元文의 稟文에 批示했으니 함께 조사할 것임을 밝혔다. 12
일에 판결문이 내렸는데, 원고 3인과 피고가 합의한 대로 순차적으
로 갚을 것을 지시하는 선에서 사건을 종결시켰다. 당일 원고 3인이
합동으로 稟文을 올려 許常世가 잘못을 뉘우치고 지불하겠다고 했음
을 밝혔다.

2) 袁世凱: 訴訟

山東船戶徐長增等駛至黃海被盜報案卷

館藏號	01-41-030-1
全宗	總理各國事務衙門
系列	駐韓使館保存檔案
宗	袁世凱: 訴訟案件 1
冊	山東의 船戶 徐長增 등이 배를 타고 黃海에 왔다가 도적을 만났음을 신고한 안건에 관한 卷宗(山東船戶徐長增等駛至黃海被盜報案卷)
생산시기	光緒 11년(1885) 1월~동년 4월
총면수	27
수발자	陳樹棠, 金炳始, 李鴻章, 李正弼, 金允植

이 안건은 淸國 山東 소속의 漁船이 黃海에서 현지의 조선인에게 약탈당한 사건을 다룬 것이다. 원고의 稟文, 供述, 失單 외에 淸과 朝鮮 양국 관원의 照會, 照覆, 稟文, 牒報, 公函, 批文 등의 문서가 포함되어 있다.

안건의 주요 내용은 다음과 같다.

光緒 10년(1884) 12월 산동의 어선이 양국 간의 章程을 어기고 불법으로 조선의 영해에 와서 고기를 잡다가 조선인의 습격을 받았다. 이와 비슷한 사건이 당시 적잖이 발생했던 것으로 보인다. 즉, 사건을 접한 진수당은 北洋大臣 이홍장에게 稟文 형식으로 보고했는데, 여기에서 본건 외에 전에 발생했던 유사한 사건으로 그 해 1월과 3월에 일어났지만 아직 해결되지 않은 사건을 함께 언급하고 있음이 주목된다. 본 안건의 제목에는 이번 사건을 신고한 주체를 '船戶 徐長增'이라 표기하고 있다. 따라서 徐長增을 船戶, 즉 배의 소유주로 자칫 오해할 수 있겠지만, 徐長增은 실은 배의 명칭이므로 주의를 요한다. 즉 실제로 신고를 한 원고는 徐長增戶 소속의 徐廷爵과 徐連鴻이었다. 또 당시 함께 피해를 당한 徐泰興船의 姜兆坤과 徐九도 또 다른 원고로 공동으로 참여했다. 따라서 제목에서는 '徐長增等'으로 표기했음을 참고적으로 밝혀둔다.

한편 본건은 '袁世凱' 시기의 첫 번째 소송 안건으로 분류되어 있는데, 실제로는 '陳樹棠' 시기에 해당한다. 즉 진수당은 1883년 9월부터 1885년 9월까지 總辦商務委員의 신분으로 재직했고, 그 뒤를 이어 원세개가 1885년 9월부터 1894년 6월까지 總理交涉通商事宜의 신분으로 조선에 주재했다. 1885년도는 청국의 조선 주재 외교사절의 대표가 진수당에서 원세개로 넘어가는 과도기였던 것이다. 결국 본건은 사건의 발생 시기는 물론 각종 문건의 작성 시기 모두 진수당 재임 기간 내에 발생했다는 점에서 엄밀하게 규정하자면 진수당 시기의 문건으로 분류함이 당연할 것이다. 다만 당안의 정리 과정에서 원세개가 총리교섭통상사의로 부임한 1885년부터의 안건은 편의상 원세개 시기의 문건으로 분류한 것으로 보인다.

同裕號夥入內地被劫奏請照會拿賊追償卷

館藏號	01-41-030-2
全宗	總理各國事務衙門
系列	駐韓使館保存檔案
宗	袁世凱: 訴訟案件 2
冊	同裕號의 夥伴이 內地로 들어갔다 강탈당하자 照會를 奏請해서 도적을 잡고 배상토록 하자고 한 안건에 관한 卷宗(同裕號夥入內地被劫奏請照會拿賊追償卷)
생산시기	光緖 11년(1885) 10월~光緖 12년(1886) 5월
총면수	17
수발자	袁世凱, 金弘集, 金允植, 徐相雨

이 안건은 淸商 同裕號 소속의 解廷方이 護照를 받지 않은 상태로 忠淸道 公州에 가서 貨物을 구매하고 돌아오다가 강도를 만나 약탈과 구타를 당한 사건을 다룬 것이다. 원고의 稟文과 批文, 淸과 朝鮮 양국 간의 照會와 照覆, 公函 등의 문서가 포함되어 있다.

안건의 주요 내용은 다음과 같다.

光緖 11년(1885) 10월 10월 1일 조선 外道의 護照를 수령하지 않은 淸商 解廷方이 공주 지방에서 습격을 받아 중상을 당하고 동전 등을 빼앗겼다. 본건은 원세개가 總理交涉通商事宜로 부임한 뒤 첫 번째로 발생한 소송안건이다. 同裕號 소속의 淸商 孫守昌이 稟文을 올림으로써 이 사건을 접한 원세개는 朝鮮外務衙門의 督辦交涉通商事務 金弘集 과 金允植 등에게 照會와 公函 등의 문서를 보내 협조를 구했다.

한편 본 안건의 말미에는 光緖 12년(1886) 5월 17일 北帮 華商 廣

信號의 稟文이 실려 있다. 廣信號는 漢城 棗洞에서 장사했는데, 16일 밤에 도둑이 들어 洋線 13捆을 잃어버렸다는 내용이었다. 원세개는 失單을 첨부해서 당시 署理督辦 徐相雨에게 照會를 보내어 협조를 구했고, 이에 대하여 서상우는 照覆을 보내어 이미 捕盜衙門에 行文했음을 밝혔다.

商人雜控各案

館藏號	01-41-030-3
全宗	總理各國事務衙門
系列	駐韓使館保存檔案
宗	袁世凱: 訴訟案件 3
冊	商人들의 각종 고소 안건(商人雜控各案)
생산시기	光緒 11년(1885) 10월~光緒 17년(1891) 11월
총면수	57
수발자	袁世凱, 王廣鑄, 徐相雨, 李蔭梧, 張春茂, 麥登司, 希, 唐紹儀, 閔種默

이 안건은 조선에 건너온 淸商들이 여러 이유로 피해를 당하게 되자 각각 고소를 한 개별 사건 11건을 다룬 것이다. 각 사건 가운데에는 중국인과 조선인 사이의 문제가 물론 가장 많지만, 그 외에도 중국인 상호 간의 분쟁, 중국인과 영국인과의 분쟁 등도 섞여 있다. 또 고소의 주체로는 청국 출신의 '工人', 즉 노동자도 포함되어 있기 때문에 제목에서 '상인'은 '상공인'으로 표기하는 것이 보다 정확할 듯하다. 한편 본건은 원고의 稟文, 點單, 保狀 외에 淸國, 朝鮮 및 영국 관원 명의의 문건, 예를 들어 批文, 照會, 照覆, 公函, 札飭 등의 문서가 포함되어 있다.

안건의 주요 내용은 다음과 같다.

1. 중국 江西省 饒州府 景德鎭 출신의 鄒寬祥 등 3인이 光緒 11년 (1885) 10월 17일에 稟文을 올려 1년 계약으로 瓷器를 만들기 위해 조선에 와서 일한 지 몇 개월 만에 공장이 문을 닫았는데,

약속된 급여 및 귀국비용을 받지 못한 데 대하여 고소한 사건
을 다루고 있다.

2. 光緒 11년(1885) 10월 28일에 山東 출신 상인 鞏連德이 會館의
   盧董事에게 光緒 9년부터 3년간 일하면서 받은 급여를 맡겨놓
   았는데, 귀국에 임하여 이를 돌려받기 위해 淸國 商董을 고소한
   사건을 다루고 있다.

3. 光緒 11년(1885) 11월에 청국의 綢工 蔣貴森과 紗工 湯酉生 등 13
   인이 귀국에 임하여 조선 측으로부터 그간 받지 못한 급여 등
   을 받기 위해 稟文을 올려 고소한 사건을 다루고 있다. 그들은
   조선국왕이 例에 따라 귀국비용을 주도록 하고, 따로 差備官을
   파견해주도록 袁世凱에게 요청했다.

4. 光緒 12년(1886) 2월 19일에 北帮 華商 聚昌東 李端亭이 稟文을 올
   려 夥伴 于連會가 2월 5일에 病死했는데, 그의 遺篋에 있었던 홍삼
   3包를 장례비용으로 충당하기 위해 通事 金元吉에게 팔도록 했는
   데, 捕廳 韓大人의 差役에게 붙잡혀 매를 맞고 죽을 지경에 처했다
   며, 무고한 通事의 석방 부탁하는 내용으로 구성되어 있다.

5. 중국의 江蘇省 출신 工人과 浙江省 杭州 출신 工人 사이에 벌어진
   분쟁을 다룬 것이다. 즉 光緒 12년(1886) 2월 21일에 江蘇 출신
   工人 朱耕雲, 何松山, 陸春山, 李錦山, 秦和卿, 陸雙全, 陸金生, 袁盤
   生, 吳順寶 등이 올린 稟文에서 工頭 湯酉生이 杭機工人에게 피해

보상을 하지 않았다는 이유로 구타를 당했다며 고소했다. 이에 대하여 織造局 司事 王廣鑄이 그 전년도에 蘇帮織紗工人들이 東渡, 즉 조선으로 건너온 이래로 마찰이 생긴 것이고, 문제의 주원인은 局務章程이 不備하기 때문이라며, 局務章程을 첨부한 稟文을 올려 반박했다.

6. 光緒 12년(1886) 7월 9일에 北帮 華商 聚昌東 등 號에서 공동명의로 稟文을 올려 고인이 된 于連會가 月捧所 都賈가 된 조선 관료 鄭仲伢과 합작해서 牛皮를 조달하게 되었지만, 鄭이 華商의 자금을 濫用했다는 고소 사건을 다루고 있다. 원세개는 조선의 署理督辦 徐相雨에게 照會를 보내어 조사케 하여 照覆을 받은 뒤 龍山理事 李蔭梧에게 札飭을 보내어 조사·처리케 했다.

7. 光緒 12년(1886) 7월 24일에 桑蠶局 司事 張春茂와 工人 등 19명이 연명으로 稟文을 올려 그해 3월부터 조선의 桑蠶局에서 일하면서 월급을 받았는데, 5~6월 두 달치를 받지 못한 사건을 다루고 있다.

8. 光緒 12년(1886) 10월부터 다음해 4월까지 淸商 張敬甫가 조선 정부를 대신해서 桑秧 5만 그루를 매입한 건과 관련해서 불거진 사기 사건을 다루고 있다. 光緒 13년(1887) 3월 16일에 張敬甫가 濫索의 혐의가 있고, 이를 張이 자인하여 洋銀을 갚기로 했다는 내용의 蠶桑總局總辦 德商 麥登司의 公函을 첨부한 朝鮮協辦內務府事管理農桑事務 李의 照會를 袁世凱에게 전달했다.

9. 光緒 16년(1890) 2월 7일(양력 2월 25일) 英國駐箚漢城總領事 希
가 袁世凱에게 照會를 보내어 손실분을 대신 추징해줄 것을 요
청한 사건을 다루고 있다. 즉 漢城 怡泰號 내의 雲逢岸이 1889년
9월에 合同을 작성하여 영국의 總領事署를 대신해서 30만 장의
벽돌을 양력 12월 31일까지 조달하기 했는데, 약속을 지키지
않아, 520원의 손실을 입었다는 것이다. 合同의 抄本을 첨부한
照會를 받은 원세개는 다음 날인 8일 龍山商務 唐紹儀에게 札飭
을 내려 조사토록 지시했다.

10. 청과 영국 및 조선의 3국이 연계된 사건을 다루고 있다. 光緒
16년(1890) 10월 19일 唐紹儀는 원세개에게 稟文을 올려 "10월
13일에 華商 怡泰號의 稟文을 받았는데, 영국인 蚍兀伯이 대금
을 갚지 않았다며, 이는 조선정부가 급료를 주지 않았기 때문
이라지만, 무작정 기다릴 수 없으므로, 영국총영사관에 照會를
보내던지, 아니면 조선정부에 照會를 보내 그의 급여 가운데
321원을 제하든지 하기를 바란다는 내용이었기에, 조사해보
니, 이 안건은 배후에 영국인 奚路百士가 있었다"고 보고했다.
10월 21일 원세개는 조선 外署의 閔種默에게 照會를 보냈고,
11월 17일 閔種默은 照覆을 보내, 奚路百士가 조선정부에 電線
敎習으로 고용된 자로 1년 기한이 이미 1888년 12월에 만료되
었으며 급여를 모두 지급했다는 답변을 보냈다.

11. 織造局의 華工에 대한 급여를 지불하지 않은 데 대한 고소 사
건을 다루고 있다. 光緒 17년(1891) 10월 22일 閔種默은 代理交

涉通商事宜 唐紹儀에게 照會를 보내 "織造局 監董 全中基이 織造局이 중단된 지 반년이 되었지만 현재 수천 원에 이르게 된 급여를 지불해서 귀국토록 하는 것이 좋겠다는 稟文을 보내 이에 협조하겠다"고 다짐했다. 11월 2일 唐紹儀는 照覆을 보내어 華工들에게 급여를 수령하면 內渡하라고 했음을 밝혔다.

朝鮮人李泰俊被劫案

館藏號	01-41-030-4
全宗	總理各國事務衙門
系列	駐韓使館保存檔案
宗	袁世凱: 訴訟案件 4
冊	조선인 李泰俊이 약탈을 당한 안건(朝鮮人李泰俊被劫案)
생산시기	光緖 11년(1885) 11월~光緖 12년(1886) 8월
총면수	22
수발자	袁世凱, 金允植, 李鴻章, 周馥, 邵, 廣, 方

이 안건은 조선인 李泰俊이 중국인 해적들에게 해상에서 약탈을 당한 사건을 다루고 있다. 원고의 陳情書와 供述, 淸과 조선 양국 관원의 批文, 照會, 照覆, 申文, 咨文 등의 문서가 포함되어 있다.

안건의 주요 내용은 다음과 같다.

光緖 11년(1885) 11월 초에 京城居民 李泰俊은 황해도 長連에서 木花와 雜物을 사서 배에 싣고 돌아오다 11월 2일 새벽에 瓮津 葛項浦에서 무기를 들고 배에 올라탄 중국인 6명에게 貨物을 강탈당했다. 사건 해결에 협조를 구한 督辦 金允植의 照會를 받은 袁世凱는 李鴻章에게 보고하는 한편 해적 체포를 위하여 청국의 天津兵備道, 蘇松太倉兵備道, 奉錦山海兵備道, 山東登萊靑兵備道 등 4명의 兵備道에게 각각 咨文을 보내어 협조를 당부했다. 다만 범인 체포는 해를 넘겨서도 별다른 진전이 없었던 것으로 보인다.

元山姚令稟到劉家驤吞烟自盡一案卷

館藏號	01-41-030-5
全宗	總理各國事務衙門
系列	駐韓使館保存檔案
宗	袁世凱: 訴訟案件 5
冊	元山 姚令이 稟文을 올린 劉家驤이 아편을 먹고 자살한 한 안건에 대한 卷宗 (元山姚令稟到劉家驤吞烟自盡一案卷)
생산시기	光緖 12년(1886) 3월~동년 8월
총면수	98
수발자	姚文藻, 袁世凱, 李鴻章

이 안건은 淸國의 粵商 劉家驤의 자살한 사건을 다루고 있다. 稟文, 批文, 供述, 甘結, 사망진단서, 票(소환장), 申文, 帳簿明細書, 保狀, 具結, 受領狀, 札飭, 公函, 私函 등 각종 公·私文書 등이 포함되어 있다. 제목에서 '元山姚令'은 元山商務委員 姚文藻를 가리킨다.

안건의 주요 내용은 다음과 같다.

光緖 12년(1886) 3월 19일 새벽 5시에 淸國의 관리들과 粵商들이 지분을 나누어 설치한 元山의 米肆에서 職員 劉家驤(＝劉子珍)이 生아편을 먹고 자살을 기도하여 결국 당일 오후 3시에 사망했다. 劉家驤은 전임 元山商務委員(坐探委員)이었던 劉家驄의 동생이다. 즉 劉家驤은 家兄 劉家驄의 1천여 파운드를 虧空한 데 대하여 이를 책망하는 형의 서신을 받는 등 압박감을 이기지 못하고 결국 스스로 생을 마감했던 것이다. 다만 이 사건의 배후에는 다른 동료 직원과의 알력도 개재

되어 있는 데다가 조선 주재 청국 관리들까지 米肆에 대한 지분 소
유 등이 얽혀 있었다. 이 사건을 접한 현임 원산상무위원 姚文藻는
공식적인 보고서 외에 密稟 형식으로 袁世凱에게 보고서를 올려 '非
官非商'으로 중국의 體統을 잃은 것으로 판단한 전임 劉家驄을 원흉
으로 지목했을 뿐 아니라 陳觀察도 관련이 있을 듯하다며, 조속한 처
리가 불가피하다는 의견을 피력했다.

審訊各案并洋員雇工各雜訟卷

館藏號	01-41-030-6
全宗	總理各國事務衙門
系列	駐韓使館保存檔案
宗	袁世凱: 訴訟案件 6
冊	審訊한 각 안건 및 洋員과 雇工이 각각 고소한 안건에 관한 卷宗 (審訊各案并洋員雇工各雜訟卷)
생산시기	光緒 12년(1886) 3월~동년 10월
총면수	15
수발자	袁世凱, 貝德祿

이 안건은 중국인과 조선인 사이에 벌어진 구타 사건 2건과 영국인과 중국인이 서로 구타한 1건 등 모두 3개의 사건을 다루고 있다. 원고, 피고, 참고인 등의 供述, 點單, 청국과 영국 양국 관원의 公函 등의 문서가 포함되어 있다.

안건의 주요 내용은 다음과 같다.

1. 光緒 12년(1886) 3월에 美國公館에서 요리사를 맡고 있던 廣東 靑州府 출신의 王阿福이 公館에서 친구를 만나 차를 마시다가 '高麗의 아이'와 싸움이 벌어져 서로 구타한 사건을 다루고 있다. 王阿福이 잘못을 인정하는 선에서 사건이 해결되었다.

2. 光緒 12년(1886) 5월에 廣東 靑州府 출신의 黃在福이 金明和가 운영하는 酒店에 가서 술을 마시다가 定婚 관계였던 조선인 李順

和를 구타했다는 혐의로 李順和로부터 고소를 당한 사건을 다루고 있다. 구타에 대해서는 무고로 인정받는 대신 李順和 딸과의 결혼을 포기하는 선에서 사건이 마무리되었다.

3. 光緒 12년(1886) 10월에 英國公館人 熊清泉과 清의 轎夫 王長清이 영국 공관에서 서로 구타한 사건을 다룬 것이다. 王長清이 소란을 피운 데 대하여 杖 200에 처하고 사과하는 것으로 사건을 종결시켰다.

朝人姜德俊控華商牟文殿一案

館藏號	01-41-030-7
全宗	總理各國事務衙門
系列	駐韓使館保存檔案
宗	袁世凱: 訴訟案件 7
册	조선인 姜德俊이 華商 牟文殿을 고소한 한 안건(朝人姜德俊控華商牟文殿一案)
생산시기	光緒 12년(1886) 9월~光緒 13년(1887) 10월
총면수	19
수발자	袁世凱, 李蔭梧, 金允植

이 안건은 조선인 姜德俊이 淸商 牟文殿을 고소한 사건을 다룬 것
이다. 원고의 陳情書, 청과 조선 양국 관원의 札飭, 公函, 詳文, 照會,
照覆 등의 문서가 포함되어 있다.

안건의 주요 내용은 다음과 같다.

光緒 12년(1886) 9월에 경기도 西江民 姜德俊의 점포에 北帮 公和順
號 소속의 華商 牟文殿이 조선인 李元用과 함께 米 838石을 맡겨두었
다가 후에 李元用이 標를 가지고 와서 米를 받아가서 羅啓春에게 팔
았다. 牟文殿이 米價를 상환토록 하면서 문제가 불거졌다. 李元用 등
이 米價를 갚지 않고 달아나버렸던 것이다. 결국 관련자 체포와 조사
가 이어지게 되었다.

華船在海州馬山浦滋事卷

館藏號	01-41-030-8
全宗	總理各國事務衙門
系列	駐韓使館保存檔案
宗	袁世凱: 訴訟案件 8
冊	華船이 海州의 馬山浦에서 분란을 벌인 안건에 관한 卷宗 (華船在海州馬山浦滋事卷)
생산시기	光緒 13년(1887) 4월~동년 4월
총면수	43
수발자	金允植, 袁世凱, 李田, 夏維翰, 李鴻章, 趙敬夏, 奎

이 안건은 중국 선박 수십 척이 황해도 海州 馬山浦에 상륙하여 약
탈하고 촌민을 구타하는 등의 소란을 일으킨 사건을 다루고 있다.
照會, 照覆, 札飭, 稟文, 批文, 牒報, 告示, 咨文 등의 각종 공문서가 포함
되어 있다.

안건의 주요 내용은 다음과 같다.

黃海道觀察使 趙敬夏의 牒報에 의하면, 光緒 13년(1887) 3월에 海州
馬山浦에 중국선 수십 척이 와서 상륙한 뒤 村庄에 들어와 약탈하고,
저항하는 촌민 4~5명을 구타하고 1명을 잡아갔다. 조사 결과 문제
의 중국선박은 山東과 奉天에서 출항한 것으로 밝혀졌기 때문에 李鴻
章은 東海山海關兵備道에게 조사를 지시하는 한편 總理衙門에 咨文을
보내 협조를 구했다.

元山坐探委員稟報縛打日本商人卷

館藏號	01-41-030-9
全宗	總理各國事務衙門
系列	駐韓使館保存檔案
宗	袁世凱: 訴訟案件 9
冊	元山의 坐探委員이 稟報한 日本商人을 묶고 구타한 안건에 관한 卷宗 (元山坐探委員稟報縛打日本商人卷)
생산시기	光緖 13년(1887) 6월~光緖 14년(1888) 3월
총면수	99
수발자	吳仲賢, 袁世凱, 趙秉式, 奎, 李鴻章

이 안건은 함흥 일대에서 일본 상인이 청국인과 조선인들에게 묶이고 구타를 당한 사건을 다루고 있다. 사건 관련자의 供述 외에 청과 조선 양국 관원의 申文, 稟文, 批文, 照會, 照覆, 札飭, 咨文, 詳文, 移文 등의 문서가 포함되어 있다.

안건의 주요 내용은 다음과 같다.

光緖 13년(1887) 6월에 일본 상인 宮崎信吉과 山下淸一郞 등은 함흥에서 4里 거리의 어촌에서 투숙 중에 淸國人 3명과 조선인 13명에게 묶이고 구타를 당하며 물건까지 빼앗겼다는 것이다. 다만 중국인이 데리고 간 조선인 朴守凡과 徐守觀에게서 받은 공술 내용과는 다소 차이가 있었다. 이에 양측의 대질신문이 불가피하게 되었다. 한편 중국인 용의자가 체포되었다는 東邊道 奎의 咨文이 도착했다. 이 사건은 일본의 부영사 渡邊가 照會를 보내는 등 중국으로서는 中日 양

국의 交涉에 관련된 안건으로서 비교적 중시한 듯한데, 다만 본 사건
과 관련해서 양력과 음력의 날짜가 어긋나는 것이 중국 측에 유리한
증거로 제시되는 등 자못 흥미로운 내용이 포함되어 있다.

德商世昌行控陳同書侵吞韓電款

館藏號	01-41-030-10
全宗	總理各國事務衙門
系列	駐韓使館保存檔案
宗	袁世凱: 訴訟案件 10
冊	德商 世昌行에서 陳同書가 韓電의 款을 侵吞했다고 고소함 (德商世昌行控陳同書侵吞韓電款)
생산시기	光緒 14년(1888) 3월~동년 5월
총면수	14
수발자	唐紹儀, 袁世凱, 洪子彬, 李蔭梧

이 안건은 독일 世昌洋行이 龍山商務委員 陳同書가 조선 電局의 운영 과정에서 부당한 이익을 취했다며 고소한 사건을 다루고 있다. 청국 관원의 稟文, 批文 등의 문서가 포함되어 있다.

안건의 주요 내용은 다음과 같다.

光緒 14년(1888) 3월에 독일 世昌洋行은 洋務委員兼理飜譯 唐紹儀를 통하여 龍山商務委員 陳同書이 조선정부로부터 電線 부설 노동자의 임금과 교통비를 부당하게 강요하여 받아냈다고 고발했다. 다만 陳同書의 주장과는 상당히 큰 차이가 있었기 때문에 袁世凱는 洪子彬에게 다시 조사할 것을 지시했고, 李蔭梧에게 따로 인천에서 비밀리에 다시 조사할 것을 지시했다.

華商鮑豊緖等擅入朝文廟札飭提究示案

館藏號	01-41-030-11
全宗	總理各國事務衙門
系列	駐韓使館保存檔案
宗	袁世凱: 訴訟案件 11
冊	華商 鮑豊緖 등이 조선의 文廟를 함부로 들어가 札飭을 내려 소환하여 조사하도록 하고 告示를 한 안건(華商鮑豊緖等擅入朝文廟札飭提究示案)
생산시기	光緖 15년(1889) 1월~동년 2월
총면수	15
수발자	趙秉式, 袁世凱, 洪子彬

이 안건은 중국 상인 鮑豊緖 등이 조선의 文廟에 멋대로 들어가 소란을 피운 사건을 다루고 있다. 청국과 조선 양국 관원의 照會, 照覆, 札飭, 申文 등의 문서가 포함되어 있다.

안건의 주요 내용은 다음과 같다.

光緖 15년(1889) 1월 12일 오전에 중국 상인 鮑豊緖 등 3명은 성균관의 文廟를 멋대로 들어갔고, 이를 막는 門僕들을 돌로 때려 그중 한 명이 중상을 입혔다. 16일 성균관 측에서는 龍山理事 洪子彬에게 漢城棧의 南北帮 華商을 조사해서 범인을 찾아 엄벌에 처해달라고 요청했다. 조사 결과 鮑豊緖은 폭행 부분을 부인했지만, 그 외의 사안은 인정했고, 이후 중국인들이 멋대로 돌아다니며 분란을 일으키지 말도록 금하는 내용의 告示를 내릴 것을 결정했다. 한편 나머지 범인 趙丙漢과 張貴賢은 이미 인천에서 배를 타고 烟臺로 돌아갔기 때문에 漢城으로 돌아오면 조사하기로 결정하고 사건은 종결되었다.

華商德興號夥被人焚斃命并照催緝犯案

館藏號	01-41-030-12
全宗	總理各國事務衙門
系列	駐韓使館保存檔案
宗	袁世凱: 訴訟案件 12
冊	華商 德興號의 夥伴이 불에 타고 살해당하여 범인 체포를 독촉한 안건 (華商德興號3被人焚斃命并照催緝犯案)
생산시기	光緒 15년(1889) 5월~光緒 16년(1890) 1월
총면수	103
수발자	袁世凱, 趙秉稷, 李鴻章, 洪子彬, 閔種默, 唐紹儀

이 안건은 중국 상인의 德興號 소속 夥伴이 불에 타서 살해당한 사건을 다루고 있다. 목격자의 甘結 외에 청국과 조선 양국 관원의 稟文, 批文, 札飭, 諭飭, 照會, 告示, 照覆 등의 문서가 포함되어 있다.

안건의 주요 내용은 다음과 같다.

光緒 15년(1889) 5월 5일에 廣幇 德興號 소속의 鄭翼之는 당일 戌刻 8시에 출타하여 亥刻 10시에 鐘路에 위치한 德興號로 돌아왔는데, 후면의 방에서 불이 났고, 夥伴 鄭輝가 쓰러져 바로 總署에 신고하고, 조선과 일본인들의 도움으로 불을 껐지만, 鄭輝는 이미 죽었고, 몸에 칼에 베인 상처 등이 있었으며, 그 외에 銀錢 등 모두 8천 수백 원어치가 사라졌다고 신고했다. 이후 범인 체포에 나섰지만, 별다른 진전이 없자 현상금을 500원에서 배로 늘려 1,000원으로 확정한 告示를 漢城의 鐘樓 4門과 仁川에 각각 게시했다. 그럼에도 별다른 진전이

없자 唐紹儀의 건의에 따라 조선의 外署에 배상금을 요구하기로 했
다. 한편 본 안건의 문서 가운데 白曾煊이 올린 稟文에는 시신에 대
한 조선 仵作 및 미국 의사의 驗單과 그림이 첨부되어 있는데, 시신
에 대한 생생한 그림이 흥미롭다.

華商于晏堂違章貿易貨物入韓官充公等情案

館藏號	01-41-030-13
全宗	總理各國事務衙門
系列	駐韓使館保存檔案
宗	袁世凱: 訴訟案件 13
册	華商 于晏堂이 章程을 어기고 무역한 貨物을 朝鮮 官府에 들이어 공용으로 충당한 등의 안건(華商于晏堂違章貿易貨物入韓官充公等情案)
생산시기	光緒 15년(1889) 9월~동년 10월
총면수	42
수발자	閔種默, 袁世凱, 唐紹儀, 盛宣懷, 李鴻章

이 안건은 중국 상인의 于晏堂이 章程을 어기고 불법으로 무역한 물품을 조선의 官府에 들이어 공용으로 삼도록 한 사건을 다루고 있다. 華商의 合同과 供述 및 華船査驗記 외에 청국과 조선 양국 관원의 照會, 稟文, 咨文, 批文, 照覆 등의 문서가 포함되어 있다.

안건의 주요 내용은 다음과 같다.

光緒 15년(1889) 8월에 미개항 지역인 長淵 苔灘浦로 잠입한 淸商 于晏堂이 체포되어 압수한 貨物 명세서와 함께 압송되었다. 袁世凱는 于晏堂의 체포는 당연하지만, 선박을 압류하고 貨物을 몰수한 것은 부당하다며 조선 外署에 항의했다. 조선의 지방관들이 收稅한 것에 대해서도 문제를 제기하며 관련자의 문책을 요구했다. 조선 측에서는 지방관들에 대한 처벌을 약속하고, 선박은 되돌려 주었지만 貨物은 압류하여 공용으로 충당할 것임을 밝혔다. 원세개는

이 사건이 定章에 완전히 어긋난 것은 아니라며 약간의 문제제기를
했지만, 기본적으로 조선의 조치를 이해하는 선에서 사건을 종결
처리했다.

華商買官參稟控各案

館藏號	01-41-030-14
全宗	總理各國事務衙門
系列	駐韓使館保存檔案
宗	袁世凱: 訴訟案件 14
冊	華商이 매입한 官蔘에 대하여 稟控한 각 안건(華商買官參稟控各案)
생산시기	光緒 15년(1889) 9월~동년 10월
총면수	15
수발자	閔種默, 袁世凱, 唐紹儀, 丁得朋

이 안건은 중국 상인이 官蔘을 매입한 뒤 그 대금의 미납에 대하여 고소한 사건을 다루고 있다. 청국과 조선 양국 관원의 照會, 稟文, 批文, 照覆, 札飭 등의 문서가 포함되어 있다.

안건의 주요 내용은 다음과 같다.

光緒 14년(1888) 6월에 義州府에서 조선인 尹奎燮은 官蔘 6천 근을 淸商의 和豊局과 廣信號에 팔았는데, 和豊局은 완납했지만, 廣信號 주인 張永淸은 蔘價 3만 8천여 량 가운데 1만 7천여 량을 미납해서 10여 개월이 흘렀지만 핑계를 대면서 미납했다며 고소했다. 張永淸은 尹奎燮의 부탁으로 紅蔘 3,500근을 수령해서 九連城에 가서 팔기로 했고, 원래 紅蔘을 팔 때에는 銀의 憑票가 있어야 하는데, 轉賣였기에 收票만 주고 憑票는 주지 않았는데, 7월 초하루에 갑자기 大雨의 피해를 당하여 蔘의 값이 크게 떨어졌고, 尹의 동의하에 9월에 各口에서 나누어 팔았는데, 아직 팔지 못한 것이 있어 淸算하지 못했을 뿐이라며 주장했다. 袁世凱는 원고와 피고의 주장이 다르므로 대질신문이 불가피하다며, 관련자들을 소환해서 철저히 조사할 것을 요구했다. 이후 어떻게 결론이 나왔는지는 알 수 없다.

華商耿照賓等赴內地採辦土貨被劫

館藏號	01-41-030-15
全宗	總理各國事務衙門
系列	駐韓使館保存檔案
宗	袁世凱: 訴訟案件 15
冊	華商 耿照賓 등이 內地로 가서 土貨를 採辦하다 강탈을 당함 (華商耿照賓等赴內地採辦土貨被劫)
생산시기	光緒 15년(1889) 12월~光緒 16년(1890) 5월
총면수	57
수발자	閔種黙, 袁世凱, 唐紹儀

이 안건은 중국 상인 耿熙賓 등이 경기도에 가서 토산물을 採辦하다 강도들에게 약탈을 당한 사건을 다루고 있다. 청국과 조선 양국 관원의 公函, 稟文, 批文, 照會, 失物單, 差定帖(소환장), 照覆, 札飭, 詳文 등의 문서가 포함되어 있다.

안건의 주요 내용은 다음과 같다.

光緒 15년(1889) 12월에 華商 耿熙賓은 護照를 받고 郭照揚과 耿乾發을 대동하여 경기도에 가서 토산물을 採辦하고 陽城縣에 이르러 村店에 夜宿했는데, 夜半에 강도 10여 명이 문을 부수로 들어와 貨物과 現錢 등을 빼앗고, 郭과 耿 2명은 중상을 당했다. 후에 범인 일부가 체포되어 심문한 결과 피해의 내용에 다소의 차이가 있었다. 무엇보다 그 후 몇 개월이 흘렀지만, 달아난 범인들의 체포가 늦어지고 배상도 받지 못하게 되자 원세개는 사건의 조속한 마무리를 독촉하는 공문을 조선 外署에 보냈다.

仁川海關為德國人馬士毆打華工劉延壽等照會外署將馬士革斥

館藏號	01-41-030-16
全宗	總理各國事務衙門
系列	駐韓使館保存檔案
宗	袁世凱: 訴訟案件 16
冊	仁川 海關에서 독일인 馬士가 華工 劉延壽 등을 구타했다는 이유로 朝鮮外署에 照會를 보내어 馬士를 파면함(仁川海關為德國人馬士毆打華工劉延壽等照會外署將馬士革斥)
생산시기	光緒 16년(1890) 4월~동년 11월
총면수	87
수발자	洪子彬, 口麟, 袁世凱, 李鴻章, 盧祖華, 閔種黙

이 안건은 인천 海關에서 독일인 馬士가 華工들을 구타한 사건을 다루고 있다. 사건 관련자의 供述 외에 청국과 조선 및 독일 영사의 稟文, 公函(抄本), 批文, 照會, 札飭 등의 문서가 포함되어 있다.

안건의 주요 내용은 다음과 같다.

光緒 16년(1890) 4월 17일 오전 6시경에 仁川 租界 내에서 폭행 사건이 일어났다. 즉 南首 吳禮堂은 자신의 집에서 華工들을 고용해서 우물을 파고 있었는데, 朝鮮 總稅務司 扦字手로 근무하고 있던 독일인 馬士가 갑자기 院內로 뛰어 들어와 나무 몽둥이로 華工 劉延壽, 刁有開, 孫二奎 등을 구타하고 돌을 던지는 등의 소동이 벌어졌다. 吳禮堂의 房屋에 거주하던 仁川海關의 譯員인 盧祖華가 사건 직후에 소동의 緣由를 듣고 仁川商務委員 洪子彬에게 신고했고, 房主 吳禮堂도 별도로 洪子彬에게 公函을 보내 하소연을 했다. 洪子彬은 袁世凱에게 보고하

는 한편 독일 領事 口麟에게 공식, 비공식의 문건을 교환하면서 馬士
에 대한 처벌을 요구했으나, 독일 영사는 처음에는 구타 사실을 부
인하고, 후에는 자국의 법령을 따를 것을 주장하는 등 시종 소극적
으로 대응하는 자세를 견지했다. 袁世凱는 李鴻章에게 보고하는 한편
조선 督辦 閔種黙에게 照會를 보내어 總稅務司에게 馬士를 조사해서
엄중히 처벌할 것을 요청하여 결국 扦字手에서 馬士를 축출했다.

朝鮮平安道端川礦被賊劫金斃七命轉咨嚴緝卷

館藏號	01-41-030-17
全宗	總理各國事務衙門
系列	駐韓使館保存檔案
宗	袁世凱: 訴訟案件 17
冊	朝鮮 平安道 端川礦에서 마적에게 金을 강탈당하고 7명이 목숨을 잃어 轉咨를 보내 엄히 체포토록 한 안건에 관한 卷宗(朝鮮平安道端川礦被賊劫金斃七命轉咨嚴緝卷)
생산시기	光緒 13년(1887) 10월~光緒 17년(1891) 9월
총면수	60
수발자	袁世凱, 李鴻章, 盛宣懷, 陳同書, 洪子彬, 汪守備, 閔種默, 奭, 唐紹儀

이 안건은 홍삼밀매와 중국 마적 사건을 다루고 있다. 청국과 조선 양국 관원의 稟文, 批文, 稟文, 照覆, 札飭, 詳文, 照會 등의 문서가 포함되어 있다.

안건의 주요 내용은 다음과 같다.

1. 光緒 13년(1887) 8월에 인천 海關에서 중국 산동 출신 馬宗耀가 紅蔘을 몰래 운반하려다 적발되었다. 이홍장의 지시에 따라 원세개는 관련자 체포에 나서는 한편 馬宗耀를 산동 登萊靑兵備道에게 보낸 뒤 原籍으로 압송했다.

2. 光緒 16년(1890) 6월에 중국의 馬賊들 수십 명이 갑자기 평안도 端川礦에서 들이닥쳐 7인을 살해하고 金 320량을 강탈했다. 원세개는 혐의자 색출을 위해 東邊兵備道의 협조를 공문을 보냈다.

光緒 17년(1891) 9월에는 代理交涉通商事宜 唐紹儀가 평안도 단
천과 東邊道 通化縣의 거리가 멀다는 점 등을 들면서 조선 측의
주장에 다소의 이의를 제기하기도 했다.

遵札照會韓政府轉飭慶興府將戕斃華商之兇犯緝獲解究

館藏號	01-41-030-18
全宗	總理各國事務衙門
系列	駐韓使館保存檔案
宗	袁世凱: 訴訟案件 18
冊	札文에 따라 朝鮮 정부에 照會하여 慶興府에 轉飭하여 華商을 戕斃한 흉악범을 체포·압송하여 철저한 조사를 하도록 함(遵札照會韓政府轉飭慶興府將戕斃華商之兇犯緝獲解究)
생산시기	光緒 16년(1890) 8월~동년 9월
총면수	22
수발자	李鴻章, 袁世凱, 沈舜澤

이 안건은 이홍장의 札飭에 따라 조선의 의정부에 照會를 보내어 慶興府에 轉飭하여 중국 상인을 죽인 흉악범을 체포·압송하여 철저한 조사를 하도록 한 사건을 다루고 있다. 청국과 조선 양국 관원의 札飭, 照會, 照覆, 詳文, 批文 등의 문서가 포함되어 있다.

안건의 주요 내용은 다음과 같다.

光緒 16년(1890) 6월 23일에 慶興府에서 술을 팔고 있었던 華商 趙春發이 돌연 살해되었는데, 사건 발발 6일 전인 17일에 그는 慶興府 金禹鉉 府使의 轎夫와 술값 문제로 말다툼이 있었던 것으로 밝혀졌다. 袁世凱는 조선의 議政府에 照會를 보내어 범인 체포에 협조를 요청했다. 이 문제에 관련하여 양측 사이에 몇 차례의 공문이 오고 갔는데, 그 결말은 나와 있지 않다.

遵電轉飭將奧商奇歷士拿獲移交禁辦等情

館藏號	01-41-030-19
全宗	總理各國事務衙門
系列	駐韓使館保存檔案
宗	袁世凱: 訴訟案件 19
册	전보에 따라 轉飭하여 奧商 奇歷士를 체포하여 넘겨서 禁辦하도록 함 (遵電轉飭將奧商奇歷士拿獲移交禁辦等情)
생산시기	光緒 16년(1890) 7월~동년 12월
총면수	36
수발자	袁世凱, 洪子彬, 李鴻章

이 안건은 袁世凱의 전보에 의거하여 轉飭하여 오스트리아 상인 奇歷士를 인천에서 체포하여 渡日하지 못하도록 한 사건을 다루고 있다. 사건관련자의 供述 외에 청국 관원의 稟文, 電報, 公牘(抄本), 照會, 批文, 札飭 등의 문서가 포함되어 있다.

안건의 주요 내용은 다음과 같다.

光緒 16년(1890) 7월에 인천에서 일본의 巡捕가 清國의 帆船을 수색하여, 변장을 한 洋人을 체포하려 한 일이 발생했다. 조사 결과 安徽省 蕪湖 茂隆行의 오스트리아 상인 克勒卜士가 銀(花紅 1천 원)을 착복하고 民船을 타고 烟臺로 달아났는데, 연대에서 다시 威海를 거쳐 인천으로 온 뒤 오사카로 가려했던 것임이 밝혀졌다. 결국 인천상무위원 洪子彬은 해관에서 적발된 奇歷士와 王慶佑을 체포하여 넘기고, 船戶 呂長順은 별 혐의가 없으니 保狀을 받고 석방한 뒤 이를 원세개

에게 보고했다. 이 사건은 중국 외에도 각국의 외교관들의 주의를
받게 되는데, 예를 들어, 중국의 總理各國通商事務衙門, 北洋大臣 외에
일본 領事, 독일의 大臣 巴, 駐上海 오스트리아 총영사 등에게 관련
공문이 전해졌다.

拿獲假冒差官勒騙之周明忠等訊辦咨辦卷

館藏號	01-41-030-20
全宗	總理各國事務衙門
系列	駐韓使館保存檔案
宗	袁世凱: 訴訟案件 20
冊	差官을 假冒하여 勒騙한 周明忠 등을 체포하여 訊問하도록 咨辦한 안건에 관한 卷宗(拿獲假冒差官勒騙之周明忠等訊辦咨辦卷)
생산시기	光緒 17년(1891) 1월~동년 2월
총면수	86
수발자	袁世凱, 閔種默, 朱允和, 李永太, 王開福, 盛宣懷, 李鴻章

이 안건은 差官이라먀 거짓 행각을 한 周明忠(林京城) 등의 사기 사건을 다루고 있다. 사건관련자의 供述. 保狀. 贓物 명세서 외에 청과 조선 양국 관원의 照會, 照覆, 札飭, 公函, 傳令, 咨文, 批文, 詳文 등의 문서가 포함되어 있다.

안건의 주요 내용은 다음과 같다.

光緒 16년(1890) 7월에 仁川電報分局 司事 胡紹瀛은 몰래 평양으로 간 뒤 이름을 바꿔 사기 행각을 벌이다 적발되었다. 袁世凱는 督辦 閔種默에게 照會를 보내어 체포된 공모자 林京城(周明忠)과 徐東山 등 3인을 구금한 뒤 差官 千總 朱允和를 보낼 것이니 평양 지방관에게 그를 기다리도록 알려줄 것을 당부했다. 또 황해도와 평안도는 通商이 불허된 곳이므로, 중국 선박이 들어가지 못하도록 할 것을 지시하는 한편 범인 체포를 위하여 千總 朱允和를 강원도와 평안도 일대에, 把

總 王開福을 평안도와 강원도 일대에 각각 보내 수색토록 했다. 한편
범인 3명은 漢城으로 보내어 조사토록 했다.

同順泰夥赴內地採買糧食被韓官扣留照會査辦案

館藏號	01-41-030-21
全宗	總理各國事務衙門
系列	駐韓使館保存檔案
宗	袁世凱: 訴訟案件 21
册	同順泰 夥伴이 內地에 가서 양식을 採買하다가 韓官에게 扣留되어 査辦하도록 照會를 보낸 안건(同順泰夥赴內地採買糧食被韓官扣留照會査辦案)
생산시기	光緒 17년(1891) 3월~光緒 19년(1893) 11월
총면수	74
수발자	唐紹儀, 袁世凱, 閔種黙, 趙秉稷, 劉永慶, 金鶴鎭, 李應畯, 劉永慶, 吳仲賢

이 안건은 同順泰 夥伴이 황해도에 가서 양식을 구매해서 인천으로 운반하려다 조선의 지방관에게 발각·억류된 사건을 다루고 있다. 청과 조선 양국 관원의 稟文, 批文, 照會, 公函, 照覆, 札飭, 詳文 등의 문서가 포함되어 있다.

안건의 주요 내용은 다음과 같다.

光緒 17년(1891) 3월에 淸國의 同順泰號 소속 夥伴은 황해도에 가서 양식을 구매해서 인천으로 운반하려 했다. 그런데 조선 지방관은 護照 내에 水路 이용에 대한 규정이 없다는 이유로 운송을 막고, 稅局을 설치하여 세금을 징수했다. 同順泰의 고소를 접한 唐紹儀는 袁世凱에게 稟文을 올려 조선 外署에 照會를 보내어 거둔 세금은 돌려주고, 육로와 수로 상관없이 구매 운송토록 해주기를 청했다. 조선의 督辦 閔種黙은 稅局 설치는 定章을 이해하지 못한 것이므로 책임자를 단속하도록 조치할 것임을 약속했다. 그로부터 약 2년 뒤에 다시 유사한 사건이 발생했다. 즉 光緒 19년(1893) 4월에 역시 同順泰 夥伴 何英傑 등이 전라도에서 양식을 구입했는데, 10월에 이르러 唐紹儀는 다시 조선에서 미곡의 외국 유출을 금지한다 하니 조선 外署에 照會를 보내 동순태 측이 인천과 漢城으로 운반하는 데 협조를 구할 것을 요청했다. 署理督辦 金은 협조를 약속하는 한편 인천, 부산, 원산 세 항구에서 발급하는 船票 외에는 불법으로 간주할 것임을 밝혔다. 이에 대하여 원세개는 세 항구의 商務委員에게 각각 札飭을 보내 주의를 환기시키도록 했다.

華商在內地控追賠貨貨價並照提店主卷

館藏號	01-41-030-22
全宗	總理各國事務衙門
系列	駐韓使館保存檔案
宗	袁世凱: 訴訟案件 22
册	華商이 內地에서 賠貨와 貨價를 控追하고 아울러 店主를 照提한 안건에 관한 卷宗(華商在內地控追賠貨貨價並照提店主卷)
생산시기	光緒 17년(1891) 9월~光緒 20년(1894) 4월
총면수	180
수발자	閔種黙, 袁世凱, 唐紹儀, 趙秉稷, 劉永慶, 南廷哲, 金鶴鎭

이 안건은 중국 상인들이 公州 등 조선의 내지에서 조선인들에게 사기를 당하는 사건을 다룬 것이다. 華商들의 稟文과 供述 외에 청과 조선 양국 관원의 照會, 照覆, 公函, 札飭, 詳文, 稟文, 批文, 諭示 등의 문서가 포함되어 있다.

안건의 주요 내용은 다음과 같다.

1. 光緒 17년(1891) 8월 1일에 山東 登州府 출신의 華商 劉安居 등은 仁川 倉村 金化 西家에서 白米 등 57석을 매입하여 배에 싣고 돌아가다 9일 밤 파도가 심하여 20여 리 간 뒤 정박했는데, 攤賣, 抑賣, 徵賣는 물론 조선인을 구타하는 등의 소란을 피웠다.

2. 光緒 17년(1891) 11월에는 華商 同順泰號 소속의 夥伴이 公州 지방에 가서 장사를 하다가 조선 상인 崔鳳値에게 대금을 사기당하는 사건이 벌어졌다.

3. 그 외에도 光緒 20년(1894) 4월에는 同順成號 소속의 夥伴이 公
   州 지방에서 조선인 金致長 등에게 사기를 당했다. 이상의 각종
   유사 사건에 대하여 배상 및 貨物의 값을 추징하도록 하고, 아
   울러 공주 지방의 金致長 등 3명을 解送토록 하는 공문을 보내
   협조를 구했다.

漢城府少尹示禁韓人昂價賣與華商房屋照請改銷卷

館藏號	01-41-030-23
全宗	總理各國事務衙門
系列	駐韓使館保存檔案
宗	袁世凱: 訴訟案件 23
冊	漢城府少尹이 조선인이 값을 올려 華商에게 房屋을 파는 것을 금하는 告示를 章程에 비추어 삭제를 요청하는 안건에 관한 卷宗(漢城府少尹示禁韓人昂價賣與華商房屋照請改銷卷)
생산시기	光緒 17년(1891) 12월~光緒 18년(1892) 2월
총면수	12
수발자	唐紹儀, 沈舜澤, 閔種黙, 李鴻章

이 안건은 漢城府少尹이 포고한 榜文이 章程에 어긋난다는 淸國의 항의를 받고 榜文告示를 철회한 사건을 다루고 있다. 청과 조선 양국 관원의 照會, 照覆, 稟文, 批文 등의 문서가 포함되어 있다.

안건의 주요 내용은 다음과 같다.

光緒 17년(1891) 12월에 漢城府少尹은 조선인이 값을 올려 중국 상인에게 건물을 파는 것을 금하는 榜文을 고시했다. 代理交涉通商事宜 唐紹儀는 華商이 漢城에서 건물을 구입하거나 임대할 수 있다는 章程의 규정을 무력화시키는 결과를 초래한다고 생각했다. 이에 唐紹儀는 朝鮮의 議政府와 外署에 照會를 보내어 그 榜文의 개정 내지 삭제를 요청했다. 결국 조선 측은 문제의 榜文 고시를 철회함으로써 사태는 일단락되었다.

華人劉永貴、孫達廷、初學仁等被盜劫死亡案

館藏號	01-41-030-24
全宗	總理各國事務衙門
系列	駐韓使館保存檔案
宗	袁世凱: 訴訟案件 24
冊	華人 劉永貴, 孫達廷, 初學仁 등이 강도에게 약탈당하고 사망한 안건 (華人劉永貴、孫達廷、初學仁等被盜劫死亡案)
생산시기	光緒 18년(1892) 3월~光緒 19년(1893) 2월
총면수	135
수발자	唐紹儀, 閔種默, 袁世凱, 李鴻章, 洪子彬, 劉永慶, 李, 趙秉稷

이 안건은 중국 상인 劉永貴, 孫達廷, 初學仁 등이 각각 조선의 강도에게 약탈을 당하고 결국 사망한 3가지 사건을 다루고 있다. 사건 관련자의 稟文, 供述 외에 청과 조선 양국 관원의 批文, 照會, 照覆, 詳文, 稟文, 札飭, 告示, 申文 등의 문서가 포함되어 있다.

안건의 주요 내용은 다음과 같다.

光緒 18년(1892) 3월에 華商 同順泰號 夥伴은 인천에서 배 1척을 빌어 면화 등을 싣고 漢城으로 운송하다가 조선의 배 1척을 만나 강도들에게 약탈당하고 水手 劉永貴가 총을 맞아 중상을 당해 결국 사망했다. 또 같은 3월에 중국 상인 孫達廷이 충청도 洪州 지방에 가서 柴薪을 매입하여 돌아오다가 해적을 만나 바다에 빠져 익사했다. 光緒 19년(1893) 2월에 중국 상인 初學仁이 조선인 閔仁信 등이 던진 돌에 맞아 사망했다.

　이상의 세 가지 사건에 대하여 청국 측에서는 조선 측에 공문을 보내어 범인 색출 및 처벌을 요구했다. 조선 측은 일부 범인을 체포하여 處決했고, 일부 범인을 추격·체포하여 조사 처벌할 것임을 밝혔다. 한편 피해자 劉永貴는 劉榮貴라고 표기되어 있기도 하다.

東興號在仁關失絲貨一件照飭查賠卷

館藏號	01-41-030-25
全宗	總理各國事務衙門
系列	駐韓使館保存檔案
宗	袁世凱: 訴訟案件 25
冊	東興號가 인천 海關에서 絲貨를 遺失한 一件에 대하여 章程에 근거하여 조사해서 배상토록 한 안건에 관한 卷宗(東興號在仁關失絲貨一件照飭查賠卷)
생산시기	光緒 18년(1892) 6월~光緒 19년(1893) 8월
총면수	62
수발자	洪子彬, 袁世凱, 閔種默, 馬根, 史納機, 趙秉稷

이 안건은 華商 東興號가 인천 海關에서 絲貨를 유실한 사건을 다루고 있다. 사건 관련자의 稟文, 供述 외에 청과 조선 양국 관원의 稟文, 照會, 照覆, 札飭, 批文, 公文 등의 문서가 포함되어 있다.

안건의 주요 내용은 다음과 같다.

光緒 18년(1891) 5월에 중국 상인의 東興號가 5월 19일 인천 해관에서 絲貨를 遺失하게 되자 稅司에게 公函을 보내 배상하도록 했다. 즉 조선 外署에 照會를 보내 總稅司에게 仁川稅司로 하여금 조사해서 배상토록 한 것이다. 그런데 조선 外署는 중국 상인이 세금을 내지 않아 배상하기 어렵다는 입장을 밝혔다.

邊匪張德成等來韓滋擾搶奪案

館藏號	01-41-030-26
全宗	總理各國事務衙門
系列	駐韓使館保存檔案
宗	袁世凱: 訴訟案件 26
冊	邊匪 張德成 등이 조선에 와서 소요를 일으키고 강탈한 안건 (邊匪張德成等來韓滋擾搶奪案)
생산시기	光緖 18년(1892) 6월~光緖 19년(1893) 11월
총면수	95
수발자	閔種黙, 袁世凱, 李鴻章, 奭, 吳仲賢, 趙秉稷, 南廷哲, 金鶴鎭

이 안건은 중국 변방의 匪賊 張德成 등이 무기를 들고 조선 함경도 지역에 와서 조선인을 공격하여 돈을 강탈한 사건을 다루고 있다. 청과 조선 양국 관원의 照會, 電文, 照覆, 稟文, 批文, 札飭, 詳文, 咨文 등의 문서가 포함되어 있다.

안건의 주요 내용은 다음과 같다.

光緖 18년(1892) 4월에 惠山鎭 일대 通化縣 변경 지대의 匪賊 張德成 등은 함경도 甲山府 일대에 와서 조선 상인의 돈을 강탈했다. 이 과정에서 조선인 金丙軒 등은 중상을 입었다. 비적 가운데 일부는 체포되었지만, 나머지는 달아났기 때문에 조선의 督辦 閔種黙은 袁世凱에게 照會를 보내어 그들을 체포하는 등의 협조를 구했다. 보고를 받은 李鴻章은 吉林將軍 裕, 琿春副都統, 東邊兵備道 奭 등에게 범인 색출 및 비적 근절에 나설 것을 지시했다.

朝鮮通事金麟奎在山海關道衙門控追參價卷

館藏號	01-41-030-27
全宗	總理各國事務衙門
系列	駐韓使館保存檔案
宗	袁世凱: 訴訟案件 27
冊	朝鮮 通事 金麟奎가 山海關道 衙門에서 官蔘 값을 받아내기 위해 고소한 안건에 관한 卷宗(朝鮮通事金麟奎在山海關道衙門控追參價卷)
생산시기	光緖 18년(1892) 7월~동년 8월
총면수	14
수발자	李鴻章, 袁世凱, 鄭範朝, 沈舜澤, 善聯

　　이 안건은 山海關道 아문에서 근무하던 조선 通事 金麟奎가 官蔘 판매와 관련해서 중국 상인들의 농간에 휘말려 관삼 값의 대부분을 받지 못하게 되자 이에 대하여 고소한 사건을 다루고 있다. 청과 조선 양국 관원의 札飭, 照會, 照覆, 申文, 咨文 등의 문서가 포함되어 있다.

　　안건의 주요 내용은 다음과 같다.

　　光緖 18년(1891) 6월에 淸國 大員 洪致三은 官蔘을 구입하여 九連城에서 營口舖商 玉升隆號에 주어 대신 210근을 팔도록 했다. 玉升隆號 執事 鄒華廷은 이를 經營口 恒盛泰號 집사 吳子玉을 통하여 順昌榮號 邵洛洪에게 4,170량(실제로는 4,044량 9錢)을 받고 팔았다. 그런데 조선 通事 金麟奎은 玉升隆號 執事 鄒華廷가 600량만 주고 나머지 3,044량 9전을 착복했다고 고소했다. 김인규의 고소에 별다른 문제가 없음을 확인한 원세개는 이를 이홍장에게 보고하는 한편 奉錦山海關兵備道 善聯에게 咨文을 보내어 사건 종결을 위한 상응의 조치를 취해줄 것을 요청했다.

鍾城、會寧各府使被民毆逐遵電照會韓政府擇賢明者派為該兩府使卷

館藏號	01-41-030-28
全宗	總理各國事務衙門
系列	駐韓使館保存檔案
宗	袁世凱: 訴訟案件 28
冊	鍾城과 會寧 등의 各 府使가 府民들에게 쫓거나 電文에 따라 조선 정부에 照會를 보내 賢明한 자를 가려 해당 두 지역의 府使로 파견하도록 한 안건에 관한 卷宗(鍾城、會寧各府使被民毆逐遵電照會韓政府擇賢明者派為該兩府使卷)
생산시기	光緒 18년(1892) 12월~동년 12월
총면수	9
수발자	趙秉稷, 袁世凱, 鄭範朝, 李鴻章

이 안건은 鍾城府使와 會寧府使가 각각 탐욕과 虐政으로 인하여 府民들에게 내쫓겨나게 되자 원세개가 이홍장의 지시에 따라 조선 정부에 照會를 보내어 보다 현명한 자를 뽑아 두 지역의 府使로 파견하도록 한 사건을 다루고 있다. 청과 조선 양국 관원의 公函, 電文, 照會, 稟文, 批文 등의 문서가 포함되어 있다.

안건의 주요 내용은 다음과 같다.

光緒 18년(1892) 9월에 會寧府使가 亂民들에게 쫓겨나 漢城으로 돌아갔다. 겨울에는 鍾城府使가 역시 民衆에게 쫓겨 王京으로 돌아갔다. 두 사건 모두 府使의 탐욕과 虐政이 대중의 분노를 야기한 것이었다. 이러한 사태에 대하여 원세개는 李鴻章의 지시에 따라 조선 정부에 현명한 자를 府使로 파견해줄 것을 요청했다.

華商李永泰等與韓人口角被韓官枷押派並前往查辦提訊卷

館藏號	01-41-030-29
全宗	總理各國事務衙門
系列	駐韓使館保存檔案
宗	袁世凱: 訴訟案件 29
冊	華商 李永泰 등이 조선인과 말다툼을 벌이다 조선 관원에게 枷押되는 일이 벌어지자 사람을 파견하여 현지에 가서 조사토록 하고, 華商들을 漢城으로 데려와 신문하도록 한 사건에 관한 卷宗(華商李永泰等與韓人口角被韓官枷押派並前往查辦提訊卷)
생산시기	光緒 19년(1893) 2월~동년 3월
총면수	33
수발자	袁世凱, 趙秉稷, 劉永慶, 唐紹儀

　이 안건은 중국 상인 李永泰 등이 강화도 일대에서 토산물을 사다가 조선인들과 분쟁을 벌이다가 현지의 조선 관원에게 붙잡혀 결국 칼 씌움을 당한 채 구금되는 일이 벌어지자 參將 등을 현지에 보내 사정을 확인·조사케 하는 동시에 枷押된 중국 상인들을 漢城으로 데려와 조사토록 한 사건을 다루고 있다. 사건 관련자의 供述 외에 청과 조선 양국 관원의 照會, 照覆, 申文, 詳文, 札飭, 稟文, 批文 등의 문서가 포함되어 있다.

　안건의 주요 내용은 다음과 같다.

　光緒 19년(1893) 2월에 北幇 소속 중국 상인 李永泰 등은 護照를 가지고 강화도에 가서 장사를 하다가 조선인 노역자들과 말다툼을 했다. 이 과정에서 李永泰가 조선인 노역자를 구타하는 일도 벌어졌다.

이에 강화도의 지방관이 중국 상인들을 체포하여 枷押했는데, 그중에 于振家라는 한 사람이 부상을 당했다. 원세개는 중국 상인을 枷押하는 조치가 양국 간의 章程을 위반한 것이라 판단하여 參將을 聽差 2명을 대동해서 현지에 파견하여 조사토록 하는 한편 체포된 華商들을 漢城으로 데려와 심문에 응하도록 했다.

元山坐探委員稟報俄船在永興碰沉電飭往探卷

館藏號	01-41-030-30
全宗	總理各國事務衙門
系列	駐韓使館保存檔案
宗	袁世凱: 訴訟案件 30
冊	元山坐探委員이 稟文을 올려 러시아 선척이 永興에서 침몰되었음을 보고하자 電文을 보내 가서 조사토록 한 안건에 관한 卷宗(元山坐探委員稟報俄船在永興碰沉電飭往探卷)
생산시기	光緒 19년(1893) 5월 ~ 동년 9월
총면수	19
수발자	袁世凱, 李鴻章, 吳仲賢

이 안건은 元山 永興 일대에서 러시아 병선이 침몰되는 일이 벌어지자 袁世凱가 元山坐探委員 吳仲賢에게 電文을 보내 현장에 가서 조사토록 한 사건을 다루고 있다. 청국 관원의 稟文, 札飭, 批文 등의 문서가 포함되어 있다.

안건의 주요 내용은 다음과 같다.

光緒 19년(1893) 3월에 러시아 병선이 元山 門外의 永興 지방에서 암초에 걸려 침몰된 사건을 접한 원세개는 元山坐探委員 吳仲賢에게 電文을 보내 조사·보고토록 했다. 5월 1일에 이르러 吳仲賢은 원세개에게 러시아 兵弁이 사건 발생 후 원산 지역으로 상륙하여 잠시 머물고는 있지만 장기간 체류할 것으로는 보이지 않는다는 내용의 비밀 보고를 올렸다. 8월에 탐문을 위한 선박비용으로 庫平銀 113兩 2分 5釐가 지급되었다.

華船在內地遭風貨物被搶船戶商人被毆各案

館藏號	01-41-030-31
全宗	總理各國事務衙門
系列	駐韓使館保存檔案
宗	袁世凱: 訴訟案件 31
册	華船이 內地에서 풍랑을 만나 貨物을 빼앗기고 船戶 商人은 구타를 당한 각 안건(華船在內地遭風貨物被搶船戶商人被毆各案)
생산시기	光緒 19년(1893) 10월~光緒 20년(1894) 3월
총면수	51
수발자	劉永慶, 袁世凱, 南廷哲, 金鶴鎭, 趙秉稷, 王端陽

이 안건은 중국의 商船이 내지를 운항하다가 풍랑을 만나 조선인에게 물건을 빼앗기고 구타를 당한 비슷한 성격의 두 사건을 다루고 있다. 원고와 피고 등 사건 관련자의 供述, 稟文, 甘結 외에 청과 조선 양국 관원의 稟文, 批文, 照會, 照覆, 札飭, 公函 등의 문서가 포함되어 있다.

안건의 주요 내용은 다음과 같다.

1. 光緒 19년(1893) 7월에 華商 杉板船戶 孫太言과 鄒業祥 등이 雜貨를 배에 싣고 麻浦로 가다가 갑자기 大風을 만나자 바람을 피하기 위하여 조선의 작은 배 한 척과 함께 정박했다. 바람이 워낙 거셌기 때문에 두 배를 서로 연결시켰는데도 결국 두 배가 파도에 밀려 선박이 손상되고 貨物이 모두 물에 젖어버렸다. 조선의 船戶 李云京 등은 피해 보상을 요구했고 이를 거절하자 무리

를 지어 貨物을 빼앗아 갔다. 이 과정에서 華商들이 조선인들에게 몽둥이 등으로 맞아 부상을 입게 되었다. 원세개는 조선 外署에 照會를 보내어 李云京 등을 漢城으로 압송하여 신문할 것을 요구했다.

2. 6월에 內閣供事官 王端陽의 胞弟인 華商 王德昌 등은 배에 화물을 싣고 가다가 풍랑을 만나 長淵 지방에 이르렀는데, 그곳에서 현지의 조선인 金若灝 등 30여 명에게 貨物을 빼앗겼고, 아울러 현지의 지방관에게 체포되어 고문을 당했다. 袁世凱는 조선 外署에 照會를 보내어 金若灝 등이 조사할 수 있도록 해줄 것을 요구했다.

仁川海關華商滋事卷

館藏號	01-41-030-32
全宗	總理各國事務衙門
系列	駐韓使館保存檔案
宗	袁世凱: 訴訟案件 32
冊	仁川 海關에서 華商이 소란을 피운 안건에 관한 卷宗(仁川海關華商滋事卷)
생산시기	光緒 11년(1885) 12월~光緒 12년(1886) 5월
총면수	151
수발자	李蔭梧, 袁世凱, 金允植, 李鴻章, 汪守備, 王千總, 墨賢理, 趙秉式, 陳席珍

이 안건은 인천 海關에서 중국 상인들이 난동을 벌여 서로 구타를 하고 해관 내부를 파손하는 등의 소란이 일어난 사건을 다루고 있다. 사건 관련자의 稟文, 保結, 供述, 청과 조선 양국 관원의 稟文, 批文, 公函, 札飭, 照會, 照覆, 諭示, 申文, 保單 등의 문서가 포함되어 있다.

안건의 주요 내용은 다음과 같다.

光緒 11년(1885) 12월에 華商 呂裕生, 林松唐, 李榮火 등이 인천 海關에서 난동을 벌여 서로 구타하여 상처를 입히고, 건물을 파손하는 일이 벌어졌다. 이 사건과 관련하여 주동자와 단순 가담자를 나누었는데, 林松唐 등 6인은 바로 체포되어 操江兵船에 넘겨 內渡하도록 했고, 인천 商董 董維新은 배상의 책임을 지도록 했다. 한편 본 사건의 원인으로 淸朝 측은 해관의 扞子手 馬士의 苛虐이 중국 상인들의 분노를 야기한 점을 비롯하여 海關의 문제점 등을 지목하면서 상응의 조치를 요구했다.

商民糾紛: 仁川

館藏號	01-41-030-33
全宗	總理各國事務衙門
系列	駐韓使館保存檔案
宗	袁世凱: 訴訟案件 33
冊	商民의 糾紛: 仁川(商民糾紛: 仁川)
생산시기	光緒 13년(1887) 2월~光緒 19년(1893) 6월
총면수	98
수발자	陳樹棠, 金允植, 胡燏棻, 袁世凱, 鈴木充美, 洪子彬, 杉村濬, 李鴻章, 閔種黙, 李蔭梧, 丁洋鵬, 趙秉式, 劉永慶, 唐紹儀, 墨賢理

　이 안건은 光緒 12년(1886) 11월 仁川에 거주하던 중국인 邵謙(邵五)이 일본 여성 金林篤莫을 살해한 사건을 비롯하여 光緒 19년(1893) 6월까지 인천의 商民 사이에 벌어진 각종 사건을 다루고 있다. 사건 관련자의 供述, 證言, 陳情書, 稟文, 供招 외에 청과 조선 및 일본 관원의 公函, 移文, 照會, 照覆, 札飭, 詳文, 稟文, 批文 등의 문서가 포함되어 있다.

　안건의 주요 내용은 다음과 같다.

　光緒 12년(1886) 11월 17일에 인천의 독일인 稅務司 代理 史納機 주택에서 奴僕으로 고용된 중국인 邵謙(邵五)이 일본 여성 金林篤莫을 살해했다. 이에 그 實父인 金林善治가 고소하여 3,196엔을 배상할 것을 주장했다. 원세개는 범인을 原籍으로 보내 해당 지역의 司法 담당관에게 맡겨 論罪하도록 하고 이를 李鴻章에게 보고했다. 한편 이상의 사건 외에도 光緒 19년(1893) 6월까지 仁川에서 商民 간에 일어난 각종 사건이 수록되어 있다.

商民糾紛: 漢城

館藏號	01-41-030-34
全宗	總理各國事務衙門
系列	駐韓使館保存檔案
宗	袁世凱: 訴訟案件 34
冊	商民의 糾紛 : 漢城(商民糾紛 : 漢城)
생산시기	光緒 15년(1889) 7월~光緒 17년(1891) 6월
총면수	42
수발자	袁世凱, 洪子彬, 閔種默, 唐紹儀, 李冕相

이 안건은 漢城에 巡査를 설치하는 것 외에 조선의 상인이 청국 상인의 貨物 대금을 갚지 않고 도주한 사건 등 光緒 15년(1889) 7월부터 光緒 17년(1891) 6월까지 漢城에서 발생한 商民 사이의 각종 糾紛을 다루고 있다. 사건 관련자의 稟文, 供述 외에 청과 조선 양국 관원의 稟文, 札飭, 照會 등의 문서가 포함되어 있다.

안건의 주요 내용은 다음과 같다.

光緒 15년(1886) 7월에 袁世凱는 北洋大臣 李鴻章의 批示에 따라 漢城에 巡査員差를 두도록 했다. 光緒 16년(1887) 11월에 北帮 華商들이 조선 상인 金致章과 禹秉容에게 貨物을 팔았는데, 金致章 등이 돈을 갚지 않고 달아나자 漢城府尹에게 고소했다. 도망자의 가옥이 있어 府尹이 보낸 書吏와 함께 그 집에 갔지만, 朝鮮統理衙署가 그 집에 封條를 붙여놓아 재산권을 행사하지 못하도록 했다. 한편 이상의 사건 외에도 光緒 17년(1891) 6월까지 漢城에서 商民 간에 일어난 각종 사건이 수록되어 있다.

商民糾紛: 龍山

館藏號	01-41-030-35
全宗	總理各國事務衙門
系列	駐韓使館保存檔案
宗	袁世凱: 訴訟案件 35
冊	商民의 糾紛: 龍山(商民糾紛: 龍山)
생산시기	光緖 12년(1886) 6월~光緖 19년(1893) 2월
총면수	58
수발자	袁世凱, 徐相雨, 李蔭梧, 金允植, 陳同書, 唐紹儀,

이 안건은 光緖 12년(1886) 6월에 불법으로 경상도 지역에 잠입한 중국 상인 蕭脉麟이 昌寧 출신의 李司果(李胤植)와 결탁하여 경상도 安義縣民 林祥熙에게 사기를 친 사건을 비롯하여 光緖 19년(1893) 2월까지 龍山에서 商民 간에 일어난 각종 사건을 다루고 있다. 사건 관련자의 稟文, 供述 외에 청과 조선 양국 관원의 照會, 照覆, 稟文, 批文, 諭飭, 札飭, 詳文 등의 문서가 포함되어 있다.

안건의 주요 내용은 다음과 같다.

光緖 12년(1886) 6월에 경상도 安義縣民인 林祥熙가 昌寧 煙霞村民 李司果(李胤植)과 중국인 蕭脉麟에게 농간을 당하여 금전 사기를 당하는 일이 벌어졌다. 특히 蕭脉麟은 護照도 없이 불법으로 현지에 간 사실이 드러났다. 이에 이윤식과 蕭脉麟 양인을 체포하여 漢城으로 보내 대질심문을 하도록 했다. 한편 이상의 사건 외에도 光緖 19년(1893) 2월까지 龍山에서 商民 간에 일어난 각종 사건이 수록되어 있다.

華民滋事案

館藏號	01-41-030-36
全宗	總理各國事務衙門
系列	駐韓使館保存檔案
宗	袁世凱: 訴訟案件 36
冊	華民이 분란을 일으킨 안건(華民滋事案)
생산시기	光緖 17년(1891) 1월~光緖 20년(1894) 3월
총면수	110
수발자	袁世凱, 閔種黙, 王開福, 唐紹儀, 洪子彬, 李鴻章, 南廷哲, 沈舜澤, 劉永慶, 王

이 안건은 護照도 없이 불법으로 조선의 내지에 잠입하여 여러 농간을 부리던 중국 상인 彭文華를 체포하기 위하여 聽差 李天保를 파견함에 즈음하여 조선 지방관의 적극적인 협조를 구하는 사건을 비롯하여 光緖 20년(1894) 3월까지 중국인이 조선에서 일으킨 각종 분란을 다루고 있다. 사건 관련자의 供述, 淸冊 외에 청과 조선 양국 관원의 照會, 照覆, 諭示, 稟文, 札飭, 批文, 詳文, 公函, 申文, 淸摺 등의 문서가 포함되어 있다.

안건의 주요 내용은 다음과 같다.

光緖 17년(1891) 1월에 華商 彭文華가 평소에 安分하지 않아 護照를 발급 받지도 않고 內地에 출몰하며 帆船으로 沿海에서 농간을 부린다는 龍山商務委員 唐紹儀의 稟文을 받은 袁世凱는 聽差 6품 軍功의 李天保를 황해도 일대 지방으로 파견하여 彭文華를 체포해서 漢城으로 데려오도록 명령했다. 袁世凱는 督辦 閔種黙에게 照會를 보내어 聽差 李

天保가 임무를 수행하는 데 조선 지방관의 협조를 구했다. 즉 미리 夫馬를 준비해서 필요시에 지급하는 한편 체포에 임해서는 兵役이 이를 돕도록 했으며, 조속히 關文馬票를 보내줄 것 등을 요청했다. 한편 이상의 사건 외에도 光緒 20년(1894) 3월까지 중국인이 조선에서 일으킨 분란 등 각종 사건이 수록되어 있다.

華商被焚案

館藏號	01-41-030-37
全宗	總理各國事務衙門
系列	駐韓使館保存檔案
宗	袁世凱: 訴訟案件 37
冊	華商이 불에 타 죽은 안건(華商被焚案)
생산시기	光緖 13년(1887) 10월~光緖 15년(1889) 6월
총면수	195
수발자	陳同書, 袁世凱 趙秉式, 盛宣懷, 李鴻章, 洪子彬, 趙秉稷, 吳仲賢

이 안건은 光緖 13년(1887) 10월 7일에 漢城 내에서 중국 상인이 운영하는 점포 4곳이 잇달아 불에 타 그 가운데 3명이 사망하는 사건을 비롯하여 光緖 15년(1889) 6월까지 각종 화재 사건을 다루고 있다. 사건 관련자의 供述, 稟文 외에 청과 조선 양국 관원의 詳文, 批文, 照會, 照覆, 札飭, 稟文, 公函, 諭示, 咨文, 申文 등의 문서가 포함되어 있다.

안건의 주요 내용은 다음과 같다.

光緖 13년(1887) 10월 7일에 北幇 華商 山東 平度州 출신의 張榮陛이 南門 내에 개설한 三和興號 잡화점에서 불이 나는 등 당일 밤에 華商이 경영하는 점포 4곳에서 불이 나 그 가운데 3인이 사망하는 사건이 연이어 벌어졌다. 袁世凱로부터 照會를 받은 督辦 趙秉式은 즉각 漢城 지방관과 좌우 捕盜廳에 철저한 조사와 범인 색출을 지시했다. 하지만 범인 체포에 별다른 진전이 없자 袁世凱는 조선 外署에 照會

를 보내어 조속한 해결을 독촉했다. 한편 이상의 사건 외에도 光緒 15
년(1889) 6월까지 漢城에서 유사한 화재와 이에 따른 중국 상인 등의
사망 사건들이 수록되어 있다.

華商違禁冒入不通商口案遭搶案

館藏號	01-41-030-38
全宗	總理各國事務衙門
系列	駐韓使館保存檔案
宗	袁世凱: 訴訟案件 38
册	華商이 禁法을 어기고 不通商口岸으로 들어갔다가 강탈을 당한 안건 (華商違禁冒入不通商口案遭搶案)
생산시기	光緒 13년(1887) 1월~동년 7월
총면수	31
수발자	金允植, 袁世凱 陳同書, 南廷哲, 盛宣懷, 廣

이 안건은 중국 상인이 禁法을 어기고 통상이 인정되지 않는 지역으로 배를 타고 들어갔다가 현지인들에게 약탈을 당한 사건을 다루고 있다. 청과 조선 양국 관원의 照會, 照覆, 札飭, 牒報, 咨文, 詳文 등의 문서가 포함되어 있다.

안건의 주요 내용은 다음과 같다.

光緒 13년(1887) 1월에 중국 상인이 禁法을 어기고 通商이 인정되지 않는 평안도의 身彌島 일대로 들어갔다가 현지인들에게 약탈을 당하여 배가 불에 타고 貨物 등을 빼앗겼다. 원래 평양 출신의 鄭浩京이 주도한 것이었지만, 현지로 도주해 들어간 亂民 金一浩에게 덮어씌웠다. 金一浩는 결국 체포되어 평양으로 압송되어 대질신문을 기다리게 되었다. 비록 중국 상인이 불법으로 현지에 들어간 것이기는 하지만 피해액을 계산하여 합계 95吊 805文을 보상해주었다. 다

만 이후 다시 不通商口岸으로 들어가지 않도록 협조를 구했고, 이에
원세개는 각지의 兵備道에 咨文을 보내어 현지의 어민들에게 주의를
환기토록 했다. 한편 본건의 제목에 '口案'은 문맥상 '口岸'의 誤記라
고 보아야 할 것이다.

裕增祥欠款案(一)

館藏號	01-41-030-39
全宗	總理各國事務衙門
系列	駐韓使館保存檔案
宗	袁世凱: 訴訟案件 39
冊	裕增祥의 대금 미납 안건(1)[裕增祥欠款案(一)]
생산시기	光緒 16년(1890) 5월~光緒 17년(1891) 9월
총면수	202
수발자	沈舜澤, 袁世凱, 唐紹儀, 李鴻章, 盛宣懷, 閔種默, 劉道詳, 胡燏棻

이 안건은 중국 상인이 운영하는 裕增祥號가 매입한 官蔘의 대금 46,000兩을 상환하지 않은 사건을 다루고 있다. 사건 관련자의 稟文, 淸單(명세서), 청과 조선 양국 관원의 照覆, 札飭, 咨文, 照會, 稟文, 申文, 詳文, 批文, 電文, 牒報 등의 문서가 포함되어 있다.

안건의 주요 내용은 다음과 같다.

光緒 16년(1890) 3월에 華商 鳳凰城의 裕增祥號가 官蔘을 매입하고, 대금 銀 46,000兩을 票期가 도래했지만 상환하지 않고 시간만 끌었다. 이후 裕增祥號 欠戶 金鼎孝 등이 대금을 갚지 않았음이 드러나자 袁世凱는 李鴻章의 지시에 따라 領議政 沈舜澤에게 照會를 보내어 조속한 상응의 조치를 취해줄 것과 후속 상황을 알려줄 것을 요청했다.

裕增祥欠款案(二)

館藏號	01-41-030-40
全宗	總理各國事務衙門
系列	駐韓使館保存檔案
宗	袁世凱: 訴訟案件 40
册	裕增祥의 대금 미납 안건(2)[裕增祥欠款案(二)]
생산시기	光緒 18년(1892) 윤6월~光緒 19년(1893) 4월
총면수	107
수발자	袁世凱, 閔種默, 盛宣懷, 唐紹儀, 洪子彬, 趙秉稷, 李鴻章, 南廷哲, 吳, 李

이 안건은 위 안건을 이어 중국 상인이 운영하는 裕增祥號가 매입
한 官蔘의 대금 46,000兩을 상환하지 않은 사건에 관한 후속 조치를
다루고 있다. 사건 관련자의 陳情書, 供述, 稟文 외에 청과 조선 양국
관원의 審斷, 照會, 稟文, 批文, 詳文, 札飭, 照覆, 公函, 咨文, 申文 등의
문서가 포함되어 있다.

안건의 주요 내용은 다음과 같다.

裕增祥號가 欠戶 金鼎孝에게 조속히 상환할 것을 요구하자 袁世凱가
督辦 閔種默에게 상응의 조치를 독촉하는 照會를 보냈다. 결국 督辦
南廷哲은 袁世凱에게 照會를 보내어 裕增祥號의 華商 孫兆吉 등에게 淸
單에 따라 조속히 청산할 수 있도록 후속 조치를 취해줄 것을 요청
했다.

3) 唐紹儀: 訴訟

蕭脉麟請照過期與朝人林熙祥互控卷

館藏號	01-41-047-1
全宗	總理各國事務衙門
系列	駐韓使館保存檔案
宗	唐紹儀: 訴訟案件 1
册	蕭脈麟이 기한이 지난 증서로 조선인 林熙祥과 互控한 안건에 관한 卷宗 (蕭脉麟請照過期與朝人林熙祥互控卷)
생산시기	光緒 12년(1886) 7월 4일~동년 7월 29일
총면수	23
수발자	袁世凱, 李蔭梧

이 안건은 光緒 12년(1886) 정월 聚昌東號 소속 淸商 蕭脈麟과 조선인 林熙祥 사이에 발생한 금전 관련 互控을 다루고 있다. 주로 蕭脈麟의 假釋放件에 관련한 내지통행 허가증서, 稟文, 공술서, 보증서, 批文, 箚飭 등으로 구성되어 있다.

안건의 주요 내용은 다음과 같다.

光緒 11년(1885) 10월 聚昌東號 소속 淸商 蕭脈麟이 건강이 악화된 掌櫃 于連會 대신 통행 허가증서를 소지하고 경상도로 가서 牛皮 등을 매매하다가 다음해 정월 洪鍾萬의 소개와 李胤埴의 알선 등으로 조선인 林元弼과 그 조카 林熙祥에게 자금을 빌려주고 대신 金沙 등을 구입하려 했다. 하지만 중간에 양측 사이에 그 자금을 둘러싸고 분쟁이 발생하여 蕭脈麟은 원금을 되돌려줄 것을 요구했지만, 일부만 돌려주고 현재 여유가 없다는 이유로 8월까지 갚기로 하고 蕭의 요구를 거절했다.

이후 林熙祥은 洪鍾萬을 증인으로 내세워 蕭脈麟과 李胤埴을 고소했다. 결국 3인은 법정에 출두했으나 원고 林熙祥이 아직 이르지 않은 상황에서 枷號 상태로 투옥 상태의 蕭脈麟은 우선 조속히 판결을 내려줄 것을 청원한 뒤, 얼마 후 고향에서 온 家信에 老父가 위독하여 빨리 돌아오라는 내용을 근거로 가석방을 위해 청원하는 한편 北幇華商들이 이에 대해 연명으로 보증서를 제출했다. 결국 蕭脈麟은 인준을 받고 임시 가석방 조치를 받았다.

北幇華商들의 稟文을 받은 袁世凱는 조선 외무아문에 照會를 보내는 한편 龍山通商事務 李蔭梧에게 箚飭을 보내 조사토록 했다. 李蔭梧도 지시에 따라 관련 사항을 조선 외무아문에 照會를 보내는 한편 李胤埴도 가석방하여 원고가 출두했을 때 대질신문토록 하자는 의견을 袁世凱에게 올렸다. 이에 袁은 다시 조선 외교아문에 照會를 보냈다.

田見龍控蠶桑局卷

館藏號	01-41-047-2
全宗	總理各國事務衙門
系列	駐韓使館保存檔案
宗	唐紹儀: 訴訟案件 2
册	田見龍이 蠶桑局을 控訴한 안건에 관한 卷宗(田見龍控蠶桑局卷)
생산시기	光緒 12년(1886) 9월 4일~동년 9월 15일
총면수	10
수발자	李蔭梧

이 안건은 光緒 12년(1886) 9월 조선인 田見龍과 중국인 梁順黙 사이의 대금 미납 관련 사건을 다루고 있다. 告狀, 稟文, 片紙, 供述, 批文 등으로 구성되어 있다.

안건의 주요 내용은 다음과 같다.

光緒 12년(1886) 9월 4일에 조선인 田見龍은 蠶桑局 소속으로 추정되는 중국인 梁順黙이 대금을 갚지 않는다는 이유로 告狀을 제출했다. 결국 梁은 刑曹에 구금되었으나, 蠶桑局에서는 刑曹衙門과의 사적인 인적 관계 등을 동원하여 梁을 保釋시켰다. 당시 蠶桑局에서 근무하는 梁의 表弟 李敎熙의 공술에 의하면, 이는 그가 蠶桑局에서 양세정의 도움을 받아 刑曹에 片紙를 제출한 결과라는 것이었다. 결국 田見龍은 다시 刑曹에 호소하여 梁은 재차 구금되었다. 이후의 사태 전개는 알 수 없다. 한편 마지막 문건인 張春茂의 稟文은, 비록 張이 蠶桑局 소속이기는 하지만, 본건과 직접적인 관련은 없는 것으로 보인다.

華商控朝人錢票卷

館藏號	01-41-047-3
全宗	總理各國事務衙門
系列	駐韓使館保存檔案
宗	唐紹儀: 訴訟 3
冊	華商이 조선인의 錢票에 대해 控訴한 안건에 관한 卷宗(華商控朝人錢票卷)
생산시기	光緒 12년(1886) 9월 15일~동년 9월 19일
총면수	8
수발자	李蔭梧, 金允植

이 안건은 光緒 12년(1886) 9월 조선인이 분실한 錢票를 중국 상인이 습득한 뒤 이를 돌려준 사건을 다루고 있다. 稟文, 批文, 信函, 答信, 수령증, 보증서 등으로 구성되어 있다.

안건의 주요 내용은 다음과 같다.

光緒 12년(1886) 9월 15일에 南幫董事 林喬松은 소속 火夫가 지나가던 길 위에서 조선 錢票 3천량짜리 한 장을 습득한 사실을 李蔭梧에게 稟文을 올려 조선 외무아문에 照會를 보내 원주인에게 돌려줄 것을 청했다. 그런데 다음 날 通事 崔奎桓은, 조선의 卞協辦이 開城 中軍 金允容이 3천량의 錢票를 분실했다는 사실을 알려왔고, 직접 돌려주기를 원한다는 사실을 李蔭梧에게 보고했다. 이에 17일 김윤용에게 환급한 뒤 수령증을 쓰도록 하고, 이에 대해 卞協辦과 崔奎桓이 보증을 하도록 했다. 다음 날 李蔭梧는 이상의 사실을 조선 督辦 金允植에게 信函을 보내 통보한 뒤 확인토록 당부했다. 이에 19일 김윤식은 확인했다는 答信을 보냈다.

牟桂林控林學淵卷

館藏號	01-41-047-4
全宗	總理各國事務衙門
系列	駐韓使館保存檔案
宗	唐紹儀: 訴訟 4
册	牟桂林이 林學淵을 控訴한 안건에 관한 卷宗(牟桂林控林學淵卷)
생산시기	光緒 12년(1886) 11월 9일~光緒 13년(1887) 1월 5일
총면수	20
수발자	陳同書, 金允植

이 안건은 淸商 牟桂林이 조선인 林學淵에게 철을 판매한 뒤 대금을 받지 못하면서 불거진 사건을 다루고 있다. 사건 관련자와 양국 관부 사이에 오고 간 稟文, 照會, 照覆, 供述, 보고문, 書信, 보증서 및 결과보고서 등 다양한 문서로 구성되어 있다.

안건의 주요 내용은 다음과 같다.

원고인 淸商 牟桂林은 甲申(1884)년에 漢城에 와서 和興順號를 개설하여 운영했는데, 光緒 12년에는 조선인 林學淵에게 철을 판매했다. 당시 林은 대부분의 대금을 지불하지 않고는 대신 자신의 집의 계약문서를 담보로 맡겼다. 하지만 그 후에 대금을 받지 못하게 되자 陳樹棠에게 고소하는 한편, 담보로 잡은 집은 조선인 金光浩에게 관리토록 하고 귀국했다. 1년 뒤 漢城으로 돌아왔으나, 그 집은 漢城府 서리와 金光浩가 농간을 부리어 이미 金에게 넘어갔다는 이유로 미납대금과 집을 되찾기 위해 陳同書에게 告狀을 제출했다.

陳同書는 즉각 朝鮮督辦交涉通商事務 金允植에게 照會를 보내어 당사
자들 간의 대질의 필요성을 제기했다. 한편 피고인 林學淵은 陳同書
에게 稟文을 보내어 자신도 이 안건으로 漢城府에 체포되어 있던 중
서리가 金光浩에게 집을 팔아버리면서 중간에 착복했던 것임을 해명
했다. 이에 陳同書는 관련 문건을 金允植에게 보냈다. 金允植은 照覆에
서 林이 수감 중 탈옥한 사실을 전하면서 체포 후 다시 조사할 것을
약속했다. 아울러 서리 등은 林이 말한 착복 사실을 전면 부인했다.
결국 金允植은 林을 체포한 뒤 서리 등 당사자들과의 대질 심문 필요
성을 적시하는 書信을 보내면서 공술서 등 관련 문건을 陳同書에게
抄錄해서 넘겼다. 한편 北幇 董事는 갑신년에 牟桂林이 소송을 걸 때
鮑星五의 이름을 사용한 것에 대해 잘못을 인정하면서 양해를 구하
는 동시에 재발의 가능성이 없을 것임을 보증했다.

周慶生索錢滋事卷

館藏號	01-41-047-5
全宗	總理各國事務衙門
系列	駐韓使館保存檔案
宗	唐紹儀: 訴訟案件 5
冊	周慶生이 밀린 대금을 요구하는 과정에서 분란이 생긴 안건에 관한 卷宗 (周慶生索錢滋事卷)
생산시기	光緒 12년(1886) 12월 일~光緒 13년(1887) 1월 일
총면수	12
수발자	陳同書

이 안건은 淸國의 洋布商 周慶生이 조선인에게 洋布를 판매한 뒤 중간에서 다리를 놓아주던 通事가 착복하고 달아나 대금을 받지 못하게 되자 관련자의 私邸로 밤에 찾아가서 일련의 소란을 피우다가 체포된 사건을 다루고 있다. 관련자들의 供述, 保狀, 영수증, 告狀 등으로 구성되어 있다.

안건의 주요 내용은 다음과 같다.

淸商 周慶生이 光緒 12년 9월에 仁川에 와서 洋布를 조선인에게 판매했다. 이 조선인은 홍삼으로 대금을 지불하려 했으나, 금수품이었던 관계로 洪通事에게 판매를 위탁하여 갚도록 했다. 하지만 洪은 物貨를 가지고 도주하고 말았다. 이에 조선어를 하지 못하는 周慶生은 周春裕와 함께 외상을 갚을 것을 요구하기 위해 밤에 洪과 안면이 있었던 吳姓의 집을 찾아갔다. 당시 吳姓은 洪通事와 함께 행방이 묘연

한 상태였는데, 吳姓의 부인은 야간 무단침입 혐의로 周 등을 고소했다. 이에 체포된 周를 소속의 南幫 董事가 保釋을 청했다.

臺灣 中央硏究院 近代史硏究所檔案館의 『館藏目錄』에는 이 안건이 光緒 12년(1886) 11월에 시작하는 것으로 기록되어 있지만, 이는 12월의 착오로 보인다.

朝人嚴致控華商譚以瑞卷

館藏號	01-41-047-6
全宗	總理各國事務衙門
系列	駐韓使館保存檔案
宗	唐紹儀: 訴訟案件 6
册	조선인 嚴致가 華商 譚以瑞를 고소한 안건에 관한 卷宗 (朝人嚴致控華商譚以瑞卷)
생산시기	光緒 12년(1886) 11월 3일~동년 11월 5일
총면수	13
수발자	袁世凱, 陳同書

이 안건은 조선 상인 嚴致弘과 淸國 同順泰 掌櫃 譚以瑞 사이에 약
정된 米의 판매와 관련해서 중간에 米價의 변동으로 약속이 파기되
면서 발생한 금전상의 이해의 불일치로 인하여 불거진 사건을 다룬
것이다. 箚飭, 소환장, 관련자의 供述, 稟文, 單子, 甘結 등의 문서로 구
성되어 있다.

안건의 주요 내용은 다음과 같다.

光緒 12년(1886) 7월 20일에 조선 상인 嚴致弘은 淸國 同順泰 掌櫃
譚以瑞에게 米 1,500包를 1包에 85량으로 계산하여 구매하기로 하고,
기한은 8월 3일로 정했다. 嚴은 며칠 후 선금 6,000량을 주고 570包
를 가져갔다. 나머지 포에 대한 값을 치르려 했으나, 악천후로 인하
여 기한을 맞추지 못하고 다음 날 아침 도착했다. 하지만 同順泰에서
는 기한을 넘겼다는 이유로 거래를 중단시켰다. 이러한 내용의 告狀

을 접수한 袁世凱는 陳同書에게 箚飭을 보내어 조사토록 했다.

　원고와 피고를 소환해서 각자의 공술을 들었는데, 피고 譚以瑞는 원고 嚴致弘이 米價의 하락을 이유로 약속을 지키지 않은 것이라고 주장했다. 결국 嚴致弘은 米 구입 대금 2,280량을 요구하지 않고, 譚以瑞는 嚴에게 나머지 米를 팔지 않으며, 대신 50량을 주는 선에서 안건을 종결하기로 양측이 합의했다.

　본 안건의 제목에 원고의 이름이 嚴致라고 되어 있지만, 이는 嚴致弘의 오기임을 밝혀둔다.

日商平山與華商楊阿柱互控卷

館藏號	01-41-047-7
全宗	總理各國事務衙門
系列	駐韓使館保存檔案
宗	唐紹儀: 訴訟案件 7
冊	일본 상인 平山과 華商 楊阿柱가 서로 고소한 안건에 관한 卷宗 (日商平山與華商楊阿柱互控卷)
생산시기	光緖 13년(1887) 1월 일~동년 윤4월 11일
총면수	31
수발자	陳同書

이 안건은 일본 상인 平山과 淸商 楊阿桂가 糖價와 客店 숙박비를
둘러싸고 서로 상대를 고소한 사건을 다룬 것이다. 양국 관부 사이
에 오고 간 照會와 照覆, 소환장, 供述, 保狀, 稟文, 영수증 등의 문서
로 구성되어 있다.

안건의 주요 내용은 다음과 같다.

淸國 상인 天豊號 陳馨甫는 白糖을 일본상인 平山에게 팔았는데 대
금의 일부를 받지 못하고 귀국하게 되자, 증명서를 소속 상인 楊阿桂
에게 주어 대신 받도록 했다. 光緖 13년 10월 21일에 東洋店에 가서
요구했으나, 며칠 기다려달라고 하여 8일 동안 머물다 숙식비를 내
지 않고 가자 오히려 平山이 고소했다. 일본의 領事館事務代理 結城에
게 照會를 받은 陳同書는 楊을 소환하여 심문한 결과, 平山의 미납 대
금으로 충당할 생각이었다는 사실을 照覆으로 전한 뒤 미납 糖價를

납부토록 하여 본 안건을 종결하기를 희망하면서 관련 문건을 첨부하여 보냈다.

結城은 平山이 숙식비는 안면도 있는 만큼 불문에 붙이려 한다면서 楊이 가져온 식비와 糖價를 보내는 照覆을 제출하면서 영수증을 요구했다. 이에 楊阿桂는 자신도 숙식비를 내야겠다면서 숙식비는 일본 영사관에 돌려주어 平山에게 전달토록 요청했다. 하지만 結城은 다시 平山의 뜻이라며 숙식비를 되돌려 보냈다. 이에 楊은 영수증을 보냄으로써 이 안건은 종결되었다.

제목에 피고 楊阿柱는 楊阿桂의 誤記임을 밝혀둔다.

朝鮮身彌島追繳被搶商船貨價卷

館藏號	01-41-047-8
全宗	總理各國事務衙門
系列	駐韓使館保存檔案
宗	唐紹儀: 訴訟案件 8
冊	조선의 身彌島에서 약탈당한 中國商船의 物貨 추징에 관한 卷宗 (朝鮮身彌島追繳被搶商船貨價卷)
생산시기	光緒 13년(1887) 3월 15일~13년 5월 4일
총면수	5
수발자	袁世凱, 陳同書

이 안건은 光緒 13년(1887) 2월에 不通商口岸이라 할 수 있는 조선의 身彌島에 잠입한 중국 선박이 약탈당한 사건을 다룬 것이다. 袁世凱와 陳同書 사이에 오고 간 箚飭과 申報로 구성되어 있다.

안건의 주요 내용은 다음과 같다.

光緒 13년 2월 26일에 조선의 身彌島에서 중국 선박이 약탈당했다. 袁世凱는 비록 이 배가 금령을 어기고 들어온 것이기는 하지만, 범인의 일부를 체포하여, 훼손된 선박과 강탈한 물건 값 950여 량을 보내왔다는 사실을 陳同書에게 통보하면서 해당 船民이 나타나지 않으면 公用에 쓸 것을 지시했다. 이에 陳同書는 약 2개월 동안 기다린 끝에 官署의 房屋 수리비용과 구입 대금으로 충당하기를 희망하는 내용의 보고문을 袁世凱에게 올렸다.

朝人控華商肇康佔金萬鐘屋案

館藏號	01-41-047-9
全宗	總理各國事務衙門
系列	駐韓使館保存檔案
宗	唐紹儀: 訴訟案件 9
冊	조선인이 華商 肇康이 金萬鐘의 집을 빼앗았다고 고소한 안건 (朝人控華商肇康佔金萬鐘屋案)
생산시기	光緖 13년(1887) 7월 12일~동년 9월 23일
총면수	24
수발자	陳同書, 徐(漢城府), 金(漢城府 少尹)

이 안건은 조선인 金萬鐘이 淸商에 대한 대금 미납을 보증하는 조건으로 집을 담보로 한 상태에서 도주했기에 그 집이 淸商에게 넘어가는 상황에서 발생한 사건을 다룬 것이다. 양국 사이의 移文, 照覆 등의 公文은 물론 稟文, 供述, 單子, 소환장, 捧招, 批文 등의 문서로 구성되어 있다.

안건의 주요 내용은 다음과 같다.

光緖 13년(1887) 6월 10일에 조선인 高聖弼과 池弘基 등은 金萬鐘이 자신의 집을 尹丞旨에게 팔았는데, 淸國의 肇康號와 雙和東號 소속 상인들이 金萬鐘의 대금 미납을 이유로 그 집을 빼앗았다고 陳同書에게 稟文을 올려 고소했다. 조사 결과, 실제로 金萬鐘은 집을 담보로 잡힌 상태에서 淸商에게 대금을 지불하지 않고, 가족을 데리고 숨어버렸던 것임이 드러났다. 淸商이 그 집을 가져간 것이 불법은 아니었던 셈이다. 漢城府에서는 현재 尹승지의 피해를 보상하기 위하여 원고 2인의 처지가 매우 가련하게 되었음을 알리면서, 金萬鐘의 사주를 받은 것은 아닌 만큼 참작해달라는 내용의 照覆을 보냈다.

南幫肇康、廣大號等販參罰款卷

館藏號	01-41-047-10
全宗	總理各國事務衙門
系列	駐韓使館保存檔案
宗	唐紹儀: 訴訟案件 10
册	南幫의 肇康號와 廣大號 등이 홍삼을 판매하고 벌금을 낸 안건에 관한 卷宗(南幫肇康、廣大號等販參罰款卷)
생산시기	光緒 13년(1887) 8월 24일~光緒 14년(1888) 3월 10일
총면수	129
수발자	陳同書, 王讓三, 姜延諮, 呂友笙, 袁世凱, 李景七, 洪子彬, 張傳茂

이 안건은 光緒 13년(1887) 淸商들이 조선의 禁輸品인 홍삼을 몰래 商船 혹은 兵船에 실어 중국으로 반출하다가 海關에 적발되면서 벌금 등의 판결을 받은 사건을 다룬 것이다. 稟文, 單子, 批文, 保狀, 供述, 甘結, 箚飭, 陳情書, 領狀, 曉諭, 申文, 移文, 소환장, 詳文, 淸摺 등 다양한 문서가 담겨 있다.

안건의 주요 내용은 다음과 같다.

淸商들은 光緒 11~13년에 이미 禁輸品인 홍삼을 구매하여 商船과 兵船 등을 통해 烟臺 등 중국 내지로 가서 판매했다. 이 과정에서 海關에서 적발되는 경우도 적지 않았다. 물론 이에 직간접적으로 관련되는 사람들은 체포되었는데, 일부는 保釋을 통해 석방되기도 하고, 일부는 벌금을 물어야 되기도 했다. 혹은 앞으로 다시는 홍삼을 판매하지 않을 것을 보증하면 벌금 액수를 줄여주는 경우도 있었다. 이 안건은 이에 관한 각종 사례가 생생하게 담겨 있다.

특히 光緖 13년(1887) 8월에는 두 차례에 걸쳐 홍삼을 龍山署 및 인천 領事署 관원의 짐 속에 섞어서 兵船에 실었다가 적발되는 사건이 벌어졌다. 심지어 袁世凱의 官印을 멋대로 날인하기도 했다. 청 측은 조선 정부가 이를 몰수하여 充公하는 것을 묵인했다. 아울러 홍삼을 몰래 실은 자를 笞刑에 처하는 한편 당사자를 袁世凱에게 보내어 귀국시켜 고향으로 돌아가도록 했다. 兵船의 관련자들도 엄히 처벌하도록 했다. 한편 벌금형을 인정한 상인의 경우는 保狀을 받는 전제하에 석방시켜, 평소대로 영업하도록 특혜를 주었다.

보고를 받은 北洋大臣 李鴻章은 淸署 관원과 兵船 관계자들이 淸商의 뇌물을 받고 금수품인 홍삼을 싣고 가다 해관에 적발된 것은 上國의 체통을 해친 한심한 일이라며 관련자들을 속히 체포하는 한편 재방 방지에 진력할 것을 지시했다. 관련 상인들은 미납 벌금을 감면해주었다. 아울러 벌금 납부에 대한 결산 현황을 정리토록 하는 등의 조치로 안건을 종결시켰다.

少尹金專管地方詞訟并應行事件卷

館藏號	01-41-047-11
全宗	總理各國事務衙門
系列	駐韓使館保存檔案
宗	唐紹儀: 訴訟案件 11
冊	少尹 金의 관할 지방의 소송 및 응당 처리할 사건에 관한 卷宗 (少尹金專管地方詞訟并應行事件卷)
생산시기	光緒 13년(1887) 9월 16일~동년 9월 17일
총면수	6
수발자	陳同書, 金(漢城府 少尹)

　　이 안건은 光緒 13년 9월 16일에 漢城府 少尹으로 부임하게 된 金 少尹이 당일에 陳同書에게 照會를 보내어 이후 通商 시에 발생하는 각 종 소송 안건 등은 모두 자신이 전담 처리할 것을 통보한 내용을 다 루고 있다. 照會와 照覆 등 왕복의 두 公文으로 구성되어 있다.

商人孫兆吉欠商局銀限期請繳卷(1)

館藏號	01-41-047-12
全宗	總理各國事務衙門
系列	駐韓使館保存檔案
宗	唐紹儀: 訴訟案件 12
冊	상인 孫兆吉이 미납한 商局의 은을 기한에 맞추어 납부하기를 청한 안건에 관한 卷宗(1)[商人孫兆吉欠商局銀限期請繳卷(1)]
생산시기	光緒 13년(1887) 9월 8일~동년 11월 11일
총면수	9
수발자	陳同書, 袁世凱

이 안건은 淸商 孫兆吉이 미납한 招商局의 銀兩을 납입하는데 기한을 2개월 연장하는 데 관련된 사건을 다루고 있다. 수령증, 稟文, 箚文 등의 문서로 구성되어 있다.

안건의 주요 내용은 다음과 같다.

光緒 13년(1887) 淸商 孫兆吉이 조선에 와서 빌린 3만 냥을 9월 말까지 갚기로 했으나, 운송지체 이유로 陳同書에게 요청하여 2개월 늦추기로 했다. 孫兆吉은 일단 上海 招商局을 통해 이자를 물고 商款을 빌었으나, 납부 기한이 2개월 연장되면서 이자 산출 문제가 발생했다. 이에 上海 招商局에서 이자를 계산하여 징수한 뒤 支應局에 보내어 미납금 납부에 충당토록 했다.

商人孫兆吉欠商局銀限期請繳卷(2)

館藏號	01-41-047-13
全宗	總理各國事務衙門
系列	駐韓使館保存檔案
宗	唐紹儀: 訴訟案件 13
冊	상인 孫兆吉이 미납한 商局의 은을 기한에 맞추어 납부하기를 청한 안건에 관한 卷宗(2)[商人孫兆吉欠商局銀限期請繳卷(2)]
생산시기	光緒 16년(1890) 3월 8일~光緒 18년(1892) 2월 20일
총면수	109
수발자	奎(東邊道), 袁世凱, 唐紹儀, 李鴻章, 胡(天津道), 王開福, 鄭(右議政), 沈舜澤

이 안건은 대금 미납 건과 관련해서 淸商 孫兆吉과 그가 고소한 조선인 玄興宅 및 韓國信 등 관련인의 체포 내지 조사에 관한 사건을 다루고 있다. 電信, 箚飭, 稟文, 告狀, 供述, 會審文, 批文, 照會, 詳文, 咨文, 照覆, 印收書, 詳覆, 會計文, 原情 등 각종 형식의 문서가 포함되어 있다.

안건의 주요 내용은 다음과 같다.

光緒 16년(1890) 3월 당시 대금을 미납한 혐의를 받고 있던 淸商 孫兆吉의 체포·신문 문제와 관련해서 누가 이 일을 담당할 것인가를 둘러싸고, 淸國 내에서 東邊道 奎와 袁世凱가 논의한 끝에 결국 袁世凱가 맡기로 했다. 袁世凱는 龍山商務 唐紹儀에게 孫을 즉각 체포·신문한 뒤 보고할 것을 지시했다. 한편 孫이 고소한 玄興宅도 소환하는 것이 당연했으나, 그가 조선 국왕의 近臣이었던 까닭에 다소의 난

점이 있었다. 결국 唐紹儀는 漢城府 少尹 李冕相과 함께 원고와 피고를 심문하여 供述을 얻게 되었다. 다만 이 안건은 조선 국왕의 체면에도 관련되는 미묘한 문제가 내재되어 있었다. 조선 국왕이 孫兆吉에게 홍삼을 판매토록 한 뒤, 다시 사람을 시켜 仁川에서 輪船으로 上海 등지에 가서 판매케 한 사실이 드러났기 때문이다.

피해액에 대해 횡설수설하던 孫兆吉이 조선의 欠戶들로부터 받아내야 할 대금액이 관련 帳簿에 대조한 결과 모두 23만여 량임이 밝혀졌다. 東邊道 奎는 袁世凱에게 이 금액을 추징하여 보내달라고 요청했다. 다만 袁世凱는 조선에서 현재 국왕과 太妃가 병이 들어 있는 비상국면임을 환기시킨 뒤 다소의 시간이 필요함에 대해 양해를 구했다. 원세개는 李鴻章의 지시에 따라 唐紹儀가 받아낸 孫兆吉의 신문서와 공술서를 첨부하여 孫을 天津으로 보내기로 했다. 이에 把總에게 孫을 관련 咨文을 대동해서 天津 胡道에게 압송토록 지시했다. 아울러 원세개는 조선 督辦에게 照會를 보내어 각 欠戶에게 조속히 추징하는 데 협조해달라는 요청을 했다.

李鴻章은 조선의 官商 韓國信이 稟文을 올려 孫兆吉의 주장을 반박했음을 袁世凱에게 알리고, 그 주장의 사실 여부를 면밀히 조사토록 지시하는 한편 孫과 韓을 양자 대질토록 했다. 이에 원세개는 唐紹儀에게 조사토록 했다. 唐紹儀는 漢城府 少尹 李冕相과 회동하여 孫兆吉과 玄興宅 양인의 訟事 관련 문건을 찾아보았지만, 韓國信이란 자의 이름이 없었기에 그 자의 존재 자체가 의심스러울 뿐 아니라 그의 주장도 신빙성이 없다는 보고를 했다. 원세개는 즉각 이 사실을 이홍장에게 보고했다.

한편 추징 독촉에 관한 照會를 받은 조선 정부는 唐紹儀에게 照覆

을 보내 결과를 기다리고 있다는 사실을 알렸다. 관련 欠戶들을 합동 조사하자는 照會에 대해서도 조선 정부는 현재 督辦 등 담당 관원이 병환으로 出門하기 어려울 뿐만 아니라 灣府의 해당 관원이 稅務 업무의 과중으로 자리를 떠날 수 없다는 등의 이유를 들어 난색을 표명했다.

孫兆吉을 직접 신문한 天津道와 海關道에서는 李鴻章에게 詳文을 올려 孫의 조카인 職員 孫毓英을 체포·조사토록 하는 한편 조선 정부에 신속히 추징할 것을 재촉하는 照會를 보낼 것을 청했다. 이에 원세개는 이홍장의 지시에 따라 領議政 沈舜澤에게 照會를 보내어 추징에 협조를 구했다.

協和興 增順 裕發 三和興 四號同日被火

館藏號	01-41-047-14
全宗	總理各國事務衙門
系列	駐朝鮮使館檔
宗	唐紹儀: 訴訟案件 14
冊	協和興·增順·裕發·三和興 4호가 同日 화재를 입은 사안 (協和興·增順·裕發·三和興 四號同日被火)
생산시기	光緒 13년(1887) 10월~光緒 14년(1888) 10월
총면수	137
수발자	袁世凱, 陳同書, 洪子彬

이 안건은 한성부 남문 내 중국인 상점 協和興·增順·裕發·三和興號가 화재를 입은 사건을 다루고 있다. 피해 상인들의 稟文, 龍山理事公署에서 朝鮮總理交涉通商事宜 袁世凱에게 보낸 詳請과 비답, 원세개가 辦理龍山商務에게 보낸 札飭, 용산이사공서에서 北帮董事 姜延諮에게 보내는 諭飭 등으로 구성되어 있다.

안건의 주요 내용은 다음과 같다.

光緒 13년(1887) 10월 6일에 한성부 남문 내 중국인 상점 協和興·增順·裕發·三和興號는 방화로 추정되는 화재로 큰 피해를 입었다. 4개 상점의 상품과 貨物·銀貨 등의 재물이 소실되었고, 三和興號의 점원 3명이 불에 타 죽었다. 피해를 입은 화상들은 원세개와 辦理龍山商務·龍山華商北帮董事 등에 稟文을 올려 사건의 진상과 피해상황을 알리고, 조선 外署에 關飭하여 화재의 원인을 밝히고 방화범을 체포할 수 있도록 조치해줄 것을 요청했다. 그럼으로써 무고하게 불에 타 죽은 자의 원혼을 달래고, 소실된 화물 값을 배상받을 수 있도록 처리해 달라고 간청했다. 특히 三和興號의 주인 王家椿은 점원 세 사람의 시체 처리와 고향으로 돌아갈 운구 비용을 우선 지급해줄 것을 요구했으며, 포도청을 방문하여 화재사건에 대한 정보를 수집했다. 피해를 입은 華商들은 화재의 원인을 奸人의 방화로 추정하고, 조선 巡兵이 순찰과 방범에 소홀했기 때문에 일어난 일이라고 주장하면서 조선 정부의 책임을 강조했다.

중국 公署는 화상들의 주장에 근거하여 조선정부에 방화범의 체포와 사망자에 대한 휼전 지급, 화재로 소실된 화물에 대한 배상 등을 요구하면서 압력을 행사했다. 또한 현상금을 내걸어 범인 체포에 진력할 것을 독촉했다. 이때 원세개는 "조선은 중국의 속방"이라는 점을 내세우면서 '中韓'의 특별한 관계를 강조하고 신속한 사건 처리를 요구했다.

조선정부의 범인 체포와 처리에 대한 답이 지체되자, 피해 華商과 중국 公署는 1888년 4월까지도 계속 범인의 체포와 피해 보상을 요구했다. 光緖 14년(1888) 7월 조선 外署는 포도청 보고에 근거하여, 방화범 兵役 朴興吉을 체포하여 심문하는 도중 杖刑으로 사망했다고 통보했다. 이어 공모한 그의 형제 朴元吉과 朴應吉 또한 문초 중 매맞아 죽었다는 사실을 알렸다. 그리고 사건이 발생한 지 오래되어 더 이상 수사하기 어려운 현실을 토로했다.

그러나 화상들은 포도청을 방문하여 탐문한 내용을 근거로, 당시 방화에 관련된 인물이 12명이며, 그 중 처형된 3명을 제외한 나머지 가 모두 변경으로 逃散했으므로 더욱 더 철저한 조사를 통해 餘犯을

붙잡아 화상의 피해를 보상해 줄 것을 요청했다. 또한 조선정부가
사건을 은폐하여 피해 보상을 하지 않으려는 속내가 있는 것이라고
주장하고, 거듭 조선 정부의 철저한 조사를 요청했다. 그러나 이 사
건은 방화범 3명의 체포와 杖死 이상으로 진척되지 않았다.

永來盛被揹夫金白記拐騙錢文卷

館藏號	01-41-047-15
全宗	總理各國事務衙門
系列	駐朝鮮使館檔
宗名	唐紹儀: 訴訟案件 15
冊	永來盛이 揹夫 金白記에게 錢文을 사기 당한 안건에 관한 卷宗 (永來盛被揹夫金白記拐騙錢文卷)
생산시기	光緒 13년(1887) 11월~동년 12월
총면수	12
수발자	陳同書, 金鶴鎭

이 안건은 華商 永來盛號가 조선인 揹夫 金白記에게 錢文을 사기당한 사건을 다룬 것이다. 淸國의 龍山商務委員과 朝鮮의 漢城府小尹 사이에 주고받은 照會와 照覆 외에 諭飭, 批文, 稟文 등으로 구성되어 있다.

안건의 주요 내용은 다음과 같다.

光緒 13년(1887) 11월 21일에 永來盛號는 조선 外衙門 書吏 趙重黙의 하인으로 보이는 揹夫 金白記에게 票子를 주어 錢文으로 바꿔오도록 했으나, 잠닉하고 말았다. 이에 北都董事 姜延詻가 龍山商務委員 陳同書에게 稟文을 올려 호소하자, 陳은 漢城府小尹 金鶴鎭에게 조사해줄 것을 의뢰하는 照會를 보냈다. 이에 25일 金은 照覆을 보내 金白記가 외아문 서리 趙重黙의 하인이 아니라 동명이인인 前察訪 趙重黙의 하인인데 그의 이력이 모호하고 친척도 없는데다 행방이 묘연하여, 좌우 포도청에게 공문을 보내 체포하도록 했다고 답했다. 다만 그 이후의 상황은 더 이상의 관련 자료가 없기 때문에 알 수 없다.

華商公和順叢丕門控邢高令欠鐵錢卷

館藏號	01-41-047-16
全宗	總理各國事務衙門
系列	駐韓使館保存檔案
宗	唐紹儀: 訴訟案件 16
冊	華商 公和順號 叢丕門이 邢高令이 鐵錢을 갚지 않은 것을 고소한 안건에 관한 권종(華商公和順叢丕門控邢高令欠鐵錢卷)
생산시기	光緒 13년(1887) 11월~光緒 14년(1888) 6월
총면수	5
수발자	陳樹棠

이 안건은 화상 邢高令이 빌려 간 돈을 갚지 않고 몰래 중국으로 돌아가 버리자 이에 대해 華商 公和順號의 叢丕門이 고소한 사건을 다루고 있다. 품문과 품문에 첨부된 欠帖, 批文으로 구성되어 있다.

안건의 주요 내용은 다음과 같다.

裕發號의 邢高令은 1887년에 공화순호에 와서 물품 168吊 270文어치를 가져가면서 11월까지 갚겠다고 약속했다. 또 邢高令은 중국으로 돌아가야 하는데 무일푼으로 갈 수는 없지 않느냐고 사정하며 자신의 집터를 저당 잡히며 흠첩을 써주었다. 중국에서 조선으로 돌아온 형고령은 총재문에게 간청하여 저당 잡힌 땅에 3칸 반의 房屋을 짓고 仁利號라는 상호를 걸고 상업을 시작했으나, 장사가 잘 되지 않자 총재문에게서 2조 900문을 더 빌려가면서 6월까지는 빌린 돈의 절반을 갚겠다고 약속했다. 약속이 이행되지 않자 총재문은 인리호

에 찾아갔는데 형고령은 이미 중국으로 돌아가고 점원 두 사람이 門
戶를 지키고 있었다. 총재문은 형고령의 방옥을 거두어들이고 형고
령이 써준 흠첩을 첨부하여 형고령이 조선에 돌아오기를 기다려야
만 하는 자신의 딱한 사정을 진수당에게 품문했다.

진수당은 형고령이 갚지 않은 대금이 많지만, 형고령이 중국으로
갔으나 영업을 그만둔 것은 아니라는 점, 그의 흠첩은 집터를 저당
잡힌 것이고 방옥을 저당 잡힌 것은 아니라는 점을 지적하며 방옥을
팔아 빚을 돌려받는 것을 허락하지 않았고, 점원이 다른 사람에게
방옥을 파는 것도 용서할 수 없다는 비문을 내렸다.

東來福請詳追義州經紀欠項卷

館藏號	01-41-047-17
全宗	總理各國事務衙門
系列	駐朝鮮使館檔
宗名	唐紹儀: 訴訟案件 17
冊	東來福이 義州 經紀의 欠項을 追還할 것을 詳請한 안건에 관한 卷宗 (東來福請詳追義州經紀欠項卷)
생산시기	光緒 13년(1887) 12월~光緒 14년(1888) 2월
총면수	21
수발자	陳同書, 袁世凱

이 안건은 華商 東來福號에게 조선의 義州 經紀가 대금을 미납한 사건을 다룬 것이다. 淸國의 龍山商務委員과 總理交涉通商事宜 사이에 주고받은 詳文과 批文 및 札文 외에 稟文 등으로 구성되어 있다.

안건의 주요 내용은 다음과 같다.

光緒 13년(1887) 12월 19일에 華商 東來福號에서 용산상무위원 陳同書에게 稟文을 올렸다. 東來福號는 원래 九連城에서 雜貨舖를 열어 장사를 했는데, 교역은 義州의 經紀에 의탁하여 거래했을 뿐 아니라 華商의 상품을 그에게 주어 江을 건너 官蔘으로 變賣해 오도록 했다. 하지만 전년도에 그 經紀가 약속을 어기고 착복하는 사건이 일어났다. 이에 義州府尹에게 고소했으나 별 효과가 없자 漢城에 직접 와서 다시 고소하는 稟文을 올렸다. 진동서는 朝鮮外署에 照會를 보내 義州府尹에게 피고를 소환해서 조사하여 착복한 금액을 추징하도록

하는 한편 총리교섭통상사의 袁世凱에게 詳文을 올려 보고했다. 원
세개는 조선외무아문 督辦 趙秉式에게 照會를 보내 협조하겠다는 照
覆을 받았다. 다만 협조 약속 이후의 진행사항은 관련자료가 없어
알 수 없다.

肇康控凌竹淸卷

館藏號	01-41-047-18
全宗	總理各國事務衙門
系列	駐韓使館保存檔案
宗	唐紹儀: 訴訟案件 18
冊	조강호에서 능죽청을 고소한 안건에 관한 권종(肇康控凌竹淸卷)
생산시기	光緒 13년(1887) 12월
총면수	13
수발자	袁世凱, 陳同書

이 안건은 南幇 소속의 상인 肇康號가 같은 남방 상인 凌竹淸이 외상으로 물품을 가져간 뒤 그 대금 결제를 하지 않고 조선 수원으로 도망한 사건을 다룬 것이다. 주차조선총리교섭통상사의 겸 龍山商務와 조선외무아문 사이에 오고 간 조회와 조복이 포함되어 있다.

안건의 주요 내용은 다음과 같다.

肇康號에 따르면 光緒 13년(1887) 7월에 자신의 상점으로 찾아온 상해 사람 凌竹淸이 洋棉紗 등 모두 82吊 725文어치를 가져가면서 1개월 내에 갚겠다고 했다. 그러나 능죽청은 기한이 되자 총 대금 가운데 27吊 575문만 갚고 나머지를 갚지 않은 채 행방이 묘연했다. 그 후 조사결과 능죽청은 조선으로 도주하여 수원에서 私貿易을 하고 있었다. 이에 따라 肇康號는 소장을 올려 조선 지방관에게 능죽청을 체포하도록 요청하고, 능죽청을 중국으로 구인하여 자신의 본전을 모두 받을 수 있게 해줄 것을 호소했다.

주조선 중국공관에서는 조선 외무아문에 수원에 있는 능죽청을 체포해줄 것을 요청했고, 조선 측에서는 다시 수원부사에서 이를 지시했다. 수원부에서는 능죽청을 체포하기 위해 將校를 濱汀, 新興 등지에 파견하여 수색했으나, 찾지 못했다. 조선 측에서 이 사실을 중국 측에 조복함으로써 사건은 미결인 채로 마무리되었다.

牟文殿追米欠卷

館藏號	01-41-047-19
全宗	總理各國事務衙門
系列	駐韓使館保存檔案
宗	唐紹儀: 訴訟案件 19
册	모문전의 쌀 미납대금 추징 안건에 대한진 권종(牟文殿追米欠卷)
생산시기	光緒 14년(1888) 3월~동년 6월
총면수	16
수발자	洪子彬, 金鶴鎭

이 안건은 北幇 소속의 상인 공화순호의 牟文殿이 1886년 8월 상해로부터 조선으로 쌀을 가져와서 팔 때 조선 상인 강덕준이 나계춘과 짜고 盜賣한 사건을 다루고 있다. 중국과 조선 양측이 주고받은 조회와 조복, 모문전의 품문 등으로 구성되어 있다.

안건의 주요 내용은 다음과 같다.

光緒 12년(1886) 조선에 흉년이 들자 조선정부에서는 중국 측에 중국 쌀을 수입해줄 것을 요청했고, 중국공관에서는 다시 모문전에게 요청했다. 모문전은 상해에서 838包를 사서 조선으로 들여온 뒤 조선 상인 강덕준의 상점에서 이를 발매했다. 이때 강덕준이 한인 客貨 나계춘에게 이 쌀을 盜賣한 뒤 그 대금을 갚지 않자 모문전은 이미 光緒 12년 11월에 이러한 사실을 고소한 바 있고, 이에 대해 중국 측에서는 한성부로 조회하여 조선 상인들로부터 쌀값을 받아줄 것을 요청했다. 그에 따라 한성부에서는 모문전에게 대금으로 3,711적

600문을 모두 변제해주도록 하겠다고 약속했으나, 이후 2,067적 730문만 변제되고 나머지에 대해서는 소식이 없자 모문전은 光緖 14년(1888) 3월과 5월에 잇따라 중국공관에 이 안건에 대한 소송을 다시 제기했다.

이 사건에 대해 한성부에서는 대금을 최종적으로 변제해야 하는 채무자로 경기도 양근에 사는 이대용 이세용 형제를 지목하고 양근 수령에게 사건의 해결을 지시했다. 관계자들을 체포하여 심문한 양근 수령에 따르면 변제 책임자로는 장덕근, 오세규 등도 있었으나, 이들이 이대용, 이세근 형제에게 책임을 모두 미루고 있으며, 이대용 형제는 그것을 부정하고 있는 형편이어서 사건 해결이 지체되고 있다고 했다. 한성부에서는 이러한 사정에 대해 중국 측에 조복하는 것으로 이 안건은 마무리되고 있다.

接陳任移交蔘罰款卷

館藏號	01-41-047-20
全宗	總理各國事務衙門
系列	駐朝鮮使館檔
宗名	唐紹儀: 訴訟案件 20
冊	전임 陳에게 홍삼 벌금에 대한 공문을 넘겨받은 안건에 관한 卷宗 (接陳任移交蔘罰款卷)
생산시기	光緒 14년(1888) 3월~동년 3월
총면수	6
수발자	洪子彬, 陳同書

이 안건은 淸國의 龍山商務委員의 교체에 즈음하여 홍삼에 대한 벌금에 관한 인수인계한 공문을 다루고 있다. 전임 용산상무위원과 후임 용산상무위원 사이에 주고받은 移文과 그 답문인 移覆으로 구성되어 있다.

안건의 주요 내용은 다음과 같다.

光緒 14년(1888) 3월 18일 이임을 앞두고 용산상무위원 陳同書가 신임 상무위원 洪子彬에게 인수인계 차원에서 移文을 보냈다. 총리교섭통상사의 袁世凱의 札飭에 의거하여 홍삼 밀매 상인에게 징수해야 할 벌금의 내역을 정리해서 만든 票 8장을 첨부한 移文이었다. 내역의 票를 보면 同順泰號, 肇康號, 順昌號, 永來盛號의 4대 商號에서 각각 내야할 벌금 액수가 상세하게 기록되어 있다. 신임의 홍자빈은 전임 진동서에게 移文을 보내는 한편 총리교섭통상사의 원세개에게도 답변의 移文을 보냈다.

詞訟卷宗

館藏號	01-41-047-21
全宗	總理各國事務衙門
系列	駐朝鮮使館檔
宗名	唐紹儀: 訴訟案件 21
冊目	詞訟卷宗(詞訟에 관한 卷宗)
생산시기	光緖 14년(1888) 3월~光緖 25년(1899) 10월
총면수	31
수발자	洪子彬, 金鶴鎭, 唐紹儀, 李晃相

이 안건은 조선상인과 華商 사이 혹은 조선 이주민과 淸國人 사이 내지 華商과 日商 사이에 일어난 각종 분쟁에 관한 개개의 13건의 소송 사건을 다룬 것이다. 淸國의 龍山商務委員과 조선의 漢城府小尹 등이 주고받은 公函, 照覆 외에 稟文, 供述, 保狀, 白活(所志, 訴狀, 陳情書), 批文 등으로 구성되어 있다.

안건의 주요 내용은 다음과 같다.

번호	사건 발생연도	사건당사자		사건내용	면수
		원고	피고		
1	光緖 14년	兪雲龍	王貴臣	왕귀성이 유운룡을 구타한 사건	1
2	光緖 14년	呂玉山	兪成龍	피고 兪成龍과 원고 呂玉山이 화해	2
3	光緖 14년	倪鴻順		약물 매매 및 도박 혐의의 피의자 倪鴻順을 保釋함	2
4	光緖 15년	李龍夏	淸國人 秦氏	홀애비 李龍夏와 淸國人 秦氏 간의 양육비를 둘러싼 사건	3
5	光緖 14년	錦成東號	許永玉	조선인 許永玉과 華商 錦成東號 사이에 藥物 운송비 문제로 발생한 구타 사건	8

6	光緒 17년	李龍	조선인 이주민이 청국인들에게 토지와 곡물을 빼앗긴 사건	3
7	光緒 17년	華商·조선인夥伴	華商과 조선인 夥伴 간 漢城과 仁川 등지에서 商號의 股分을 둘러싼 분쟁	1
8	光緒 17년	관련자 : 華商·조선상인/經紀	華商과 조선상인 및 經紀 사이에 貨物대금 미납을 둘러싸고 발생한 분쟁	2
9	光緒 17년	華商·日商	南北二帮 소속 華商이 日商간의 분쟁	2
10	光緒 17년	華商·조선상인/經紀	北帮 소속 華商과 조선상인 및 經紀 사이에 일어난 사기 사건	2
11	光緒 17년	華商·조선상인	華商과 조선상인 사이에 貨物대금 미납을 둘러싸고 발생한 분쟁	3
12	光緒 25년	華商·조선상인	華商이 조선상인에게 貨物대금을 받지 못하자 이를 호소한 사건	2
13	光緒 17년	華商·조선상인	華商과 조선상인 사이의 貨物대금 미납을 둘러싸고 발생한 분쟁	3

1. 왕귀성이 유운룡을 구타한 사건: 兪雲龍과 모종의 분쟁이 발생한 傭人 王貴臣을 光緒 14년(1888) 4월 5일 오후 2시에 소환하여 조사했다.

2. 피고 兪成龍과 원고 呂玉山의 화해: 光緒 14년(1888)에 3월 피고 兪成龍과 원고 呂玉山이 각각 화해할 것임을 용산상무위원 洪子彬에게 알리면서 허락을 요청했다. 홍자빈은 이를 인정했다. 첫 번째 사건과 모종의 관련성이 있을 가능성이 있다.

3. 약물 매매 및 도박 혐의의 피의자 倪鴻順을 保釋함: 光緒 14년(1888) 4월에 倪鴻順은 漢城에서 조선인과 송사가 걸려 전임 용산상무위원 陳同書의 심문을 받은 바 있지만 약물을 팔거나 도박을 한 적이 없다고 공술했다. 홍자빈은 北帮董事의 倪鴻順에

대한 保狀과 保釋을 인준했다.

4. 홀애비 李龍夏와 淸國人 秦氏 간의 양육비를 둘러싼 사건: 光緒 15년(1889) 4월에 李龍夏는 아내와 사별하고 4세의 女兒를 인근의 과부에게 맡겼다가 찾으려 했으나, 그 과부와 동거하던 淸國人 秦氏가 아이를 넘기는 대신 소정의 양육비를 요구하자 진정서를 제출했다.

5. 조선인 許永玉과 華商 錦成東 사이에 藥物 운송비 문제로 발생한 구타 사건: 光緒 14년(1888) 6월에 조선인 許永玉이 馬駄로 華商 錦成東의 藥物을 운반하던 중 만난 큰 비로 인하여 차질이 생기면서 운송비로 시비가 붙어 구타 사건이 발생했다.

6. 조선인 이주민이 청국인들에게 토지와 곡물을 빼앗긴 사건: 光緒 17년(1891) 7월 함경도 北邊 居民 李龍의 所志에 실린, 淸國의 先春嶺 以南과 조선의 두만강 以西의 空地에 거주하던 조선의 이주민이 토지와 곡물을 빼앗겨 이에 대한 선처를 호소했다.

7. 華商과 조선인 夥伴 간의 분쟁: 光緒 17년(1891) 11월에 廣帮 소속 華商과 조선인 夥伴이 漢城과 仁川 등지에서 개설한 商號의 股分을 둘러싼 분쟁이 발생했다.

8. 華商과 조선상인 및 經紀 사이에 貨物대금 미납을 둘러싸고 발생한 분쟁: 光緒 17년(1891)에 北帮 소속 華商과 조선상인 및 經

紀 사이에 벌어진 貨物대금 미납을 둘러싼 분쟁이 발생했다.

9. 南北二幫 소속 華商이 日商간의 분쟁: 光緒 17년(1891) 12월에 南北二幫 소속 華商이 日商에게 貨物대금의 일부만 받고 나머지 대부분을 받지 못하게 되자 日本領事에게 照會를 보내달라는 요구했다.

10. 北幫 소속 華商과 조선상인 및 經紀 사이에 일어난 사기 사건: 光緒 17년(1891) 12월에 北幫 소속 華商과 조선상인 및 經紀 사이에 불거진 사기 사건이 발생했다.

11. 華商과 조선상인 사이에 貨物대금 미납을 둘러싸고 발생한 분쟁: 光緒 17년(1891) 12월에 華商과 조선상인 사이의 貨物대금 미납을 둘러싼 분쟁이 발생했다.

12. 廣幫 소속 華商이 조선상인에게 貨物대금을 받지 못하자 이를 호소한 사건: 光緒 25년(1899) 10월에 廣幫 소속 華商이 조선상인에게 貨物대금을 받지 못하자 이를 호소했다. 사건의 시간을 고려해보면 자료의 분류 과정에서 다소의 부주의로 인하여 잘못 배치된 것이 아닐까 싶다.

13. 華商과 조선상인 사이의 貨物대금 미납을 둘러싸고 발생한 분쟁: 光緒 17년(1891) 12월에 華商과 조선상인 사이의 貨物대금 미납을 둘러싼 분쟁이 발생했다.

押解游民

館藏號	01-41-047-22
全宗	總理各國事務衙門
系列	駐韓使館保存檔案
宗	唐紹儀: 訴訟案件 22
冊	유민을 압송함(押解游民)
생산시기	光緒 14년(1888) 4월, 동년 10~11월
총면수	21
수발자	李蔭梧, 洪子彬

　이 안건은 1. 왕귀성과 유운룡이 부채문제로 서로 싸운 뒤 인천공관에 고소한 사건, 2. 조선으로 건너와 평양전보분국에 근무하고 있던 游民 장회지를 본국으로 압송한 사건을 다루고 있다. 고소를 취하하는 보장, 인천상무가 용산상무에게 보낸 移文으로 구성되어 있다.

　안건의 주요 내용은 다음과 같다.

번호	사건발생연도	사건당사자		사건내용	면수
		원고	피고		
1	光緒 14년	유운룡	왕귀성	왕귀성이 유운룡을 구타한 사건	10
2	光緒 14년	張懷知		조선에 들어와 불법체류하던 東濟南人 張懷知의 중국 압송 요청	10

1. 왕귀성이 유운룡을 구타한 사건: 光緒 14년(1888) 4월 5일에 영국공관에서 일했던 유운룡이 러시아 공관에서 일했던 왕귀성과 채무관계로 말다툼을 하던 중 왕귀성을 구타하여 상해를 입히

자, 왕귀성은 인천상무에 고소했으나, 곧바로 고소를 취하하는
글을 올렸고, 유운룡 역시 석방된다면 원적지로 돌아가 다시는
조선에 오지 않을 것이라는 보장을 올렸다. 이에 대해 인천상
무는 왕귀성에게는 빌린 돈을 갚도록 했고, 유운룡에 대해서는
태안의 병선에 실려 본국으로 돌려보낼 것을 결정하고 이 사실
을 용산 상무에게 移文했다.

2. 조선에 들어와 불법체류하던 東濟南人 張懷知의 중국 압송 요청:
   光緖 14년(1888) 8월에 위해위에서 자신의 동생을 찾기 위해
   조선에 들어온 東濟南人 張懷知가 동생을 만나지 못하고 구걸하
   며 살아가다가 평양에 가서 전보국에 취직했으나 발각되었고,
   그에 대해 인천상무가 용산상무에게 이문을 보내 그를 중국으
   로 돌려보내야 하므로 압송해줄 것을 요청했다.

崔學中稟失票

館藏號	01-41-047-23
全宗	總理各國事務衙門
系列	駐韓使館保存檔案
宗	唐紹儀: 訴訟案件 23
冊	최학중이 수표를 잃어버린 일로 품문을 올림(崔學中稟失票)
생산시기	光緒 14년(1888) 4월
총면수	5
수발자	唐紹儀

이 안건은 경성 서소문 밖에 사는 최학중이 錢票를 도난당한 사건을 다룬 것이다. 품문 하나로 구성되어 있다.

안건의 내용은 다음과 같다.

光緒 14년(1888) 4월 15일에 최학중은 代客으로 사금을 판 돈 6,772냥 3전에 대한 수표를 가지고 4월 25일까지 華商 雙盛泰에게서 이 수표를 당오전으로 교환하기로 했다. 최학중은 쌍성태가 있는 종루에 도착하여 수표를 돈으로 바꾸려 했는데 이 수표를 도둑맞았다. 최학중은 기한이 곧 도달하는 수표를 도둑맞았기 때문에 본의 아니게 피해를 입을 것을 두려워하여 그 전말을 적어 4월 16일에 당소의에게 품문을 올렸다.

提紅參罰款卷

館藏號	01-41-047-24
全宗	總理各國事務衙門
系列	駐朝鮮使館檔
宗名	唐紹儀: 訴訟案件 24
冊目	홍삼의 벌금을 抽出하는 안건에 관한 卷宗(提紅參罰款卷)
생산시기	光緒 14년(1888) 7월~동년 9월
총면수	11
수발자	洪子彬

이 안건은 淸國의 龍山商務委員이 華商들에게 홍삼 판매에 관한 벌금을 抽出한다는 사실을 華商의 南帮董事와 北帮董事에게 알리는 내용을 다루고 있다. 諭飭 및 그 구체적 내역을 담은 公賬簿로 구성되어 있다.

안건의 주요 내용은 다음과 같다.

용산상무위원 洪子彬은 전에 설치한 會館의 건물과 도로 정비 비용 합계 450兩을 홍삼에 관한 벌금으로 충당하라는 지시를 내려 南帮董事 張暢園과 北帮董事 姜延諮에게 구체적 미납 내역을 담은 公賬簿를 첨부한 諭飭을 보내 처리토록 했다. 하지만 各帮이 벌금 납부를 지체하여 제대로 걷지 못했다. 한편 公賬簿는 9울 10일부터 17일까지 매일의 상세한 수금 상황이 기재되어 있다.

黃燧生與胡顯廷爭孩

館藏號	01-41-047-25
全宗	總理各國事務衙門
系列	駐朝鮮使館檔
宗名	唐紹儀: 訴訟案件 25
冊	黃燧生과 胡顯廷이 아이를 놓고 다툼(黃燧生與胡顯廷爭孩)
생산시기	光緒 14년(1888) 7월~光緒 18년(1892) 9월
총면수	26
수발자	洪子彬, 口麟, 劉永慶

이 안건은 淸國 출신의 黃燧生이 조선 출신의 前婦人 金氏에게 태어
난 아이의 귀속권을 둘러싸고 김씨의 새 남편인 胡顯廷 사이에 일어
난 분쟁을 다룬 것이다. 票文 및 供述, 呈文, 稟文, 甘結 외에 독일의
漢城주재 영사관 口麟과 淸國의 代理龍山商務委員 사이에 주고받은 公
函과 照覆 등이 포함되어 있다.

안건의 주요 내용은 다음과 같다.

光緒 14년(1888) 7월 28일에 용산상무위원 洪子彬이 差役 陳永을
보내 原告인 독일 公署의 巡捕 黃燧生과 被告인 胡顯廷, 즉 胡裁縫를 소
환했다. 다음 날인 29일 양자에게 供述을 받았다. 각각의 공술에 따
르면 이 사건의 대강의 내용은 다음과 같다. 黃燧生은 廣東人으로서
당시 나이가 41세였는데, 독일 公署에서 巡捕가 되었다. 1886년 10월
중에 조선인 부인 김씨와 사귀어 임신케 했다. 그런데 부인 김씨가
작년 6월 말에서 7월 초 사이에 미국의 德大人 밑에서 재봉을 담당

하던 江蘇人 胡顯廷과 눈이 맞아 黃燦生과는 헤어지게 되었다. 그해 12월에 김씨는 사내아이를 낳았다. 黃燦生은 그간의 양육비 洋40元을 주고 아이를 찾아오고자 했다. 다만 문제는 光緒 15년(1889) 3월 18일 밤 7시경에 胡顯廷이 출타 중이었는데, 黃燦生이 몇 명을 대동하고 칼을 들고 집 안으로 들어와 아이를 빼앗아 갔다는 점이었다. 심지어 그 과정에서 黃燦生의 딸이 다치는 일도 일어났다. 이에 대하여 黃燦生은 칼을 휴대한 사실을 부인했다. 결국 黃燦生은 양육비를 洋80元으로 올려 아이를 찾아오기로 약속했다. 한편 黃燦生이 일하는 독일의 漢城주재 영사관의 영사 口麟과 代理龍山商務委員 劉永慶 사이에 公函과 照覆을 주고받았다.

興德屋廠馬木匠扭稟李雲奎偸磚

館藏號	01-41-047-26
全宗	總理各國事務衙門
系列	駐韓使館保存檔案
宗	唐紹儀: 訴訟案件 26
冊	흥덕옥창의 木匠 馬扭가 이운규의 偸磚에 대해 품문을 올림 (興德屋廠馬木匠扭稟李雲奎偸磚)
생산시기	光緒 15년(1889) 7월
총면수	5
수발자	唐紹儀

이 안건은 興德屋廠의 木匠 馬扭의 벽돌을 훔친 죄로 체포된 이운규(강원도 사람)에 대해 그의 주인 鄭壽吉이 보석금을 내고 석방시킨 일을 다룬 것이다. 품문으로 구성되어 있다.

안건의 주요 내용은 다음과 같다.

이운규는 정수길의 집 廊下人이었다. 光緖 15년(1889) 6월부터 사환노릇을 했는데, 정수길은 이운규가 진실하고 의심할 데가 없는 사람이라고 생각했으나, 이운규가 興德屋廠의 木匠 馬扭의 벽돌을 훔친 죄로 체포되자 다시 作弊하는 일이 있거나, 도주하는 사단이 있으면 정수길 본인이 책임지겠다며 보석금을 내고 석방시켰고, 이 사실에 대해 木匠 馬扭가 품문을 올린 것이다.

和順號控韓人李東值欠錢價卷

館藏號	01-41-047-27
全宗	總理各國事務衙門
系列	駐朝鮮使館檔
宗名	唐紹儀: 訴訟案件 27
册	和順號가 조선인 李東値가 錢價를 갚지 않았다고 고소한 안건에 관한 卷宗 (和順號控韓人李東値欠錢價卷)
생산시기	光緒 14년(1888) 8월~光緒 15년(1889) 3월
총면수	24
수발자	洪子彬, 金鶴鎭

이 안건은 和順號 소속 華商 陳紫亭의 조선인 李東植이 錢價를 갚지 않았다는 이유로 고소한 사건을 다룬 것이다. 淸國의 龍山商務委員과 조선의 漢城府少尹 사이에 주고받은 照會와 照覆 및 公函 외에 批文, 稟文, 白活(訴狀, 陳情書) 등이 포함되어 있다. 한편 피고의 이름이 제목에는 李東値라고 되어 있으나, 실제로 원건 문서에는 李東植이라고 기재되어 있다. 이는 제목을 붙일 때 착오가 있었던 것 같다.

안건의 주요 내용은 다음과 같다.

光緒 14년(1888) 8월 27일에 華商 和順號의 陳紫亭이 稟文을 올려 조선인 李東植가 鐵價를 갚지 않았다고 고소했다. 이동식은 和順號에서 648吊어치의 鐵을 구매한 뒤 經紀 姜渭成의 중재로 5일 후에 갚기로 했으나, 약속을 지키지 않았다. 다시 5일을 연기했으나 마찬가지였다. 陳紫亭은 그 후 길에서 우연히 만나 10일에는 반드시 한 뒤 갚긴 했지만 여전히 미납금이 남아 있을 뿐 아니라 결탁한 惡棍을 통해 횡포를 부렸다. 용산상무위원 洪子彬은 이 사실을 한성부소윤 金鶴鎭에게 照會를 보내 알리고 이는 한중 간의 무역에 악영향을 준다면서 피고의 체포와 심문 및 피해금액의 추징을 당부했다. 이에 김학진은 즉각 이동식과 한패거리인 李貞 등을 소환하여 笞刑 50을 가하는 한편 미납금의 변제를 추궁했다는 내용의 照覆을 보냈다.

順興等控韓人金喜周騙貨價案

館藏號	01-41-047-28
全宗	總理各國事務衙門
系列	駐朝鮮使館檔
宗名	唐紹儀: 訴訟案件 28
冊	順興 등이 조선인 金喜周가 貨價를 속였다고 고소한 안건 (順興等控韓人金喜周騙貨價案)
생산시기	光緖 14년(1888) 9월~동년 11월
총면수	11
수발자	洪子彬, 金鶴鎭

이 안건은 南幫 소속 華商인 順興·益記·震康號 등이 조선인 居間
人 金喜周가 물품 대금의 결제수단으로 僞票를 날조했다고 고소한 사
건을 다룬 것이다. 淸國의 龍山商務委員과 조선의 漢城府少尹 사이에
주고받은 照會와 照覆 외에 稟文, 批文 등으로 구성되어 있다.

안건의 주요 내용은 다음과 같다.

光緖 14년(1888) 9월 21일에 도착한 稟文에서 南幫華商 順興·益記·
震康號 등은 조선인 居間 金喜周가 그해 8월 각각의 商號로부터 상품
을 받고 대금을 건네주기로 했으나 끝내는 僞票를 날조하고 잠적했
는데, 9월 19일 밤에 거리에서 우연히 만나 추궁하니, 그동안 일부
는 도박 등으로 탕진했음을 밝혔다. 용산상무위원 洪子彬은 한성부
소윤 金鶴鎭에게 照會를 보내 피고에게 추징할 것을 당부했다. 다만
추징은 그리 순조롭게 진행되지 못했던 것 같다. 그해 11월 8일에

홍자빈은 원고들에게 다시 稟文을 받았는데, 더 이상 늦추지 말고 신속하게 원금을 받기를 청하는 내용이었다. 약 2개월이 흘렀지만 뚜렷한 진전은 없었던 셈이다. 그 이후의 상황은 관련자료가 없어 알 수 없다.

韓人朴應順欠永來盛貨價卷

館藏號	01-41-047-29
全宗	總理各國事務衙門
系列	駐朝鮮使館檔
宗名	唐紹儀: 訴訟案件 29
册	조선인 朴應順이 永來盛의 貨價를 미납한 안건에 관한 卷宗 (韓人朴應順欠永來盛貨價卷)
생산시기	光緒 14년(1888) 9월~동년 10월
총면수	20
수발자	洪子彬, 金鶴鎭

이 안건은 永來盛號 소속 華商 王簡齋가 조선인 朴應順이 經紀로서 물품 대금을 미납했다고 고소한 사건을 다룬 것이다. 淸國의 龍山商務委員과 조선의 漢城府少尹 사이에 주고받은 照會와 照覆 및 公函 외에 賬單, 批文, 稟文 등으로 구성되어 있다.

안건의 주요 내용은 다음과 같다.

光緒 14년(1888) 9월 19일에 華商 永來盛號의 王簡齋는 용산상무위원 洪子彬에게 賬單이 첨부된 稟文을 올려 經紀인 조선인 朴應順이 물품 대금을 미납했다고 호소했다. 조선의 商規에 의하면 물품의 매매에는 經紀가 가격을 흥정하고, 銀錢 또한 經紀의 손을 거치도록 되어 있었다. 조선인 朴應順은 그간 신용 면에서 전혀 문제가 없었는데, 금번 거래에서 錢票를 날조했다는 것은 앞으로의 통상에도 악영향을 끼치는 것인 만큼 묵과할 수 없는 노릇이었다. 홍자빈은 한성부소윤 金鶴鎭에게 照會 및 公函 등을 보내 추징을 촉구했다. 다만 그 이후의 진행사항은 관련자료가 미비하여 알 수 없다.

韓人高士義控華商形成等號卷

館藏號	01-41-047-30
全宗	總理各國事務衙門
系列	駐韓使館保存檔案
宗	唐紹儀: 訴訟案件 30
冊	韓人 高士義가 華商 形成等號 등을 고소한 안건(韓人高士義控華商形成等號卷)
생산시기	戊子年(1888) 10월 22일
총면수	5
수발자	唐紹儀

이 안건은 韓人 高士義가 皮善鄕과 華商 復新號와 形成號 등이 고사의의 사촌인 高士元으로부터 받을 부채 2천여냥의 내놓으라며 자신을 핍박하자 그 억울함을 原情한 사건을 다룬 것이다. 고사의의 원정과 그에 대한 批文으로 구성되어 있다.

안건의 주요 내용은 다음과 같다.

고사의가 올린 원정에 따르면 皮善鄕은 華商의 物貨을 상인들에게 居間하는 일을 하고 있었는데, 그 과정에서 화상들에게 萬餘金의 부채를 지게 되었다. 화상의 부채 변제 독촉에 견디지 못한 피선향은 高士元으로부터 받을 돈이 2천여兩 있다고 稱託하고, 나아가 고사원이 그의 사촌인 보사의에게서 2천여냥을 받으라고 했다고 하며 華人 3명과 함께 와서 고사의를 핍박했다. 이에 고사의는 억울함을 호소하며 10월 22일 원정을 올렸다.

이에 대해 사정을 조사한 淸國의 龍山商務委員은 고사원이 채무를

질질 끌고 은닉하여 갚지 않은 일에 대해서는 고사의도 반드시 그
정상을 알고 있었을 것이며, 고사의에게서 채무를 토색한 일도 역시
이유가 있을 것이라고 하면서, 만약 피선향이 제멋대로 얽어서 그릇
되게 토색했다면 고사의는 응당 조선의 관련 관청에 피선향을 고소
하는 것이 옳을 것이며, 또한 이 사건은 원래 華商의 이름(명분)으로
토색한 것이 아니므로 本府에서 접수하여 처리하기 어렵다는 비답을
내렸다.

韓表僉知控鄭玉成訛詐

館藏號	01-41-047-31
全宗	總理各國事務衙門
系列	駐朝鮮使館檔
宗名	唐紹儀: 訴訟案件 31
冊	조선인 表僉知가 鄭玉成의 사기를 고소함(韓表僉知控鄭玉成訛詐)
생산시기	光緒 14년(1888) 10월~동년 10월
총면수	14
수발자	洪子彬, 袁世凱

이 안건은 조선인 表僉知가 청국인 鄭玉成과 通事 金奎煥 등의 사기를 고소한 사건을 다룬 것이다. 淸國의 龍山商務委員과 總理交涉通商事宜 사이에 주고받은 札飭, 詳覆, 副詳, 批文 및 供述 등이 포함되어 있다.

안건의 주요 내용은 다음과 같다.

光緒 14년(1888) 10월에 漢城 廟洞의 表僉知는 役丁 鄭玉成과 聽差의 조선 병정이 고용한 役夫 金奎煥 등 2명을 체포하여 대질심문한 결과 정옥성이 며칠 전 거리에서 通詞 김규환을 만나 말을 맞추어 사기 행각을 벌였음을 밝혔다.

永來盛控韓人孫景誆騙貨價卷

館藏號	01-41-047-32
全宗	總理各國事務衙門
系列	駐朝鮮使館檔
宗名	唐紹儀: 訴訟案件 32
冊	永來盛이 조선인 孫景이 貨價를 속였다고 고소한 안건에 관한 卷宗 (永來盛控韓人孫景誆騙貨價卷)
생산시기	光緒 14년(1888) 11월~동년 11월
총면수	6
수발자	洪子彬, 金鶴鎭

이 안건은 北幇華商 永來盛號가 조선인 孫景煥이 經紀로서 물품 대금을 미납하고 도주했다고 고소한 사건을 다룬 것이다. 淸國의 龍山商務委員 가 조선의 漢城府少尹에게 보낸 照會 외에 稟文 및 批文 등이 포함되어 있다. 제목에서 조선인의 인명 孫景은 孫景煥의 '煥'자가 누락된 것이다.

안건의 주요 내용은 다음과 같다.

光緒 14년(1888) 11월 24일에 北2華商 永來盛號는 용산상무위원 洪 子彬에게 稟文을 올려 조선인 孫景煥이 經紀로서 물품 대금을 미납하 고 도주했다고 고소했다. 10월 漢城 鐘樓 木新房의 조선인 孫景煥이 永來盛號에 와서 洋布 등을 매입하고 鮮錢 20吊을 20일을 기한으로 하여 갚겠다고 했지만, 잠적해버리고 말았던 것이다. 영래성호에서 는 그의 집을 찾아가 보았으나, 이미 일본인이 封帖을 하고 있었고, 그의 행방은 묘연했다. 홍자빈은 한성부소윤 金鶴鎭에게 照會를 보내 어 그의 체포와 추징을 촉구했다. 다만 그 이후의 상황은 알 수 없다.

和順・永來盛號等控韓人洪鳳汝欠款

館藏號	01-41-047-33
全宗	總理各國事務衙門
系列	駐韓使館保存檔案
宗	唐紹儀: 訴訟案件 33
冊	和順・永來盛號 등이 韓人 洪鳳汝가 잔액을 갚지 않는(欠款) 것을 고소한 안건(和順・永來盛號等控韓人洪鳳汝欠款)
생산시기	光緖 14년(1888) 11월
총면수	15
수발자	唐紹儀

이 안건은 南北幫 소속의 상인들인 形成號・雙盛泰・和順號・益記號・永來盛號・公源利가 韓人 洪鳳汝 등에게 얽어 매여 사기를 당한 사건을 다룬 것이다. 품문으로 구성되어 있다.

안건의 주요 내용은 다음과 같다.

한인 홍봉여는 서문 밖에 鋪廠을 개설하고 평소 거간에 의지하여 形成號・雙盛泰・和順號・益記號・永來盛號・公源利 등으로부터 貨物를 사서 내다 팔았는데, 모두 票帖을 증거로 삼았다. 그러나 홍봉녀가 11월 2일 홀연히 야간에 도주하자 홍봉녀와 거래하던 거간 등이 다음날 形成號 등 華商들에게 알려주었다. 거간 등은 홍봉녀의 집에 약간의 화물이 있으니 그의 집에 가서 그것을 分取할 것을 화상들에게 제안했다. 상인들이 그의 집에 도착하여 조사해보니 가치가 있는 화물이 많지 않았으며 다만 器具 등의 물건만 있었다. 이에 따라 서로

논의하여 각자 흩어지면서 기구 등의 물건을 휴대하고 와서 회관에
存留해 두었다.

이후 상인들은 거간들도 원래 조선인이므로 반드시 實情을 알 것
이고, 이들이 홍봉여와 짜고 자신들을 속여서 사기를 친 것으로 판
단했다. 그래서 상인들은 홍봉여가 소유하고 있는 房屋을 典賣하여
화물 값을 상환할 수 있도록 하여 한인들의 속이는 폐단을 없애 줄
것을 품의했다.

恒利昌控韓人拐騙貨物卷

館藏號	01-41-047-34
全宗	總理各國事務衙門
系列	駐韓使館保存檔案
宗	唐紹儀: 訴訟案件 34
冊	恒利昌이 화물을 拐騙한 한인을 고소한 데 대한 卷宗(恒利昌控韓人拐騙貨物卷)
생산시기	光緒 14년(1888) 11월~동년 12월
총면수	10
수발자	洪子彬, 金鶴鎭

이 안건은 화상 항리창이 조선인에게 화물을 편취당한 사건을 다룬 것이다. 용산상무가 한성소윤에게 보내는 조회, 한성소윤이 용산상무에게 보내는 조복으로 구성되어 있다.

안건의 주요 내용은 다음과 같다.

北幫 화상 항리창의 王星文은 光緒 14년(1888) 11월 6일 조선인 劉秉度에게 잡화 現錢 38적 270文어치를 판 뒤 돈을 다른 데서 받아서 주겠다는 유병도를 따라 종로 지전까지 갔다. 유병도는 다시 항리창에게 140적짜리 수표를 주며 서문 밖 박씨의 米舖에 가서 바꾸어 오면 주겠다고 했다. 그러나 유병도는 항리창이 미포로 간 사이 화물을 들고 도주했다. 항리창은 11월 15일 용산상무소에 고소했고, 용산상무는 그날 한성소윤에게 유병도를 잡아 왕리창 등의 화물을 돌려받아 줄 것을 조회하여 요청했으며, 12월 14일 한성소윤은 사건을 완전히 해결했음을 용산상무에게 照覆했다.

雙盛泰追償金喆鍊貨價

館藏號	01-41-047-35
全宗	總理各國事務衙門
系列	駐韓使館保存檔案
宗	唐紹儀: 訴訟案件 35
冊	雙盛泰가 金喆鍊에게 화물대금을 追償함(雙盛泰追償金喆鍊貨價)
생산시기	光緖 14년(1888) 11월~동년 12월
총면수	10
생산자	洪子彬, 金鶴鎭

이 안건은 雙盛泰가 조선인 金喆鍊으로부터 상품 대금을 상환받도록 조치해달라고 요구한 사건을 다룬 것이다. 雙盛泰 王子蕃이 龍山商務 洪子彬에게 올린 稟文과 洪子彬이 漢城府少尹 金鶴鎭에게 보내는 照會와 초고 및 照覆文으로 구성되어 있다.

안건의 주요 내용은 다음과 같다.

雙盛泰 王子蕃에 따르면, 金喆鍊은 光緖 13년(1887) 仁川에서 洋布 1백포 등 모두 530吊을 매매하고 10월까지 대금을 치르기로 약정하고 申昌熙 등을 내세워 보증을 세우고 거래를 성사시켰다. 그러나 光緖 14년(1888)해 3월까지 한 푼도 지불하지 않아 申昌熙에게 독촉하여 이자까지 합하여 600吊을 지불하되, 4월 초까지 200吊을, 10일 뒤 400吊을 분할 상환하기로 약속했다. 그들이 부탁하기를 토지 문서와 가게 계약서 등을 담보로 제공하며 기한 내에 상환하지 못할 경우 임의대로 처분해도 좋다고 했다. 하지만 6월까지 140吊만 상환했을 뿐

또다시 지불하지 않고 동료 朴濟흡를 보증으로 내세워 또 미루려고
하고 있다. 이처럼 여러 차례 金喆鍊에게 상환할 수 있게 기회를 주
었지만 이런저런 핑계로 지체시키고 있으며 나타나지도 않았다. 이
에 그의 형 金圭鍊과 협의했으나 이번에는 그 형제가 함께 왕실의
세도가를 앞세워 오히려 위협했다. 이에 辦理朝鮮龍山商務 洪大人은
11월 15일 朝鮮漢城府 少尹 金鶴鎭에게 이 사안을 해결할 수 있도록
신속히 조치를 취해줄 것을 요청했다.

華商保結案

館藏號	01-41-047-36
全宗	總理各國事務衙門
系列	駐朝鮮使館檔
宗名	唐紹儀: 訴訟案件 36
册	華商의 保結 안건(華商保結案)
생산시기	光緒 15년(1889) 6월~동년 7월
총면수	41
수발자	洪子彬

이 안건은 다양한 이유로 범법의 혐의가 있는 華商들을 保結하는 것을 다루고 있다. 保狀 혹은 甘結로 구성되어 있는데, 甘結의 명단인 點單 외에 상이한 사건과 대상의 保狀 등이 함께 수록되어 있다.

안건의 주요 내용은 다음과 같다.

이 안건은 내용이 하나로 연결되기보다는 여러 華商들이 불법으로 내지로 들어갔다가 적발된 경우 실형을 받는 대신 보증서를 받고 석방되는 상이한 내용의 保狀 혹은 甘結의 모음이라 할 수 있다. 護照를 발급받지 않은 채 下鄕하는 것은 불법으로 규정되어 있기 때문에 소속 商號 등의 연대보증을 받고 가석방되는 경우가 있었다. 2면에서 5면 사이에는 보증받는 사람들의 명단이 실려 있다. 6면부터 마지막 41면까지는 18장의 保狀과 3장의 甘結 혹은 甘限이 수록되어 있는데, 모두 일종의 보증서라고 할 수 있다.

在朝鮮文廟滋事

館藏號	01-41-047-37
全宗	總理各國事務衙門
系列	駐朝鮮使館檔
宗名	唐紹儀: 訴訟案件 37
册	조선의 文廟에서 일어난 분쟁(在朝鮮文廟滋事)
생산시기	光緒 15년(1889) 1월~동년 2월
총면수	9
수발자	袁世凱, 洪子彬

이 안건은 청국인 3명이 조선의 文廟에서 일으킨 소란 등의 내용을 다룬 것이다. 淸國의 龍山商務委員과 總理交涉通商事宜 사이에 주고받은 札飭, 告示, 申文 등으로 구성되어 있다.

안건의 주요 내용은 다음과 같다.

光緒 15년(1889) 1월 12일 오전에 淸人 3명이 漢城의 文廟에 이르러 문을 열어달라고 했으나, 문지기가 관계자 외에는 들어갈 수 없다며 제지했다. 그러자 청인 3명은 돌로 문지기를 마구 때렸고, 그중 한 명의 僕人이 중상을 입었다. 청인들은 자물쇠를 부수고 멋대로 묘당에 들어왔는데, 말도 통하지 않는 등 문묘 측은 곤혹을 치러야 했다. 조선 外署督辦 趙秉式은 총리통상사의 袁世凱에게 照會를 보내 용산상무위원 홍자빈에게 내려 적절한 조치를 취하도록 했다. 이에 원세개는 홍자빈에게 한성의 南北帮 華商 중에서 찾도록 札飭을 내렸다. 아울러 華商들에게 告示를 내려 文廟에서 불미스러운 일이 다시는 일어나지 않도록 경계했다.

韓兵滋事卷

館藏號	01-41-047-38
全宗	總理各國事務衙門
系列	駐朝鮮使館檔
宗名	唐紹儀: 訴訟案件 38
冊	조선 병사가 분란을 일으킨 안건에 관한 卷宗(韓兵滋事卷)
생산시기	光緒 15년(1889) 2월~光緒 16년(1890) 7월
총면수	24
수발자	唐紹儀, 李晃相, 袁世凱

이 안건은 조선 병사 李德明이 중국 상점에 물건을 사러 갔다가 싸움이 붙어 중국 순차에게 맞아 사망한 사건을 다룬 것이다. 淸國의 龍山商務委員 및 總理交涉通商事宜 혹은 漢城府少尹 사이에 주고받은 照會, 照覆 및 稟文 등으로 구성되어 있다.

안건의 주요 내용은 다음과 같다.

光緒 16년(1890) 6월 조선 병사 李德明이 중국 상점에 가서 청화백자를 사려고 값 흥정을 하다가 서로 맞지 않자 서로 욕을 하다가 화상이 몽둥이로 이덕명의 머리를 때렸다. 이덕명이 도망쳐 나오는데 중국 巡差가 쫓아와 몽둥이로 그를 때리고 발로 밟았다. 조선 군영에서 사람을 보내 조선 병사 이덕명이 청 순차에게 맞아 중상을 입었다고 항의하자, 청에서는 오히려 조선 병사가 술에 취해 행패를 부리다가 청 순차에게 돌을 던져 이마에 부상을 입혔다고 대응했다.

하지만 심한 부상을 당한 이덕명이 음식도 못 넘기고, 약도 못 먹

어 결국 사망하자 한성부 소윤 李冕相이 조회를 보내 이 사실을 알
렸다. 청이 피해자라고 주장했던 상황에서 피해자가 사망하자 사건
을 무마하기 어려워졌다. 이에 청에서는 이것은 의외의 일이고 사건
이 발생했을 때에는 아무 말이 없다가 7일이나 지나 부상 병사 이야
기를 꺼냈다고 사건의 책임을 회피하려 했다. 청에서는 가해자인 순
차 牛化龍은 부상을 당하면서도 직무에 충실했고, 상민을 보호했다
고 옹호했다.

　양측의 주장이 엇갈리는 가운데 용산 상무위원 唐紹儀는 원세개에
게 품을 올려 조선 상무장정 제7조에 따르면 중국 商民에 관한 범죄
안건 가운데 중대한 경우 원적지로 보내 원적지 지방관이 중국 법률
에 따라 처리하도록 되어 있는데, 이 안건은 중대한 내용은 아니지
만 交涉에 관련된 사항이라 공정하게 처리하기 위해 사건 피의자를
원적지 지방관에게 보내자고 건의했다. 이는 사실상 범인을 빼돌려
처벌을 가볍게 하려는 처사였다. 이 사건은 『舊韓國外交文書』「淸案」
1, 1213~1218안건에도 관련 내용이 있어 비교해서 볼 수 있다.

永來盛控華金不交房屋卷

館藏號	01-41-047-39
全宗	總理各國事務衙門
系列	駐朝鮮使館檔
宗名	唐紹儀: 訴訟案件 39
冊	永來盛이 華金이 房屋을 건네주지 않는다고 고소한 안건에 관한 卷宗 (永來盛控華金不交房屋卷)
생산시기	光緒 15년(1889) 3월~光緒 17년(1891) 2월
총면수	34
수발자	洪子彬, 金鶴鎭, 袁世凱

이 안건은 北帮華商 永來盛號 王簡齋가 조선인 金龍九에게 瓦房을 구입했는데 후에 이를 건네주지 않는다고 고소한 사건을 다루고 있다. 淸國의 龍山商務委員 및 總理交涉通商事宜 혹은 漢城府少尹 사이에 주고받은 照會, 札飭, 照覆, 公函 외에 稟文, 批文 등이 포함되어 있다.

안건의 주요 내용은 다음과 같다.

光緒 14년(1888) 9월에 北帮華商 永來盛號 王簡齋가 중개인 趙士弘을 통하여 조선인 金龍九에게 南門外 盤石坊 蓮洞 소재의 房屋을 구입하고 대금을 전부 지급했는데, 김용구가 계속 점유하면서 넘겨주지 않는다는 내용의 稟文을 다음해 3월 21일 용산상무위원 洪子彬에게 제출했다. 그 전날인 3월 20일 房屋 구입한 지 약 반년 만에 그 집에 가보니 김씨들이 계속 거주하면서 도리어 왕간재에게 불손한 태도를 보였다. 이 소식을 접한 홍자빈은 한성부소윤 김학진에게 照會를

보내 협조를 요청했다. 이에 김용구가 영래성호에게 갚아야 할 물품
대금의 銀兩 數目을 기재한 장부를 첨부하여 압박을 가하여 房屋을
돌려주도록 했다.

張雲起用刀戮傷孫振才

館藏號	01-41-047-40
全宗	總理各國事務衙門
系列	駐朝鮮使館檔
宗名	唐紹儀: 訴訟案件 40
冊	張雲起가 칼로 孫振才를 戮傷함(張雲起用刀戮傷孫振才)
생산시기	光緒 15년(1889) 4월~동년 7월
총면수	15
수발자	洪子彬, 袁世凱

이 안건은 華商 李兆裕가 운영하는 酒鋪 夥伴 孫振才가 江蘇 銅山縣 人 張立山, 즉 張雲起에게 칼로 찔린 사건을 다루고 있다. 淸國의 龍山 商務委員 및 總理交涉通商事宜 사이에 주고받은 詳文, 檢案書, 批文, 稟文 등으로 구성되어 있다.

안건의 주요 내용은 다음과 같다.

光緒 14년(1888) 4월 7일에 華商 李兆裕가 한성에서 酒鋪를 열자 張立山, 즉 張雲起가 술을 마시러 왔다. 이조유는 장운기와 일면식도 있었기에 술과 담배를 주어 보냈다. 그런데 初更에 갑자기 칼을 들고 난입하여 별 이유도 없이 酒鋪 夥伴 孫振才를 연달아 칼로 찔러 깊은 상처를 안겼다. 다행히 장운기는 끈으로 묶을 수 있었다. 손진재는 일본 의사를 불러 치료에 전념토록 했다. 보고를 접한 원세개는 손진재의 상처가 호전된 이후 장운기를 무겁게 杖刑을 가하고 칼을 씌워 사람들에게 주리 돌리고, 登萊靑道衙門에게 보내 원적의 지방관에게 압송해서 엄히 단속토록 했다.

三和興・德興號被焚卷

館藏號	01-41-047-41
全宗	總理各國事務衙門
系列	駐朝鮮使館檔
宗名	唐紹儀: 訴訟案件 41
冊	三和興과 德興號가 화재를 당한 안건에 관한 卷宗(三和興・德興號被焚卷)
생산시기	光緒 15년(1889) 5월~光緒 16년(1890) 1월
총면수	59
수발자	洪子彬, 袁世凱, 金鶴鎭, 唐紹儀

이 안건은 廣商華商 德興號와 三和興에서 당한 화재에 관한 사건을 다루고 있다. 清國의 龍山商務委員 및 總理交涉通商事宜 혹은 漢城府少尹 사이에 주고받은 稟文, 批文, 照會, 供述, 札飭, 諭飭, 照覆 등이 포함되어 있다.

안건의 주요 내용은 다음과 같다.

光緒 15년(1889) 5월 18일에 廣帮 德興號 소속 華商 鄭翼之와 鄭乃昌 등이 덕흥호에 강도가 들어 舖夥 鄭耀를 죽이고 물건을 빼앗고는 불을 질렀다고 신고했다. 총리교섭통상사의 袁世凱는 告示를 걸어 현상금을 내걸었고, 조선 外署에 照會를 보내어 범인 체포를 촉구했다. 훔쳐간 물건 값만으로 銀 8,000여 元에 달했다. 현상금으로 은 500원을 내걸었지만 별무성과였다. 한편 光緒 11년(1885)에는 南門內 華商 三和興號에서 강도의 방화와 3명이 희생되는 인명사건이 일어났지만 당시까지 범인 누구도 체포되지 못한 바 있었다. 이에 원세개는 조선 外署에 照會를 보내어 각 捕廳으로 하여금 엄히 범인을 체포하고 많은 금액의 현상금을 걸도록 했다. 하지만 그로부터 4개월여가 지나도록 아무런 성과를 거두지 못했다. 11월에 이르러 원세개는 조선 外署로 하여금 德興號와 三和興의 피해액 보상과 사망자 가족에 대한 배상에 나서도록 촉구했다.

松都解回違章造屋開舖

館藏號	02-41-047-42
全宗	總理各國事務衙門
系列	駐韓使館保存檔案
宗	唐紹儀: 訴訟案件 42
冊	송도에서 장정을 위반하여 집을 짓고 점포를 연 자를 압송하다 (松都解回違章造屋開舖)
생산시기	光緒 15년(1889) 6월~동년 7월
총면수	45
수발자	袁世凱, 洪子彬

이 안건은 송도에서 장정을 위반한 중국인들을 처리하는 문제를
다룬 것이다. 駐紥朝鮮總理交涉通商事宜 袁世凱가 辦理龍山商務 洪倅에
게 보낸 札文과 點單, 龍山商務 洪倅이 袁世凱에게 올린 稟文, 상인들의
保狀 등으로 구성되어 있다.

안건의 주요 내용은 다음과 같다.

光緒 15년(1889) 6월에 조선인 행상 박정권 등은 죽산 백암리에서
중국 상인들이 소란을 피우고 사람들에게 상해를 입혔다며 원세개
에게 고소했다. 원세개는 즉시 縣丞 程雲翰에게 조사를 지시했다. 差
弁 李振海는 현지 조사를 통해 소란을 피운 범인 高興·高福·高路 3인
을 체포했지만, 高興은 이미 죽었고 高路는 병이 심해서 압송할 수 없
었다. 程雲翰은 혹시라도 처벌을 피하기 위하여 거짓을 꾸미고 있는
지 조사하기 위하여 다시 사람을 보냈다. 松都의 중국 상인 蘇子頤 등

은 高興과 高路의 상황이 사실과 다르지 않다고 보증했고, 현지 조사의 결과도 그들의 말과 다르지 않았다. 결국 高路가 압송하는 도중에 병세가 심해져서 죽을 수도 있다고 판단하여, 병세가 호전된 뒤에 한양으로 압송하여 조사하기로 했다. 이에 袁世凱는 程雲翰의 의견을 받아들였고, 洪倬에게 高路의 병이 나으면 곧바로 조사하고 蘇子頤 등의 甘結을 접수하여 사건의 처리에 준비하도록 했다.

한편, 程雲翰은 중국 상인들이 송도에서 노점과 점포를 개설하여 잡화를 파는 것에 대한 조사도 진행했다. 蘇子頤 등 40여 명이 잡화를 팔고 있었는데, 이진해가 현지에 도착했을 때는 17명뿐이었다. 그중 4명은 護照가 있었고, 8명은 執照가 있었으며, 5명은 아무것도 없었다. 이진해는 護照·執照의 유무와 貫籍을 보고했고, 소문을 듣고 달아난 26명도 명단을 작성했다. 袁世凱는 程雲翰에게 위법을 저지른 중국 상인들을 모두 그 경중에 따라 처벌하여 재발을 방지하고, 房價 110,000문을 징수하도록 했다.

光緒 15년 7월, 洪倬은 상인들에 대한 심문 결과를 보고했다. 상인들은 조선에 온지 얼마 되지 않아서 章程을 잘 몰랐기 때문에 증명서를 받지 않고 송도로 가서 잡화를 팔게 되었다면서, 이미 벌금을 납부했고 다시는 그런 일이 없을 테니 보석을 허가해달라고 했다. 洪倬은 벌금을 이미 北幇董事에게 보내서 공무를 처리하는 데 충당하도록 했고, 달아난 상인들은 체포하면 다시 조사를 진행할 것이라는 사실을 보고했다.

水原判官移解王雲英等八名違章造屋罰辦由

館藏號	01-41-047-43
全宗	總理各國事務衙門
系列	駐朝鮮使館檔
宗名	唐紹儀: 訴訟案件 43
冊	水原判官이 붙잡아 보낸 王雲英 등 8명이 章程을 어기고 집을 지어 처벌함 (水原判官移解王雲英等八名違章造屋罰辦由)
생산시기	光緒 15년(1889) 3월~동년 6월
총면수	27
수발자	洪子彬, 吳錫泳, 袁世凱

이 안건은 조선 水原府判官 吳錫泳이 華商 王雲英 등이 章程을 어기고 집을 지었다는 이유로 체포하여 보낸 사건을 다루고 있다. 淸國의 龍山商務委員 및 總理交涉通商事宜 혹은 水原府判官 사이에 주고받은 執照, 保狀, 甘結, 點單, 照會, 照覆, 詳文, 買貨總賬 및 公函 등이 포함되어 있다.

안건의 주요 내용은 다음과 같다.

光緖 15년(1889) 5월 20일에 조선 수원부판관 오석영이 용산상무위원 홍자빈에게 照會를 보냈다. 수원부 북부의 普施洞 洞長 金元江의 稟文에 의하면 주민 李文才가 그해 5월 1일 草房 15간을 450량을 받고 華商 王雲英 등에게 팔았다는 것이다. 그런데 그들은 執照도 없이 內地로 들어와 房屋을 임대해서 行棧을 개설했는데 이는 定章을 위배한 것으로 犯法 행위였다. 이에 수원부의 將校 黃喜源을 보내 그들을

붙잡아 洪子彬에게 압송했다. 홍자빈은 袁世凱에게 보고하여 그들의
保釋을 신청하여 허락받았다. 房價 450량은 순찰비용으로 충당하도
록 했다. 한편 본 안건의 2~3면에는 華商의 執照가, 4~7면에는 保狀
이, 8~9면에는 甘結이, 10~11면에는 點單이 각각 수록되어 있다.

曲鳳岡買日本店洋紗換假洋

館藏號	01-41-047-44
全宗	總理各國事務衙門
系列	駐韓使館保存檔案
宗	唐紹儀: 訴訟案件 44
冊	曲鳳岡이 日本 상점에서 洋紗를 사고 가짜 洋銀을 지급함 (曲鳳岡買日本店洋紗換假洋)
생산시기	光緖 15年(1889) 6월
총면수	3
수발자	*洪子彬

이 안건은 華商 鳳華泰의 曲鳳岡이 일본 상인 野川興作의 점포에서 그 점포와 거래하는 조선인 金龍에게 洋銀 2원을 주고 洋紗 2필을 샀으나, 지급한 양은이 가짜라고 하며 양사의 인도를 거부하자 이에 대해 사기당했다고 호소한 사건을 다룬 것이다. 전봉강이 용산상무에게 올린 품문으로 구성되어 있다.

안건의 주요 내용은 다음과 같다.

華商 鳳華泰의 曲鳳岡은 光緖 15년(1889) 6월 27일 오전 10시경에 일본 상인 野川興作의 점포에 도착하여 그 점포와 거래하는 조선인 金龍이 양사 2필을 가져오자 그것을 사기 위해 양은 4원을 野川에게 내어주고, 野川은 그 가운데 2원을 빼서 김용에게 주었다. 野川이 기다리라 하여 밖에서 오후 4시까지 기다렸으나, 양사를 내주지 않자 曲鳳岡은 양사를 들고 일어서려고 했으나 일본 상인은 양사 대금을

조선인이 빼앗아 갔고 자신은 그 돈과 무관하다고 하며 물건을 가져가지 못하게 했다. 그런데 잠시 뒤 조선인이 삿대질을 하며 와서 대금으로 받은 양은이 가짜이고 이미 巡廳에서 剪開되었다고 했다. 그러나 일본 순청에서 다시 와서 曲鳳岡에게 남아 있던 양은을 조사해 보고 가짜가 아니라고 했다. 이때는 이미 오후 6시 무렵이었고, 김용은 도주한 다음이었다.

이에 대해 曲鳳岡은 양은은 일본이 제조한 것이기 때문에 한 번만 보면 진부를 알 수 있을 것인데 오전 11시부터 수 시간이나 그냥 두었다가 오후 6시에 이르러 진부 여부를 말하는 점, 조선인 김용과 야천은 잘 아는 사이일 터인데 서로 관계없다고 한 점, 자신이 가지고 있던 양은 4원 가운데 조선인이 가져간 2원은 가짜이고 남은 2원은 진짜라는 점 등을 들어 사기를 당한 것이라고 하며 해결해줄 것을 호소했다.

　* 품문을 올린 대상은 이 문서 전후의 문서에 비추어 볼 때 홍자빈일 개연성이 크다.

李敬戊、蔣和敬欠雙盛泰貨價

館藏號	02-41-047-45
全宗	總理各國事務衙門
系列	駐韓使館保存檔案
宗	唐紹儀: 訴訟案件 45
冊	이경무, 장화경이 雙盛泰의 물품대금을 연체하다(李敬戊、蔣和敬欠雙盛泰貨價)
생산시기	光緒 15년(1889) 6월
총면수	10
수발자	洪子彬, 金鶴鎭

이 안건은 조선인과 중국인 상인 사이의 물품대금 사기 사건을 다룬 것이다. 중국인 錦成東이 辦理龍山商務 洪倅에게 올린 稟文과 그에 대한 批答, 洪倅이 한성부 소윤 김학진에게 보낸 照會 등으로 구성되어 있다.

안건의 주요 내용은 다음과 같다.

光緒 15년(1889) 6월에 중국 상인 錦成東이 품문을 올려, 밀린 물품대금을 받게 해달라고 청원했다. 조선 상인 이무경과 장화경은 錦成東에게 錢40吊의 洋柴를 구매했고, 10일 안에 나눠서 갚을 것이라고 약속했다. 당일에 장화경과 그 아버지 장석현은 錢票 한 장을 써주었지만, 그들은 한 푼도 주지 않고 자취를 감춘 상황이었다. 그들은 雙盛泰의 洋紗 30疋도 사취했다는 소문이 있었다. 그들은 사기꾼이었던 것이다. 錦成東이 장화경의 아버지 장석현에게 들이닥쳤을 때, 장석현은 이무경이 물건을 모두 팔아버려서 가진 것이 없고, 전표도 증명이 될 수는 없다고 강변했다. 錦成東은 조선정부를 통해서 이무경 등을 잡아들이고 엄하게 처벌해달라고 했다. 洪倬은 조선정부에 이무경 등을 체포하고 돈을 돌려받을 수 있게 협조를 요청할 것이라고 비답했다.

洪倬은 한성부 소윤 김학진에게 조회를 보내서, 즉시 관원을 파견하여 이무경 등을 체포하고 신문하여 진상을 밝힌 다음 물품대금을 돌려주게 해달라고 요청했다.

韓人李鳳夏欠湧順福、永來盛貨價卷

館藏號	01-41-047-46
全宗	總理各國事務衙門
系列	駐韓使館保存檔案
宗	唐紹儀: 訴訟案件 46
冊	韓人李鳳夏가 湧順福、永來盛의 貨價를 갚지 않은 안건에 관한 卷宗 (韓人李鳳夏欠湧順福、永來盛貨價卷)
생산시기	光緖 15년(1889) 6월
총면수	6
수발자	洪子彬, 金鶴鎭

이 안건은 韓人 經紀 李鳳夏가 華商 湧順福, 永來盛, 廣德號 등에게서 외상으로 물품을 가져간 뒤 대금을 갚지 않은 사건을 다룬 것이다. 화상들의 품문, 그 품문에 의거하여 한성소윤에게 보낸 홍자빈의 조회로 구성되어 있다.

안건의 주요 내용은 다음과 같다.

華商 湧順福, 永來盛, 廣德號 등과 거래하던 韓人 經紀 李鳳夏는 光緖 15년(1889) 4월 외상대금을 갚지 않은 채 종적을 감추었다. 미수금은 영래성이 조선전 51吊 400文, 용순복이 6吊 710文, 공덕호가 6적 400문 등이었다. 이들이 이봉하의 집으로 찾아가자 그의 아버지는 반드시 그의 아들을 찾아 외상대금을 갚도록 하겠다고 했다. 5월 18일 이봉하가 鼓樓街에 있다는 말을 듣고 찾아가 미수금을 갚으라 했으나, 그는 듣지 않았고, 그의 아버지를 다시 찾아갔으나 그의 아버지

역시 그의 아들의 일에는 관여하지 않겠다고 했다. 이에 따라 화상들은 홍자빈에게 조선정부에 조회하여 이봉하를 엄히 추궁하고 대금을 청산하게 해줄 것을 요청하는 품문을 올렸다. 이에 근거하여 홍자빈은 한성소윤에게 경기 이봉하를 신속히 추궁하여 화상들에게 債價를 갚게 해줄 것을 요청하는 조회를 보냈다.

華商控朝人欠款案

館藏號	01-41-047-47
全宗	總理各國事務衙門
系列	駐韓使館保存檔案
宗	唐紹儀: 訴訟案件 47
冊	華商들이 조선 상인들의 부채를 반환하라고 고소한 안(華商控朝人欠款案)
생산시기	光緒 15년(1889) 7월~光緒 18년(1892) 10월
총면수	221
생산자	洪子彬, 唐紹儀, 金鶴鎭, 李重夏, 成岐運

　이 안건은 漢城과 仁川 등에서 활동하던 華商들이 조선인들과 거래하는 과정에서 상품을 건네주고도 그 대금을 받지 못하거나 미리 선금을 주고 상품을 받지 못하여 관부에 그 청산을 요청한 사건을 다루고 있다. 華商 雙盛泰, 錦成東, 永來盛, 怡泰號, 復新號, 同順泰, 寶興盛, 與和長號, 謹記號, 獻記號, 永泰號, 佑興號, 仁昌盛, 永順公, 北公順, 和順號, 公源興, 湧順福, 東順利, 同慶和 등이 올린 稟文으로 구성되어 있다. 아울러 龍山商務 洪子彬과 漢城府少尹 金鶴鎭 사이의 照會와 초고, 龍山商務 唐紹儀와 漢城府少尹 李重夏 사이의 照會와 초고 및 漢城府少尹 成岐運에게 보내는 조회 초안 등이 포함되어 있으며, 龍山商務 唐紹儀가 朝鮮總理交涉通商事宜 袁世凱에게 올리는 札文도 있다.

　안건의 주요 내용은 다음과 같다.

번호	사건발생 년도	사건 당사자		사건내용	면수
		원 고	피 고		
1	光緖 15년	公和順號	金學洙(韓)	조선인 金學洙가 쌀값을 지불하지 않음	8
2	光緖 15년	雙盛泰	李戊敬, 蔣和敬(韓)	조선인 李戊敬이 洋紗 대금을 지불하지 않아 한성부에 고소함	17
3	光緖 15년	永來盛	趙鼎潤(韓)	조선인 趙鼎漢과 趙鼎潤이 상품대금을 지급하지 않음	19
4	光緖 15년	怡泰號	蚪兀伯(英)	영국인 蚪兀伯이 부채를 상환하지 않고 영국으로 달아나려함	8
5	光緖 15년	王子蕃	徐致純, 徐榮坤(韓)	松都의 잡화상인 徐致純이 외상 거래 후 부채를 상환하지 않음	9
6	光緖 15년	復新號	金明德(韓)	조선인 金明德이 상품 대금을 지급하지 않고 부산으로 도망함	9
7	光緖 15년	譚以時	金相愚(韓)	한성의 명망가인 金相愚가 거래 후 대금을 지급하지 않음	10
8	光緖 15년	與和長號	朴履順, 尹士元, 李命喆(韓)	조선인 朴履順 등이 거래 후 상품 대금을 지급하지 않고 종적을 감춤	10
9	光緖 15년	寶興盛	金聖武(韓)	조선인 金聖武가 상품 대금을 지급하지 않음	7
10	光緖 15년	王子蕃	朴大洪(韓)	조선인 朴大洪이 상품 대금을 지급하지 않아 한성부에 고소했으나 처리가 늦어짐	9
11	光緖 15년	錦成東, 公源利	崔德景, 崔德形(韓)	조선인 崔德景 형제가 거래 후 수개월 동안 자취를 감춤	7
12	光緖 15년	王子蕃	裴世元(韓)	조선인 裴世元이 상품 대금을 지급하지 않아 한성부에 고소했으나 처리가 늦어짐	7
13	光緖 15년	劉栻	金聖武(韓)	조선인 金聖武가 거래후 도주함	10
14	光緖 15년	復新號 등	朴重植, 全明載(韓)	조선인 朴重植 등이 여러 화상들의 부채를 탕감하지 않아 부동산을 담보로 처리해 줄 것을 요청	14
15	光緖 15년	李獻益	河春初(韓)	조선상인 河春初가 상품 거래로 대금을 지급하지 않음	4
16	光緖 16년	永順公 등	朴興汝(韓)	조선인 朴興汝가 여러 화상들과 거래 후 대금을 지급하지 않고 종적을 감춤	4
17	光緖 16년	王甫安	車錫純, 金鳳淵(韓)	평양 상인 車錫純에게 상품을 샀으나 상품을 건네받지 못해 평양 부윤에게 고소함	2
18	光緖 16년	蕭子安	成翼鎬(韓)	忠淸道에서 상인 成翼鎬에 쌀을 샀으나 사기를 당함	19

1. 華商 公和順號가 조선인 金學洙에게 쌀값 25吊을 받지 못했다면
   서 그를 체포하여 쌀값을 돌려주도록 하고 다시는 이런 일이
   없도록 조치를 해줄 것을 요청했다.

2. 華商 雙盛泰가 조선인 李戊敬에게 洋紗 30필을 42吊에 팔았는데
   李戊敬이 蔣和敬 등과 함께 화물을 건네받고는 물건 값을 지불
   하지 않을 뿐만 아니라 숨어 다니고 나타나지 않았다. 이에 龍
   山商務 洪子彬이 조선 관아에 고소하고 해결을 요청했으나 잡아
   들이지 않아 3개월이 지나도록 李戊敬은 한 푼도 돌려주지 않
   았다. 이에 상인들이 신임 龍山商務 唐紹儀에게 요청하여 漢城府
   少尹 金鶴鎭에게 그를 잡아들여 처벌하도록 요구했다.

3. 華商 永來盛이 상품 값을 지불하지 않고 도망간 조선 상인들을
   잡아달라고 요청했다. 永來盛이 漢城에서 조선인 趙鼎漢의 동생
   趙鼎潤과 거래했는데 상품 값 94吊을 돌려주지 않아 그를 찾았
   으나 도주한 뒤였다. 그의 형 趙鼎漢은 동생의 일이라며 자신과
   는 무관하다고 하니 해결할 방법이 없다고 하소연했다.

4. 華商 怡泰號에게 부채를 갚지 않고 도주한 영국인을 잡아달라고
   요청했다. 조선은 여러 나라의 官商들과 수년 동안 교역을 해
   왔는데, 영국인 虰兀伯이 洋銀 567元 5角을 지불하지 않고 있었
   다. 그에게 장부를 증거로 일부 돌려받았으나 차일피일 갚지
   않았다. 그러던 중 그가 仁川을 거쳐 영국으로 도망가려 한다며
   해결을 독촉했다.

5. 華商 雙盛泰의 王子蕃은 松都의 잡화상인 徐致純과 오랫동안 거
   래해 왔는데 그의 아들 徐榮坤으로부터 상품 값 326吊 760文을
   돌려받지 못했다. 그가 수일 내로 갚겠다고 했지만 갚지 않았
   다. 동료 상인 張汝琨이 직접 찾아가서 101吊 470文은 다음 달
   안에 청산하고 나머지는 洪有爕이라는 자에게 떠넘겼다. 徐致純
   부자는 송도에서 잡화점을 두 곳이나 경영하는 부호라서 관청
   에서도 비호한다고 하니 적극 해결해줄 것을 요청했다.

6. 조선인 金明德은 漢城의 日本街에서 가게를 열고 華商 復新號의
   상품을 받아 장사를 했는데 상품대금을 청산하지 않고 종적을
   감추어 버렸다. 대금을 받으러 점포에 찾아가 보니 그의 동료
   인 金玉如 한 사람만 남아 있고 金明德은 부산으로 도망한 뒤였다.

7. 華商 同順泰의 譚以時는 漢城에서 金相愚이라는 상인이 功名도 있
   을 뿐만 아니라 부귀한 자라서 믿고 거래했다. 그런데 洋銀 18元
   을 약정된 기일에 갚지 않았다. 또 譚以時는 朴蓉湜과 여러 해
   거래했는데, 그도 40吊 640文의 부채를 상환하지 않았다.

8. 華商 與和長號는 조선인 朴履順에게 洋布 40필을 판매했는데 朴
   履順은 상품 값을 지불하지 않고 종적을 감추었다. 이후 朴履順
   은 동료 尹士元에을 통해 논을 저당 잡고 일부 상환하겠다고 했
   지만 尹士元 역시 그의 장인 李命喆에게 논을 넘겨버렸다. 李命
   喆에게 尹士元의 해결을 요구했으나 그도 재산을 숨기고 해결
   을 거부했다.

9. 華商 寶興盛이 조선인 金聖武에게 洋鐵盆 300개 대금 70吊 500文
   을 돌려받지 못했다.

10. 華商 雙盛泰의 王子蕃은 漢城에서 조선인 朴大洪이 중개인 趙仲
    儒를 거처 판매한 상품 값 360吊 500文을 돌려받지 못한 일로
    호소했다. 한성부에서 그를 잡아들여 조속히 갚도록 했지만,
    한성부 소윤이 새로 교체되는 과정에서 흐지부지되어 버렸다.

11. 華商 錦成東, 公源利 등은 漢城에서 조선인 崔德景, 崔德形 형제
    두 사람과 거래하던 중, 崔德景에게 중개인 朴鳳根을 통해 받
    기로 한 白糖 대금 114吊 490문을 받지 못했다. 崔德形도 白糖
    대금 14吊을 公源利에게 지불하지 않았다. 그는 수개월 동안
    대금을 돌려주지 않을 뿐만 아니라 자취를 찾을 수도 없었다.
    그러던 중 상인들이 찾아내 갚도록 했으나 거부했다.

12. 華商 雙盛泰號의 王子蕃은 조선 상인 裴世元이 1,272吊 740文과
    洋銀 40元 6角 6文을 갚지 않는다고 고소했다. 조선 한성부에
    서 그에게 5년 동안 분할하여 청산하게 했으나 일부 상환하고
    한성부소윤으로 교체되는 과정에서 약속이 지켜지지 않았다.
    조선 관원에게 裴世元을 체포하여 처벌하도록 요구했다.

13. 華商 同慶和號의 劉栻은 漢城에서 金聖武에게 白糖 대금 109吊
    475文을 완납하도록 요구하자 金聖武는 金希順을 보증인으로
    내세워 연기시켰다. 그 뒤 金聖武의 행방이 묘연하여 金希順에

게 그 집을 팔아서라도 청산하도록 했지만 그도 도망했다.

14. 조선인 朴重植, 全明載는 華商 復新號, 與和長號, 謹記號, 獻記號,
    永泰號 등의 화물 대금을 청산하지 않았다. 상인들이 여러 차
    례 그를 찾아 상환을 요청했으니 그들은 상환할 능력이 없었
    다. 그들은 長松洞과 司甫署谷의 주택, 그리고 형인 朴健植의 상
    가 등을 담보로 부채를 갚겠다고 했지만 기한이 지나도록 갚
    지 않았다. 이에 華商들은 관청에서 그 건물을 처리한 돈으로
    부채를 탕감하게 해달라고 요청했다.

15. 華商 佑興號의 李獻益은 漢城에서 거래하던 조선 상인 河春初가
    중개인 李致弘을 통해 白唐을 산 뒤 대금을 지불하지 않아 그
    해결을 요청했다.

16. 조선인 朴興汝는 華商 永順公, 北公順, 和順號, 公源興, 湧順福, 東
    順利 등의 화물 대금 합계 44吊 685文을 갚지 않고 종적을 감
    추었다. 상인들은 금액이 크지 않기 때문에 무리하게 처벌을
    요구하지 않는 대신 한성부윤이 관리들을 보내 상인들을 대상
    으로 조사하고 朴興汝로 하여금 모든 금액을 청산하게 하도록
    요청했다.

17. 華商 源盛興의 王甫安는 平壤에서 토산품을 사들였는데 그 지역
    상인 車錫純과 점주 金鳳淵의 豆粮을 사기로 약정하고 선금으로
    현금을 지불했는데 기한이 지나도록 물건을 받지 못했다. 車錫

純은 상품이 없어 기한을 더 연장해주기를 간청하고 金鳳淵은
일부 대금만 돌려주었다. 이에 평양 부윤에게 해결을 요청했다.

18. 仁川의 華商 瑞盛春의 蕭子安은 忠淸道로 가서 쌀을 사러 갔다가
韓山縣 外山村의 成翼鎬에 사기를 당했다.

楊錦堂、王松亭、許衍基押解內渡

館藏號	02-41-047-48
全宗	總理各國事務衙門
系列	駐韓使館保存檔案
宗	唐紹儀: 訴訟案件 48
冊	楊錦堂、王松亭、許衍基 등을 배편으로 압송하다 (楊錦堂、王松亭、許衍基押解內渡)
생산시기	光緒 15년(1889) 6월~光緒 18년(1902) 4월
총면수	66
수발자	袁世凱, 唐紹儀, 洪子彬, 張傳茂

이 안건은 인천에서 楊錦堂 등 중국인 3명이 공모하여 탄원서를 꾸며낸 일을 처리하는 문제를 다룬 것이다. 龍山理事府에서 내린 告示와 諭示의 초고, 辦理龍山商務 唐紹儀가 袁世凱에게 보낸 稟文, 그와 仁川通商事務 洪倅 사이의 移文과 초고, 南幫董事 張傳茂가 唐紹儀에게 보낸 稟文, 상인들의 보증서 등으로 구성되어 있다. 이 안건에는 전에 발생한 사건 관련 문서도 포함하고 있다.

안건의 주요 내용은 다음과 같다.

光緒 15년(1889) 6월에 王星文은 사적으로 押舖를 개설하여 금령을 어긴 이유로 체포되었는데, 상인들의 보증과 함께 벌금 20洋元의 벌금을 납부하고 풀려났다. 龍山理事府는 유시를 내려 20일 안에 사적으로 압포를 개설하여 이익을 취하는 행위를 정리하도록 했다. 8월에는 邱永昌 등 중국인 3명이 조계를 벗어나서 농촌으로 들어갔다가 체포되었다가, 상인들의 보증과 함께 벌금을 물고 풀려났다.

光緒 15년(1889) 10월에 巡員 丁大鵬은 품문을 올려, 王松亭과 許衍基가 송사를 사주하고 사기를 치는데 수단방법을 가리지 않으니 조사가 필요하다고 했다. 洪侔은 즉시 사람을 보내서 두 사람과 함께 한패였던 楊錦堂까지 체포했다. 그들의 공술에 따르면, 세 사람은 차례로 한성에 왔는데, 하는 일이 없던 상황에서 耿熙賓을 대신하여 고소장을 써주었다. 그들은 모두 山東 출신이었고 일정한 일이 없이 빈둥거리다 서로 공모하여 고소장을 써준 사실을 인정했다. 洪侔은 그들을 즉시 본국으로 돌려보내서 다시 말썽을 일으키는 일을 미리 막아야 한다고 唐紹儀에게 요청했다. 唐紹儀는 袁世凱에게 상황을 보고했고, 결국 洪侔의 요청대로 일이 처리되었다. 한편 耿熙賓은 상인들의 보증을 받고 풀려났다.

光緒 16년(1890) 2월에 張傳茂가 품문을 올려, 織機局 工人 周萬寶가 분수에 만족하지 않으며 말썽을 일으키고 있으니 추방하게 해달라고 요청했다.

光緒 16년(1890) 7월에 洪侔은 청주에서 도박장을 개설한 혐의로 체포된 범인들을 袁世凱로부터 넘겨받은 상황을 唐紹儀에게 알렸다. 胡尙啓·陳有懷·段廷輔 등은 장사꾼이 아닌데도 내지로 들어가 불법으로 도박장을 개설했다. 따라서 이들을 인천을 거쳐 본국으로 압송해야 하므로 먼저 용산을 거쳐 인천으로 보내기로 했다. 唐紹儀는 요청대로 처리하겠다는 移文을 보냈다.

이외에도 光緒 17년(1891) 3월부터 18년(1892) 4월까지 중국 상인들은 용산에서 술에 취해 소란을 피우고, 조선인에게 상해를 입히고, 사소한 사기행각을 벌인 중국인들에 대한 여러 건의 보석 요청 保狀을 올렸다.

裕和昌稟報華商病故朝鮮各案

館藏號	02-41-047-49
全宗	總理各國事務衙門
系列	駐韓使館保存檔案
宗	唐紹儀: 訴訟案件 49
冊	裕和昌이 조선에서 병사한 중국 상인들을 품보한 안건들 (裕和昌稟報華商病故朝鮮各案)
생산시기	光緒 15년(1889) 7월~동년 10월
총면수	25
수발자	唐紹儀, 金鶴鎭

이 안건은 조선에서 사망한 중국인의 시신을 처리하는 문제들을 다룬 것이다. 중국 상인들이 辦理龍山商務 唐紹儀에게 올린 稟文, 唐紹儀와 김학진 사이의 서신, 唐紹儀가 袁世凱에게 올린 詳報文과 그에 대한 批答 등을 포함하고 있다.

안건의 주요 내용은 다음과 같다.

光緒 15년(1889) 7월, 劉相全은 자신의 점포에서 일하던 피혁공 王欽海가 지병으로 숨졌는데, 그 시신을 마음대로 할 수 없으니 처리를 도와달라고 품문을 올렸다. 唐紹儀는 조사하여 처리하겠다고 했다.

光緒 15년(1889) 10월, 姜延諮는 稟文을 올려, 李汝良이 조선인 김씨의 마방에서 숨진 채 발견되었는데 온몸이 푸른색으로 변해 있어서 독약을 먹은 것처럼 보인다며 사건의 처리를 요청했다. 唐紹儀는 김학진에게 서신을 보내 사건의 신속한 처리에 협조를 요청했고, 김학

진은 서신을 보내서 요청을 받아들였다. 마방의 주인은 김치정이었
다. 그는 생면부지의 중국인이 숙박을 간청해서 허락했다. 하지만
그 중국인이 다음 날에도 떠나지 않자, 김치정이 이유를 물어보니
다녀올 곳이 있다면서 나중에 가겠다고 했고, 취한 듯이 쓰러져 잤
다. 김치정은 순사를 불렀고, 순사가 도착했을 때 그 중국인은 죽은
상태였다.

唐紹儀는 巡員 丁大鵬과 한성부에서 보낸 장기련의 공동 조사결과
를 袁世凱에게 보고했다. 조사 결과, 李汝良의 머리 전면과 후면에는
아무런 상처가 없었고 약간 푸르스름했다. 銀釵를 가지고 위아래로
색이 변하는지를 보았지만 어떤 변화도 없었다. 몸 위의 푸른색은
죽은 뒤 온돌 위에 있었기 때문에 생긴 것이지 독약을 복용해서 그
런 것은 아니었다. 따라서 병으로 죽은 것으로 보고했다. 袁世凱는
보고를 받은 뒤에 앞으로 한인의 점포에 투숙하여 문제가 발생하는
일이 없도록 하라고 批答했다.

巡員(성명 불명)이 甘結을 올렸다. 牟維緒의 아들 順兒는 湧順福 밑
에서 장사를 배웠다. 順兒는 백부가 왔을 때 함께 귀국하려 했지만,
아버지가 반대했는데 발병하여 죽었고 시신을 본국으로 보내려 했
지만 돈이 없었다. 현지 화상들이 洋銀 40원을 모았지만, 부족해서
다시 巡廳의 丁老爺와 董事가 湧順福에게 뱃삯으로 60원을 지급하라
고 요청했다.

韓外署照請査緝緇流曇振

館藏號	02-41-047-50
全宗	總理各國事務衙門
系列	駐韓使館保存檔案
宗	唐紹儀: 訴訟案件 50
冊	조선 外署에서 조회를 보내 승려 曇振을 체포하도록 요청하다 (韓外署照請査緝緇流曇振)
생산시기	光緖 15년(1889) 7월
총면수	5
수발자	袁世凱, 洪子彬

이 안건은 조선의 외서에서 조회를 보내 조선인 승려의 체포를 요청한 일을 다룬 것이다. 駐紮朝鮮總理交涉通商事宜 袁世凱가 辦理龍山商務 洪倅에게 보낸 札文을 포함하고 있다.

안건의 주요 내용은 다음과 같다.

光緖 15년(1889) 7월, 袁世凱가 洪倅에게 札文을 보내서, 조선의 外署督辦으로부터의 照會 내용을 설명했다. 담진은 중국 가사를 입고 上海를 거쳐 일본으로 간 다음 조선의 주일판사대신에게 갔다. 그는 자신이 함경도 단천 출신으로 14살 때 출가하여 중국의 18성과 4대 명산을 유람하고 일본으로 와서 조선대사관을 방문한 것이라고 했다. 판사대신은 담진에게 거처를 제공하면서 함부로 떠나지 말라고 했다. 그런데 담진은 창고를 열어 접대용 양주 14명을 몰래 마셨다. 결국 판사대신은 담진을 본국으로 압송했다. 하지만 담진은 경기도

과천에서 중국 도첩을 훔쳤고 야음을 틈타서 달아났다. 八道·三港·
兩關에 체포령이 내려졌고, 외서에서는 袁世凱에게 照會를 보내서 북
양대신으로 하여금 吉林·奉天省과 海關에서 도주범을 발견하면 근처
의 지방관을 통해 본국으로 압송하게 해달라고 요청했다. 袁世凱는
각 통상항구에 조회의 내용을 전달하고, 洪倅에게도 주의하도록 지
시했다.

華商設棧侵近路面有礙風情

館藏號	02-41-047-51
全宗	總理各國事務衙門
系列	駐韓使館保存檔案
宗	唐紹儀: 訴訟案件 51
冊	중국 상인이 가건물을 설치하여 근처 노면의 풍경을 해치다 (華商設棧侵近路面有礙風情)
생산시기	光緒 15년(1889) 8월~光緒 18년(1892) 9월
총면수	10
수발자	金鶴鎭, 박용원, 唐紹儀

이 안건은 중국 상인들이 가판을 설치하는 과정에서 노면의 풍경을 해친 일을 다룬 것이다. 漢城府少尹 김학진과 박용원이 龍山商務 唐紹儀에게 보낸 照會, 唐紹儀가 박용원에게 보낸 照覆 등으로 구성되어 있다.

안건의 주요 내용은 다음과 같다.

光緒 15년(1889) 8월, 漢城府少尹 김학진은 龍山商務 唐紹儀에게 照會를 보내서 협조를 요청했다. 조선 상인 권씨는 당분간 行棧을 설치하는데 일이 끝나는 대로 깨끗하게 정리할 것이고 오래 걸리지 않을 것이라고 했다. 김학진은 중국 상인이 같은 요청을 할 경우 편의를 봐줄 것이라고 했다. 아울러 현재 三宮 일대에서 중국 상인들이 行棧을 설치하여 청소하는 데 방해가 되니 그들에게 유시를 내려 철거하게 해달라고 요청했다.

光緒 18년(1892) 윤6월, 漢城府少尹 박용원은 龍山商務 唐紹儀에게
조회를 보내서 협조를 요청했다. 중국 상인 天成義가 조선인 박원직
으로부터 숭례문 수문청 앞에 남초로 지은 임시 주택을 매입하여
철거한 다음 담을 세우고 기초를 닦았고, 鋪棧 두 칸을 지었다. 그런
데 그 鋪棧이 너무 높고 넓어서 근처의 수문청을 가릴 정도였다. 공
사 중 여러 차례 만류했지만, 天成義는 듣지 않았다. 그 鋪棧은 수문
청을 가릴 뿐만 아니라, 거리를 정돈하는 데도 방해가 되었다. 따라
서 박용원은 唐紹儀에게 관련 기관에 알려서 문제를 해결해달라고
요청했다.

唐紹儀는 박용원에게 照覆을 보내서 요청을 거절했다. 과거 박원직
이 거주할 때는 문제가 되지 않았는데, 지금 중국 상인이 세운 鋪棧
을 문제 삼는 것은 말이 안 된다는 것이었다. 또한 잠시 철거하더라
도 차후에 다시 문제가 될 터이니 그럴 수도 없다고 했다.

照會少尹飭二宮牛肉舖遷移

館藏號	01-41-047-52
全宗	總理各國事務衙門
系列	駐朝鮮使館檔
宗名	唐紹儀: 訴訟案件 52
冊	少尹에게 照會를 보내 二宮의 牛肉舖로 하여금 이전토록 함 (照會少尹飭二宮牛肉舖遷移( ))
생산시기	光緒 15년(1889) 8월~동년 8월
총면수	15
수발자	洪子彬, 金鶴鎭

이 안건은 漢城의 二宮街 일대 華商 舖號 거리에서 조선인이 운영하는 牛肉舖를 이전하는 문제를 둘러싼 일련의 사건을 다루고 있다. 이 안건 내에는 淸國의 龍山商務委員와 漢城府少尹 사이에 주고받은 照會, 照覆, 公函 외에 稟文 등이 포함되어 있다.

안건의 주요 내용은 다음과 같다.

光緒 15년(1889) 8월 8일 南北帮董事 張傳茂와 姜延誥가 稟文을 올렸다. 二宮街 일대는 華商의 舖號가 위치하는데, 이곳은 중국의 地界이다. 그런데 그 북쪽 가장자리에 원래 조선인이 설치한 牛肉鍋 1곳이 있어서 밤새도록 불이 꺼지지 않았다. 그런데 남쪽 가장자리에 새로 푸줏간 1곳이 생겨 대로변에서 소를 잡는 참상이 벌어져 거리를 오염시키고 있었다. 이에 袁世凱에게 稟文을 올려 조선인이 운영하는 牛肉舖를 이전시키기를 희망했다. 아울러 二宮街 일대의 牛肉舖는 二更 이후에는 잡은 고기를 판매하지 못하도록 해달라고 한성부소윤 金鶴鎭에게 照覆을 보냈다.

館藏號	01-41-047-53
全宗	總理各國事務衙門
系列	駐朝鮮使館檔
宗名	唐紹儀: 訴訟案件 53
册	華商 耿熙賓이 강탈을 당한 안건(華商耿熙賓被盜案)
생산시기	光緒 16년(1890) 윤2월~동년 9월
총면수	27
수발자	唐紹儀, 金(水原府判官), 袁世凱, 李冕相

이 안건은 華商 耿熙賓이 조선의 강도에게 물건을 강탈당한 사건을 다룬 것이다. 이 안건 내에는 淸國의 龍山商務委員과 總理交涉通商事宜 혹은 水原府判官과 漢城府少尹 등의 사이에서 주고받은 照會, 稟文, 批文, 詳文, 札飭, 諭飭 등이 포함되어 있다.

안건의 주요 내용은 다음과 같다.

光緒 16년(1890) 윤2월 8일 華商 耿熙賓이 稟文을 올렸다. 護照를 발급받아 지방에 내려가면 지방관의 보호를 받게 되어 있었으나, 明火賊黨을 만나 재화를 뺏기고 몸을 다쳤다는 것이었다. 경희빈과 劉希和 등은 이 과정에서 저항을 하다가 賊黨 1명을 때려죽이고, 1명은 붙잡아 수원 지방관에게 넘겨주었다. 수원부판관 金은 이들을 각종 증명서와 失物單과 함께 용산상무위원 唐紹儀에게 보냈다. 당소의는 袁世凱에게 보고했고, 원세개는 빼앗긴 물품뿐 아니라 배상비까지 조선이 부담하도록 하는 내용의 照會를 조선 外署에 보냈다. 아울러

범인 체포를 촉구하는 내용의 照會를 한성부소윤에 보내 龍仁縣으로
하여금 신속히 賊匪를 붙잡아 추징하도록 했다.

公和順·公源興等號控韓商人兪致萬欠債潛逃案

館藏號	01-41-047-54
全宗	總理各國事務衙門
系列	駐朝鮮使館檔
宗名	唐紹儀: 訴訟案件 54
冊	公和順, 公源興 등의 商號가 조선 상인 兪致萬이 債金을 미납하고 잠닉하여 도망한 것을 고소한 안건(公和順·公源興等號控韓商人兪致萬欠債潛逃案)
생산시기	光緒 16년(1890) 6월~동년 9월
총면수	19
수발자	唐紹儀, 李晃相, 黃耆淵

이 안건은 華商 公和順·公源興號 등이 조선 상인 兪致萬이 대금을 미납하고 잠닉하여 도망한 사건을 다룬 것이다. 이 안건 내에는 淸國의 龍山商務委員과 漢城府少尹의 사이에서 주고받은 照會, 照覆 외에 稟文 등이 포함되어 있다.

안건의 주요 내용은 다음과 같다.

光緒 16년(1890) 5월 30일 조선 상인 兪致萬이 鐘樓의 靑布四房에서 상점을 열고, 또 西門 밖에 房屋 1곳이 있었는데 經手人 全聖貢을 통하여 華商에게 물건을 구매하고는 한 푼의 대금도 내지 않고 잠닉했다. 이에 용산상무위원 唐紹儀는 유치만의 房屋을 담보로 잡는 것 외에 한성부소윤 黃에게 照會를 보내어 범인을 체포할 것을 촉구했다. 9월에 유치만은 결국 漢城府에서 체포되었다. 이 소식을 들은 華商 公和順·公源興號는 다시 失物單을 첨부한 稟文을 唐紹儀에게 올려 범인에게 착복한 액수를 엄히 추징해달라는 내용의 照會를 한성부소윤에게 보낼 것을 청했다. 이에 한성부소윤 黃은 公和順·公源興·復新號 등에서 票紙를 가져오면 漢城府에서 보상해줄 것임을 표명하는 照覆을 唐紹儀에게 보냈다.

各董事奉近日韓兵在東街頗行滋擾請轉奉照禁卷

館藏號	01-41-047-55
全宗	總理各國事務衙門
系列	駐朝鮮使館檔
宗名	唐紹儀: 訴訟案件 55
冊	각 董事가 近日 韓兵이 東街에서 자못 분란을 일으켰다 하여 照會를 보내 금지시켜 달라고 청한 안건에 관한 卷宗(各董事奉近日韓兵在東街頗行滋擾請轉奉照禁卷)
생산시기	光緒 16년(1890) 6월~동년 6월
총면수	13
수발자	唐紹儀, 袁世凱

이 안건은 華商 南北廣董事가 근자에 조선 병사가 東街에서 무리를 지어 소란을 벌인 사건을 다룬 것이다. 이 안건 내에는 淸國의 龍山 商務委員과 總理交涉通商事宜 사이에서 주고받은 稟文, 札飭, 諭飭 등이 포함되어 있다.

안건의 주요 내용은 다음과 같다.

光緒 16년(1890) 6월 17일 南北廣董事 張傳茂・姜延誥・譚以時와 巡員 丁得鵬이 용산상무위원 唐紹儀에게 연명으로 稟文을 올렸다. 東街 지방은 華商의 商鋪가 자못 많지만 居處가 산만하여 서로 도움을 줄 수 없는 형편인데, 근래 며칠 동안 술에 취한 조선 병사가 3~5명씩 무리를 지어 배회하여 장사에 악영향을 주고 있으니, 총리교섭통상 사의 袁世凱를 통하여 조선 外署에 照會를 보내어 조선의 各營大將에 게 엄히 단속해서 불미스런 일을 방지해달라는 내용이었다. 결국 원

세개는 照會를 보내어 조선의 各營으로 하여금 군기정돈에 만전을
기하여 상품매매에 조금의 분란도 생기지 않도록 당부했다. 원세개
는 아울러 당소의에게 札飭과 諭飭능 각 董事와 巡員에게 내려 이러
한 사실을 알려 안심시키도록 했다.

砲隊兵丁李德明被毆斃案

館藏號	01-41-047-56
全宗	總理各國事務衙門
系列	駐朝鮮使館檔
宗名	唐紹儀: 訴訟案件 56
冊	砲隊 兵丁 李德明이 구타를 당해 사망한 안건(砲隊兵丁李德明被毆斃案)
생산시기	光緒 16년(1890) 6월~동년 6월
총면수	12
수발자	李冕相, 唐紹儀, 袁世凱

이 안건은 조선의 砲隊兵丁 李德明이 華商 점포에서 淸國 巡差에게 구타를 당해 사망한 사건을 다룬 것이다. 淸國의 龍山商務委員과 總理 交涉通商事宜 및 漢城府少尹 사이에서 주고받은 照會, 札飭 등이 포함 되어 있다.

안건의 주요 내용은 다음과 같다.

光緒 16년(1890) 6월 9일 조선 砲隊兵丁 李德明이 귀가 도중에 布塵 屛門의 華商鋪棧에서 洋靑을 구입하려다가 언어불통의 이유로 모진 구타를 당해, 앉지도 눕지도 못하는 처지에서 대소변을 볼 수도 없 어 결국 7일째 되던 15일 申時에 사망하는 사건이 일어났다. 이에 대하여 한성부소윤 李冕相은 용산상무위원 唐紹儀에게 照會를 보내어 범인 체포와 신문조사를 촉구했다. 한편 조선 外署督辦 閔種默의 照會 를 접한 원세개는 당소의에게 札飭을 보내 고소를 한 金姓과 兪姓 등 을 拘引해서 엄하게 신문해서 공정하게 판결한 뒤 보고하되 조금의 은폐도 시도하지 말도록 명했다.

保狀

館藏號	01-41-047-57
全宗	總理各國事務衙門
系列	駐朝鮮使館檔
宗	唐紹儀: 訴訟案件 57
冊	보증서(保狀)
생산시기	光緒 16년(1890) 10월~光緒 19년(1893) 9월
총면수	33
수발자	袁世凱

이 안건은 조선에서 활동하는 華商이 호조 없이 外道에 나가 거래하다가 수감되었거나 조선인과 분쟁을 일으킨 사건을 다루고 있다. 同鄕인들이 大人에게 석방을 요청하는 保狀과 保結, 그리고 상호 간의 부채 처리에 관한 甘結로 구성되어 있다.

안건의 주요 내용은 다음과 같다.

保狀으로는 光緒 16년(1890) 12월 船案으로 구금되어 있는 周東海와 謝忠賢을 석방해줄 것을 청하는 북방동사 姜延諮의 보장이 있고, 光緒 17년(1891) 1월 호조 없이 지방에서 토산물을 구입하다가 수감된 北幫화상 陳奎麟의 석방을 간청하는 북방화상 雙盛泰・北公順 등의 보장이 보결과 함께 실려 있다. 또한 1892년 윤6월 부채 문제로 조선인에게 고소당한 화상 李長庚을 풀어줄 것을 보증하는 公源利의 보장, 부채와 언어불통 등으로 소란을 일으켜 조사를 받고 있는 북방상인 于文秀의 방면을 주장하는 북방화상 和順號・北公順 등의 보장,

한강에서 마부와 싸워 야료를 일으켜 구금된 화상의 석방을 요청하는 보장 등이 있다. 보장은 본 문서 중 가장 높은 비중을 차지하고 있으며, 사안에 따라 보결과 영수증(領狀)이 함께 첨부되어 있는 경우가 있었다.

甘結로는 光緒 16년(1890) 10월 화상 仁昌盛은 90千을 빚진 張慶麟을 고소했다가 60千으로 折還하기로 합의하고 보증서를 제출하고 大人에게 사건을 완료해줄 것을 요청한 감결이 있다.

原情으로는 光緒 19년(1893) 2월 중국인과 相關한 죄로 수감된 용산 小民 일동이 이후 중국인과 상관하지 않겠다는 뜻을 아뢴 原情이 保人 명단과 함께 기록되어 있다.

韓民吳相順逃匿公債

館藏號	01-41-047-58
全宗	總理各國事務衙門
系列	駐韓使館保存檔案
宗	唐紹儀: 訴訟案件 58
冊	韓民 吳相順이 公債를 逃匿함(韓民吳相順逃匿公債)
생산시기	光緒 17년(1891) 2월~동년 3월
총면수	5
수발자	唐紹儀, 黃耆淵

이 안건은 華商 永來盛號와 公和順號의 洋布 대금을 미납하고 도주한 韓民 吳相順 사건을 다룬 것이다. 한성소윤 황기연에게 보낸 당소의의 조회와 그에 대한 한성소윤의 조복으로 구성되어 있다.

안건의 주요 내용은 다음과 같다.

華商 永來盛號가 당소의에게 올린 품문에 따르면 鐘樓 木房에 거주하는 조선인 吳相順은 자기의 상점에서 양포 30필, 228吊어치를 외상으로 사간 뒤 光緒 17년(1891) 2월 14일 아침에 문을 닫고 도주했했다. 또 같은 날 公和順號에서 올린 품문에도 東立洞에 사는 조선인 오상순이 정월에 양포 15필, 121조 500文어치를 외상으로 사갔으며, 14일 저녁 무렵 대금을 받기 위해 찾아갔으나 이미 그날 아침 도주하고 없었다. 당소의는 한성소윤에게 오상순을 체포하여 화상들의 미수금을 추징하여 줄 것을 조회했다. 한성소윤은 오상순이 도주하여 체포하지 못했으므로 오상순의 집을 방매하여 두 명의 화상에게 미수금 3,595緡을 변제하도록 하겠다고 조복했다.

同順泰稟黃道官私收稅項扣留貨物卷

館藏號	02-41-047-59
全宗	總理各國事務衙門
系列	駐韓使館保存檔案
宗	唐紹儀: 訴訟案件 59
冊	同順泰가 품문을 올려 황해도 관리가 세금을 사취하고 화물을 압류한 것을 알린 문서(同順泰稟黃道官私收稅項扣留貨物卷)
생산시기	光緖 17년(1891) 3월~동년 6월
총면수	23
수발자	唐紹儀, 袁世凱

이 안건은 同順泰가 매매를 하는 과정에서 부딪힌 문제들에 대한 탄원의 처리과정을 다루고 있다. 龍山商務 唐紹儀가 駐紮朝鮮總理交涉通商事宜 袁世凱에게 보낸 稟文과 그에 대한 비답, 同順泰가 唐紹儀에게 올린 呈文, 袁世凱가 唐紹儀에게 보낸 札文, 화물영수증 등이 포함되어 있다.

안건의 주요 내용은 다음과 같다.

光緖 17년(1891) 3월, 同順泰는 唐紹儀에게 稟文을 올려, 黃荳를 매매하는 과정에서 조선 관리들이 운송을 방해하는 일 때문에 당한 어려움을 호소했다. 그는 羅章珮를 황해도로 보내서 매입하여 인천으로 싣고 오도록 했다. 현지에서 羅章珮는 서신을 보내 상황을 알려주었다. 장연군 고금포에서 황두 200석을 구매했는데 조선 관리 정태경이 34,000전을 세금으로 내라고 했고, 남창포에서 황두 498석을 구매했는데 조선 관리 김항표가 105,000전을 세금으로 내라고 했으며, 옹진군 서경포 관리는 황두 247석의 선적을 허가하지 않았다. 결국 화물이 항구에 묶여 있는 상태였다. 同順泰는 과거에 화물은 해운과 육운의 구분이 없었고, 인천을 통해 수출입을 진행했는데도 선적을 허가하지 않는 것에 항의했다. 통상장정에도 그러한 규정은 없다는 것이다. 唐紹儀는 조宣統리아문에 조회를 보내서 각 포구의 관리들로 하여금 상인들의 해운과 육운을 자율에 맡기도록 해달라고 요청했다.

唐紹儀는 同順泰의 稟文에 담긴 내용을 袁世凱에게 알렸고, 즉시 조선 외서에 조회를 보내서 포구의 稅局을 철거하고 사적으로 세금을 징수한 인원들을 모두 처벌하도록 해달라고 요청했다. 또한 이미 징수한 세금은 다시 돌려주도록 해야 한다고 했다. 袁世凱는 즉시 조회를 보내서 문제를 처리하겠다고 批答했다.

光緒 17년(1891) 4월, 袁世凱는 唐紹儀에게 札文을 보내 일의 처리 상황을 알렸다. 그는 조선의 외서독판 민종묵에게 조회를 보냈고, 민종묵은 현지의 관리들이 장정을 알지 못하여 저지른 일이고 국법 을 따르지 않은 것이니 엄격하게 조치할 것이라고 답신했다.

光緒 17년(1891) 5월, 袁世凱는 唐紹儀에게 札文을 보내서 민종묵이 이미 同順泰가 징수당한 세금을 다시 돌려받도록 했다는 사실을 알 려주었다. 唐紹儀는 자신의 관할지역 董事에게 상황을 알려주었다.

華商追韓人帳目

館藏號	01-41-047-60
全宗	總理各國事務衙門
系列	駐朝鮮使館檔
宗	唐紹儀: 訴訟案件 60
册	華商이 韓人 帳目을 追討함(華商追韓人帳目)
생산시기	光緒 17년(1891) 3월~光緒 17년(1891) 12월
총면수	97
수발자	黃耆淵, 李建昌, 唐紹儀

이 안건은 운송 화물의 은닉을 둘러싼 화상과 조선인 雇工의 공방, 화상에게 물품 매입 후 도주한 조선 상인의 처리, 사촌에게 부채 상환을 강요한 華商의 처리 등에 관련된 사안을 다룬 것이다. 漢城府 少尹 黃耆淵・李建昌의 조회와 조복, 辦理朝鮮龍山商務 唐의 조회와 조복 초안, 화상 徐福・恒富春號・雙盛泰・興順號 등의 稟으로 구성되어 있다.

안건의 주요 내용은 다음과 같다.

번호	사건발생시기	사건 당사자		사건 내용	면수
		원고	피고		
1	光緒 17년	徐福	倪氏	분실 화물에 대한 분쟁	8
2	光緒 17년	興順號	徐錫俊	도주한 韓商의 貨價 상환	29
3	光緒 17년	恒富春號	金子有・朴德箕	동업자의 부채 상환	11
4	光緒 17년	同順泰	金鍾佑	도주 한상의 체포와 貨價 상환	18
5	光緒 17년	裵翰永	信昌號	도주한 사촌의 부채 상환 분쟁	31

1. 운송 중 분실 화물에 대한 분쟁: 光緖 17년(1891) 3월에 중국 船
   戶 徐福과 조선인 雇工 예씨는 公和順號의 화물 44건을 맡아 인
   천에서 용산으로 운송했는데, 그중 千尺 夏布 2건이 없어졌다.
   서복은 예씨가 화물을 빼돌렸다고 믿고, 북방동사에게 그를 구
   속 수사하고 사실을 밝혀내어 물건 값을 배상해줄 것을 요청했
   다. 그러나 예씨는 자신의 결백을 주장했다. 서복의 품문을 받
   은 북방동사는 한성부 소윤에게 조회·조복을 보내 사건 해결
   을 촉구했다.

2. 貨物 매입 후 도주한 韓商의 貨價 상환 요구: 光緖 17년(1891) 4
   월에 華商 興順號와 雙盛泰·復新號 등의 점포에서 潮羅·夏布 등
   의 貨物을 매입한 徐錫俊이 貨價를 지불하지 않고 도망간 사건
   이 발생했다. 화상들은 서석준을 붙잡아 심문하여 자신들의 血
   本을 되찾게 해줄 것을 요청하는 품문을 올렸다. 이들은 서석
   준의 형인 徐錫允을 자신의 상점에 붙잡아두고 동생의 채무상
   환을 독촉했으며, 중개인 劉鎭祐에게도 책임을 물었다. 또한 조
   선 상인 李氏의 房屋을 서석준의 방옥이라고 하면서 봉쇄하고
   서석준의 채무를 변상하라고 강요했다. 그러나 이씨는 사건이
   일어나기 전인 2월에 방옥을 구입했으므로 서석준의 부채와는
   상관이 없다고 주장하고, 봉쇄를 풀어줄 것을 한성부에 하소연
   했다. 사건의 진행이 복잡하게 얽히면서 한성부 소윤과 판리조
   선용산상무 간에 조회와 조복이 오가면서 자국인의 입장을 옹
   호했다.

3. 공주·논산지역 韓人 동업자의 부채 상환 요구: 한국에 건너와
무역을 하는 恒富春號는 光緒 16년(1890) 10월경에 護照를 지니
고 충청도 공주와 논산지방에 내려가 토산물을 매입하여 판매
했다. 그는 공주의 金子有와 논산의 朴德兼 등과 동업했는데, 김
자유와 박덕겸 등이 자신에게 진 빚을 갚지 않는다는 사유로 光
緒 17년(1891) 龍山理事公署에 품문을 올렸다. 그는 김자유 등을
압송 추궁하고, 자신의 돈을 되찾게 해 줄 것을 요청했다. 용산
이사공서는 한성부에 조회하여 공주와 논산지방에 移文하여 처
리해줄 것을 촉구했다.

4. 상품 매입 후 도주한 韓商의 체포와 貨價 상환 요구: 光緒 17년(1891)
8월에 중국 廣幫 상인 同順泰는 자신의 상점에서 물건을 매입한
후 부채를 상환하지 않은 채 도주한 金鍾佑를 체포, 추궁할 것을
요구하는 품문을 올렸다. 동순태는 김종우가 민비와 인척관계임
을 내세우면서 주단 등 다량의 물건을 매입해 갔다고 주장했다.

5. 화상에게 빚진 사촌의 부채 상환을 둘러싼 분쟁: 光緒 17년(1891)
10월에 공덕리에 사는 선전관 裵翰永의 노비가 주인을 대신하
여 품문을 올렸다. 배한영의 사촌 裵仁永은 부랑자로 화상에게
빚을 졌는데, 화상들이 배인영의 형인 배흥선을 강제로 商館에
구류하고, 사촌인 裵翰永에게 찾아가 사촌 동생 인영의 빚을 갚
을 것을 요구했다. 배선전이 대답하지 않자, 무수히 구타한 후
강제로 상환을 보증하는 書標를 받아갔다. 이에 배한영은 사촌
에게 부채 상환을 요구하는 것, 형 배흥선을 商館에 강제 구류

한 것, 朝紳을 구타한 것 등 화상의 부당함을 하나하나 지적하고, 한성부에 사건의 해결을 요청했다. 그러나 화상 信昌號는 裵宣傳을 구타한 사실이 없다고 진술하면서 반박했다. 이 문제를 둘러싸고 한성부 소윤과 襄辦朝鮮交涉通商事務兼理龍山商務 唐 사이에 조회와 조복이 오갔다.

이와 같이 화상과 조선 상인 간에 분쟁이 빈발하자, 龍山理事公署는 廣帮・北帮・南帮董事에게 密諭를 보내어 중국 상인이 피해를 입지 않도록 하는 방안을 시달했다.

華巡差往俄公署拿華工事

館藏號	02-41-047-61
全宗	總理各國事務衙門
系列	駐韓使館保存檔案
宗	唐紹儀: 訴訟案件 61
冊	중국 巡差가 러시아공사관으로 가서 중국 工人을 체포한 사건 (華巡差往俄公署拿華工事)
생산시기	光緒 17년(1891) 4월~동년 9월
총면수	9
수발자	袁世凱, 唐紹儀

이 안건은 중국 상인과 工人에 관련된 일을 조선 관리와 어떻게 처리했는가를 다룬 것이다. 駐紮朝鮮總理交涉通商事宜 袁世凱가 龍山商務 唐紹儀에게 보낸 札文, 駐紮朝鮮代理交涉通商事宜가 된 唐紹儀가 龍山商務署로 보낸 移文으로 구성되어 있다.

안건의 주요 내용은 다음과 같다.

光緒 17년(1891) 4월에 袁世凱는 조선 외서독판 민종묵이 보낸 조회와 관련하여 唐紹儀에게 찰문을 보냈다. 3월에 민종묵은 황해도 오차진에서 그곳으로 잠입한 중국 상인들을 체포하여 조사를 마쳤고, 그들처럼 장정을 어긴 자들을 엄격하게 조사해달라고 요청했다. 袁世凱는 상인들을 조사했는데 오히려 모두 법규대로 세금을 납부했고, 오차진의 관리가 간악한 상인이라며 고문하고 모욕을 주었으며 생계를 방해했다고 반박했다. 따라서 오차진의 관리는 상인들에게 배상해야 한다고 주장했다. 결국 이 일은 상인들에게 물건을 돌려주는 선에서 마무리되었다.

같은 달, 袁世凱는 다른 사건과 관련된 찰문을 唐紹儀에게 보냈다. 巡員 丁得鵬은 同順泰가 인천으로부터 화물을 옮기는 과정에서 조선인 짐꾼 이흥성에게 사기를 당했다는 사실을 보고했다. 袁世凱는 조선외서에 사실을 조사해달라고 조회를 보냈고, 민종묵은 인천의 경찰관에게 사람을 보내서 범인을 체포하고 물건을 돌려주도록 명했다.

光緖 17년(1891) 9월에 代理交涉通商事宜가 된 唐紹儀가 龍山商務署로 移文을 보냈다. 중국인 巡差가 조선의 러시아공사관으로 들이닥쳐 중국 공인이 執照를 만들지 않았다는 이유로 체포하여 심문하고 執照를 발급하게 했고, 러시아공사는 공인의 석방을 요구하는 사건이 있었다. 이 사건을 보고 받은 李鴻章은 唐紹儀에게 떠도는 중국인들이 양인들의 거처로 잠입하고 그곳을 방패로 삼아 執照가 없이 버티는 일이 없도록 사전에 예방하라고 지시했다. 이 지시를 받은 唐紹儀는 龍山商務署에 타국 공사관의 중국인을 조사할 일이 있으면 미리 공문을 발급받도록 고지했다.

稽查案件

館藏號	02-41-047-62
全宗	總理各國事務衙門
系列	駐韓使館保存檔案
宗	唐紹儀: 訴訟案件 62
冊	계사안건(稽查案件)
생산시기	光緒 17년(1891) 5월
총면수	4
수발자	袁世凱, 唐紹儀

이 안건은 평양에서 생긴 중국 상인들의 불이익을 처리한 일을 다
룬 것이다. 駐紮朝鮮總理交涉通商事宜 袁世凱가 龍山商務 唐紹儀에게 보
낸 札文으로 구성되어 있다.

안건의 주요 내용은 다음과 같다.

光緒 17년(1891) 5월에 袁世凱는 唐紹儀에게 찰문을 보냈다. 4월,
평양의 중국 상인 尹瑾甫은 원산에서 나씨 성의 조선인에게 화물을
부쳤다. 그런데 왕치명이 각국 상인들의 거처를 마련하고 평안도 민
대인의 명에 따라 각국 상인들은 자신의 집에 거주하고 화물도 자신
만이 대리하여 처리할 수 있다고 강변했다. 尹瑾甫는 화물이 많아졌
을 때 더 큰 문제가 될 것이라고 걱정하여 평양의 전보국 吳 위원에
게 탄원서를 올렸다. 吳 위원은 前年부터 상인들이 고통을 당한다는
소문을 들었기 때문에 조사를 진행했다. 그리고 상인들에게 통사조
레에 따르면 왕치명에게 그런 권한이 없다는 사실을 알려주었고, 왕

치명이 관청을 들먹이며 상인들을 겁박하여 사리사욕을 채우고 있
다는 것에 대하여 조선외서 독판 민종묵에게 조회를 보내서 엄하게
처리해달라고 요청했다. 민종묵은 조사를 통해 왕치명을 장정에 따
라 체포하여 진상을 조사하고 엄하게 처리했다. 袁世凱는 이상의 내
용을 唐紹儀에게 전달하고 상인들에게 알리도록 했다.

吾義鎭査拿華商各帆船貨物點封淸冊

館藏號	01-41-047-63
全宗	總理各國事務衙門
系列	駐韓使館保存檔案
宗	唐紹儀: 訴訟案件 63
冊	吾義鎭에서 華商의 帆船을 잡아들여 貨物을 조사하고 淸冊을 첨부함 (吾義鎭査拿華商各帆船貨物點封淸冊)
생산시기	光緒 17년(1891) 9월~동년 12월
총면수	31
생산자	閔鍾默, 沈舜澤, 唐紹儀, 李鴻章, 袁世凱

이 안건은 화상들이 불법 교역하다가 吾義鎭에 체포된 사건을 다룬 것이다. 交涉通商事宜 唐紹儀가 議政府領議政 沈舜澤에게 보낸 照覆, 吾義鎭에서 華商의 帆船을 잡아들여 貨物을 조사해서 첨부한 淸冊, 唐紹儀가 袁世凱에게 보낸 副詳 초고, 李鴻章의 批答, 그리고 唐紹儀가 朝鮮督辦 閔鍾默에게 보낸 照會 및 초고 등으로 구성되어 있다.

안건의 주요 내용은 다음과 같다.

光緒 17년(1891) 8월 28일에 總理 袁世凱는 朝鮮外署督辦 閔鍾默에게 다음의 사실을 照會했다. 즉 조선 관리들이 華商 船戶 解忠賢 등에게 세금을 징수한다는 이유로 화상의 선박과 화물을 잡아들였다는 것이다. 이에 吾義鎭에 있는 화상의 선박과 선원을 풀어줄 것을 요청했다. 李鴻章은 이미 6월 5일에 批示를 통해 조선 정부와 외서에 照會한 뒤 7월 초하루까지 照覆을 기다렸다가 조선 정부로 하여금 外署督辦 閔鍾默에게 吾義官을 추궁하고 그 결과를 보고하는 것을 기다려 다시

요구하자고 했다. 그러나 조선 정부에서는 수개월이 지나도록 해답
이 없었다. 이에 어떻게 조사하고 있는지 어떻게 처리할 것인지 상
세한 답을 요청하기도 했다.

조선정부는 6월 5일 袁世凱의 照會가 오자 총리아문을 거쳐 督辦
閔鍾黙에게 吾義鎭官을 재촉하여 華商들의 船貨를 정확히 조사하여 8월
29일까지 통보하라고 지시했다. 이에 督辦 閔鍾黙은 吾義鎭官은 불법
교역의 혐의를 받고 있던 華商 解忠賢과 周東海, 徐克勤, 張義成 등의
선박과 화물은 모두 조사하고, 이에 따라 하나하나 물품과 세금납부
자료를 목록으로 만들어 華商에게 통보했다. 이에 唐紹儀는 조선 정
부에게 세금을 징수한다는 명목으로 화상들을 속이는 자들의 범법
한 사정을 분명히 파악하여 엄벌에 처하고 이러한 사태가 재발하지
않도록 협조해줄 것을 요청했다.

張安永房屋封鎖事

館藏號	02-41-047-64
全宗	總理各國事務衙門
系列	駐韓使館保存檔案
宗	唐紹儀: 訴訟案件 64
冊	張安永의 집을 봉쇄한 사건(張安永房屋封鎖事)
생산시기	光緒 18년(1892) 1월
총면수	3
수발자	李建昌, 唐紹儀

이 안건은 조선인과 중국인 사이에서 물품대금을 둘러싼 분쟁 사건을 다루고 있다. 한성부 소윤 이건창이 襄辦朝鮮交涉通商事務兼理龍山商務 唐紹儀에게 보낸 照會로 구성되어 있다.

안건의 주요 내용은 다음과 같다.

光緒 18년(1892) 1월에 기동에 거주하는 장안영은 前年 9월 최규헌에게 洋木 30필을 3,750량에 구매하기로 했고, 잔금은 10월 25일부터 11월 5일까지 네 차례로 나눠서 지급하기로 했으며, 계약한 대로 지불했다. 그런데 뜻밖에도 12월 20일에 중국 상인 동순태가 수령증을 가지고 나타나서 장안영의 가솔들을 모두 쫓아내고 집을 압류했다. 아무런 준비도 없이 엄동설한에 쫓겨난 가솔들은 이건창에게 억울함을 호소했다. 이건창은 최규헌이 지불해야 돈을 장안영에게 요구하고 집까지 압류한 것은 부당하다는 뜻을 唐紹儀에게 전달했다.

華商蔡重里還交證案追索欠款事

館藏號	01-41-047-65
全宗	總理各國事務衙門
系列	駐韓使館保存檔案
宗	唐紹儀: 訴訟案件 65
冊	화상 채중리가 못 받은 돈을 상환청구하는 증표를 돌려주라는 사건 (華商蔡重里還交證案追索欠款事)
생산시기	光緒 18년(1892) 8월
총면수	4
수발자	朴用元, 唐紹儀

이 안건은 화상 蔡重禮(조선에서 보낸 조회에는 蔡重里로 되어 있으나, 청에서 온 답장에는 채중례로 되어 있다)가 조선인 景道學에게 동서가 진 빚을 대신 갚으라고 독촉하여 받아간 채무 상환증 반환문제를 다루고 있다. 한성부 少尹 朴容元이 청 襄辦朝鮮交涉通商事務 兼 龍山商務 唐紹儀에게 보낸 照會와 편지, 당소의의 답장으로 구성되어 있다.

안건의 주요 내용은 다음과 같다.

光緒 17년(1891) 조선인 柳星根이 화상의 중개로 여러 사람에게 10여만 금을 빌렸는데, 3만여 金을 갚지 않고 光緒 18년(1892) 정월 사망하자, 해당 상인이 돈을 빌려준 사람들에게 독촉을 받았다. 화상 채중리가 유성근의 동서 醫監 경도학에게 와서 유성근이 갚지 않은 원금과 이자가 6만 량이라 하고, 경도학과 유성근이 동서 사이이니,

이 돈을 갚아야 한다고 공갈 협박하여 경도학이 어쩔 수 없이 증표를 써주었다. 이에 경도학이 유성근의 부채와 자신은 아무 연관이 없는데 멋대로 갚으라고 하니 공평하지 않고, 유성근의 가족은 아무 부담 없이 그대로 있다고 호소하고, 증표를 돌려주라는 조회를 청 이사부에 보내달라는 품을 조선 한성부에 올렸다. 이에 한성부 소윤 박용원이 당소의에게 조회를 보내 일의 부당함을 설명하고 청 이사가 이를 조사하여 화상 채중례에게 경도학의 증표를 돌려주라는 명령을 내릴 것을 청했다. 연이어 박용원이 조회를 보낸 뒤 의주의 중개인 朴宜善이 앞서 보낸 안건을 조사했는데, 이에 따르면 유성근의 아들 익환이 빚의 청산을 재촉받자 이모부인 경씨에게 몰래 부채를 떠넘기려 했는데, 혼자 일을 처리할 수 없어 화상 義興綾(義興隆의 오기) 경리 채씨에게 강압하는 일을 하게 하여 어음을 받고 의흥릉에 맡겨 놓았다는 것이다. 박용원이 이 내용을 추가하여 당소의에게 편지를 보내 어음의 반환을 재촉했다.

이에 당소의가 답장을 보내 의흥릉 夥計 채중례가 증표를 가지고 九連城에 가 있는데, 돌아오라는 명령을 이미 내렸고, 채중례가 한성에 돌아오면 일을 처리하겠다고 대답했다. 이후 결과는 알 수 없다.

華商初學仁在漢江南岸被劫斃命案

館藏號	01-41-047-66
全宗	總理各國事務衙門
系列	駐韓使館保存檔案
宗	唐紹儀: 訴訟案件 66
冊	華商 初學仁이 한강 남안에서 습격받아 살해된 사건 (華商初學仁在漢江南岸被劫斃命案)
생산시기	光緖 18년(1892) 9월~光緖 19년(1893) 2월
총면수	99
수발자	劉永慶, 唐紹儀, 朴用元, 趙秉稷, 金思轍

이 안건은 華商 初學仁이 한강 남안에서 습격받아 살해된 사건을
다루고 있다. 華商 初文塏가 漢城府少尹 朴用元에게 보낸 稟文을 시작
으로 袁世凱에게 보낸 稟文 및 批答까지 그가 올린 여러 편의 품문이
포함되어 있다. 이 외에도 龍山商務唐紹儀가 漢城府少尹 朴用元에게 보
낸 照會 초고, 龍山商務代理 劉永慶이 한성부 소윤 朴用元에게 보낸 照
覆, 唐紹儀가 劉永慶에게 보낸 副詳, 검시관의 보고 및 관련 공문, 劉永
慶이 袁世凱에게 보낸 札文, 唐紹儀가 袁世凱에게 보낸 札文 등으로 구
성되어 있다.

안건의 주요 내용은 다음과 같다.

華商 初文塏는 자신의 조카 華商 初學仁이 光緖 18년(1892) 8월 27일
에 仁川에서 육로를 따라 한양으로 볼일을 보러 가면서 다음 날 돌
아올 것이라고 약속하고 떠났는데 며칠이 지나도 돌아오지 않아 걱
정이 되어 한양으로 가는 길을 따라 오며 잘 알고 있던 곳을 탐문했

다. 그러던 중 우연히 조선 병사들이 한강 남안에 어떤 시신이 있는데 중국인 모습이라는 이야기를 들었다. 이 말을 듣고 初文堦는 조카 初學仁일 것이라고 생각하고 그곳을 찾아가서 살펴보니 틀림없었다. 원래 입고 갔던 옷과 행장을 확인했는데, 약탈을 당했는지 혈흔이 있었고 돌이 보였다. 큰 돌에 맞아 상처를 입고 사망한 것 같았다. 도둑들은 재물을 노리고 생명을 빼앗았음에 틀림없었다. 이에 범인을 잡아 법에 따라 처벌해주기를 간청했다.

龍山商務 唐紹儀가 漢城府少尹 朴用元에게 사건의 해결을 요청했고, 함께 회동하여 검시관을 데리고 현장을 방문하여 수사를 시작했다. 光緖 18年 9月 18日 申時에 검시관 丁大植은 중국인 初學仁의 시신을 검시했다. 그의 시신은 머리를 서쪽으로 발은 동쪽으로 한 채 汝矣島 모래사장에 누워 있었다. 검시에 따라 왼쪽 이마 부분의 깊은 상처를 비롯하여 수많은 상처가 났음을 확인했으나 시신이 발견된 지역이 넓어 살해 상황이나 해당 흉기 등을 찾을 수가 없었다.

조사 결과에 따라 韓外署督辦은 신속하게 범인을 색출하도록 지시했다. 漢城府少尹에 의하면 전임 한성부 소윤이 화상 初學仁의 사안을 아문에 처리하도록 지시했으며, 마침내 그 범인을 잡았다 한다.

9월 18일 右捕盜 衙門에서 보고하기를 閔仁信, 安成七 두 명을 체포했는데, 그들이 8월에 麻浦에서 지나는 중국 상인 1명을 돌로 때려 죽이고 재물을 빼앗으려 계획했음을 확인했다. 본청에서 조사가 끝나는 대로 좀 더 구체적인 조사를 통해서 閔仁信과 2명의 주범이 살해와 약탈을 주도했으며 그 외에도 공범으로 朴姓, 權姓, 金姓, 다른 權姓과 성명을 알 수 없는 한 명을 포함한 다섯 명의 공범이 있었다는 사실 등 자세한 범행 일체를 자백받고 그 공술을 첨부하고 있다.

華商駁船商胡汝美在滎江因蒿誤借韓人金益鉉案

館藏號	01-41-047-67
全宗	總理各國事務衙門
系列	駐韓使館保存檔案
宗	唐紹儀: 訴訟案件 67
冊	화상 박선상 호여미가 영강에서 어둠에 한인 김익현을 잘못 때린 안건 (華商駁船商胡汝美在滎江因蒿誤借韓人金益鉉案)
생산시기	光緒 18년(1892) 9~동년 10월
총면수	17
수발자	唐紹儀, 袁世凱

이 안건은 화상 거룻배(駁船)의 사공 胡汝美 등이 야간에 배를 운항하다가 용산 근처에서 조선인이 모는 뗏목을 만나 노로 조선인 金益賢(제목에는 金益鉉으로 치료비 영수증에는 金益鉉으로 서술되어 있다. 탄원서에 서술된 金益賢이 정확한 이름으로 추정된다)을 잘못 때린 사건을 다루고 있다. 김익서 등 사건 피해자들이 용산상무에게 올린 탄원과 당소의가 원세개에 올린 품, 원세개가 당소의에게 보내 사건 당사자 호여미의 형 胡汝營이 올린 품, 부상당한 金益鉉에게 치료비를 준 영수증으로 구성되어 있다.

안건의 주요 내용은 다음과 같다.

북방 상인 호여미가 밤중에 인천에서 화물을 싣고 거룻배를 몰아 용산으로 가던 도중 12시쯤 한강 부두에 정박하려고 하던 중 조선 뗏목이 다가오자 전복을 피하기 위해 급히 노를 움직였다. 하지만

어둠 속에서 노를 잘못 움직여 조선인 김익현을 때려 부상을 입혔
다. 당소의가 원세개와 협의하여 부상당한 조선인을 치료해주고 치
료비를 100냥을 지급하고 사건을 일단락 지었다. 그러나 김익현이
부상을 치료받다가 숨지자 김익현의 형 金益西가 고소했다. 당소의
가 이 사건의 가해자 호여미를 처벌하고 사건을 마무리했다. 이 안
건은 김익서의 고소가 맨 앞에 나오고 이 사건의 처리과정과 발단이
그 뒤에 나온다.

稟爲崔值植貨價不償求照會韓外署關飭由

館藏號	01-41-047-68
全宗	總理各國事務衙門
系列	駐韓使館保存檔案
宗	唐紹儀: 訴訟案件 68
冊	최봉치가 물건 값을 받지 못한 것에 대해 한 외서에 집행하도록 조회를 보낸 건 (稟爲崔鳳值貨價不償求照會韓外署關飭由)
생산시기	光緒 18년(1892) 12월
총면수	9
수발자	袁世凱, 唐紹儀

이 안건은 조선 상인 崔鳳值가 화상 同順泰와 公記에게 거액의 물건 값을 연말 결산 때까지 지불하지 않은 사건을 다루고 있다. 동순태, 공기 두 상점의 稟과 용산상무 당소의가 원세개에게 조선 외서에 照會를 보내달라고 요청하는 稟, 조선 외서의 조복 결과에 대한 원세개의 札文으로 구성되어 있다.

안건의 주요 내용은 다음과 같다.

동순태와 공기 두 상점에서 조선인 최봉치에게 물건을 팔았는데 시간이 지나도 대금 1만 3천 吊을 받지 못해 여러 차례 상환을 독촉했지만, 최봉치는 해주의 조선 상인 여러 명에게 물건을 팔고 자신도 돈을 받지 못하고 있다고 하면서 물건 값을 상환하지 않았다. 이에 두 상점에서 용산상무 당소의에게 품을 올려 조선 외서에서 해주 지방관에게 칙을 내려 조선 상인이 최봉치의 물건 값을 상환하도록 재촉하라는 조회를 보내달라고 탄원했다.

조선 외서는 청의 조회를 받고 해주 지방관에 칙을 내려 일을 처리하고, 최봉치가 화상 물건 값을 상환하지 않은 것을 조사하겠다고 원세개에게 조복을 보냈는데, 원세개가 당소의에게 칙을 내려 조선 외서에서 받은 조복의 내용을 해당 화상에게 전달하라고 했다.

北幫商人張永淸代韓人賣紅蔘不任賠墊

館藏號	01-41-047-69
全宗	總理各國事務衙門
系列	駐韓使館保存檔案
宗	唐紹儀: 訴訟案件 69
冊	북방 상인 張永淸이 조선인 대신 홍삼을 팔다가 손실을 배상하지 못함 (北幫商人張永淸代韓人賣紅蔘不任賠墊)
생산시기	光緒 15년(1889) 9월~光緒 16년(1890) 11월
총면수	22
수발자	袁世凱, 唐紹儀

이 안건은 화상 張永淸이 조선인 상인의 인삼을 위탁 판매하다가 손실을 보고 배상하지 못한 사건을 다루고 있다. 장영청의 품, 용산 상무 당소의의 품과 行文, 원세개의 비답과 찰문으로 구성되어 있다.

안건의 주요 내용은 다음과 같다.

光緒 14년(1888) 6월 북방 상인 廣信記 張永淸은 의주 상인 尹奎燮의 부탁으로 조선 홍삼 3,500근 가운데 3,000근은 은 14량, 500근은 은 10량으로 위탁판매했다. 그런데 이 해 홍삼가격이 높지 않고 날씨가 좋지 않아, 습기가 차서 홍삼 가격이 더 떨어져 홍삼을 제 값에 팔지 못했다. 윤규섭이 가격을 따지지 말고 팔아달라고 하고 손실도 장영청과는 상관없다고 하여, 9~10월 여러 지역에서 나누어 팔아 12월에 200근을 팔았다. 光緒 15년(1889) 3월 결제시한이 되어 홍삼 값으로 4만 7천 량을 돌려주어야 했다. 그동안 물건이 팔리는 대로 계속 돌려준 돈이 3만여 량이고, 稅規使 비용으로 8천여 량을 써서 거의 4만여 량을 돌려주었다. 아직 각 지역에서 장부 정리가 끝나지 않아 명세서를 보여줄 수 없는데 윤규섭이 상환을 재촉하자, 상환 기한을 연장하여 여러 지역의 장부를 정리한 뒤, 윤규섭과 한꺼번에 청산하게 해달라고 청원했다.

이와는 별도로 조선 외서에서 원세개에게 조회를 보냈는데, 이 안건에 대해 조선에서 파악한 사건의 진상은 상당히 달랐다. 조선 외서의 조회에 따르면 의주부의 官蔘 6,000근을 1근에 은 14량씩 산정하여 和豊局과 廣信號에 각각 절반씩 나누어 맡겼다. 9월 말 화풍국은 이 홍삼을 모두 팔아 기한 내에 물건 값을 청산했는데, 광신호 주인 장영청은 銀 3만 8,422량 5전을 상환하고 1만 7천여 량을 상환하지 않다가 10월 초 갑자기 억지를 부리고 손해가 많아 보상할 수 없다고 버텼다. 조선 외서에서는 물건 가격을 정하고 계약이 성사된 뒤 가격의 등락은 모두 매수인이 지는 것이 각국의 매매 규칙인데, 장영청이 이제 와서 억지를 부리고 기한을 늦추고 있으니 홍삼 값 1만 7천여 량을 청산하도록 독촉해달라는 조회를 원세개에게 보냈다. 이 조회에 따라 원세개는 용산상무에게 장영청을 철저히 조사하고 한성에서 마음대로 떠나지 못하게 하라고 지시했다.

이 안건에는 해결 결과가 나오지 않아 사건이 어떻게 해결되었는지 알 수 없다. 뒷부분에 光緖 16년(1890) 6월 장영청이 생계를 위해 중국의 상점을 돌아볼 수 있도록 2개월의 시간을 달라고 용산상무에게 요청했다. 원세개가 이를 허락하여 중국에서 2개월 동안 음식점을 경영한 뒤 돌아왔다는 보고의 품을 올리는 것으로 보아 홍삼 값 잔금은 1년이 지나도록 여전히 상환하지 못했던 것으로 보인다.

南幫工人張寶忠呈請將償還工資

館藏號	01-41-047-70
全宗	總理各國事務衙門
系列	駐韓使館保存檔案
宗	唐紹儀: 訴訟案件 70
冊	남방 공인 張寶忠이 임금 지급을 도와달라는 요청(南幫工人張寶忠呈請將償還工資)
생산시기	光緒 15년(1889) 9월~동년 10월
총면수	12
수발자	袁世凱, 唐紹儀

이 안건은 남방 소속 공인 張寶忠(원문에는 장보충으로 서술)이 독일 상인에게 못 받은 임금 문제를 다루고 있다. 장보충의 품문, 당소의의 품문, 원세개의 찰문으로 구성되어 있다.

안건의 주요 내용은 다음과 같다.

남방 공인 장보충이 光緒 15년(1889) 정월에 알고 지내던 독일 상인 매던스(麥登司)가 조선에 와서 蠶桑 사무를 보면, 매월 洋銀 10元을 주겠다고 구두로 약속하여 2월 20일 조선에 왔다. 그런데 수개월이 지나 두 달 치 임금만 받았을 뿐 나머지를 받지 못했다. 9월 13일에 왕궁에 화재가 발생했는데, 조선 관료가 밖으로 나가라고 압박하여 그곳에 거주도 못하게 되었다. 장보충은 조선에 연고가 없고 생계도 곤란하여 용산상무에게 독일 상인이 지급하지 않은 10개월 치 임금을 받게 해달라고 청원했다. 원세개가 조선 외서에 조회를 보내 일을 처리하라고 용산상무에게 명을 내렸다. 용산상무가 독일 상인

매던스에게 편지를 보내 답장을 받았는데, 매던스는 장보충이 한 일
은 조선 정부를 대신해서 한 것이기 때문에 조선 정부에 요구해야
하고 자신은 무관하다고 답변했다. 조선 외서는 조회를 보내 독일
상인 매던스가 임금을 지급해야 하고, 해당 공인은 매던스가 고용한
것이므로 조선 정부는 상관없는 일이라고 照覆을 보냈다. 원세개는
장보충이 매던스에게 임금 지급을 다시 재촉하는 것이 옳다고 지시
를 내렸다. 뒤에 장보충이 매던스에게 10개월 치 임금을 받아 사건이
해결되었다.

韓人文漢柱、趙相柱不守本分、諭商通知不受詐騙

館藏號	01-41-047-71
全宗	總理各國事務衙門
系列	駐韓使館保存檔案
宗	唐紹儀: 訴訟案件 71
册	韓人 文漢柱、趙相柱가 不守本分하니 상인들에게 통지하여 詐騙을 당하지 않도록 함(韓人文漢柱、趙相柱不守本分, 諭商通知不受詐騙)
생산시기	光緖 15년(1889) 5월
총면수	5
수발자	洪子彬, 金鶴鎭

이 안건은 한성 소윤이 조선인 文漢柱와 趙相柱가 부랑패류이므로 중국 상인들에게 그에게 돈을 빌려주지 말도록 통지할 것을 요청한 사실을 다루고 있다. 용산통상사무 홍자빈에게 보낸 조회 2건으로 구성되어 있다.

안건의 주요 내용은 다음과 같다.

1. 光緖 15년(1889) 5월 16일 茶洞에 거주하는 문모가 자신의 수양 아들 文漢柱가 嗜貨耽色하여 하지 않은 짓이 없으며, 장차 외국 인들에게 돈을 빌릴 것이라고 성언하므로 각국 공관과 상인들 에게 알려 미연에 방지해달라고 한성부에 올린 품문을 근거로 한성소윤이 용산통상상무 홍자빈에게 이 사실을 알렸다.

2. 東幕에 거주하는 趙鼎一이 자신의 패륜아들 趙相柱가 부랑하여 公 貨를 犯用하기도 하고 사채를 濫負하여 가산을 탕패했으며, 돈

을 끌어다 쓸 길이 막히자 이제는 외국인들에게 돈을 빌려 쓰려
고 하므로 한성에 주재하는 각국 공관에 알려 자국 상민들에게
돈을 빌려주지 말 것을 미리 알리도록 해달라는 품문에 의거하
여 한성소윤이 용산통상사무 이 사실을 홍자빈에게 알렸다.

4) 徐壽朋: 訴訟

水源郡李楊氏命案

館藏號	01-41-061-1
全宗	總理各國事務衙門
系列	駐韓使館保存檔案
宗	徐壽朋: 訴訟案件 1
册	水源郡, 李楊氏 변사 안건(水源郡李楊氏命案)
생산시기	光緖 25년(1899) 6월~光緖 26년(1900) 11월
총면수	57
수발자	徐壽朋, 吳廣霈, 朴齊純, 許台身, 閔宗默

이 안건은 각기 다른 중국인 변사사건을 다룬 것이다. 한성총영사 吳廣霈의 稟, 인천영사 서리 許台身의 稟, 대한제국 외부대신 朴齊純의 照會와 照覆, 欽差出使韓國大臣 徐壽朋의 조회, 비답, 사건 관련자들의 供述로 구성되어 있다.

안건의 주요 내용은 다음과 같다.

번호	사건 발생시기	사건 당사자		사건내용	면수
		원고	피고		
1	光緖 25년	趙靑山		한성 남산에서 일어난 중국인 조청산 자살 안건	3
2	光緖 25년			경기 수원군에 표류한 중국인 익사자와 전남 진도군에 표류한 중국인 총상 사망자 처리 안건	20
3	光緖 26년	중국여성 李楊氏		인천 조계 해변에서 중국 여성 李楊氏가 아편을 삼켜 자살한 안건	6

| 4 | 光緒 26년 | 蕭脉崑 | | 인천 잡화상 蕭脉崑 피살 안건 | 4 |
| 5 | 光緒 26년 | 蔡思豊 | | 한성 남문대로에서 중국인 蔡思豊이 술에 취해 싸우다가 순포청에 끌려가서 구타당한 뒤 사망한 안건 | 26 |

1. 한성 남산에서 일어난 중국인 조청산 자살 안건: 광서 25년 (1898) 6월 중국인 趙靑山이 가난과 병고를 비관해서 남산 소나무 숲에서 목을 자살했다. 장례 비용이 없어 북방동사와 한성총영사 오광패가 장례비용을 지원해주었다.

2. 경기 수원군에 표류한 중국인 익사자와 전남 진도군에 표류한 중국인 총상 사망자 처리 안건: 광서 25년 12월 경기도 水原郡 鴨汀面 五洞 포구에 난파된 선박 안에서 40대와 50대로 보이는 익사체 2구를 발견했는데, 배 모양과 복장, 용모로 볼 때 중국인으로 추정되었다. 시신은 草殯하고 되어 배 안에 있던 약간의 물건은 보관했다. 한편 광서 25년 11월 전남 진도군 조도면에 배가 표류했는데, 배 안에 복장으로 보아 중국인으로 추정되는 총상을 입은 시신 4구가 발견되었다. 이 두 건에 대해 대한제국 외부에서 청 공사관에 조회를 보내 조사하도록 했다. 수원군 익사자에 대해 익사자 시신이 배 안에 있었다는 것과 배에 실려 있던 곡식을 빼돌렸다는 유언비어가 돌았다. 이에 청에서 관원을 파견하여 한국 측 지방관과 공동으로 검시와 유류품 조사를 한 결과 죽은 사람들은 죽은 사람들은 凍餓死 한 것이고, 곡식을 빼돌렸다는 것은 착각이었다고 밝히고 사건을 종결했다.

3. 인천 조계 해변에서 중국 여성 李楊氏가 아편을 삼켜 자살한 안
   건: 광서 26년 3월 인천 조계 해변에서 아편상을 하던 중국 여
   성 李楊氏가 고객인 楊仁盛, 王守經이 술에 취해 여러 차례 찾아
   와 밖으로 같이 나가자고 재촉하자 거절하고 아편을 삼켜 자살
   했다.

4. 인천 잡화상 蕭脉嵩 피살 안건: 광서 26년 6월 인천 조계 밖 三
   里寨에서 야밤에 잡화상 蕭脉嵩이 흉기로 맞고 목이 졸려 피살
   되었는데, 범인은 도주해서 알 수 없었다.

5. 한성 남문대로에서 중국인 蔡思豊이 술에 취해 싸우다가 순포
   청에 끌려가서 구타당한 뒤 사망한 안건: 광서 26년 11월 한성
   남문대로에서 중국인 채사풍이 술에 취해 같이 술을 먹던 동료
   들과 싸우다가 상처를 입고 순포방에 끌려갔다. 여기서 채사풍
   이 捕頭 徐漢臣을 계속 욕하자 서한신이 말채찍으로 채사풍을
   구타한 뒤 집으로 돌려보냈는데 이틀 뒤 사망했다. 채사풍이
   싸우다가 난 상처로 죽었는지, 포두 서한신이 때려서 죽었는지
   원인이 밝혀지지 않자, 서수붕이 외국의 예에 따라 피의자를
   본국으로 송환하고 사건을 본국으로 이송하여 원적지인 福山縣
   에서 처리할 것을 지시했다. 그러나 채화풍의 동생 채화수가
   외지에서 돌아와 사건을 재조사한 결과, 채화풍이 맞아서 숨진
   것이 아니라 술을 먹고 추워 방안에 석탄불을 피웠다가 가스
   중독으로 사망한 것이라고 보고하고 서수붕도 이를 받아들였

다. 싸움 당사자로 구금되었던 孫조祿과 于文詳은 석방하고, 捕
頭 徐韓臣은 사사로이 민간인을 구타한 죄로 해직하고 수개월
동안 구금할 것을 지시하고 사건을 종결했다.

邊民越界燒搶

館藏號	01-41-061-2
全宗	總理各國事務衙門
系列	駐朝鮮使館檔
宗	徐壽朋: 訴訟案件 2
册	邊民이 邊界를 넘어와 불태우고 약탈함(邊民越界燒搶)
생산시기	光緒 25년(1899) 9월~光緒 30년(1904) 11월
총면수	93
수발자	朴齊純, Jordan(朱邇典), 徐壽朋, 花翎成

이 안건은 청국 匪徒가 국경을 넘어와 약탈한 사건과 청국 木商이 越境하여 삼림을 伐木한 사건, 韓淸 간의 국경 분쟁에 관련된 사건을 다룬 것이다. 한국 외부대신 朴齊純과 大英帝國欽命駐箚漢城辦事公使大臣兼保護華商 朱邇典 및 出使韓國大臣 徐壽朋 사이에 오간 照會와 照覆, 欽差出使韓國大臣徐가 分巡奉天東邊兵備道榮 및 盛京將軍兼總督部堂增 보내는 조회 초고 등으로 구성되어 있다.

번호	사건발생시기	사건 당사자		사건 내용	면수
		원고	피고		
1	光緒 25년	-	-	越境 약탈한 청국 비도 처벌	8
2	光緒 25년	黑川直太郎	劉佩珍	매입 보관한 목재의 손실 조사	14
3	光緒 26년	-	-	越境 벌목한 청인의 처리	59
4	光緒 26년	-	-	간도 개간과 국경 문제 논쟁	11

안건의 주요 내용은 다음과 같다.

1. 국경을 넘어와 한국 민가를 약탈한 청국 비도 처벌 요구: 光緒
   25년(1899)년 9월에 청국 奉天·吉林의 匪徒가 邊界를 넘어와
   한국 三水·甲山지방의 民家 333호를 약탈하고 인민 11명을 붙
   잡아 가는 사건이 일어났다. 한국의 외부대신 박제순은 영국
   총영사 조르단(朱邇典)에게 조회하고, 청으로 하여금 邊境에 派
   兵하여 청국 비도 劉佩珍·孫良翰 일당을 처벌하고 사건을 해결
   해줄 것을 요청했다.

2. 중국에서 매입한 목재 보관분의 손실 조사 요구: 光緒 25년(1899)
   9월에 일본인 黑川直太郎과 吉田源次郎은 중국 通化縣에서 木料
   600付를 구입하여 보관했다. 그리고 이듬해 1900년 10월 현지
   에 와서 木料를 조사해 보니 400여 부가 없어졌다. 이에 일본
   인은 이 사건에 관련된 청상 馬國珠·王喜元의 조사를 요청했다.

3. 越境 벌목한 청인의 체포와 재발 방지 요구: 光緒 26년(1900) 중
   국의 木商 등이 越境하여 평안도 厚昌郡·慈城郡의 삼림 목재를
   몰래 벌목해 갔다. 이에 해당 군수는 중국 측에 공문을 보내어
   潛越하여 벌목하는 폐단과 위법성을 지적하고, 木稅의 납부와
   재발 방지를 요청했다. 중국 지방관은 華民의 越境 伐木을 금하
   도록 지시했지만, 중국 목상 등은 군중 수백 명을 모아 砲를 설
   치하고 한국 郡吏를 구타하는 등 행패를 부렸다. 한국의 자성군
   수는 중국 측에 派兵하여 난의 괴수를 체포하고 사건을 처리해
   줄 것을 요청했다. 그러나 중국 通化縣 知縣 陳璋은 自主國의 땅
   에 派兵할 수 없다고 하면서 다만 華民에게 越境하여 벌목하는

것을 금지하도록 했다. 중국 측에 요구한 木商의 벌목과 木稅 문제가 해결되지 않자, 함경도 지방관은 파병하여 현지 상황을 조사하고 관련자를 체포했다. 중국은 이에 대해 항의하고 조약에 위배됨을 주장했다.

4. 간도 개간과 한중 국경선을 둘러싼 논쟁: 光緒 26년(1900) 11월에 한국 關西察邊使 李道宰는 한중국경과 간도개간에 대한 공문을 중국 측에 보냈다. 이도재는 중국의 通化縣·懷仁縣·寬甸縣에 거주하면서 황무지를 개한하는 한국 백성들이 수만 호 이상이라고 주장하고, 중국 通化縣 差總 王懋忠이 한국인을 병사로 편입하고 곡식을 거두어 가는 폐단을 시정할 것을 요구했다. 光緒 27년(1901) 5월에 한국 總巡 安壽益 등은 중국 지방관에게 와서 邊界를 넘어 개간한 한국인을 관할할 것이라고 주장했다. 이때 그는 중국 관원에게 한국의 王命과 강희 51년에 작성된 分界地圖를 꺼내 보였으며, 이를 근거로 土門江을 경계로 하여 북쪽은 중국 관할이고, 남쪽은 한국 관할이라고 주장했다. 그러나 중국 관리는 양국은 원래 圖門江을 경계로 한 것이라고 하면서 반박하고, 한청통상조약 12款을 들어 이미 越墾한 자는 그대로 두어야 한다고 주장하면서 한국 관리의 의견을 반박했다. 한국과 중국이 변방의 국경과 개간 문제로 대립하고 있을 때 러시아 관리는 병사 300명을 거느리고 와서 양국의 개간 정황을 조사했다. 이러한 정황은 1900년대 한국과 중국의 국경 문제와 러시아의 개입을 엿볼 수 있는 사안으로 주목된다.

韓人彭瓛周控華商姜雲卿案

館藏號	01-41-061-3
全宗	總理各國事務衙門
系列	駐韓使館保存檔案
宗	徐壽朋: 訴訟案件 3
冊	한국인 팽헌주가 華商 강운경을 고소한 건(韓人彭瓛周控華商姜雲卿案)
생산시기	己亥年(1900) 12월 10일~光緒 26년(1900) 9월 16일
총면수	104
수발자	徐壽朋, 彭헌周, 林彦和, 吳廣霈, 李采淵, 朴齊純, 唐榮浩, 李應翼

　이 안건은 한국인 팽헌주, 임언화가 중국인 강운경을 고소한 사건을 다루고 있다. 중국 公使 서수붕과 한국 外部大臣 박제순 간에 왕래한 照會 및 公函, 한국인 原告가 서수붕에 올린 稟貼 및 그에 대한 批答, 公使 서수붕과 한성총영사, 인천영사 간에 왕래한 札文 및 稟文, 소송 관련자들의 공술 및 판결문 등이 포함되어 있다. 이 외에도 한국 漢城府(府尹 李采潤)와 중국 漢城總領事署(총영사 吳廣霈) 간에 왕래한 照會 및 公函 등 부속 문건으로 구성되어 있다.

　안건의 주요 내용은 다음과 같다.

　한국인 팽헌주, 임언화가 중국인 강운경을 고소한 이유는 대략 다음과 같다. 원래 官蔘은 松都府에서 생산되는 물품인데 한국인이 중국인 자본을 빌려 관삼 제조 사업을 하고 양자 모두 이익을 얻는 경우가 많았다. 개성 거간 임언화는 인천에서 교역에 종사하면서 華商 裕盛仁號의 강운경과 친분이 있었다. 光緒 23년(1897) 官蔘에 관해 의

논하다가 姜이 자본을 투자하겠다고 하자 林이 官蔘公司에서 일했던 主事 팽헌주를 끌어들였다. 강운경은 6월 우선 1만 원의 현금을 팽헌주와 임언화에게 지급하고 8월 錢票 12만 원을 발급해 주었다. 그런데 강운경이 발급한 유성인호의 전표가 허위 전표라는 이유로 현금 교환이 되지 않았다. 彭과 林이 이를 비난하자 10만 원 전표로 재발급했는데 또한 도장이 일치하지 않는다는 이유로 현금으로 교환되지 않았다. 이에 彭과 林은 강운경이 지급한 1만 원과 자신들이 투자한 2만 원에서 쓰고 남은 9천여 원을 華商 東泰興號의 孫勤堂에게 맡기고 華商 강운경에게 2만여 원의 손해 배상금을 요구하는 소송을 제기했다.

청일전쟁의 결과 당시 한중 간 외교 교섭과 한국에 거주하는 중국인 보호의 책임은 중국 정부의 요청으로 駐韓 英國總領事가 담당했다. <한영수호통상조약> 제3관의 심판권 규정을 적용하여 치외법권의 피고주의 원칙과 廳審權(재판참관권) 행사가 가능했다. 즉 재한 중국인이 피고가 되는 경우 영국 영사관이 심판권을 행사했고 한국인이 피고인 한중 간 소송 안건에 대해 영국영사관은 廳審權을 행사할 수 있었다. 중국인 강운경이 피고인 '彭姜案'에 대한 처리도 예외는 아니었다. 다만 원고와 피고 양측의 입장이 팽팽하게 맞서는 가운데 <한청통상조약> 체결에 이르기까지 미결의 상태로 남게 되었다.

光緒 25년(1899) 12월에 <한청통상조약>이 비준되었고 '팽강안'을 비롯한 한중 간 소송 안건에 대한 심판권이 비로소 중국영사관으로 이관되었다. 光緒 26(1900) 1월 10일에 원고 彭, 林은 한성부를 통해 중국영사관에 안건을 재접수했다. 당시 漢城總領事 오광패는 영국총영사관의 판결을 확신했으나 한국 측의 재심 요구를 받아들이기로 했다. 그런데 피고 강운경이 인천에 있으면서 일이 바빠 조속히 한성에 올 수 없다는 것을 이유로 재심이 늦춰지자 원고 彭과 林은 3월 9일 公使署에 稟貼을 제출하여 신속하게 재심을 열도록 요청했다. 이에 대해 서수붕 공사는 총영사에게 지시할 것이니 조용히 기다리라는 批를 보냈다.

光緖 26년(1900) 5월 21일에 한성부 판윤 李采淵이 韓國 外部에서 이 안건을 직접 처리해줄 것을 청했다. 얼마 후 한국 외부대신 朴齊純은 6월 5일에 중국 공사 서수붕에게 조회를 보내 지금까지의 사건 처리 경위를 서술한 뒤 한성총영사가 강운경을 비호하는 바가 있으므로 별도로 관원을 파견하여 심사할 것을 요청하는 등 공식적으로 외부에서 '彭姜案'을 재조사하겠다는 뜻을 표명했다. 안건이 한성부에서 외부로 이관되었음을 확인할 수 있다. 한편 원고 林과 彭도 서수붕에게 품을 올려 공평한 판결을 요청하는 가운데 서수붕은 오광패에게 피고를 비호한 바가 있는지 모든 심판 문건을 상세히 보고토록 지시했다. 서수붕은 외부에 조회하여 오광패가 보내온 모든 문건을 초록해 보냈고, 이를 증빙으로 삼아 오광패의 판결이 매우 공평하다고 주장했다. 이에 대해 외부대신 박제순은 8월 7일에는 '彭姜一案에 대한 반박문'을 서수붕에게 보내고, 서수붕도 곧바로 반론을 제기했다(제4차 반박과 재반박).

또한 외부대신 박제순은 公函을 통해 德源監理 彭翰周의 중재로 9천여 원을 孫積墉에게 맡겨두었다는 새로운 사실을 서수붕에게 알리면서 전체 사안에 대한 회심의 필요성을 주장했다. 외부 교섭국장 이응익이 서수붕에게 보낸 9월 6일 公函에 의하면 서수붕은 안건 전체에 대해 날짜를 정하여 회심하자는 한국 측 의견에 동의했다고 한다. 결국 9월 14일 오전 10시 중국공사관에서 승심관 唐榮浩(인천영사), 청심관 李應翼(외부 교섭국장), 원고와 피고 및 증인이 모두 참석한 가운데 '彭姜案'에 대한 재심이 열렸다. 재심을 마치고 9월 16일 서수붕이 박제순에게 보낸 공술문과 판결문의 내용에 의하면 중국 측은 원래의 판결을 견지했다. 즉 팽헌주와 강운경은 서로 原票를 돌려주고, 팽헌주는 강운경에게 상환하지 못한 부채의 원금과 이자를 갚도록 했다. 손적용에 대해서는 본래 은표를 가지고 있지 않았는데도 공언을 했으니 총영사가 처벌하겠다고 판결했다. 재심 결과가 이전과 변함이 없자 박제순은 9월 17일 서수붕이 보내온 공술문과 판결문을 되돌려 보냈고, 양측은 9월 21일과 9월 22일 재차 공술문과 판결문을 다시 보내고 되돌려 보내는 과정을 반복했다. 최종적으로 10월 10일 서수붕은 박제순의 반박문을 일일이 반박하면서 사건이 완결된 것으로 간주하고 재심에 응하지 않겠다는 뜻을 분명히 했다. 이 안건은 1898년 5월 팽헌주에 의해 소송이 제기된 이후 긴 시간 동안 해결되지 못했고 최종적으로 어떻게 귀결되었는지 확인할 만한 문건은 없다. 다만 1900년 11월 7일 서수붕이 한성총영사와 인천영사에게 보낸 찰문에 의하면 외부가 재심의 경과 및 결과에 불응함으로써 여전히 피차 변론과 반박을 반복하고 있어 미결의 상태임을 확인할 수 있다.

이상과 같은 안건의 처리 과정을 살펴보면 다음과 같은 특징을 발견할 수 있다.

첫째, 본 안건은 한중 양 국민 간의 소송 안건으로 원고 팽헌주가 한성에 거주하므로 한성부 판윤과 한성총영사가 관할해야 했다. 다만 소송 안건에 관련된 양측의 주장이 첨예하게 대립되어 그 해결이 어려울 경우 이처럼 한국 외부대신과 중국 공사 간의 교섭을 통해 처리되었다. 실제 본 안건에 포함된 문건은 한성부에서 안건을 외부로 넘겨 처리토록 요청한 이후 진행된 교섭 과정에서 생성된 문건들로 구성되었다. 檔案의 편제상 「서수붕: 소송」권에 수록된 이유가 바로 여기에 있다. 그런데 앞서 언급한 것처럼 한국 외부로 이관되기 이전에 생성된 문건들도 일부 포함되는데, 한성총영사가 公使에게 올린 稟에 첨부된 부속 문건에 해당된다. 예를 들어 光緖 26년(1900) 1월 10일부터 2월 24일까지 '彭姜案'을 둘러싸고 한국 漢城府와 중국 漢城總領事署 간에 왕래한 照會 및 公函 등 6건의 초록 문건이 함께 수록되어 있다.

둘째, '彭姜案'이 중국공사서로 이관되어 판결을 마무리할 때까지 한중 양국 간의 대립점은 ① 조약의 해석, ② 會審의 정황, ③ 양측의 공술내용, ④ '駁辯', 즉 논박의 의미 등 네 가지 문제에 있었다. 여기서 특히 핵심이 되는 부분은 '청심권'을 둘러싼 조약의 해석이라 할 수 있다. 박제순은 "청심관이 증인을 소환하여 심문하고자 하면 또한 그 편리함을 들어 준다"는 구절을 청심관이 만일 증인을 소환하여 심문하고자 하면 승심관이 그것을 들어준다는 의미로 해석했다. 승심관이 자신의 뜻대로 판결을 내린다면 청심관의 반박이 아무런 소용이 없다는 주장이다. 반면 서수붕은 조약의 해석에서 "청심관이 증인을 소환하여 심문하고자 하면 또한 승심관이 그 편한 바를 들어준다"는 부분은 문제가 되지 않는다는 입장이다. 다만 증인을 심문할 때 증인이 피고의 국가에 속하면 청심관은 증인을 소환할 권한이 없으니 증인 소환은 승심관이 하는 것이 분명하다는 주장이다. "傳詢(소환하여 심문한다)"는 두 글자가 하나로 연결되어 해석되며 그 주체는 모두 승심관이 된다고 해석했다. 즉 승심관이 소환하여 심문하고, 청심관은 승심관이 심문하고 증인이 대답하는 말을 들어보고 양측의 공술을 증거로 삼아 '駁辨(반박)'의 근거로 삼아야 한다는 것이다. 또한 "그 편한 바를 들어준다"는 말은 불가하지 않다는 의미일 뿐 청심관이 증인을 '傳詢'할 수는 있다는 의미는 아니라 해석했다. 피고 소속국의 관원, 즉 승심관은 본국의 법률에 따라 심판하고 판결이 공정하지 못하다고 판단될 경우 청심관의 '駁辨'을 허가해준다는 의미이다. 만일 청심관이 증인을 '傳(소환)'하여 원고와 피고를 모두 '詢(심문)'한다면 청심관과 승심관의 차이는 무엇이냐고 하면서 각기 그 권한을 침범해서는 안 된다는 입장을 견지했다. 이 때문에 양국 간에 몇 차례 반박문을 주고받으며 원고 측의 재심 요청이 있었지만 중국 공사가 재심에 응하지 않겠다는 뜻을 분명히 했지만 11월 13일에 이르기까지 결론을 내지 못한 것으로 보인다.

日商米船撞傷卷

館藏號	01-41-061-4
全宗	總理各國事務衙門
系列	駐韓使館保存檔案
宗	徐壽朋: 訴訟案件 4
冊	日商의 米船이 충돌해서 해를 입은 문건(日商米船撞傷卷)
생산시기	光緒 26年 4月 2日~光緒 26年 4月 6日(1900. 4. 30.~5. 4.)
총면수	6
수발자	徐壽朋, 湯肇賢

이 안건은 '甑南浦에서 日商의 미곡을 적재한 한국선박이 중국선박과 충돌하여 손해를 입어 고소한 사건'을 다룬 것이다. 증남포 부영사 湯肇賢이 서수붕에 올린 稟文과 이에 대한 서수붕 공사의 批文으로 구성되어 있다.

안건의 주요 내용은 다음과 같다.

한국인 高京升의 선박이 日商 長富의 미곡을 적대하고 운항하다 3월 5일 오후 7시경에 중국인 姜文秀의 선박과 충돌하여 高의 배와 적재된 미곡에 모두 손실이 있었다. 13일 韓・日官이 증남포 영사서에 조회하여 모두 배상할 것을 요구했고 그 후 공문이나 별다른 소식이 없었다. 오랫동안 묶여 있던 姜의 배를 운항해도 좋을지 여부를 확인할 필요가 있어서 25일 증남포의 隨員인 力鍾을 日本領事署에 파견하여 여부를 물었다. 다음 날 26일 증남포 영사서로 온 일본 警務官 門井이 논쟁과정에서 湯 부영사가 '華商이 정박한 바에 추호도 잘못이 없다'고 말하는 것이 잘못되었다고 지적했다. 또한 장래 양국의 '欽差(공사를 지칭)'를 통해야만 이 안건이 해결될 수 있을 것이라 했다. 28일 오후 11시 湯 영사, 力 수원이 일본 영사와 함께 姜의 선박이 정박해 있는 곳으로 가서 선박의 前後 위치를 확인하여 말뚝을 박아 표시하고 그림으로 그려 명확히 한 후 운항해 가도록 조치했다. 또한 한국 선박의 손상 부위에 대한 검사를 마쳤다. 이 안건에 대해 韓·日 측에서는 반드시 華商이 배상해야 한다고 요구했고 湯 영사는 華商 姜의 선박이 규정에 따라 잠시 정박했다고 주장하고 있다. 당시 바람의 방향과 조수 간만이 세차서 한국인 高의 船尾가 동쪽으로 향하면서 姜의 선박과 충돌 사고가 일어난 것으로 실제 배상해야 할 근거가 없다고 판단했다. 29일 德隆祥의 船棧에 姜의 선박은 운항할 수 있지만 船戸 姜文秀는 남아 있도록 조치했다.

이상 稟에 대해 徐壽朋은 高京升 스스로가 조심하지 않아 적재된 미곡에 손실된 것이므로 당연히 해당 韓船이 인정하고 배상해야 하며, 해당 선박의 부서진 부분이 선박 후면 좌측에 있는데 이 또한 움직인 닻에 의한 것이라는 증거가 없다고 했다. 다만 韓·日官이 모두 흥분해서 변론하니 사건을 일찍이 종결하여 姜文秀가 오래 남아 고통을 받지 않도록 적절히 처리하도록 지시했다. 한편 서수붕은 湯 부영사가 이 稟에서 '大獄' 두 字를 사용한 것에 대해 公使가 회합하여 처리해야 할 사안이라 해도 '대옥'이란 표현을 쓸 수 없다고 하면서 문구사용에 신중할 것을 지적했다. 서수붕의 批가 내려진 후 사건이 어떻게 처리되었는지 알 수 없다.

韓官違例將華民刑訊案

館藏號	01-41-061-5
全宗	總理各國事務衙門
系列	駐韓使館保存檔案
宗	徐壽朋: 訴訟案件 5
冊	韓官이 규정을 어기고 華民을 고문한 사건(韓官違例將華民刑訊案)
생산시기	光緒 26年 閏8月 23일~光武 5年 9月 1日(1900. 10. 15.~1901. 9. 1.)
총면수	26
수발자	朴齊純, 崔榮夏, 許台身, 尹定求, 徐壽朋, 唐榮浩

이 안건은 智島 郡守가 華人 徐冬, 蕭樹屏을 구금하고 고문한 사건을 다루고 있다. 서수붕 公使署가 한국 외부와 왕래한 조회, 인천영사와 왕래한 札과 批 등으로 구성되어 있다. 이 외에도 국 외부대신 朴齊純을 대신해서 外部協辦 崔榮夏가 업무를 서리한 건, 太醫院 업무 관련 건, 한국 외부 璿源殿의 燒失 건, 각국 인사의 궁궐 출입 憑票 발급 건과 관련된 照會 및 公函 등이 일부 포함되어 있다.

안건의 주요 내용은 다음과 같다.

光緒 26년(1900) 8월 초에 한국인 卞晩周가 智島郡 嚴泰面 木島에 거주하는 呂元先에게 빚 독촉을 하러 가는데 外島에서 장사를 하던 華人 徐와 蕭를 대동하고 갔다. 華人인 徐와 蕭가 한국인의 말다툼에 휘말리게 되었고, 그 외중에 시비를 가리기 위해 徐가 呂와 함께 배를 타고 가다가 呂가 바다에 빠져 사망했다. 여기서 양국 간에 문제가 되었던 것은 다음 두 가지 사항이었다.

첫째, 한국인의 사망에 華人이 연루된 사건으로 <한청통상조약> 제5관에 의거해서 해당 사건은 피고 소속국의 관원이 律例에 따라 판결해야 했다. 당시 목포에 거주하는 華人 사무는 인천영사가 겸관하고 있었으므로 목포 감리가 인천영사에게 조회하여 피고를 넘겨받아 처리토록 하는 것이 정해진 규정이었다. 인천영사의 보고에 의하면 智島 군수가 徐와 蕭를 郡署로 끌고 가 두 달간 감금하고 돈을 갈취했으며, 특히 중국인을 고문하여 자백을 강요한 것은 양국 간 조약을 위배한 것이므로 해당 관원의 과실을 엄히 처벌해야 한다는 것이다. 한편 한국의 智島 군수에 의하면 잠시 감금하여 처벌 판결을 기다린 것이며, 務安 監理에게 요청하여 중국영사에게 조회를 보내 審判을 신속하게 처리하도록 요청했다고 했다.

둘째, 한국인 呂元先의 사망에 華商 徐와 蕭가 관련이 있는지의 여부이다. 인천영사는 呂家에서 구타를 당한 徐가 필사적으로 도망쳤고 呂元先이 岸邊까지 추적해 오자 그를 잡아 선박에 태웠고 呂가 갑자기 바다로 뛰어든 것으로 실제 徐, 蕭와는 관계가 없다고 주장했다. 반면 智島 군수는 蕭, 徐 두 사람이 呂元先을 몰아 배에 싣고 가다가 중류에 이르러 물속에 밀쳐 떨어뜨려 물에 빠져 죽였다고 주장했다.

이상과 같이 사건의 정황과 처리과정에 대해 한국 외부와 중국공사서에 보고된 양측의 공문 내용이 서로 일치하지 않았다. 중국공사 서수붕으로부터 재조사를 지시받은 인천영사 唐榮浩는 岸邊에 있던 한국인의 공술, 이 증인이 한국의 聽審官과 함께 재판에 출석하여 심문받은 사실, 그리고 蕭의 고문 상처를 증거로 하여 한국 측 주장을 반박했다. 또한 서수붕 公使를 통해 外部에 재차 조회하여 해당 島官

이 조약을 어기고 고문한 것을 엄히 처벌하고, 徐에게 갈취해간 돈
을 되돌려주고 蕭의 치료비를 보상해주는 등 일벌백계할 것을 요청
했다. 다만 수록된 문건에서는 이 사건이 어떻게 처리되었는지 알
수 없다.

韓兵無端毆打華商案

館藏號	01-41-061-6
全宗	總理各國事務衙門
系列	駐韓使館保存檔案
宗	徐壽朋: 訴訟案件 6
冊	韓兵이 이유 없이 화상을 구타한 사건(韓兵無端毆打華商案)
생산시기	光緒 26年 10月 29日~光緒 26年 11月 18日(1900. 12. 20.~1901. 1. 8.)
총면수	15
수발자	徐壽朋, 朴齊純, 吳廣霈

이 안건은 서한국 병사가 華人 王玉德 등을 구타한 사건을 다루고 있다. 한국 外部大臣과 왕래한 照會 및 漢城總領事署에 보낸 札文으로 구성되어 있다.

안건의 주요 내용은 다음과 같다.

光緒 26년(1900) 12월 15일에 한국병사 金完祿 등이 궐문을 파수하고 교대하여 돌아가는 도중에 목재를 운반하던 華商 등과 맞닥뜨렸고 서로 길을 양보하는 문제를 놓고 시비가 붙어 맞붙어 싸웠다. 華商들은 漢城總領事署에 당시 한국 병사가 무단히 구타한 뒤 3명을 兵營으로 끌고 갔고, 裕豊盛號의 점원 馮姓과 行人 2명도 상해를 입었으니 처벌해 달라고 요청했다. 얼마 후 東興號는 별도로 稟을 올려 한국 병사가 화상 점포로 들어와 벽과 문을 훼손했으니 이들을 처벌하고 보상해줄 것을 호소했다.

이 사건은 양 국민 간의 단순한 구타사건이 아니라 兵民이 불화한 사건이다. 이런 兵民 간의 충돌 사례가 처음은 아닌 것으로 보이며 한성총영사는 公使署에서 外部에 조회하여 한국 병사의 무례한 행동에 대해 처벌해줄 것을 청했다. 공사 서수붕은 한국 外部에 조회를 보내 軍部大臣이 律에 따라 책임지고 해당 병사를 처벌하고 손상된 화상 점포의 문벽 보상 및 王玉德 등의 요양비를 요구했다. 그리고 재차 중국인을 구타하는 일이 없도록 함으로써 양국 兵民이 화평하고 함께 사는 의미를 보여줄 것을 요구했다.

이 사건을 접수한 한국 외부가 元帥府 軍務局 總長에게 行文을 보내 해당 부대에서 명확히 조사하여 해당 兵을 엄히 처벌하고 배상하도록 지시했으니 답변을 기다렸다가 다시 조회할 것이라 했다. 그런데 얼마 후 外部가 軍務局 總長의 공문을 인용하여 중국 측의 주장을 다음과 같이 조목조목 반박했다. 첫째, 중국 측에서 언급한 것처럼 이유 없이 중국인을 붙잡아 구타한 것이 아니라 華商이 編隊의 행진을 보고도 업신여기고 양보하지 않아 발생한 사건이다. 둘째, 한국 병사가 철 막대기로 난타당했을 뿐만 아니라 군모 및 총을 빼앗겼다가 돌려받았는데 모자와 총이 모두 파손되었다. 이에 해당 兵이 위세를 부린 중국인을 營으로 데리고 간 것인데 돌아가 고소했다. 셋째, 처리 과정에 華商의 捕頭 徐漢臣이 순사 1명과 함께 해당 營에 와서 화상이 구타당했는지 사실 여부를 확인했다. 徐가 피차 兵民이 큰 상해를 입지 않았으니 더 이상 언급하지 않기로 하고 각각 앞으로 경계토록 했는데 중국 公使가 조회하여 처벌을 청한 것을 이해할 수 없다는 것이다. 오히려 중국인이 한국 병사를 업신여겨 구타하고 총과 모자를 손상시킨 것은 모두 규율을 안중에 두지 않은 것이라 반박했다.

서수붕은 박제순의 반박에 대해 軍務總長이 덮어놓고 韓兵을 비호하고 있고 外部大臣이 강제로 처벌을 지시할 권한이 없다면 어쩔 수 없겠지만 교섭자가 반드시 선악을 가려야 하므로 조목조목 재반박하면서 이전에 보낸 공문대로 시행해줄 것을 요구했다. 다만 이후 한국의 대응이나 처리 결과를 확인할 수 있는 문서는 포함되어 있지 않다.

電氣車壓斃華童

館藏號	01-41-061-7
全宗	總理各國事務衙門
系列	駐韓使館保存檔案
宗	徐壽朋: 訴訟案件 7
冊	중국 어린이가 전차에 치여 죽은 안건(電氣車壓斃華童)
생산시기	光緒 26년(1899) 11월~동년 12월
총면수	11
수발자	徐壽朋, 朴齊純

이 안건은 중국 어린이가 전차에 치여 죽은 사건을 다루고 있다. 사건 피해자 아버지인 周啓源의 稟, 欽差出使韓國大臣 徐壽朋의 조회, 비답, 札文, 대한제국 외부대신 朴齊純의 照覆으로 구성되어 있다.

안건의 주요 내용은 다음과 같다.

光緒 26년(1889) 11월 7일 밤에 중국인 周啓源의 8세 된 아들이 물건을 사러 나갔다가 전차 길에서 넘어졌는데, 그때 멀리서 전차가 오고 있었다. 사람들이 어린아이가 철로에 넘어져 있다고 정차하라고 소리쳤지만 전차 기관사는 무시하고 전차를 계속 몰아 아이가 깔려 죽었다. 아이의 아버지는 이것은 고의로 죽인 것으로 기관사를 살인죄로 처벌해야 한다고 탄원했다. 이에 한성총영사 오광패가 한성부윤에게 조회를 보냈지만, 한성부윤이 책임을 미루고 처리하지 않자 서수붕에게 다시 품을 올려 한국 외서에 전차 기관사의 처벌과 보상을 요구하는 조회를 보내줄 것을 탄원했다. 서수붕이 사건을 법

에 따라 처리하여 중국인 피해자의 원을 풀어달라고 한국 외서에 요
청했다. 한국 외서에서는 법에 따라 조사하여 청 한성총영사에게 그
결과를 알려주라고 한성판윤에게 지시했다는 조복을 보냈다.

懷仁縣差苛歛寓居韓民

館藏號	01-41-061-8
全宗	總理各國事務衙門
系列	駐韓使館保存檔案
宗	徐壽朋: 訴訟案件 8
冊	회인현의 역차가 한국민을 착취한 안건(懷仁縣差苛歛寓居韓民)
생산시기	光緖 27년(1900) 3월~동년 5월
총면수	13
수발자	許台身, 朴齊純, 崔榮夏, 榮森

이 안건은 淸 懷仁縣 通溝에서 한국인 王懋忠이 회인현으로 이주한 한국 유민의 재산을 착취한 사건을 다루고 있다. 韓國外部大臣署理外部協辦 崔榮夏의 照會, 韓國 外部署理大臣 朴齊純의 照覆, 欽差出使韓國大臣 代理 許台身의 照會, 照覆, 咨文, 札文으로 구성되어 있다.

안건의 주요 내용은 다음과 같다.

한국 외부는 다음과 같은 조회를 보냈다. 회인현 통구에서 한국민 王懋忠이 總管을 자칭하면서 9차례나 격문을 고시하고 멋대로 한국인들을 관리했다. 또한 장정을 뽑아 군대에 충원시킨다고 농민들에게 협박하고 압력을 가해 錢 400문을 거두는 등 왕무충의 불법이 심했다. 양국의 조약에 따라 充兵한 한인은 적에서 제외하고, 한국인들의 재산 손해를 배상하고 왕무충을 처벌하고, 범죄를 저지르고 도망가서 왕무충을 돕고 있는 한인 李愼之, 林炳洙를 송환해달라는 것이다.

　허태신은 조복을 보내 국경이 멀리 떨어져 있어 상황을 파악하지 못했는데, 조사해보고 조약에 위반된 것이 있으면 동변도에게 조회를 보내 처리하겠다고 답신했다. 또 東邊道 榮森에게 자문을 보내 한국과 중국에 외국인 內地 잡거의 준칙이 없는 상황에서 한청통상조약의 규정을 준수하도록 했다. 왕무충은 범인 압송 조항에 따라 한국으로 돌려보내야 하니 이를 조사하고 조약에 따라 처리해달라고 요청했다.

　이 안건은 뒤에 허태신 소송안건 1(02-35-011-1)과 연결되어 그 뒤의 조치가 나온다.

韓兵戳傷華商

館藏號	01-41-061-9
全宗	總理各國事務衙門
系列	駐韓使館保存檔案
宗	徐壽朋: 訴訟案件 9
冊	한국 병사가 창을 휘둘러 화상에게 부상 입힌 안건(韓兵戳傷華商)
생산시기	光緒 27년(1900) 5~6월, 光緒 25년(1898) 10월
총면수	35
수발자	許台身, 朴齊純, 傅良弼

이 안건은 한국 병사가 창을 휘둘러 화상 여러 사람에게 부상 입힌 사건을 다루고 있다. 代理使事參贊 허태신이 보낸 조회와 조복, 화상 피해자들의 피해상황표, 한국 외서의 조복으로 구성되어 있다.

안건의 주요 내용은 다음과 같다.

화상 傅聚盛은 교동 입구에서 燒餅店을 열었고 姚老奎는 북쪽 이웃에 도박장을 열었다. 한국 병사 任貴福 등 2명이 도박장으로 잘못 알고 부취성의 점포에 들어갔다. 부취성이 좋지 않은 얼굴로 도박장이 아니라고 하자 한국 병사가 발로 차고 도박장을 알려달라고 요구했다. 부취성이 알지 못한다고 하자 한국 병사들이 양다리를 차서 부상을 입혀 쓰러뜨렸다. 이어 중국인 순포 2명과 시비를 가리다가 한국 병사가 가지고 있던 총 끝으로 순포 李雲鵬의 배를 찔러 부상 입히자 두 사람이 그 총을 빼앗아 순포방에 숨겼다. 잠시 후 100여 명의 한국 병사가 몰려와 중국 순포는 南街로 도망가고, 한국 병사와 한국민이 더 모여들고 해산하지 않아 二宮街 입구가 막혔다. 이들은 午時에서 申時에 이르기까지 중국 점포를 부수고 상인들에게 부상을 입혔다. 戌時가 되어 중국 총영사 부량필과 한성부 판윤과 같이 가서 압력을 행사하자 해산했다.

그 결과 중국인 순포 1명과 상인 10명이 부상을 입었고, 순포방과 상점이 15곳이 기물 훼손, 약탈 등 피해를 입었다. 청에서는 조선 외부와 경무청에 조회를 보내 해당 병사의 처벌과 손해배상을 요구했다. 이 조회에 대해 한국 外部에서는 교동 입구에서 한국 병사와 청국 순사가 말다툼을 하던 중 싸움이 나자, 청국 순사가 군중을 불러 모으고, 칼을 뽑아 휘두르고, 방망이로 내리쳐, 한국 병졸이 심하게 부상을 입었다고 조복을 보내 상황을 완전히 반대로 설명했다. 이어 외부에서는 이번 싸움은 병사와 백성이 사사로이 싸운 것으로 교섭 상황과는 무관한 것이니, 한성부 판윤과 중국 총영사가 한청조약 5조에 따라 심판하고 처리할 것을 요구했다.

중국 측에서는 한국 병정이 상인을 구타하고 물건을 약탈한 것은 한청조약을 위반하고 공법을 위반한 것으로 사사로이 싸운 것으로 교섭과 무관하다고 한 것에 대해 항의하고, 조약에 따라 해당 병사를 처벌하고 손해배상을 해줄 것을 거듭 요구했다. 이 안건은 허태신 소송 3(02-35-011-3) 1번 안건에 피해배상 결과가 나온다.

韓水兵被毆案

館藏號	01-41-061-10
全宗	總理各國事務衙門
系列	駐韓使館保存檔案
宗	徐壽朋: 訴訟案件 10
冊	한인 수병이 구타당한 안건(韓水兵被毆案)
생산시기	光緒 25년(1899) 6월
총면수	4
수발자	徐壽朋

이 안건은 韓人 水兵이 구타당한 사건을 다루고 있다. 서수붕이 보낸 공함에 대해 한국 外部에서 회신한 公函 한 장으로 구성되어 있다.

안건의 주요 내용은 다음과 같다.

한인 수병이 중국인에게 구타당하여 상해를 입은 사건이 발생했는데, 이에 대해 서수붕은 한국 외부에 수병의 소속부대와 성명 등을 조사해달라는 공함을 보냈다. 한국 외부에서 군부대신에게 수병의 성명과 隊號 확인을 요청했으나 군부에서는 바로 확인할 수 없다고 했다. 외부에서는 그 사실을 알리는 공함을 서수붕에게 보냈다.

5) 吳廣霈: 訴訟

蘇明山爲恃勢覇産串謀竊賣據實稟明

館藏號	01-41-073-1
全宗	總理各國事務衙門
系列	駐韓使館保存檔案
宗	吳廣霈: 訴訟案件 1
冊	蘇明山이 세력에 의지하여 남의 재산을 강제로 빼앗아 공모하여 슬그머니 매각하려는 것과 관련해서 사실에 근거해서 품을 올려 설명(蘇明山爲恃勢覇産串謀竊賣據實稟明)
생산시기	光緒 24년(1898) 11월 10일
총면수	3
수발자	蘇明山, 湯肇賢

이 안건은 蘇明山이 자신에게 귀속되었던 劉子通의 房을 隨員 葛式燕이 몰래 팔아버린 사건을 다루고 있다. 韓國總領事署에 올린 稟文 1건으로 구성되어 있다. 이 稟에는 收者가 기재되어 있지 않으며, 문건의 수발 시기는 光緒 24년 11월 10일이다. 이 안건이 「오광패: 소송안건 01」 宗으로 분류되어 있지만 오광패가 漢城總領事로 부임한 시기는 이 稟文의 시기보다 수개월 후인 光緒 25년 6월이므로 명확한 분류상 오류라 할 수 있다. 문서내용이나 정황상 湯肇賢 代理總領事 시기 소명산이 韓國總領事署에 올린 稟文인 것으로 짐작된다.

안건의 주요 내용은 다음과 같다.

소명산은 청일전쟁 이전 한성에서 豊裕當店을 개설하고 있다가 光

緖 20년(1894) 청일전쟁 와중에 급히 귀국했다. 전쟁통에 남아 있던 중국인 劉子通 등이 當店의 물건을 탈취하여 팔고, 남은 것은 劉의 房에 보관해 두었다. 駐漢 영국총영사 힐리어(W. H. Wilkinson, 禧在明)를 통해 漢城府에 조회하여 劉子通 등 7명을 잡아 귀국시켰고, 물건을 보관한 劉의 房은 봉쇄하여 當店 주인이 나타나기를 기다리도록 조치했다. 光緖 21년(1895) 4월 蘇明山이 한성에 와서 董事 陳德濟와 영국영사서를 통해 한성부에 강탈당한 물건에 대한 소송을 제기했다. 이때 힐리어가 강탈당하고 남은 물건을 팔아 환금하여 쓰도록 하고, 劉의 房은 강탈해 간 물건 대금을 대신하여 蘇明山에게 넘겨주었다. 해당 房의 契据는 영국총영사서에서 발급하기 곤란하니 한중 간에 조약이 체결되기를 기다렸다가 이후 발급을 청하도록 했다. 唐紹儀가 한성에 온 후에 재차 품을 올려 房의 권리가 蘇에게 있음을 확인했다. 다만 蘇가 살펴야 할 房이 많아 王玉林에게 의뢰하여 郝姓에게 빌려주고 매월 租洋 2원을 받은 것이 3년이나 되며 두 차례 보수도 했다. 해당 房에 대한 권리가 蘇에 속한다는 것은 모두 아는 바인데 예전의 租戶 郝姓을 가진 자가 "해당 房은 葛式燕가 매각했으니 조속히 房을 비우라 했다"고 전했다. 이 사건은 劉子通 등 강탈범을 중국으로 압송하고 당소의의 지시로 그 재산을 분실자(피해자)에게 귀속시켜 변상하고 종결된 것이다. 그런데 唐이 귀국하자 蕭가 되찾은 분실물을 처리하는 과정에 일부 관여했던 韓國總領事署의 隨員 葛이 자신의 권세에 의지해서 몰래 팔아버렸다. 이는 葛이 蘇가 곧 內渡할 것이라 예상하여 속였을 뿐만 아니라 前 총영사 당소의의 지시를 무시한 것이므로 기강을 바로잡아 달라고 蘇가 湯 대리총영사에게 요청했다.

이 사건은 청일전쟁의 발발, 그로 인한 한중 양국 관계의 변화로 인한 華人 보호의 실상이 어떠했는지를 잘 보여주는 실례라 할 수 있다. 청일전쟁의 결과 한중 간 <무역장정>이 폐기되어 효력을 상실하고 난 후 光緖 25년(1899) <한청통상조약>이 체결되기까지 공식적인 주한중국사관은 존재하지 않았고 한중 간 관련 교섭 업무는 모두 駐韓영국총영사를 통해 처리되었다. 화상 보호를 위해 '총상동'의 신분으로 당소의가 파견되었고, 얼마 후 초대 '한국총영사'의 신분으로 변경되었다. 한중 간에 정식 조약관계가 형성되기 이전이었다는 점에서 여전히 조선관원과의 직접적인 교섭 처리 권한이 없었다. 唐이 蘇에게 契据를 발급하지 못했던 이유가 바로 여기에 있다. 이 분쟁은 당소의가 光緖 24년(1898) 9월 12일에 부친상을 이유로 귀국하고 나자 湯肇賢이 그 후임으로 韓國대리총영사를 맡았던 시점에 발생한 것으로 확인된다. 기타 문건이 부재하여 이 사건이 어떻게 처리되었는지는 알 수 없다.

韓民洪興錫等控華商德興建樓勿令開窓卷

館藏號	01-41-073-2
全宗	總理各國事務衙門
系列	駐韓使館保存檔案
宗	吳廣霈: 訴訟案件 2
冊	한국인 홍흥석 등이 화상 덕흥을 고소하여 건물에 창을 내지 말도록 청한 건 (韓民洪興錫等控華商德興建樓勿令開窓卷)
생산시기	光武7년(1903) 8월
총면수	4
수발자	閔景植, 陳本仁

이 안건은 한국인 洪興錫 등 8명이 華商 德興號를 고소한 사건을 다루고 있다. 大韓漢城府判尹 閔景植과 大淸派駐漢城總領事 陳本仁 간에 왕래한 照會, 照覆 두 개의 문건을 구성되어 있다. 이 안건은 근대사연구소당안관 「駐韓使館保存檔案」의 분류체계상에서 「오광패: 소송 02」로 되어 있으나 문건이 陳本仁 총영사의 재임기간에 생성된 것으로 확인되므로 당안 분류상 명백한 오류인 것으로 보인다. 그리고 생산년도의 표기 역시 光緖 25년 03월로 표기되어 있는데, 이 또한 광무 7년 08월 혹은 光緖 29년 7월의 표기 오류라 할 수 있다.

안건의 주요 내용은 다음과 같다.

소송을 제기한 원고는 漢城 美洞에 거주하는 한국인 洪興錫 등 8명이며, 피고는 美洞에 점포를 개설한 華商 德興號이다. 분쟁은 화상 덕흥호가 樓房을 짓고 서쪽으로 창문을 내면서 시작되었다. 서쪽으로 난 창문이 원고 洪興錫 등 8명이 거주하는 가옥의 작은 미닫이문과

정면으로 마주하게 되어 가옥의 內外를 판별할 수 없게 되었다는 이유를 들어 해당 德興號의 서쪽으로 열린 창문을 즉시 막아서 벽을 쌓도록 청국영사관에 조회해달라고 德興號를 한성부에 고소했다. 이 稟에 의거해서 漢城府判尹 閔景植이 화상 덕흥호가 지나치게 자신의 편리함을 추구하고 있으며, 거주민 간의 다툼과 한국인들의 호소가 이어지고 있으니 해당 樓房의 서쪽에 설치한 창문은 벽을 쌓아 양측의 편의를 도모하여 화합하도록 하는 것이 좋겠다는 취지의 조회를 한성총영사에게 보냈다.

한성총영사 진본인은 한성부의 조회내용에 대해 대체로 다음과 같은 두 가지 문제를 제기하면서 德興號에 대한 禁制가 不可함을 주장했다.

첫째, 德興號의 樓房 건축은 條約에 저촉되는 부분이 없으므로 문제될 것이 없으므로 한국인 洪興錫 등이 간섭할 수 있는 문제는 아니라는 것이다. 華商뿐만 아니라 각국 인이 樓房을 지으면서 모두 창문을 내는 것은 편리함이 있기 때문이며 자신이 토지를 구입해서 가옥을 짓는 데 자신의 편리를 도모하는 것은 당연하다는 것이다. 게다가 城內에 樓房이 많은데 모두 벽을 쌓으라고 할 수 없다는 것이다.

둘째, 거주민 간의 말다툼이 계속되는 것이 도리에 맞지 않는다고 했는데 이 문제는 한성부의 判尹이 관할해야 할 사항이며, 한·청 간 條約 내의 청국에 대한 보호, 우대의 條項과도 어긋남이 있다고 문제를 제기했다.

館藏號	01-41-073-3
全宗	總理各國事務衙門
系列	駐韓使館保存檔案
宗	吳廣霈: 訴訟案件 3
冊	절도범 호송에 관한 건(遞解竊賊案)
생산시기	光緒 25년(1899) 6월 13일~동년 7월 22일
총면수	5
수발자	吳廣霈, 唐榮浩, 袁永祥

이 안건은 절도범 호송에 관한 문제를 다루고 있다. 仁川商務委員 唐榮浩에 보낸 移文 및 부속문건(도둑 명단), 그리고 巡弁 袁永祥이 올린 呈文으로 구성되어 있다. 시기적으로는 光緒 25년 6월 13일부터 7월 22일간 생성된 문건에 해당되는데 당시는 한중 간에 조약이 미체결 상태이며 徐壽朋이 대한제국과의 관계회복에 대한 책임을 지고 欽差大臣의 신분으로 한성에 와서 교섭 중에 있다. 중국 상민에 대한 보호는 한성의 영국총영사가 책임을 지고 있으며 중국은 商務가 많은 한성과 인천에 漢城總領事, 仁川商務委員을 그대로 두고 비공식적으로 관련 업무를 처리했다.

안건의 주요 내용은 다음과 같다.

오광패가 한성총영사로 부임한 직후인 6월 13일(음력) 仁川分署로부터 '山東籍을 가진 도둑 2명에 대한 체포령을 내려달라'는 요청을 받았다. 한성총영사서에서 張玉崑을 체포해 심문했으나 잘못을 인정

하지 않았고 인천으로 호송하여 조사토록 했다. 패거리였던 莊驥(각
문건마다 莊驥, 莊祺 등으로 한자 표기가 다르나 동일 인물)가 산동
인 陳老鐵의 煙館에 숨어 있다가 체포되었는데 먼저 체포된 張玉崑과
함께 한성에 왔고 장물은 陳의 煙館에 숨겨두었다고 자백했다. 총영
사 오광패가 莊에게 3일 수감에 칼을 씌워 조리돌림을 하도록 판결
하고 仁川分署으로 압송하여 산동 원적으로 되돌려 보내도록 했다.
절도범을 은닉한 陳의 煙館은 서약서를 받고 기한 내 폐쇄하도록 조
치했다.

仁川三里寨韓民佔地折讓案

館藏號	01-41-073-4
全宗	總理各國事務衙門
系列	駐韓使館保存檔案
宗	吳廣霈: 訴訟案件 4
冊	한국인이 점거한 인천 삼리채의 땅을 비워 넘기는 안건 (仁川三里寨韓民佔地折讓案)
생산시기	光武 2년 (1898) 12월 19일~光武 3년(1899) 10월 4일
총면수	45
수발자	徐相喬, 葛福(고페, H. Goffe), 朱邇典(조던, J. N. Jordan), 朴齊純, 河相驥, 唐榮浩, 漢城總領事

　　본 안건은 인천의 삼리채 조계 내에 거주하는 한국인 이주 문제를 다룬 것이다. 영국 인천부영사 고페(Goffe)와 인천 감리(徐相喬, 河相驥) 간에 왕래한 照會, 영국 대리공사 겸 한성총영사 조던(J. N. Jordan)과 대한국외부대신 朴齊純간에 왕래한 照會, 중국 인천부영사 唐榮浩가 한성총영사 吳廣霈에게 보낸 函 등이 주를 이루며 三里寨章程, 영문 공문서 및 각종 淸冊 등이 부속 문건으로 구성되어 있다.

　　안건의 주요 내용은 다음과 같다.

　　인천의 삼리채 지역은 光緖 13년(1887년) 5월 23일에 인천 감리 嚴世永과 인천상무위원 洪子彬간에 장정을 작성함으로써 華界 지역으로 확충되었다. 본 안건에 수록된 문건 내용에 의하면 華商이 地主로 있던 삼리채 華界에 한국인이 草房을 짓고 거주하면서 일정액의 月稅를 납부해 왔던 것으로 보인다. 1899년 2월 삼리채 華界에 거주하는

戶數가 121戶, 710間에 달했던 것으로 기재되어 있다. 1898년 12월 고폐 영국 부영사는 삼리채의 華商 지주들의 稟에 의거해서 인천 감리가 제대로 감독하지 않고 상황을 방임한 것이라 추궁하면서 한국인이 점거하여 세운 草房을 1899년 3월까지 철거, 이주하도록 조치했다. 이러한 독촉에 대해 한국은 응당 房屋을 철거 해체하여 基地를 말끔하게 양도하는 것이 마땅하지만 한국인들이 이주하여 머물 곳이 없으니 기한을 연장하고 강제로 철거하지 말 것을 청했다. 이후 교섭 과정에 대해서는 명확하게 알 수 없지만 1899년 8월 초까지 기한을 넘겨 이전하지 않은 40여 戶도 계속적인 이전 독촉을 통해 8월 28일 이전을 끝내고 모두 양도했던 것으로 보인다.

한편 1898년 12월 13일 한국인 수십 명이 몰려와 三里寨 華界內 正直平康 字號 4地段 일대를 소유한 怡泰號의 地契 검사를 요구하고 경계석을 마음대로 제거하는 등 소란을 피운 사건이 있었다. 한국은 초기에 華商 이태호가 한국에서 발급한 지계를 소유하고 있으므로 거주 한국인이 신속하게 이주하여 지주에게 양도하는 것이 마땅하다고 여겼다. 그런데 조사결과 위에서 언급한 삼리채 華界 내 토지를 강점하여 거주했던 한국인 이전 문제와는 상황이 달랐기 때문에 이후 별도로 교섭을 진행하고 있다. 문제의 핵심은 怡泰가 소유한 地契에 沿海馬路를 남쪽 경계로 한다고 되어 있는데 실제로 경계를 정하여 界內로 구획되어 양도된 것은 海堤(제방 시설) 등까지를 포함하여 12,000여 미터라는 데 있었다. 海岸을 포함하려면 실측된 8,800미터로는 부족함이 있을 뿐만 아니라 界外로 포함되어야 할 地段, 즉 沿海馬路를 경계로 馬路 남쪽에 草房을 짓고 거주했던 한국인들이 華界內 怡泰號의 지단을 강점한 것이 아니었다. 인천감리 河相驥가 일본인

측량 기사를 고용하여 고페 영국부영사와 회동하여 怡泰 지단을 측
량한 결과가 사실이라면 怡泰의 소유 지단은 처음 지단을 양도받을
때 착오가 있었던 것이다. 이에 해당 房屋의 철거, 토지 구입, 이전
비용 등과 관련해서 별도의 정산 방법을 통해 이 안을 처리해야 할
필요성이 있었다. 이후 이태호 지단의 문제가 어떻게 해결되었는지
는 알 수 없다.

釜山朝鮮通事稟控華商曲姓父子毆辱案

館藏號	01-41-073-5
全宗	總理各國事務衙門
系列	駐韓使館保存檔案
宗	吳廣霈: 訴訟案件 5
冊	화상 曲姓 父子의 구타, 모욕에 대해 부산의 조宣統사가 稟으로 고소한 사건 (釜山朝鮮通事稟控華商曲姓父子毆辱案)
생산시기	光緒 25년(1899) 6월 3일~동년 6월 15일
총면수	3
수발자	吳廣霈, 劉廷俊

이 안건은 부산의 朝鮮通事 劉廷俊이 華商 曲餘寬의 父子에게 구타, 모욕당하여 고소한 사건을 다루고 있다. 漢城總領事署에서 수발한 稟과 批文 등 2개의 문건으로 구성되어 있다.

안건의 주요 내용은 다음과 같다.

光緒 24년(1898) 8월에 산동상인 德記號가 장물인 일본포 4필을 구입했다. 이때 이웃 점포의 曲餘寬이 이 사실을 알고 다음 날 덕기호에 찾아가 장물의 이익을 나누자고 했다. 덕기호가 불응하자 曲은 이에 불만을 품고 몰래 警務署에 알려 덕기호의 잘못이 들어나게 되었다. 이 과정에서 曲이 몰래 내통한 사실이 들어났고 해당 장물을 본 주인에게 돌려주는 과정에서 曲에게 여러 날 따져 물은 적이 있었다. 9월 4일 曲餘寬이 劉廷俊을 불러 갑자기 曲 父子 및 동료 4~5명이 달려들어 구타하여 온몸에 상처를 입어 죽을 지경에 이르렀다.

당시 이 소란을 듣고 警務署로 불려가 심문을 받고 시비를 가리는 자리에서 말도 안 되는 이유를 대는 것도 모자라 曲의 아들 守仁이 劉의 아내를 구타했다. 이에 曲商의 잘못된 습관을 바로잡아 억울함을 풀어달라고 호소했다.

吳廣霈는 前 부산상무위원 湯에게 서신을 보내 曲商을 계도하여 사태를 진정시키고 이런 상황이 재발되지 않도록 지시할 것이니 기다리라고 답변했다. 당시 부산에는 領事가 파견되지 않았고 사건이 사소한 데다 한성과는 거리가 멀어 조사하기 곤란했기 때문에 사건이 10개월 이상 처리되지 못했던 것으로 보인다. 여기서 前 부상상무위원 湯이 누구인지는 명확하지 않다.

孫源仁酗酒滋事踢撞韓兒致傷案

館藏號	01-41-073-6
全宗	總理各國事務衙門
系列	駐韓使館保存檔案
宗	吳廣霈: 訴訟案件 6
冊	孫源仁이 술에 취해 소란을 피우고 한국 어린이를 발길로 차서 상처를 입힌 사건(孫源仁酗酒滋事踢撞韓兒致傷案)
생산시기	光緖 25년(1899) 6월 14일
총면수	2
수발자	吳廣霈, 王連陞

이 안건은 중국인 孫源仁이 술을 마시고 소란을 피우고 한국인을 구타한 사건을 다루고 있다. 보증인이 제출한 보증서와 批文 등 2개 의 문건으로 구성되어 있다.

안건의 주요 내용은 다음과 같다.

중국인 孫源仁이 술을 마시고 한국 어린이를 발로 차서 상처를 입 히고 한국인을 구타하여 구류 처벌을 받았다. 그런데 光緖 25년(1899) 6월 孫과 동향 사람인 華商 志興東號의 王連陞이 보증서를 제출하고 孫이 초범인 것을 감안하여 석방해줄 것을 간청했다. 보증서를 제출 한 당일 總領事가 관대히 처리하여 석방을 허락했다. 批文에는 총영 사의 이름이 기재되어 있지 않은데 문서 수발의 시기로부터 보면 吳 廣霈로 짐작된다.

華商欠債案

館藏號	01-41-073-7
全宗	總理各國事務衙門
系列	駐韓使館保存檔案
宗	吳廣霈: 訴訟案件 7
册	화상 부채안(華商欠債案)
생산시기	光緒 22년(1896) 1월 4일~光緒 25년(1899) 6월 17일
총면수	16
수발자	駐韓使署, 吳廣霈, 陳雪幹, 古祀桐(古幹庭), 同順泰, 漢城裁判所

이 안건은 華商의 부채 소송 사건을 다루고 있다. 원고 陳雪幹, 피고 古幹庭의 稟文, 漢城總領事 吳廣霈의 판결문, 그리고 판결에 대한 원고의 수락서 및 피고의 서약서, 한성 同順泰號 譚以時의 서한 등으로 구성되어 있다.

안건의 주요 내용은 다음과 같다.

광동 상인 陳雪幹이 상해에 華彰號를 개설하여 洋貨를 거래하는데 광동 상인 古幹庭이 한국 京城에 개설한 聯和號와 수년간 교역하여 줄곧 문제가 없었다. 다만 光緒 20년(1894) 청일전쟁으로 인해 古의 聯和號가 문을 닫았는데 陳이 받아야 할 물건 대금이 銀 1676元 남아 있다. 누차 편지로 독촉했으나 해결되지 못하여 어쩔 수 없이 한국에 와서 변제를 청했다. 점포는 문을 닫았지만 古가 부동산을 소유하고 있으니 환금하여 변제할 수 있도록 처리해달라는 것이다. 피고 古韓庭의 稟에 의하면 華彰號뿐만 아니라 譚傑生 등 모두 12명에게 변제해야 할 돈이 洋 5,191원이나 되어 변상할 여력이 없어 점포 2곳을 내놓아 팔아서 각 채무를 변상하기를 청했다. 光緒 25년(1899) 6월 17일에 한성총영사는 聯和號가 내놓은 두 곳의 점포를 매각하여 채무를 해결하도록 했고 각 債主가 한국에 없어 전달할 수 없다면 해당 분배금은 廣幇 譚 董事가 받아 보존하고 古祀桐(古韓庭)이 債戶에게 편지로 알려 처리토록 판결했다. 이에 대해 원고 陳雪幹은 한성총영사 吳의 판결을 받아들여 聯和號의 점포를 매각하여 밀린 물건 값을 명확히 분배하는 데 이견이 없다는 수락서를 제출했다. 피고 古韓庭도 華彰號 등 각 友에 대한 채무 변상을 위해 점포 두 곳을 팔아서 깨끗이 변상하겠다는 서약서를 제출했다.

그 밖에 '華商 聯和號, 怡泰號, 安昌號, 廣泰號, 德興號, 華昌號가 물품 대금 지불과 관련해서 한국인 李興善을 고소한 건이 있는데 사건의 개요나 처리과정을 알 수 있는 문건은 없다. 다만 光緒 22년(1896년) 漢城裁判所의 判事 崔俊植이 한국인 피고 李興善에게 원고 華商 등이 요구한 화물대금을 변상하고 소송비용은 피고가 감당하도록 판결한 한글 집행명령서 1건만 남아 있다. 어떤 경로로 집행명령서가 전달되었는지 확인할 수는 없지만 당시 한중 간 소송 업무를 처리했던 駐韓영국총영사를 통해 전달되었을 것으로 짐작된다. 오광패 총영사 재임 이전에 발생한 소송 안건으로 분류상 오류인 것으로 보인다.

黃月亭稟控鑫泰李成順案

館藏號	01-41-073-8
全宗	總理各國事務衙門
系列	駐韓使館保存檔案
宗	吳廣霈: 訴訟案件 8
冊	黃月亭이 鑫泰號의 李成順을 고소한 건(黃月亭稟控鑫泰李成順案)
생산시기	光緒 25년(1899) 7월 25일~동년 8월 14일
총면수	7
수발자	黃月亭, 吳廣霈, 李成順

이 안건은 黃月亭이 鑫泰號의 李成順을 고소한 사건을 다루고 있다. 원고 황월정이 올린 稟文 및 원고와 피고 쌍방의 화해 보증서 등으로 구성되었다. 문건의 일부가 훼손되어 전체 내용을 판독하는 데 어려움이 있다.

안건의 주요 내용은 다음과 같다.

原告 황월정은 본래 한국에서 목공일을 해 왔던 사람이다. 인천에서 양복점을 개설하고 있던 同鄉人 張鴻壽가 光緒 24년(1899) 11월(동짓달) 와서 의논하고 한성 西街에 위치한 生昌 양복점을 인수하고 원고 黃과 동업하기로 했다. 함께 合同을 체결하고 이름을 鑫泰號로 바꿔 점포를 열기로 했다. 당시 生昌의 재고 및 집기 등을 그대로 모두 양도받기로 했는데 그 총액이 洋 1,400원에 달한다. 黃이 어음을 발행하여 우선 洋 600元을 냈고 모든 店내의 일은 李成順을 고용하여 맡겼다. 그런데 黃이 이 방면에 경험이 없어 張이 단독으로 운영하길

원했다. 生昌에 예입한 돈은 모두 張이 완전하게 지불하기로 하고 적당한 때 黃이 발행한 수표를 회수하기로 했다. 별도의 계정은 黃과 무관하며 이미 張이 간판을 바꿔 달고 영업하도록 허락했고 擇日해서 증인을 세우고 증서를 작성하기로 했다. 뜻밖에 동업자 張이 병이 나 죽었고 黃은 점내의 執事 이성순에게 빨리 生昌에 지불할 돈을 청산하도록 독촉했다. 원고 黃은 李가 張을 비호하여 지불을 미루다가 店內에 있는 화물을 몰래 인천으로 운반해 가져갔다고 억울함을 총영사서에 호소했다.

당시 한성총영사 오광패는 南幫董事가 적절히 처리하도록 지시했는데 피고의 稟이나 기타 관련 자료가 없어 원고가 제출한 稟의 내용이 완전히 사실인지 명확하지 않다. 또 남방동사가 이후 양측에 어떠한 처리 과정을 거쳤는지 알 수 없다. 다만 원고가 張鴻壽의 생전을 생각하여 소송을 취하하고 쌍방이 화해를 통해 문제를 해결했다는 내용의 화해 증서를 제출함으로써 분쟁을 마무리하고 있다. 문건의 일부가 훼손되어 명확히 알 수 없으나 鑫泰에 남아 있는 물건을 洋銀 200원으로 평가하여 許希榮에게 되돌려 주는 것 외에 나머지 부족한 洋 600원은 黃이 모아서 묵은 빚을 청산하고 더 이상 갈등이 없도록 처리하기로 했다. 화해증서에 처음 등장하는 許希榮이라는 인물에 대한 정보는 없으나 정황상 前 生昌의 업주인 것으로 보인다.

郝蓬叔姪昧良覇佔磨坊案

館藏號	01-41-073-9
全宗	總理各國事務衙門
系列	駐韓使館保存檔案
宗	吳廣霈: 訴訟案件 9
冊	학봉이 양심을 속이고 제멋대로 방앗간을 차지한 안건 (郝蓬叔姪昧良霸佔磨坊案)
생산시기	光緒 25년(1899) 8월
총면수	8
수발자	遲延瑞, 吳廣霈, 郝蓬

이 안건은 郝蓬 숙질이 양심을 속이고 주인을 함정에 빠트려 방앗간을 차지한 사건을 다룬 것이다. 고소하는 稟, 증인을 세운 立憑, 공술, 수락서, 지불완료증, 수령증 등으로 구성되었다.

안건의 주요 내용은 다음과 같다.

원고인 遲延瑞는 32세의 山東 福山縣 사람이며, 피고인 郝蓬은 23세의 산동 寧海州 사람이다. 光緒 24년(1898) 10월에 郝叔林이라는 자와 동업의 형태로 각자 洋銀 50원씩을 출자하여 한성에 隆福泰라는 상호명의 방앗간을 열고 장사를 시작했다. 당시 동업자 郝叔林의 조카 郝蓬이 점포에서 매달 洋銀 4元을 받고 執事로 일했다. 개업해서 연말까지 20여 원의 적자가 났고, 光緒 25년(1899) 정월에 동업자 郝叔林과 폐업하고 가게의 권리를 팔기로 결정했다. 2월까지 살 사람이 나타나지 않았고 마침 원고 遲가 중요한 일로 서둘러 인천으로 가게 되었다. 후에 동업자 郝이 많은 사람에게 빚을 졌고 채권자들에게 시달리다 몰래 外道로 갔다는 소식을 듣고 서둘러 한성으로 돌아왔다. 동업자 郝은 동업자인 遲에게는 알리지도 않고 조카인 郝蓬에게 가게 권리를 팔고 행적을 감춘 상태였다. 원고 遲가 郝蓬에게 자신의 명의로 되어 있는 字號의 영업권 매각에 대한 지분을 요구하자 이미 郝叔林에게 지불 완료했으며, 이미 字號도 변경되어 더 이상 원고 遲와는 관계가 없다고 했다. 郝이 몰래 매매한 것이 명백한데도 그의 태도가 무례하고 완력을 쓸 기세라 부득이하게 고소했다.

이 고소안에 대한 판결은 다음과 같다. 遲延瑞가 郝蓬에게 執事로서 일한 月資(임금) 洋 5원 및 房租 洋 2元, 모두 洋 7元을 지불하고 노새 1마리, 잡다한 그릇은 郝에게 귀속되지만 방앗간의 점포권리, 舊점포 내에 있던 細器具 등 물건은 모두 遲延瑞에 속한다는 판결을 내렸다. 특히 주목되는 것은 영업을 마감할 것을 결정한 시점인 光緒 25년(1899) 정월 22일에 遲延瑞와 郝永奎의 명의로 작성된 문건이 보이는데, 증인을 세워 방앗간 점포의 細磨 하나, 馬 한 필, 대소 가구는 郝에게 귀속됨을 기술하고 있다. 아마 郝永奎는 郝蓬인 것으로 보이며 이 문건을 참작하여 이상과 같은 판결이 내려진 것으로 보인다. 이상 판결에 대해 원고와 피고 양자가 모두 판결을 따르겠다는 서약서를 갖추어 제출했고, 또한 洋 7元을 그 자리에서 청산하고 지급 및 수령증을 각각 제출하여 분쟁을 마무리했다.

華商源泰號報竊照會韓官案

館藏號	01-41-073-10
全宗	總理各國事務衙門
系列	駐韓使館保存檔案
宗	吳廣霈: 訴訟案件 10
册	화상 源泰號가 절도 피해를 보고하여 韓官에게 조회한 건 (華商源泰號報竊照會韓官案)
생산시기	光緒 25년(1899) 8월 5일~동년 8월 12일
총면수	10
수발자	吳廣霈, 戴益三, 南巡査廳, 朱邇典(J. N. Jordan), 漢城府

이 안건은 남방화상 戴益三이 재물을 절도당한 사건을 다루고 있다. 남방상인 戴益三의 稟, 南巡査廳의 보고서, 駐韓영국총영사가 한성부에 보낸 公函 및 부속문건(절도품목 및 회수품목) 등으로 구성되어 있다. 이 외에도 상호 연관성을 알 수 없는 형식, 내용 미상의 문건도 일부 포함되어 있다.

안건의 주요 내용은 다음과 같다.

光緒 25년(1899) 8월 3일 華商 源泰號의 店主 戴益三의 주택에 도둑이 들어 銀洋 100여 원에 달하는 源泰號의 衣物과 돈 등이 분실된 사건이다. 사건 발생 후 안건은 한성총영사서에 접수되었고 南巡査廳에서 추적하여 한국인 金壽呢를 체포했다. 그러나 절도범 金壽呢로부터 장물의 행방을 확인할 수는 없었고 추적 끝에 중국인 王毓普가 한국인 金間蘭에게서 장물을 구입한 것을 확인했다. 장물을 구입한 중국

인 王은 관례대로 洋 3元의 벌금 처벌을 지시하고 장물은 원주인인
戴에게 확인 대조한 후 되찾아 가도록 했다.

여전히 회수하지 못한 물건이 있고 공범인 金間蘭 등도 아직 체포
되지 못했다. 이 사건은 한중 양 국민 간 혼합사건으로 피고주의 원
칙에 따라 한국인 절도범을 한국 경무청에 넘겨 처리토록 했다. 또
한 중국인 소송 안건을 처리했던 駐韓영국총영사 조던(J. N. Jordan,
朱邇典)이 한성부에 公函을 보내 단독범행이 아니므로 체포된 金壽呢
을 취조하여 일당을 추적하고 숨긴 장물을 찾아 되돌려 줄 것을 요
구했다. 이후 어떻게 처리되었는지는 알 수 없다.

接辨英署審判韓人彭瓈周控華商姜雲卿案

館藏號	01-41-073-11
全宗	總理各國事務衙門
系列	駐韓使館保存檔案
宗	吳廣霈: 訴訟案件 11
册	영국영사관으로부터 '한국인 팽헌주의 화상 강운경 고소 건'에 대한 재판을 인수하여 처리한 안건(接辨英署審判韓人彭瓈周控華商姜雲卿案)
생산시기	1899년 陽曆 3월 6일~光緖 26년(1900) 9월 22일
총면수	170
수발자	吳廣霈, 李采淵, 奧泰蔚(H. A. Ottewill), 徐壽朋, 林彦和, 彭瓈周, 孫勤堂, 姜 雲卿

이 안건은 한성부에 거주하는 主事 彭헌周와 개성 居間 中京상인
林彦和가 인천에 거주하는 화상 裕盛仁號 姜雲卿을 상대로 소송을 제
기한 사건을 다루고 있다. 漢城總領事 오광패와 한성부 判尹 李采淵
간에 왕래한 照會 및 公函, 중국공사 서수붕과 한성총영사 오광패 간
에 왕래한 札文 및 稟文, 영국영사관의 奧泰蔚(H. A. Ottewill)이 오광
패에 보낸 公函, 본 사건의 피고 華商 裕盛仁號 姜雲卿의 稟, 관련 증
인의 공술 등으로 구성되어 있다. 이 외에도 각 문건의 부속 문건의
형태로 함께 수록된 문건들도 다수 포함되어 있다.

안건의 주요 내용은 다음과 같다.

한국인 팽헌주, 임언화가 중국인 강운경을 고소한 이유는 대략 다
음과 같다. 원래 官蔘은 松都府에서 생산되는 물품인데 한국인이 중
국인 자본을 빌려 관삼 제조 사업을 하고 양자 모두 이익을 얻는 경

우가 많았다. 개성 거간 임언화는 인천에서 교역에 종사하면서 華商
裕盛仁號의 강운경과 친분이 있었다. 1897년 官蔘에 관해 의논하다가
姜이 자본을 투자하겠다고 하자 林이 官蔘公司에서 일했던 主事 팽헌
주를 끌어들였다. 강운경은 1897년 6월 우선 1만 원의 현금을 팽헌주
와 임언화에게 지급하고 8월 錢票 12만 원을 발급해 주었다. 그런데
강운경이 발급한 유성인호의 전표가 허위 전표라는 이유로 현금 교환
이 되지 않았다. 彭과 林이 이를 비난하자 10만 원 전표로 재발급했는
데 또한 도장이 일치하지 않는다는 이유로 현금으로 교환되지 않았다.
이에 彭과 林은 강운경이 지급한 1만 원과 자신들이 투자한 2만 원에
서 쓰고 남은 9천여 원을 華商 東泰興號의 孫勤堂에게 맡기고 華商 강
운경에게 2만여 원의 손해 배상금을 요구하는 소송을 제기했다.

　이 '彭姜案'이 발생한 최초의 시점은 1898년 5월이다. 본 안건의
처리는 <한청통상조약>의 체결로 한중 간 소송 안건에 대한 심판
권이 한성총영사서로 이관될 정식 이관될 때까지 駐韓英國總領事署에
서 담당했다. 다만 한성부에서 英國領事署의 판결을 받아들이지 않고
재심을 요청하는 가운데 1899년 12월 <한청통상조약>이 비준되었
다. 이로써 미결 상태의 '彭姜案'은 英國總領事署에서 中國漢城總領事署
로 이관되었고, 1900년 1월 10일 원고 팽헌주, 임언화는 한성부를
통해 중국영사관에 재차 華商 강운경에 대한 고소장을 접수했다.
1900년 1월 한성총영사 오광패가 영국영사관으로부터 넘겨받은 관
련 문건을 자세히 살펴본 결과 화상 강운경이 계약을 위반한 사실이
없고 오히려 팽헌주가 강운경에게 빌린 자금을 돌려주어야 한다고
통보하는 등 이전의 판결을 되풀이하고 있다. 한성부에서는 원고 측
의 '聽審'이 제대로 이루어지지 않은 미결사건이므로 재심을 해야

한다는 입장을 견지했다. 중국영사관은 이전의 판결을 확신했지만 일단 원고 측의 재심 요구를 받아들이기로 했다. 그런데 피고 강운경이 인천에 있으면서 일이 바쁘다는 이유로 재심이 쉽게 열리지 못했다. 게다가 강운경은 문제가 되는 두 개의 錢票는 자신이 彭과 林에게 빌려준 것이므로 두 사람이 상환하지 못한 나머지 부채를 받아달라는 고소장을 총영사에게 제출했다. 한편 원고 彭과 林은 公使署에 강운경을 조속히 소환해서 재심에 응할 수 있도록 조치해달라고 요청했다. 결국 4월 2일 오전 11시 한성총영사관에서 승심관 오광패(한성총영사), 청심관 이채연(한성부판윤), 수행원 李啓弼(한성부소윤), 원고 팽헌주·임언화, 그리고 피고 강운경이 모두 참석한 가운데 회심이 열렸다. 여기서 피고 강운경이 새롭게 제출한 장부의 진위 및 내용에 대해 원고 측이 문제를 제기했지만 승심관은 이전 영국영사관의 판결이 공정했다고 결론을 내렸다. 이에 청심관과 그 수행원이 더 이상 '聽審'할 수 없다고 나가버리는 사태가 발생했지만 당일 4월 2일 한성부 판윤에게 조회로 판결문을 보냈다. 원고 측은 오광패의 판결이 이전과 마찬가지로 피고 강운경을 비호하는 바가 있다고 여겼고 4월 10일 재차 청원서를 제출했다. 안건이 아직 미결 상태이므로 華商 孫勤堂을 조사하고 자신들이 그에게 맡겨둔 錢票를 公庫에 보관해줄 것을 요청하는 내용이었다. 4월 11일 한성부 판윤은 청심관의 권리를 주장하며 모두 13가지 이유를 들어 오광패가 보내온 판결문에 반론을 제기했고(제1차 반론), 4월 15일 이에 대해 오광패가 조목조목 반론했다. 계속해서 4월 30일과 5월 4일에 양측의 제2차 반박, 7월 12일을 전후하여 양측의 제3차 반박이 오고 갔다. 한성부 측의 제3차 반박문은 본 안건에 포함되어 있지 않다. 다만 7

월 12일 오광패의 반박문에 의하면 7월 12일 이전 한성부에서 제3
차 반박문을 보내 왔음을 확인하는 것이 가능하다.

　양측의 견해가 팽팽하게 맞서는 가운데 한국 외부대신 박제순이
6월 5일 중국공사 서수붕에게 조회를 보내 지금까지의 사건 처리 경
위를 서술한 뒤 한성총영사가 강운경을 비호하는 바가 있으므로 별
도로 관원을 파견하여 심사할 것을 요청하는 등 공식적으로 외부에
서 '彭姜案'을 재조사하겠다는 뜻을 표명했다. 한성부 판윤의 능력으
로는 안건의 처리가 불가하므로 외부에서의 처리를 요청했고 이로
써 중국 측도 한국 外部와 평행기관인 중국 公使署로 이관되었다. '彭
姜案'과 관련된 원고 및 한국 외부와 中國公使署와의 왕래 문건은 「서
수붕: 소송 03」권에 수록되어 있으므로 그 교섭과정을 자세히 알 수
있다. 「오광패: 소송」권에는 한국 외부로 안건이 이관된 후 한성총
영사서에서 원고 측과 직접 교섭한 문건은 없다. 다만 본 안건 내에
徐壽朋 공사가 오광패 한성총영사에게 보낸 札文 및 부속 문건(한국
외부와 공사서 간에 왕래한 조회 및 공술, 판결문 등)이 함께 실려
있어 대체적인 교섭 과정 및 결과에 대해 참조할 만하다.

　'彭姜案'은 公使署로 이관된 후 외부의 요청에 따라 재차 會審을 열
었지만 외부는 '聽審權'이 제대로 행사되지 못했음을 이유로 삼아 판
결에 불응했고 11월 12일에 이르기까지 안건이 미결상태에 있었다
는 사실을 확인할 수 있다. 이처럼 1899년 5월 소송을 제기하여
1900년 11월까지 결론에 이르지 못한 가장 핵심 문제는 바로 한중
양국의 '聽審'의 범위 및 해석에 있었다. 따라서 '彭姜案'은 <한청통
상조약>의 심판권 규정에 포함되어 있는 聽審權이 실제 會審에서 어
떻게 주장, 적용되었는지를 살펴볼 수 있는 실례라 할 수 있다.

華商合股分利不勻

館藏號	01-41-073-12
全宗	總理各國事務衙門
系列	駐韓使館保存檔案
宗	吳廣霈: 訴訟案件 12
冊	화상이 합자했는데 이익 분배가 균등하지 않음(華商合股分利不勻)
생산시기	光緒 25년(1899) 12월 10일~光緒 27년(1901) 3월 25일
총면수	33
수발자	吳廣霈, 李鳳來

이 안건은 廣幫 華商 간에 합자하여 발생한 이익이 고르게 분배되지 못한 사건을 다루고 있다. 분쟁 당사자인 林才生과 林瑞珊이 각각 올린 稟文 및 이에 대한 오광패 총영사의 批, 한성부에서 보내온 公函, 麗興號의 각종 淸單, 부동산 내역, 賬冊 내역, 地契 내역 등으로 구성되어 있다.

안건의 주요 내용은 다음과 같다.

林才生과 林瑞珊은 모두 광동인으로 光緒 2년(1876)에 상해에서 합자하여 隆棧號 木作舖를 개설했다. 光緒 10년(1884) 분점하여 인천에 麗興 木作店을 개설하여 林瑞珊이 맡아 운영하고 상해의 隆棧號는 林才生이 경영했다. 麗興은 한국에서 방옥을 짓는데 필요한 각종 재료, 물건들은 모두 상해의 隆棧과 협력하여 처리했다. 여러 해 동안의 고생 끝에 光緒 19년(1891)에는 한성으로 이전했다. 전심전력으로 경영하는 동안 光緒 26년(1901)에 이르러 시가로 대략 2만여 원에 달하는 부동산을 장만하는 등 이익을 얻었다.

한국에 있는 林瑞珊이 돈을 횡령한다는 소문을 상해에서 전해 들은 林才生은 光緒 23년(1897)과 25년(1899)에 자신의 사위, 아들을 한성 점포로 보내 함께 일하면서 영업의 진상을 살피도록 했다. 그런데 12월에 麗興號에 화재가 나서 물건뿐만 아니라 地契 16장, 수년간의 장부 등이 소실되었다. 林才生은 이것도 점포 관리에 간섭하는 것에 불만을 품고 林瑞珊 스스로 불을 내 증거를 없앤 것이라 여겼다. 光緒 26년(1900) 林才生이 한국에 와서 보니 자신의 아들 林觀謀를 구타하는 등 임서산의 태도가 달갑지 않은 데다 임서산이 그의 아들 林喜亭과 짜고 속여 부동산 매각 대금, 租金 등 거액을 횡령했으니 진실을 추궁해달라고 총영사서에 청했다.

이에 대해 林瑞珊은 光緒 10년 뱃삯과 자본금 30여 원을 가지고 처음 인천으로 와서 천신만고 끝에 光緒 26년(1900) 대략 2만여 원 정도를 축적하게 된 것이며 경영상 공동출자에 위반되는 일을 한 적이 없다고 주장했다. 오히려 그간의 고생과 맺힌 감정 외에 30여 년의 동업자 의리만을 생각하더라도 그간 司事로서 맡아 운영한 자신에게 응당 배당금을 주어 노고를 장려하는 것이 마땅하다는 것이다. 양심을 속이고 무고하는 林才生에 대해 공평한 판단을 내려 달라고 청했다.

한성총영사 오광패는 光緒 26년(1900) 10월 稟에 의거해서 두 사람이 모두 廣東人이므로 廣東 譚 董事가 조사하여 공평하게 처리하도록 지시하고 있다. 그 후 어떠한 해결 과정을 거쳤는지를 알 수 있는 문건은 없다. 다만 光緒 27년(1901) 3월 25일에 임재생과 임서산 등 원고와 피고 쌍방이 화해하여 재판을 끝내겠다는 내용의 품을 올린 것으로 보아 오랫동안 해결점을 찾지 못하다 결국은 廣幇 紳董의 중재를 통해 처리되었음을 확인할 수 있다. 결과적으로 林瑞珊이 林才生에게 銀 8,500원을 마련하여 주고 麗興號의 나머지 재산 및 부채는 전부 임서산에게 귀속되는 것으로 결정되었다. 또한 光緒 25년(1899) 12월에 麗興號의 화재로 손실된 房契 15장에 대해서는 한성부가 新契로 官契를 교환 발급했지만 총영사서에서 존치했다가 분쟁이 마무리된 光緒 27년(1901) 3월 25일에서야 수령증을 받고 발급하는 것을 허락했다.

南幇公所抽捐及地平號報騙案

館藏號	01-41-073-13
全宗	總理各國事務衙門
系列	駐韓使館保存檔案
宗	吳廣霈: 訴訟案件 13
冊	南幇公所의 捐 징수 및 志豐號가 사기당한 사건 (南幇公所抽捐及志平號報騙案)
생산시기	光緒 26년(1900) 2월 28일~동년 8월 29일
총면수	9
수발자	吳廣霈, 李(漢城府判尹)

이 안건은 南幇公所의 세금 징수 및 지풍호가 당한 사기 사건을 다루고 있다. 南幇 상인 陳德濟 등의 稟 및 한성총영사가 내린 諭飭, 志豐號가 올린 稟 및 漢城府判尹에 보낸 照會 등으로 구성되어 있다.

안건의 주요 내용은 다음과 같다.

南幇董事 陳德濟 및 衆商이 光緒 26년 1월부터 왕래하는 각 화물에 대해 2釐 捐款을 거두어 보존했다가 南幇 會館을 설립하는 데 쓰고자 하여 大小 상인이 은닉하는 일이 없도록 유칙을 반포해줄 것을 청했다. 한성총영사는 南幇 商人에게 유칙을 반포했고 남방 董事에게는 매년 거둔 捐數를 연말에 보고하여 증빙으로 삼도록 지시했다. 南幇 捐과 관련해서는 여러 사람이 합심하여 일을 성사시키지 못하여 사건이 잘 처리되지 못했다.

또한 지풍호가 李姓 소유의 집, 비단점포를 차압하여 志豐號에게 변상하고 일벌백계하도록 漢城府에 조회해줄 것을 요청했다. 한청통상조약 제7관에는 사기, 채무 미변제 사건이 발생할 경우 양국관리가 해당 商民을 체포하고 채무를 추궁하여 되찾도록 한다고 규정이 있다. 중국 측은 한국인 李가 華商 志豊號의 물건을 외상 거래한 액수가 거액인데 기한을 넘겨 지급하지 않고 어음도 청산하지 않은 채 도망가 은닉했으니 經紀 吳姓와 결탁하여 사취하려는 의도가 분명하다고 판단했다. 이에 한성부 判尹에게 李姓 소유의 부동산을 차압하여 전액 변상토록 하고 經紀 吳姓은 법정에 출두하도록 照會를 보냈다. 이 분쟁이 어떠한 과정을 거쳤는지 알 수 없으나 얼마 후 이 민사상의 분쟁은 양자 간에 사사로이 해결되었다고 기재되어 있다. 冊名의 '志平號'는 '志豊號'의 오기로 보인다.

華商裕德豊稟為推移抗欠

館藏號	01-41-073-14
全宗	總理各國事務衙門
系列	駐韓使館保存檔案
宗	吳廣霈: 訴訟案件 14
册	책임을 전가하며 부채 상환을 거부한 건에 대해 화상 裕豊德號가 올린 稟 (華商裕德豊稟為推移抗欠)
생산시기	光緒 26년 (1900) 3월 22일
총면수	3
수발자	吳廣霈

이 안건은 華商 裕豊德號의 鄭士第가 책임을 전가하며 부채 상환을 거부한 사건을 다루고 있다. 漢城總領事署에 접수된 稟文 1건만으로 구성되어 있다. 册名의 '裕德豊'은 '裕豊德'의 오기인 것으로 보인다.

안건의 주요 내용은 다음과 같다.

李海鵬는 煙臺에 있을 때 친히 지풍덕호의 점포로 와서 당시 점원이 曹平銀 456兩의 滙票를 발행하여 그의 하인 李殷永에게 넘겨주었다. 하인 李 등은 滙票를 가지고 한국으로 돌아와 사용했고 그는 상해로 參을 팔러 갔다. 또 하인 金太卿 등이 연대 점포로 와서 조평은 505兩 4錢 5分을 가져갔다. 따라서 청산해야 할 부채가 모두 銀 961량 4전 5분인데 이해붕은 하인 金이 가져간 5백여 량에 대해서는 그의 명을 받은 것이 아니라고 책임을 下人에게 전가했다. 하인은 주인을 대신해 일을 처리했으니 주인에게 책임을 미루고 있다. 한국에서 홍삼을 주관해서 처리하는 官員이 되어 하인이 흉계를 꾸몄는데도 불구하고 해고하지 않는 것 또한 이치에 맞지 않다는 것이다. 따라서 이해붕은 당연히 하인에게 배상하도록 해야 하며 만일 되찾지 못하면 한국에 와서 銀을 넘겨줄 때를 기다렸다가 전액 차압하여 유풍덕호의 부채 전액을 변상할 수 있도록 해달라고 총영사에게 요청했다.

錦城東掌櫃控經紀張長根呑騙案

館藏號	01-41-073-15
全宗	總理各國事務衙門
系列	駐韓使館保存檔案
宗	吳廣霈: 訴訟案件 15
冊	錦城東號의 掌櫃가 經紀 張長根이 횡령했다고 고소한 사건 (錦城東掌櫃控經紀張長根呑騙案)
생산시기	光緖 26년(1900) 3월 28일~동년 3월 29일
총면수	5
수발자	吳廣霈, 李(漢城府判尹)

이 안건은 금성동호의 趙閩城이 조선 經紀 張長根을 횡령으로 고소한 사건을 다루고 있다. 한성총영사 오광패 재임 시기 原告 조민성이 올린 稟, 한성부 判尹 李에 보낸 照會, 巡査廳의 呈報 등 3개의 문건으로 구성되어 있다.

안건의 주요 내용은 다음과 같다.

原告 趙閩城은 金成東號의 掌櫃(상점주인)인데, 光緖 26년(1900) 3월 23일 조선 經紀 張長根에게 鮮錢 1千弔짜리 금성동호의 期票(약속어음) 3장을 가지고 시장에 가서 환전하라고 시켰는데 鮮錢 3千弔로 환전한 후 은닉했다. 조선 經紀 장장근은 朴家네 점포에 거주하면서 朴孝克의 經紀를 오랫동안 맡아 왔기 때문에 믿었는데 양심을 속이고 종적을 감추었으니 朴家네 점포 4곳을 철저히 조사, 체포하여 그가 횡령한 돈을 되찾아 달라고 호소했다. 피고 張長根이 한국인이므로

한중 양국이 정한 피고주의 원칙에 따라 오광패 총영사가 원고의 稟에 의거하여 한성부 판윤 李에게 조회를 보내 사실 확인 후 횡령한 금액 3千吊를 되찾고 상업을 편히 할 수 있도록 요청했다. 한편 巡査廳에서 漢城總領事署에 이 사건의 발생에 대해 올린 보고서에 의하면 원고의 稟文에서 언급한 피고 經紀 '張長根'은 '張昌根'으로 달리 쓰고 있는데 동일 인물인 것으로 보인다. 사건이 어떻게 처리되었는지는 알 수 없다.

安雲靑控李田本行竊案

館藏號	01-41-073-16
全宗	總理各國事務衙門
系列	駐韓使館保存檔案
宗	吳廣霈: 訴訟案件 16
冊	安雲靑이 李田本을 절도혐의로 고소한 사건(安雲靑控李田本行竊案)
생산시기	光緒 26년(1900) 6월 16일~동년 11월 7일
총면수	17
수발자	吳廣霈

이 안건은 安雲靑이 절도를 당한 사건을 다루고 있다. 원고인 안운청의 稟, 절도사건 발생 및 경과에 대한 巡査廳의 보고서, 피고 李田本에 대한 王在靑, 李鳳明 등의 보증서, 사건관련자의 공술, 원고의 장물 수령증 등으로 구성되어 있다.

안건의 주요 내용은 다음과 같다.

安雲靑은 산동사람으로 한성에서 菜園을 운영했다. 순사청과 피해자 안운청의 보고에 의하면 光緒 26년(1900) 6월 16일 아침 安이 물건을 사러 나간 사이 집안에 도둑이 들어 돈궤를 깨고 朝錢 680弔(洋銀 280여 원에 상당)를 훔쳐 도망간 사건이 발생했다. 범인을 수색하라는 지시를 받은 巡差 姜衍緒의 조사에 의하면 17일 산동인 李田本을 잡아 추궁하여 조선인 牙頭(거간꾼)과 함께 범행을 저질렀다는 자백을 받아냈다. 李의 집에서 장물을 찾아내어 압수했다. 그런데 조사를 마치고 巡差와 함께 巡査廳으로 돌아오는 길에 범인 李가 스스

로 목을 베어 상처를 내었다. 6월 19일 산동 萊州府의 同鄕人 王在靑
이 李田本도 부끄럽게 여겨 목을 베었을 것이므로 王이 보증을 서고
그를 귀가 조치한 후 요양하도록 요청했다. 얼마 지나지 않아 6월
25일 피해자인 安雲靑은 재차 품을 올려 범인의 상처도 치료가 되었
고 자신도 곧 귀국할 예정이므로 범인에게서 압수하여 署에 보관하
고 있는 장물을 신속하게 되돌려 줄 것을 요구했다. 그리고 얼마 후
범인 李田本을 통해 한국인 공범은 小東門 내 后南洞에 거주하는 千原
根으로 밝혀졌고 7월 1일 체포하여 법정에서의 대질을 통해 관련이
있음을 자백했다. 피고 李田本에 대해서는 7월 산동 登州府 사람 李鳳
明이 몰래 도주하는 일이 없도록 책임진다는 보증을 서고 석방되어
장사를 할 수 있도록 선처하고 있다. 반면 이 과정에서 피해자인 安
은 잃어버린 돈을 7월 15일이 되도록 돌려받지 못했다. 11월 7일에
서야 압수하여 會館에 넘겨 보관했던 鮮洋 65元 전액을 수령증을 쓰
고 會館으로부터 수령함으로써 이 사건은 비로소 종결되었다.

분실한 액수에 대해서는 각 문건마다 朝錢, 洋銀, 鮮洋 등 화폐 단
위가 달리 기재되어 있는데 사건발생 직후 安이 총영사서에 올린 稟
에서 언급한 鮮錢 680吊에 대한 환산액일 것으로 짐작된다. 또한 절
도범의 이름도 6월 25일자 安雲靑의 稟에서 李樹本으로 표기된 것을
제외하고 모두 李田本으로 기재되어 있다. 李樹本은 李田本의 오기일
가능성이 높다.

許岐軒等控巡丁李長發搶案卷

館藏號	01-41-073-17
全宗	總理各國事務衙門
系列	駐韓使館保存檔案
宗	吳廣霈: 訴訟案件 17
册	허기헌 등이 巡丁 이장발의 강탈을 고소한 안건 (許岐軒等控巡丁李長發搶案卷)
생산시기	光緒 26년(1900) 7월 4일~동년 7월 12일
총면수	11
수발자	吳廣霈

이 안건은 許岐軒 등이 巡捕 李長發의 銀錢 강탈 사건을 다루고 있다. 許岐軒 등 南幇商人 2명이 올린 稟文, 법정 심문에서 사건 관련자들의 공술, 潘希聖의 보증서, 李長發의 서약서 등으로 구성되어 있다.

안건의 주요 내용은 다음과 같다.

華商 許岐軒과 李駿興이 올린 稟에 의하면 光緒 26년(1900) 7월 5일 오후 明洞에서 한성에서 동업할 예정이었던 한국인 金興斗로부터 錢票 鈔 500吊를 받을 때 金을 대신해서 중개인으로 나온 巡捕 李長發이 다짜고짜 韓錢 110吊(小洋 40원)를 빼앗아 署內로 들어갔다는 것이다. 巡捕와 감히 다투지는 못하고 만나서 돌려 달라고 했는데 권세에 의지해서 사람을 속이고 돌려주지 않으니 빼앗아 간 돈 110吊를 되찾고 그의 흉포함을 훈계해줄 것을 호소했다. 7월 11일 李長發은 법정 공술을 통해 許와 李 두 사람을 대신해서 4월 20일부터 7월 9일

까지 통역을 했는데도 한 푼도 받지 못했음을 이야기하면서 빼앗아 취한 것이 아니라고 진술했다. 7월 11일 법정에서 탈취해 간 韓錢 110弔 등에 대해 어떻게 처리하도록 판결이 났는지는 알 수 없다. 다만 법정 심문이 진행된 다음 날 7월 12일 華商 潘希聖이 피고에 대한 보증서를 제출했고, 피고 자신도 일을 처리하는 데 규정을 어긴 사실이 있음을 인정하고 반성을 표하는 서약서를 제출한 후 총영사의 지시에 따라 석방되었다.

한편 원고는 稟에서 피고 李長發이 본래 "韓籍이며 巡捕지만 평상시 법을 지키지 않고 제멋대로 행동한다"고 쓰고 있고, 李長發 자신은 법정에서 "登州府人, 35세"라고 진술했다. 이 안건에 대해 한국 측에 조회하거나 회심한 흔적이 없는 것으로 보아 피고가 韓籍이라는 원고의 稟 내용은 사실이 아닌 것으로 보인다. 또한 華商 潘希聖의 보증서에 등장하는 李狀發은 李長發의 오기로 보인다.

日商田川缺款未淸自經案

館藏號	01-41-073-18
全宗	總理各國事務衙門
系列	駐韓使館保存檔案
宗	吳廣霈: 訴訟案件 18
冊	일본 상인 田川이 부채를 청산하지 않고 자살한 건(日商田川欠款未淸自經案)
생산시기	光緖 26年(1900) 7월 3일
총면수	5
수발자	吳廣霈, 日本領事

이 안건은 자살한 일본상인 田川樣의 부채 사건을 다루고 있다. 稟文, 批文, 照會 등 3개의 문건으로 구성되어 있다.

안건의 주요 내용은 다음과 같다.

화상 安昌號는 일본 상인 田川樣으로부터 물건을 받아 한성에서 장사를 했다. 田川樣에 대한 대금 결제는 항상 명세서를 받고 한 달 내에 모두 상환했다. 光緖 26년(1900년) 7월 시점에는 일본 상인 田川樣이 오히려 日金 130元 1角 1分의 빚이 있었다. 그런데 7월에 田川樣이 갑자기 자살하여 상점의 회계담당은 겨를이 없어 빚을 당장 청산할 수 없다고 수일을 미루었다. 이에 華商 安昌號가 한성총영사에 올린 稟에 帳簿를 첨부하여 장부상에 남아 있는 부채를 조속히 청산할 수 있도록 일본영사에게 조회해줄 것을 청하고 있다.

이 안건은 中日 양 국민 간의 혼합사건이다. 한성총영사가 稟에 의거해서 일본총영사에게 函을 보내 장부에 따라 부채액을 상환해주고

存案토록 했다. 安昌號의 稟에 대한 批에 의하면 日商의 회계담당이
결산을 끝내고 이 안건은 이미 종결된 것으로 확인된다.

同順泰控韓人李永運案

館藏號	01-41-073-19
全宗	總理各國事務衙門
系列	駐韓使館保存檔案
宗	吳廣霈: 訴訟案件 19
冊	동순태가 한국인 李永運을 고소한 건(同順泰控韓人李永運案)
생산시기	光緖 26년(1900) 7월 3일~동년 윤8월 11일
총면수	5
수발자	吳廣霈, 李(漢城府判尹)

이 안건은 화상 同順泰가 도피한 채무자를 고소한 사건을 다루고 있다. 화상의 稟, 한성부에 보내는 照會 등으로 구성되어 있다.

안건의 주요 내용은 다음과 같다.

화상 同順泰의 품에 의하면 한국인 李永運이 6월 25일까지 청산해야 할 빚으로 모두 930원이 있는데 李永運이 부채를 상환하지 않으려는 의도에서 행방을 감추어 버렸다. 李永運은 中署 澄淸坊 가옥과 大鐘路 주단 점포를 소유하고 있었다. 동순태는 가옥과 점포 내 약간의 물품을 환금하여 부채를 상환할 수 있도록 한성부에 조회해줄 것을 청했다. 稟에 의거하여 7월 5일 한성총영사가 한성부 判尹에게 "韓人의 부채 상환 불이행 안건이 날로 증가하고 있는데 이는 한국의 商務나 교섭에 관련되는 등 사소한 일이 아님"을 말하면서 엄중히 처리해줄 것을 조회했다. 그런데 당시 한성부 判尹의 병고로 인해 두 달이 넘도록 답변이 없자 윤8월 11일 재차 해당 한국인에 대한

처벌을 독촉하는 조회를 보내고 있다. 이후 안건이 어떻게 처리되었
는지는 알 수 없다.

寶昌棧被竊失契請爲照會存査案卷

館藏號	01-41-073-20
全宗	總理各國事務衙門
系列	駐韓使館保存檔案
宗	吳廣霈: 訴訟案件 20
册	寶昌棧에서 契를 도난당하여 照會로 분실 경위를 알리고 조사를 위해 보존을 청한 건(寶昌棧被竊失契請爲照會存査案卷)
생산시기	光緖 26年 8月 28日~동년 閏8月 9日(1900. 9. 21.~1900. 10. 2.)
총면수	7
수발자	吳廣霈, 李(漢城府判尹)

이 안건은 華商 寶昌棧의 李寶山이 房契를 도난당한 사건을 다루고 있다. 寶昌棧의 稟文, 總領事署에서 漢城府 判尹에 보낸 照會 및 公函, 그리고 巡査廳이 올린 呈報 등을 포함하며, 분실한 房契 내역이 기재된 淸單으로 구성되어 있다.

안건의 주요 내용은 다음과 같다.

光緖 26년(1900) 8월 28일 寶昌棧이 房契 2장과 차용증 1장, 자질구레한 물건이 들어 있던 賬匣(장부 상자) 1개를 도난당했다. 훔친 契据를 다른 이가 저당 잡히거나 팔아버려 분규가 생길까 염려되어 李寶山 자신이 신문지상에 게재하여 알리는 것 말고 淸單을 작성하여 등의 우환이 발생할까 염려되어 조회로 한성부에 알리고 문서를 보존해줄 것을 청했다. 이에 오광패가 華捕에게 수색을 지시하는 것 외에도 漢城府에 照會를 보내 2장의 도난당한 契据를 한성부에 와서 官

契로 교환 수령하고자 하는 자가 있다면 換契하지 말고 조사해줄 것
을 요청했다. 사건 발생 며칠 뒤인 閏 8월 7일에 도둑이 房契 1장이
담긴 상자를 담장 밖에서 몰래 던져 놓고 가 房契 1장은 되찾았다.
이에 이보산은 되찾은 房契를 漢城總領事署에 상신하여 한성부에 조
회하여 官契로 교환해주도록 요청하고 있다.

되찾은 房契 1장 외에 분실물의 행방이나 범인 체포 등 이후 이
사건이 어떻게 처리되었는지는 알 수 없다.

韓兵無端扭打華人

館藏號	01-41-073-21
全宗	總理各國事務衙門
系列	駐韓使館保存檔案
宗	吳廣霈: 訴訟案件 21
冊	韓兵이 이유 없이 華人을 붙잡고 구타한 사건(韓兵無端扭打華人)
생산시기	光緒 26年(1900) 10월 28일
총면수	4
수발자	吳廣霈, 徐壽朋

이 안건은 한국병사가 중국인을 구타한 사건을 다루고 있다. 光緒 26년(1900) 10월 漢城總領事 吳廣霈가 公使 徐壽朋에게 올린 稟文 1건만을 포함하고 있다.

안건의 주요 내용은 다음과 같다.

光緒 25년(1899) 10월 10일 東興號의 木公이 海關 가옥을 짓는 데 필요한 나무를 수레에 싣고 길을 가는 도중에 한국 병사와 마주쳤다. 한국 병사가 車가 막아서서 통행하는 데 방해가 된다고 수레를 밀던 목공의 손을 창으로 찔러 피가 났다. 무슨 이유인지를 물으니 병사가 총을 뽑아 들었고 주변의 사람들이 불만을 터트리면서 해당 병사의 총과 모자를 강제로 빼앗았다. 상처를 입은 목공이 총과 모자를 가지고 고소하고자 했으나 東興號의 張時英 등이 총과 모자가 없다면 해당 병사가 반드시 면직될 것이라 호소하여 되돌려 주었다. 총과 모자를 가지고 되돌아갔던 해당 병사가 병사 여럿을 규합하여

東興號로 와서 王玉德을 붙잡아 갔다. 가는 도중에 만난 중국인 李壽春, 孫鵬帳과 붙들고 싸우다 그들 또한 南別宮의 해당 병영으로 끌고 갔다. 또 裕禮盛號로 들어가서 문, 창을 파괴하고 담장을 내리쳤다. 管帳人 馮化基를 붙잡아 나오는 도중에 만난 중국인 段盛才, 趙德淸을 함께 끌고 가다 이를 본 미국인 두 사람이 저지했다. 安昌號가 總領事署로 와서 이를 보고 했고 끌려간 王玉德 등 3인을 데리고 나왔는데 세 사람 모두 전신이 고문으로 중상을 입었다.

오광패는 이 사건이 단순한 양 국민 간의 불화가 아니라 兵民이 불화한 중대한 사건이므로 서수붕에게 보고하여 반드시 한국 外部에 조회하여 처리하길 청했다. 우선 해당 병사가 한중 간 체결한 조약 규정을 어기고 중국인에게 무단히 상해를 입혔으므로 법률에 따라 처벌해줄 것을 청했다. 또한 裕豊盛號의 훼손된 문, 창문, 내려앉은 벽을 배상하고 재차 중국인을 업신여기지 않도록 군규를 엄격히 하도록 요구했다. 더 나아가 구타당한 王 등 6명의 중국인의 치료비 및 요양비를 해당 병사가 변상하도록 조치해줄 것을 요구했다.

이 사건과 관련하여 「서수붕: 소송 06」册에 서수붕과 한국 외부 간의 왕래 문건이 포함되어 있어서 한중 양측이 어떻게 대응하고 있는지를 살펴보는 것이 가능하다.

華人自縊身死

館藏號	01-41-073-22
全宗	總理各國事務衙門
系列	駐韓使館保存檔案
宗	吳廣霈: 訴訟案件 22
冊	화인이 목을 매어 자살함(華人自縊身死)
생산시기	光緒 25년(1899) 4월~光緒 25년(1899) 6월
총면수	12
수발자	袁永詳, 吳廣霈, 徐壽朋

이 안건은 중국인이 목을 매 자살한 2건의 사건을 다루고 있다. 1. 山東 黉海州 사람 趙靑山(45세)이 남산 아래에서 자살한 사건으로 巡弁 원영상이 올린 품문, 자살한 사람의 아들인 조문해가 올린 甘結, 서수붕에게 올린 한성총영사 오광패의 품문으로 구성되어 있다. 2. 용산 窯廠에서 作工 李學詩이 목을 매어 자살한 사건으로 4종의 정문, 1종의 供招, 1종의 품문 초안으로 구성되어 있다.

안건의 주요 내용은 다음과 같다.

번호	사건발생연도	사건당사자		사건내용	면수
		원고	피고		
1	光緒 25년	조청산·서수붕		조청산이 남산 기슭에서 목을 매어 자살	8
2	光緒 25년	李學詩·오광패		이시학이 목을 매어 자살	3

1. 조청산이 남산 기슭에서 목을 매어 자살: 光緒 25년(1899) 6월 10일 山東 黉海州 사람 趙靑山(45세)이 남산 아래에서 노끈으로

목을 매어 자살했다. 조청산의 시체를 발견했다는 巡差의 보고를 받은 巡弁 오영상은 직접 현장을 방문·조사하여 별다른 상흔이 없음을 확인 한 후 자살한 자의 아들인 趙文海(龍山 傭工)에게 알리고, 漢城廳에도 알린 후 시체를 수습하도록 한 다음, 이 사실을 서수붕에게 품문으로 보고했다. 죽은 사람의 아들인 華商 조문해도 같은 날 자신의 아버지가 병고에 시달리다가 자살했으며, 아무런 외상도 없었다는 사실, 무사히 매장했다는 사실을 알리는 甘結을 서수붕에게 올렸다. 오광패가 이러한 사실을 서수붕에게 최종 보고함으로써 사건이 마무리되었다.

2. 이시학이 목을 매어 자살: 光緒 25년(1899) 4월 10일 용산 窯廠의 作工 李學詩(24세)가 목을 매어 자살했다. 산동 登州府 萊陽縣 사람인 이학시는 용산 소재 요창에서 작공으로 일하던 중 정신질환[愚迷心病]으로 자살한 것이다. 이에 대해 이학시의 외조부인 王汝申과 王克敏, 이학시의 동료인 王朝恩이 이학시의 사인이 정신질환에 따른 자살임과 각기 돈을 염출하여 매장했음을 확인하는 정문을 巡査廳에 올렸다. 오광패는 이학시가 자살한 것으로 결안하고 사건을 마무리했다.

商民酒醉互毆

館藏號	01-41-073-23
全宗	總理各國事務衙門
系列	駐朝鮮使館檔
宗名	吳廣霈: 訴訟案件 23
冊	商民이 술에 취하여 서로 구타함(商民酒醉互毆)
생산시기	光緒 26년(1990) 10월~光緒 27년(1901) 2월
총면수	75
수발자	吳廣霈, 李(山東福山縣正堂)

이 안건은 淸國의 商民이 술에 취하여 서로 구타하여 그중 한 명이 사망한 사건을 다루고 있다. 淸國의 龍山商務委員과 總領事 및 山東 福山縣 知縣 등의 사이에서 주고받은 稟文, 批文, 移文 외에 甘結, 供述, 檢案書, 供詞 등으로 구성되어 있다.

안건의 주요 내용은 다음과 같다.

光緒 26년(1990) 10월 28일 漢城 南街에서 包舖를 개설한 山東 福山縣 출신 蔡思豊이 그 친척 于文祥·孫丕祿과 함께 술을 마시다가 말다툼이 일어나 결박당했고, 후에는 巡捕 徐漢臣이 붙잡아 가서 사지를 기둥에 묶어놓아 새벽에 이르러 그 外叔 于中和가 사정을 호소해서 데려갔지만, 30일 오후 4시에 상처의 독이 번져 사망하는 사건이 일어났다. 조카인 華商 蔡思田 등이 살펴보니 온몸이 重傷을 입은 곳이 셀 수 없을 정도여서 總領事 吳廣霈에게 稟文을 제출했다. 관련자들을 問招했으나, 의견이 동일하지 않았다. 외숙 于中湖는 巡捕 徐漢臣 등의 가혹한 조치가 직접적인 사인으로 보는 내용의 稟文을 제출했다. 이에 대하여 徐漢臣은 자신이 붙잡아오기 전에 이미 于文祥·孫丕祿 등과 만취 상태에서 서로 구타했음을 지적했다. 華商 陳兆祥 등은 원고와 피고 측의 화해를 통한 원만한 해결을 촉구했다. 吳廣霈는 관련자와 혐의자들을 관련 문건과 함께 山東 福山縣 衙門에 보내어 신문·조사를 통해서 안건의 종결을 기도했다.

6) 許台身: 訴訟

懷仁縣差苛斂寓居韓民

館藏號	02-35-011-1
全宗	外交部
系列	駐韓使館保存檔案
宗	許台身: 訴訟案件 1
冊	회인현의 差總이 한국민을 착취한 안건(懷仁縣差苛斂寓居韓民)
생산시기	光緖 27년(1900) 4월~동년 10월
총면수	18
수발자	許台身, 朴齊純, 曾祺, 榮森

이 안건은 懷仁縣 差總을 자처하는 왕무충이 한국민 거주자를 압박하고 수탈한 사건을 다룬 것이다. 東邊道 榮森의 照覆과 盛京將軍 曾祺의 咨文으로 구성되어 있다. 서수봉 소송안건 8(01-41-061-8)과 연결되어 허태신의 조회에 대한 결과가 나온다.

안건의 주요 내용은 다음과 같다.

光緖 26년(1899) 11월에 한국 關西察邊使 李道宰가 순시를 돌다가 한국적을 가지고 있던 왕무충이 통화현 差總으로 자처하면서 한국민을 병역으로 편성하고, 돈을 거두고, 강로를 막았다고 보고했다. 이에 한국 외부에 조회를 보내 조치를 취해줄 것을 요청했다.

허태신이 조회를 보낸 것에 대해 盛京將軍 曾祺가 답신을 보냈는데 그 내용은 한국 측의 주장과 완전히 달랐다. 東邊道 榮森의 보고에 따르면, 왕무충은 정직하고 청렴해서 중국인이 유민에 관한 일을 맡아주도록 간청했고, 한국민도 통솔을 바랐다. 光緒 26년(1899) 8월 통구성에서 韓局을 설치하여 일을 처리할 때, 강변 간척지 한국민의 인장 일체를 한민 이신지 등에게 맡아 처리하게 했고, 동변도가 그 일을 관리 감독했다.

겨울에 도적이 준동할 때, 練長이 제대로 대처하지 못했는데, 이신지 등이 和字五保와 상의하여 韓勇 40여 명을 선발하여 지역을 보호하고 화자오보 한민이 자발적으로 1호당 4吊씩 내어 비용을 충당했다. 장부는 모두 한민이 관리했고, 한 푼도 억지로 거둔 폐단이 없었다. 또한 이들이 한민의 개간을 관할한 것은 멋대로 한 것이 아니라 동변도가 비준한 것이고, 練兵 편성과 경비 염출은 한민의 公議로 각 保에서 스스로 결정한 것이었다. 江路를 금지한 것은 疆域의 分界를 지키는 것으로 당연한 것이지 조약을 위반한 것은 아니다. 따라서 이들의 활동은 잘못된 것이 없다고 보고하고, 허태신에게 알렸다.

이 안건은 한국에서는 만주의 한국민에 대해 한국의 입장에서 관리하려 했고, 청은 자국의 영역에 있으므로 자국의 입장과 이해관계에서 관리했다. 이 과정에서 청의 입장에서 일했던 한국적의 대리인에 대해 청은 신뢰했고, 한국은 불만을 가졌던 것으로 보인다.

李裕建與同豐永聚長蔘價稅票糾葛案

館藏號	02-35-011-2
全宗	總理各國事務衙門
系列	駐朝鮮使館檔
宗	許台身: 訴訟案件 2
冊	李裕建與同豐永聚長蔘價稅票糾葛案 이유건과 同豐·永聚長號의 蔘價 稅票 분쟁 안건(李裕建與同豐永聚長蔘價稅票糾葛案)
생산시기	光緒 27년(1901) 7월~光緒 28년(1902) 5월
총면수	81
수발자	尹定求, 許台身, 閔種默, 朴齊純

이 안건은 조선의 官蔘을 매입하고 蔘價를 지급하지 않는 華商 同豐·永聚長號의 부채 청산을 요구한 사건을 다룬 것이다. 宮內府大臣署理 尹定求와 大淸欽差出使大臣 許台身 사이에 왕래한 啓文과 覆文, 外部大臣署理 閔種默이 許台身에게 보내는 조복, 華商의 稟文 등으로 구성되어 있다.

안건의 주요 내용은 다음과 같다.

1898년 3월에 궁내부 蔘政派員 李裕建이 官蔘 15,000근을 화상 義順興·同豐·永聚長號에 發賣하고, 지불을 약속한 稅銀票를 작성했다. 1900년 5월 義順興號는 약속한 稅銀은 지불했으나, 同豐號와 永聚長號는 미루면서 납부하지 않았다. 이에 궁내부는 欽差出使韓國大臣 徐壽朋·許台身에게 공문을 발송하여 두 화상에게 轉飭하여 채무를 상환하도록 조치하여 줄 것을 요구했다.

　　대청흠차출사대신 許台身은 자국 상인의 진술에 의거하여 이유건
과 두 화상 사이에는 서로 사적인 부채가 있고, 그중 永聚長號는 휴
업하고 중국에 환국했다는 점을 들어 난색을 표하고 변명했다.

　　궁내부 파원 이유건은 청국 공관을 방문하여 두 화상이 회계를 청
산하지 않은 사실을 호소하고, 해당 상인과 대질하여 문제를 해결해
줄 것을 요청했다. 그러나 청국 공관에서는 稅票는 廢紙되었고, 物價
에 따라 蔘價를 加減해야 하므로 원래 蔘價에서 減할 것을 주장했다.
궁내부 또한 이유건의 請願書에 의거하여 화상의 말은 근거가 없는
쏘름이라고 단정하고, 화상을 서울로 불러들여 서로 대질하여 시비
를 가릴 수 있도록 조치할 것을 요청했다. 양쪽의 주장이 팽팽한 가
운데 궁내부와 청국공관 사이에 누차 공문이 왕래했으나, 사안이 명
확하게 해결되지 않았다.

韓兵毆打華人及搶物等案

館藏號	02-35-011-3
全宗	外務部
系列	駐韓使館保存檔案
宗	許台身: 訴訟案件 3
册	한국 병사가 중국인을 구타하고 물건을 강탈한 사건 등의 안건 (韓兵毆打華人及搶物等案)
생산시기	光緒 27년(1901) 9월~光緒 30년(1904) 11월
총면수	110
수발자	許台身, 閔種默, 張仁駿, 李(登萊靑兵備道), 傅良弼, 兪箕煥, 崔榮夏, 趙秉式, 李道宰, 唐恩桐, 彭翰周, 吳其藻, 高永喆

이 안건은 한국 병사가 아편 단속을 명분으로 화상 상점을 수색하고, 물건을 빼앗아 간 사건 등 14건의 각기 다른 사건을 다룬 것이다. 허태신의 조회, 조복, 咨文, 傅良弼, 吳其藻, 唐恩桐의 품문, 조선 외서의 조회, 조복, 사건 관련자의 공술서, 平壤監理 彭翰周의 조회와 조복 등으로 구성되어 있다.

안건의 주요 내용은 다음과 같다.

번호	사건 발생시기	사건 당사자		사건 내용	면수
		원고	피고		
1	光緒 26년	劉文明	평양관리	중국 상인이 중국에서 세금을 내고, 평양에 일시 반입한 인삼을 평양 관리들이 빼앗아간 사건	3
2	光緒 27년	傅聚順, 李雲鵬	任貴福	한성부 2宮街에서 한국 병사가 소란을 일으킨 일	5
3	光緒 28년	邵培岡	프랑스인 라벡	순포 邵培岡 사망사건	3

4	光緖 28년	北幇상인	趙昌植, 劉準祜 등	韓商 趙昌植 등이 위장 도산 뒤 도망가 화상들이 피해를 줄이도록 조치를 취해줄 것을 호소한 사건	8
5	光緖 28년	王雙吉, 胡鳳蘭의 아이	金有興 외 1명	한국 병사의 중국인 구타사건과 胡鳳蘭의 아이 구타사건	3
6	光緖 28년	田洪成, 劉海雲, 胡文藻, 初世田, 張炳長	江華府尹	한국 궁전과 인천 등대 건축을 위해 화상이 개설한 채석장을 강화부윤이 금지한 사건	8
7	光緖 28년	馬成烈, 于文嘉, 王世愷	안성군수 李鍾斗	안성군수가 화상에게 이중으로 세금을 부과한 사건	7
8	光緖 28년	楊滿堂, 蘇德宣	개성부윤 權用國, 개성 한국병사, 순포, 巡役	화상 楊滿堂 등이 한국 병사와 순포에게 홍삼을 압류당하고 구금된 사건	23
9	光緖 29년	중국 巡査 3명	한국 巡査 韓錫洪	한국 巡査와 한국인들이 집단으로 청 巡査廳에 돌을 던져 훼손한 사건	6
10	光緖 29년	同福昌, 羅福堂, 王家, 李家	평양순포 孔澤成, 咸承鐸, 總巡 洪炳殷	아편 판매를 조사하던 한국 순포들이 중국인을 구타하고 화상 점포를 훼손한 사건	27
11	光緖 29년	隆興號, 韓永臨		상인 隆興號와 韓永臨의 도둑 피해 사건	8
12	光緖 27년	雲茂川	度支部 衆書官 李重玉, 議官 金顯爕	한국 관리 李重玉, 金顯爕이 가짜 철도건설 청부 증명서를 팔아 화상 雲茂川의 돈을 가로챈 사건	3
13	光緖 30년	영국 국적 중국인 孫連芳	한인 朴敏炯	영국 국적의 중국 상인 孫連芳 구타 사망 사건	5

1. 중국 상인이 중국에서 세금을 내고, 평양에 일시 반입한 인삼을 평양 관리들이 빼앗아 간 사건: 光緖 26년(1901)에 화상 劉文明 등이 吉林省에서 草蔘 235근과 尾蔘 43근을 구입하여 중국 세금 납부 증서를 붙이고, 수출을 하려고 했지만 전쟁 등으로 성사되지 못하고, 임시로 평양에 거주하는 羅氏 점포에 맡겼다

가 煙台로 팔려고 했는데, 12월 초 갑자기 한국 평양관리 10여
명이 와서 인삼을 모두 압수해갔다. 청 甑南浦 영사가 조회를
보냈으나, 한국 평양감리 彭翰周는 이리저리 핑계를 대면서 모
호하게 시간만 끌어 7~8개월이 지났다. 이에 유문명 등이 한
성총영사 부량필에게 탄원했고, 부량필이 허태신에게 품을 올
려 물건의 반환을 요구하는 조회를 한국 외부에 보내달라고 요
청했다.

2. 2宮街에서 한국 병사와 화상이 서로 싸워 가옥을 훼손하고, 사람
   을 다치게 한 사건: 이 안건은 徐壽朋 : 訴訟案件 09(01-41-061-
   9) <韓兵戳傷華商>과 傅良弼 : 訴訟案件 03(02-35-021-3) <二宮
   街韓兵與華商交鬪毁屋傷人案>에 똑같은 내용이 나온다. 부량필
   안건에 보충해서 이 사건의 결과를 포함하고 있다.
   光緒 27년(1901) 5월에 한성부 2宮街에서 山東省 福山縣 사람 姚
   老奎가 傅聚順(서수붕 소송 9에는 傅聚盛으로 나옴) 집 근처에서
   사설 도박을 열었는데, 한국 병사가 화상 傅聚順의 집을 姚老奎
   의 집으로 알고 잘못 들어가 傅聚順을 구타하고 집을 훼손했다.
   이에 대해 한국에서는 피해 상인에게 배상하고, 잘못을 저지른
   한국 병사와 姚老奎에 대해서는 한국과 중국에서 각각 처리하
   도록 하고 서로 상대국에 그 사실을 알렸다. 허태신은 姚老奎에
   대해 금지한 도박장을 개설한 죄를 물어 原籍地에 돌려보내 1
   년 감금의 벌을 내리고, 이를 山東巡撫部院 張仁駿과 登萊靑兵備
   道 李에게 咨文을 보내 알렸다.

3. 순포 邵培岡 사망사건: 光緒 28년(1902) 1월 20일, 21일, 프랑스
   인 라벡이 중국인 순포 소배강을 총으로 죽이고, 중국인 점포
   를 부수고, 중국인을 다치게 한 사건과 관련해서 라벡의 체포를
   프랑스공사에게 요구해달라고 한성총영사 傅良弼이 稟을 올리고
   許台身이 批答을 내렸다. 이 안건은 傅良弼: 訴訟案件 06(02－35－
   021－6) ＜邵培岡斃命事＞의 일부이다.

4. 韓商 趙昌植 등이 위장 도산 뒤 도망가 화상들이 피해를 줄이도
   록 조치를 취해줄 것을 호소한 사건: 光緒 28년(1902) 4월 10일
   韓商 趙昌植이 도산하자 이를 핑계로 도망가고, 이어서 6~7家
   가 도망가서 중국 北幫 상인 다수가 손해를 입었다. 그 가운데
   趙昌植 건은 피해액수가 가장 많아 洋銀 1만여 원에 이르렀다.
   商務公例에 따르면, 도산할 경우 그 상인의 나머지 화물은 관부
   에서 봉인해 놓아야 하지만 한국 상인들이 몰래 빼돌리거나 한
   국 관리에게 뇌물로 들어갔다. 북방 상인들은 도산한 조창식,
   劉準祜 등의 부동산과 화물을 한청통상조약에 따라 보호하여
   상인들의 이익을 지켜줄 것을 탄원했다. 이에 허태신이 한국
   외부에 조회를 보내 한청통상조약 제7조에 따라 엄히 다스려
   줄 것을 요구했다. 이에 한국 외부에서는 조복을 보내 이 사건
   은 민간인의 소송에 관한 것으로 원고가 한성재판소에 소를 제
   기하거나, 청 총영사가 공문을 보내 처리해야 한다고 회답했다.

5. 한국 병사의 중국인 王雙吉 구타사건과 胡鳳蘭의 아이 구타사건:
   光緒 28년(1902) 4월 25일 한국 병사 金有興 외 1명이 西街에 거

주하는 중국인 王雙吉의 방앗간에 들어가 방앗간 기계를 보자
고 했는데 거절하자 한국 병사들이 왕쌍길의 머리를 때리고 종
아리를 차서 부상을 입혔다. 한국 헌병 姜仁植이 이들을 체포하
여 데리고 갔다.

5월 4일 저녁 五宮洞에 사는 중국인 양복 재봉사 胡鳳蘭의 아이
가 외출했는데, 한국 병사가 이유도 없이 마구 욕을 해서 아이
와 말싸움을 하다가 한국 병사가 아이의 변발을 잡고 칼로 찔
러 오른쪽 얼굴에 부상을 입혔다. 이에 허태신은 사건을 일으
킨 범인을 엄히 처벌할 것을 조회했다.

6. 한국 궁전과 인천 등대 건축을 위해 화상이 개설한 채석장을
   강화부윤이 금지한 사건: 중국인 工匠 田洪成, 劉海雲, 胡文藻, 初
   世田, 張炳長 등이 한국 慶運宮 양식궁전 축조와 인천 해관 부두
   축조, 일본 상인 稻田가 등대 건축에 사용하기 위해 강화도 下
   道面 東幕洞에서 돌을 채취했다. 光緖 28년 4월 2일 강화부윤의
   명을 받고 한국인 李氏가 한국인 100여 명을 끌고 와서 불법
   채석이라고 욕하고 구타하고, 막을 부수고, 의복과 먹을 것을
   훔쳐갔다. 田洪成 등은 인천에 가서 해관과 일본인 稻田渠 등에
   게 사실을 알리고, 인천 총영사가 궁내부와 해관의 증명서를
   강화부윤에게 보내 한국인들이 다시 와서 소란을 피우지 않도
   록 처리해달라고 탄원했다. 한국 警務部에서 경운궁 양식 궁전
   에 쓰이는 浮石을 운반하는 데 향민이 방해하지 않도록 훈령을
   내렸다.

7. 안성군수가 화상에게 이중으로 세금을 부과한 사건: 화상 馬成
   烈, 于文嘉, 王世愷 등은 떠돌아다니면서 무역도 하고 한국인의
   집을 빌려 잡화 판매도 했다. 光緖 28년(1902) 6월에 충청도 안
   성군수 李鍾斗가 보낸 差弁이 土貨와 바꾸기 위해 준비해간 洋貨
   에 대해 세금을 부과하려 했다. 반면 일본 상인에게는 세금을
   부과하지 않아 불공평하다고 탄원하여 한성총영사 傅良弼 해관
   납세 증명을 해당 군수에게 보내 다시 세금을 징수하지 말라고
   을 요구했지만, 해당 군수는 다시 사람을 파견하여 강제로 大洋
   布 12필을 빼앗아 갔다.
   이에 한국 외부에 조회를 보내 수입 화물은 해관세칙에 따라
   세금 등 비용을 납부하면 다시 세금을 징수하지 않는 것이 원칙
   이다. 해당 상인의 화물은 영국화물이 가장 많았는데 모두 세
   금을 납부했다. 한국 외부에서는 해당 군수에게 훈령을 내려 다
   시 세금을 징수하지 말고, 가져간 물건은 돌려주라고 요구했다.

8. 화상 楊滿堂 등이 한국 병사와 순포에게 홍삼을 압류당하고 구
   금된 사건: 光緖 28년(1902) 9월 21일 한국 병사와 순포 약
   40~50명이 홍삼 밀거래를 단속하면서 개성 화상 楊滿堂 집에
   들어와 일본인 모토아키(本明)가 맡겨놓은 홍삼 100여 근과 미
   삼 수십 근을 압수하고 錦綢 2필, 韓貨 140여 원을 빼앗고 楊滿
   堂은 경무청에 압송되었다. 楊滿堂을 체포하는 과정에서 한국
   병사와 순포들이 楊滿堂을 결박하고 신발 모서리와 鐵尺으로 난
   타하여 부상을 입혔다. 경무청에서 管參官 李容翊이 楊滿堂을 심
   문하면서 고문과 욕설을 가했다. 또한 채무를 받으려고 楊滿堂

집에 머물던 화상 段海廷도 한국 순포들이 양손을 밧줄로 묶어 고문한 뒤 풀어주었다. 다음 날 밤 10시경 화상 蘇德宣 집에도 한국 순포 수십 명이 문을 두드리며 들어와 홍삼을 수색하여 蘇德宣이 홍삼 17여 근을 신고하면서 일본인 모토아키가 맡긴 것이라고 하자, 모토아키를 불러와 대질해서 모토아키가 자신이 맡긴 홍삼이라고 밝혔는데도 해당 순포가 홍삼을 가져가 버렸다. 해당 상인은 개성 순포가 압송하여 감옥에 갇혔다가 순포에게 돈을 주고 출옥했다.

원래 홍삼은 양국 조약에 매매가 금지되어 있었고 밀매하다 발각되면 모두 몰수하여 국가에 귀속시킨다고 규정했다. 아울러 한국과 각국 사이에 맺은 통상조약에는 민간인이 영사관이 없는 지방에서 범죄를 저질렀을 경우 한국 관리가 근처의 영사관에 압송해서 영사관에서 심문해야 하고, 모욕을 주거나 고문할 수 없다는 내용이 있었다. 이에 대해 청에서는 한국 외부에 조회를 보내 한국 순포가 중국 상인을 체포해서 고문을 가하고 부상을 입히고, 홍삼 수색을 구실로 사사로이 재물을 사취하고, 감금한 뒤 뇌물을 요구한 것에 대해 조약 위반이라고 항의했다. 또한 고문과 구타에 가담한 한국 官捕, 개성부에서 뇌물을 요구한 순포와 옥졸을 엄히 처벌할 것과 해당 홍삼이 일본인이 맡겨놓은 것인지 여부를 가려 한국 외부가 회수하여 해당 상인이 일본에게 돌려주도록 해달라고 요구했다.

이에 한국 외부에서는 內臟院에서 개성부윤 權用國에게 훈령을 내려 중국 상인들과 해당 순검을 대질시킨 결과 이들은 순청에 들어온 뒤 곧바로 석방되었고, 巡役 등이 돈을 요구한 적이 없으며, 중국 상인을 학대하거나 이들의 물건을 빼앗은 일이 없었다고 조회를 보냈다.

서로 주장이 엇갈리는 가운데 光緖 29년 2월 이 일이 해를 넘겨도 해결되지 않았고, 傳良弼이 임기를 마치고 본국으로 돌아가고 새로 한성총영사로 부임한 吳其藻에게 이 일을 처리하라고 許台身이 札飭을 보냈지만 결과는 알 수 없다.

9. 한국 巡査와 한국인들이 집단으로 청 巡査廳에 돌을 던져 훼손한 사건: 光緖 29년(1903) 7월 19일 하오 5시 경에 청 순사청 앞에 한국인 수 명이 모여 있다가, 그 가운데 술 취한 2명이 문 옆에서 주정을 부리면서 중국 순사에게 시비를 걸었다. 순사가 그냥 가라고 타일렀으나 취한들이 말을 듣지 않고 오히려 째려 보면서 욕을 해서 부득이 하게 곤봉으로 쫓아냈다. 때마침 한국 순사 韓錫洪과 몇 명이 지나갔는데 이들은 한국인을 진압하지 않고, 오히려 호루라기를 불어 청국 순사청을 포위하라고 하고 돌을 던져 중국 순사 3명이 부상당했고, 큰 탁자 1개, 유리창 2개 등이 부서졌다. 또한 혼란을 틈타 日洋 12元, 韓錢 16元 8角을 훔쳐갔다.

한국 순사가 분란을 일으킨 장소는 조계 내 청 순사청 앞으로 청 정부의 땅이었다. 청 영사관에서는 즉시 한석홍을 비롯한 관련 범인을 처벌하고, 부상당한 사람들의 치료비와 부서진 곳, 훔쳐간 물건은 모두 배상하라고 요구했다.

三和監理가 다음 날 다시 조회를 보내 한석홍이 난동을 금지하지 않고 군대를 모아 소란을 야기한 것은 극히 무엄한 것으로 해당 순검 한석홍을 파직하여 반년 동안 감금에 처했다고 알리고, 이 사건에 대해 사과했다.

10. 아편 판매를 조사하던 한국 순포들이 중국인을 구타하고 화상 점포를 훼손한 사건: 光緖 29년 1월 평안도 관찰사 관할의 순포 수 명이 평양 남문 밖에서 아편 단속을 칭하며 중국인 李모의 집 내실에 들어가 부녀를 수색하고 물건을 압류했다. 이어서 순포 여러 명이 무기를 들고 밤에 중국 상인들에게 찾아가 싸움을 걸어 문과 기물을 부수고 사람을 만나면 두드려 패고 돈과 물건을 훔쳐갔다. 중국 상인 同福昌의 집 등 4채가 크게 훼손되었고, 羅福堂이 심하게 부상을 입었다.

청일전쟁 이후 개항장과 변경에서 한국 병사와 순포가 중국인에게 소란을 피우는 것이 계속 심해지고 있어 청에서는 이에 대해 대응할 필요가 있었다. 특히 야밤에 순포가 안방까지 들어가 여자를 몸수색한 것은 청 정부를 모욕한 것으로 받아들였다. 그래서 청에서는 한국 외부에 사건을 일으킨 한국 官捕에 대한 엄한 처벌과 배상, 훔쳐간 물건의 환수를 요구했다. 하지만 이 사건에 대한 한국 측의 입장은 달랐다. 평양감리 彭翰周가 청 甑南浦 영사 唐恩桐에게 보낸 조회에 따르면, 한국 觀察使署 순포 수명이 중국인 집에서 아편을 사서 나오는 사람을 보고 아편을 수색하기 위해 남문 밖 李育堂 집 안에 들어갔다. 이씨 부부가 아편을 피우고 있다가 순포가 들어오자 부인이 아편 기구를 급히 몸에 숨겼다. 순포가 여인을 몸수색하려 하자 여인이 벗어나려고 무의식중에 손을 들어 피하다가 손톱으로 순포의 얼굴에 상처를 입혔다. 순포가 몽둥이로 때리자 비명소리를 듣고 중국인들이 달려와 순포 孔澤成과 咸承鐸을 때려 중상을 입히자 다른 순검이 이 사실을 總巡 洪炳殷에게 알려 홍병은이 순검을 모두 남문 밖에 보내 중국인 집을 수색했다.

평양감리 彭翰周는 금지품목인 아편문제로 일어난 사건이고 중국 상인도 부상당했지만 한국 순포도 3명이 중상을 입어 몽둥이로 구타한 것이라고 쌍방 과실로 돌렸고, 당시 많은 사람들이 몰려와 어지러운 가운데 물건이 없어진 것은 순포의 소행이라고 할 수 없다고 책임을 회피했다.

3월 초 許台身이 唐恩桐에게 사건을 친히 조사하라고 해서 남문 밖에서 친히 조사하고 따로 심문을 했는데, 이 사건이 아편문제 때문에 일어나 서로 싸움이 되었고, 손실 명세서는 반이 날조된 것이라는 사실이 밝혀져 매우 곤혹스러웠다. 하지만 모든 사태를 되돌릴 수 없어 3월 9일 會審을 열었다.

외교 문제가 된 뒤, 唐恩桐이 직접 평양감리와 평양 관찰사를 만나 사건의 신속한 종결에 동의했다. 唐恩桐은 彭翰周에게 은 600元의 배상을 요구했는데 彭翰周는 배상액을 반으로 줄여달라고 요청했다. 이에 唐恩桐이 전액 배상하라고 요구하자, 彭翰周는 사건의 처리를 한국 외부로 넘기려고 했다. 唐恩桐은 한국 외부로 넘어가면 처리가 늦어져 언제 해결될지 모른다고 생각하여 銀 400元, 銅 28吊 배상에 합의했고, 상인들도 모두 동의했다. 또한 사건을 일으킨 순포는 관찰사가 해임했고, 감독을 소홀히 한 총순 洪炳殷은 외부에 보고하여 훈령을 받아

처리하기로 했다. 唐恩桐은 평양 화상 董事 張錦田에게 배상금
을 맡겨 손실에 따라 각자에게 돌려주도록 했다. 이와 함께 화
상에 대해서도 처벌하여 羅家店, 이씨, 왕씨는 생업에 종사하지
않고 문제를 야기하고 명령을 어긴 것이 한 번이 아니기 때문
에 1개월 내 배편을 구해 원적지로 돌아가도록 명령했다.
이 사건은 아편문제로 인해 발생한 것으로 화상들도 잘못이
있었기 때문에 청에서도 적당히 수습하고, 해당 화상들도 처
벌했다.

11. 화상 隆興號와 韓永臨의 도둑 피해 사건: 화상 隆興號는 西江坊
　　老姑山에서 벽돌공장을 운영했는데, 光緖 29년 3월 21일 밤 12
　　시 한국 도둑 20여 명이 불을 밝히고 막대기를 들고 문을 뜯고
　　난입하여 4명에게 부상을 입히고 동전, 雜物 등을 훔쳐 달아났
　　다. 다음 날 한밤중에 隆興號 부근 화상 韓永臨의 채소밭에 다
　　시 한국 도둑 8~9명이 문을 따고 들어와 菜園 고용인 2명을
　　칼로 찌르고 韓錢 50兩, 의복 7건을 훔쳐갔다. 허태신은 이 지
　　역은 성에서 비교적 거리가 떨어져 있어 순포 등이 순시하지
　　않으므로, 스스로 모여 거주하고 해당 지역 중국인이 무기를
　　갖추어 자위하라고 지시했다. 아울러 한국 외부에 조회를 보내
　　범인을 빨리 잡아 달라고 요구했다. 이에 한국 외부에서 조복
　　을 보내 경찰 관리에게 도둑을 잡으라고 재촉했다고 답변했다.

12. 한국 관리 李重玉, 金顯爕이 가짜 철도건설 청부 증명서를 팔아
　　화상 雲茂川의 돈을 가로챈 사건: 光緖 27년 겨울 상인 雲茂川

이 한국 관리와 의논하여 철로 건설을 청부받으려고 했는데, 먼저 관급 執照(증명서)와 비용으로 韓銀 1,310元을 요구했다. 雲茂川이 장사가 잘 되지 않아 이 공사로 조금이라도 이익을 얻으려고, 집을 맡기고 독일인에게 월이자 3분 5리로 韓銀 1,310원을 빌려 한국 度支部 叅書官 李重玉, 議官 金顯燮에게 납부하고 그들의 친필로 된 영수증을 받았다.

이후 李重玉이 발급한 경부철도 경남 役夫회사 총무 執照를 가지고 경상도 양산, 밀양, 영산 등 3군의 철도건설을 청부받았다. 雲茂川이 공인을 데리고 해당 지역으로 갔는데, 철로공사의 일본인이 해당 집조를 인정하지 않고 가짜라고 하면서 같이 철도공사하는 계약을 인정하지 않았다. 운무천이 돌아와 이중옥과 김현섭에게 따지고 원금의 상환을 요구하자 그들은 책임을 미루고 돈을 받은 사실을 계속 부인했다. 이것은 관리가 가짜 증명서를 팔아 사기를 친 것으로 雲茂川은 원금을 돌려줄 것을 청원했다. 이에 한성총영사가 한성부윤에게 이 사실을 알려 김현섭이 압송되었다. 오기조가 총영사로 부임한 뒤 여러 차례 재판을 재촉하는 문서가 오고 갔는데, 이중옥은 동료 관리의 보호에 의지하여 핑계를 대고 미루면서 해당 상인의 원금 韓洋 1,200원을 갚지 않았다. 光緒 29년 3월 초 또다시 한성부윤을 만나 해결을 재촉하니 5월 안에 돈을 돌려주게 하겠다고 약속하고 그렇지 않으면 이중옥을 해직하겠다고 회답했다.

13. 영국 국적의 중국 상인 孫連芳 구타 사망 사건: 光緒 30년 威海衛의 여러 배가 威海 영국 영사의 護照를 가지고 9월 황해도

해주 廣石浦의 한국 점주 朴敏炯에게 식염을 운송했다. 박민형이 화물을 구매하는데 가격 할인에 불만을 품고 사람들을 이끌고 와서 흉기를 들고 돌을 던지며 공격하여 상선의 화상 2명이 심하게 부상을 입었고, 그 가운데 孫連芳이 사망하여 관찰사와 군수에게 고소했다. 손연방 등은 비록 중국인이지만 영국 국적자로 조던(John N. Jordan, 朱邇典) 영국공사가 한국 외부에 조회를 보내 엄중히 처벌할 것을 요구하고 공사관원을 파견했다. 중국에서도 인천영사서 邵 번역과 순포 1명, 마부 등을 파견했다.

그런데 밤에 韓國衙門의 警役 등이 중국인 거주지에 돌을 던졌고, 다음 날에는 邵위원의 거처에도 돌을 던지면서 "중국인을 죽인 것은 무죄"라는 말을 외쳤다. 허태신은 한국 외부에 조회를 보내 이는 심히 우려할 일로 해당 지방관이 방종하여 중국 조사단을 제대로 보호하지 않는 것이라고 항의하고, 한국 외부에서 해당 지방관에게 명을 내려 조약에 따라 일행을 보호하고 해당 안건을 신속히 처리하라고 요구했다.

張階平滋事案

館藏號	02-35-011-4
全宗	外務部
系列	駐韓使館保存檔案
宗	許台身: 訴訟案件 4
冊	張階平이 분란을 일으킨 안건(張階平滋事案)
생산시기	光緖 27년(1903) 11월~光緖 28년(1904) 11월
총면수	11
수발자	許台身, 柯逢時, 許引之

이 안건은 인천 상인 張階平(張泰懋)이 인천에 있는 중국 전관조계의 땅을 임대해줘 문제를 일으킨 사건을 다룬 것이다. 代理 江西巡撫 布政使 柯逢時의 咨文, 廣幇 화상의 稟文, 許台身이 인천영사에게 보내는 札飭, 인천영사 許引之의 稟文으로 구성되어 있다.

안건의 주요 내용은 다음과 같다.

張階平(張泰懋)은 江西 德化縣 白鶴鄉 사람으로 인천 청국 전관조계에 장태무 명의의 땅이 있었는데, 몰래 러시아 상인에게 99년 동안 임대해주었다는 혐의로 조사를 받았다. 조사 결과 러시아 상인에게 임대해준 것이 아니라 중국 동변철로공사에 99년간 3만 3천元에 임대해주었다는 것이 밝혀졌다. 하지만 계약 과정에서 仁川領署의 인장이 없이 멋대로 계약하여 조계장정을 위반했다. 이에 대해 허태신은 화상 조계는 중국 상인이 영원히 영업하는 곳이고, 전관조계 사무 또한 중국 관리가 영원히 권한을 가지고 있다. 만약 외부인에게 매

매하거나 영구 임대하면 전관조계의 영구 영업과 권한을 폐기하게
되는 것이니 나쁜 선례가 되지 않도록 해야 한다고 경계하고, 장계평
에게 스스로 반성하고 다시는 이런 일을 저지르지 않도록 경고했다.

이후 장계평이 외국 양행의 매판이 되어 護照를 계속 연장하여 몰
래 중국으로 돌아갔다는 소문이 있어 허태신이 강서순무에게 자문
을 보내 해당 지역 지방관에게 명을 내려 장계평이 만약 본적지로
돌아갔으면 수시로 단속하여 다시 한국에 들어와 분란을 일으키지
못하도록 해달라고 요청했다. 이에 덕화현에서 조사한 결과 장계평
이 돌아와 있으며 백학향에서 엄중히 감시하고 단속하고 있다고 있
다고 보고하여 강서순무 柯逢時가 이를 허태신에게 알렸다.

이 안건은 장계평에 대한 소재파악을 알리는 강서순무의 자문이
맨 먼저 나오고, 이후 사건의 개요가 나온다.

朝鮮人冒裝日人强拿銅佛銅鐘事

館藏號	02-35-011-5
全宗	外務部
系列	駐韓使館保存檔案
宗	許台身: 訴訟案件 5
冊	조선인이 일본인으로 위장하여 銅佛과 銅鐘을 강탈해 간 일 (朝鮮人冒裝日人强拿銅佛銅鐘事)
생산시기	光緒 27년(1903) 12월
총면수	4
수발자	許台身, 淸 外務部

이 안건은 조선인이 일본인으로 위장하여 銅佛과 銅鐘을 강탈해 간 사건을 다룬 것이다. 청 외무부에서 한국대신 許台身에게 보낸 咨文으로 구성되어 있다.

안건의 주요 내용은 다음과 같다.

光緒 27년(1903) 12월 4일에 북경 五城 九道灣 大慧寺에서 일본인 도둑이 절의 소동불 10尊을 강탈해갔고, 다음 날 또다시 동종 1案을 강탈해갔다고 보고했다. 이들을 붙잡아 조사해보니 이들은 일본인이 아니라 조선인 金長喜, 王飛俊 2명으로, 일본인으로 위장하여 동불 10존을 강탈하여 東單 牌樓의 일본인에게 팔았고, 다음 날 또다시 대혜사로 가서 동종을 훔치다가 체포되었다.

이들의 처리는 한청통상조약 제5조, 한국 인민이 중국에서 범죄를 저지르면 한국영사관에서 한국 법률에 따라 처리한다는 규정에 따

라야 했지만 중국에 한국 영사를 설치하지 않았고, 사신을 파견했지
만 돌아오지 않아 조약에 따라 처리하기 곤란했다. 이에 五城司에서
는 이들을 오랫동안 구금할 수 없어, 이들을 刑部에 보내 조사하고
다시 처리하게 했다는 사실을 청 외무부에서 한국대신 許台身에게
통보했다.

嚴緝革捕郝進元

館藏號	02-35-011-6
全宗	外務部
系列	駐韓使館保存檔案
宗	許台身: 訴訟案件 6
冊	해직된 순포 郝進元을 엄중히 체포할 것(嚴緝革捕郝進元)
생산시기	光緒 29년(1903) 7월
총면수	3
수발자	許台身, 徐學伊

이 안건은 구속된 巡捕 郝進元 탈출사건을 다룬 것이다. 부산영사 徐學伊의 申復文 한 건으로 구성되어 있다.

안건의 주요 내용은 다음과 같다.

학진원은 산동 曹州 사람으로 甑南浦 1호 순포였다. 그는 公事를 독점하면서 사사로이 수수료를 징수하고, 사창가에서 도박하다가 파직되었다. 이후 뉘우치지 않고 총을 차고 다니면서 무뢰한과 어울려 다니다가 체포되었다. 그러나 학진원이 야밤에 비바람을 틈타 포방문을 열고 뒷담을 넘어 달아났다. 허태신은 각 영사에게 찰칙을 보내 협력하여 체포하라고 명령을 내리고 현상금을 내걸었다. 부산영사가 이를 받들어 엄밀히 조사하고 체포에 나태하지 않겠다는 보고를 올렸다.

稟爲拿獲恐嚇取財從犯

館藏號	02-35-011-7
全宗	外務部
系列	駐韓使館保存檔案
宗	許台身: 訴訟案件 7
册	재물을 갈취한 공범 체포에 관한 稟(稟爲拿獲恐嚇取財從犯)
생산시기	光緖 30년(1906) 4월~동년 5월
총면수	6
수발자	許台身, 陳本仁

이 안건은 중국인의 재물을 갈취한 왕요발 사건을 다루고 있다. 許台身이 한성총영사 陳本仁에게 보내는 批文으로 구성되어 있다.

안건의 주요 내용은 다음과 같다.

중국인 王耀發이 屯浦에서 중국인을 협박해서 재물을 빼앗았다가 체포되어 領署에서 조사를 받았는데, 王은 이전에도 가짜 전표 등의 일로 여러 차례 법을 어겨 허태신이 고향을 돌려보내 1~2년 감금하도록 하는 처벌을 내렸다. 王耀發이 교묘하게 발뺌하며 혐의를 부인하여 다시 조사하도록 명을 내렸는데, 감시 소홀을 틈타 도망갔다. 허태신은 범인을 놓치고도 보고를 지체한 한성총영사를 질책하며, 도망간 범인을 체포하는 데 힘을 기울이고 지체하지 말라고 명을 내렸다.

華商廣昇號包辦韓國宮內工程帳款未淸案

館藏號	02-35-011-8
全宗	外務部
系列	駐韓使館保存檔案
宗	許台身: 訴訟案件 8
冊	華商 廣昇號가 한국 宮內 공사를 하고 공사대금을 받지 못해 고소한 안건 (華商廣昇號包辦韓國宮內工程帳款未淸案)
생산시기	光緖 30년(1904) 9월~동년 12월
총면수	29
수발자	許台身, John Jordan(영), 李容泰, 李載克, 陳本仁

이 안건은 화상 廣昇號가 조선의 관공사를 하고 공사대금을 받지 못해 공사대금 상환을 청구한 사건을 다룬 것이다. 광승호의 품문, 許台身의 비답, 札飭, 영국공사와 조선 궁내부 대신에게 보내는 조회, 궁내부대신, 외부대신에게 보내는 편지, 陳本仁이 영국공사에게 보내는 편지, 영국공사 John Jordan의 조복, 궁내부 대신 李載克의 답신, 李容泰의 답신, 조복으로 구성되어 있다.

이 안건은 陳本仁 訴訟 4(02-35-028-4)과 曾廣銓 訴訟 2(02-35-037-2), 吳其藻 訴訟 2(02-35-043-2), 馬廷亮 訴訟 10(02-35-062-10)에 똑같은 제목의 안건과 서로 연결되어 있다. 사건의 개요와 처리 결과는 陳本仁 訴訟案件에 자세히 나와 있다. 본 안건과 曾廣銓, 吳其藻 소송 안건에는 청산하지 않은 잔금에 대한 청산을 요구하는 내용이 있고, 馬廷亮 訴訟에는 1909년 일본 통감부에서 미청산 잔금을 청 영사관에 지불한 내용이 나온다.

안건의 주요 내용은 다음과 같다.

光緒 29년(1903) 6월 영국 여의사 曲柳薏가 조선 황궁 내 공사와 남문 밖에 관공사 등을 한국 황제에게 청부받아 이를 화상 광승호에게 맡겼다. 공사가 완료되었지만, 공사대금 3만 807원에 받지 못하자 광승호는 공사대금 청산을 청 공사관에 청원했다. 공사는 한국 황궁 공사였지만 계약 주체가 영국인 여의사 曲柳薏였기 때문에 陳本仁 총영사는 영국 공사관 John Jordan공사에게 조회를 보내 한국 궁내부에 공사대금 상환을 재촉해달라고 요청했다.

양쪽의 의견이 오고 가는 사이 한국 궁내부 參理官 李必均이 진본인을 찾아와 지폐 1만 8천 圓을 가져와 2천 원은 수수료로 제하고 2만 원의 영수증을 써달라고 하자, 진본인이 영수증을 써주었다. 한국 측은 1만 8천 원으로 공사대금 전체를 대신하려고 했고, 진본인은 그것을 알아차리지 못해 큰 문제를 야기했다.

공사대금 일부를 받은 1달 뒤 광승호는 2차로 나머지 돈의 상환을 재촉해달라고 품을 올렸다. 이에 허태신이 한국 궁내부에 조회를 보내 공사대금 잔금 1만 2천 원을 청산하라고 재촉했다. 한국 궁내부대신 李容泰는 2만 원을 지급하고 진본인에게 영수증을 받은 것으로 이미 청산했다고 답신했다. 아울러 상인이 계속 품을 올려 청산을 재촉하는 것은 양국의 우의를 손상시키는 것으로, 허태신에게 상인을 잘 설득하여 더 이상 이 일이 거론되지 않도록 해달라고 답신했다.

謹將日本領事署來文件證詞譯文錄呈

館藏號	02-35-011-9
全宗	外務部
系列	駐韓使館保存檔案
宗	許台身: 訴訟案件 9
冊	일본 領事署에서 보내온 증거문건 번역문(謹將日本領事署來文件證詞譯文錄呈)
생산시기	光緒 12년(1886) 11월
총면수	29
수발자	洪子彬, 谷信近(日)

이 안건은 중국인 邵五가 독일인 주인 쉬니케(史納機, J. F. Sche-nicke)와 말다툼을 벌이다 해고되자 평소 감정이 안 좋았던 일본인 고용인 金林篤莫을 흉기로 찔러 살해한 사건을 다루고 있다. 일본영사 대리 谷信近의 조회, 谷信近과 홍자빈의 求刑書, 일본인 의사 吉川俊의 감정서, 증인 쉬니케, 요리사 中村幸次, 조선인 고용인 李高斗釗, 朴安成의 공술서로 구성되어 있다.

이 안건의 내용은 다음과 같다.

明治 19년(光緒 12년, 1886) 11월 27일(중국력 10월 23일) 인천 외국 조계에 거주하던 조선세무사 독일인 쉬니케 집에서 일하는 중국인 邵五가 일본인 고용인 金林篤莫을 흉기로 찔러 살해했다. 邵五는 일본인 가정부 金林篤莫에게 사통을 제안했다가 거절당하자, 그녀를 계속 비난했다. 그런 와중에 아침에 기름 냄새가 집 안에 가득 차 쉬니케가 邵五를 불러 질책하자, 서로 말싸움을 벌이다가 쉬니케가 邵

五를 해고했다. 邵五가 자신의 방에서 짐을 챙기는 와중에 쉬니케가 짐을 검사해서 자신의 물건이 나오자 다시 질책하고 순포를 부르자, 邵五는 화를 이기지 못하고 자신이 해고된 일이 일본인 篤莫 때문이라고 생각해서 부엌에서 칼을 가지고 가서 篤莫을 찔러 중상을 입히고, 자신은 중국 영사관으로 도망갔다. 篤莫은 얼마 뒤 사망했다. 사건이 발생하자 일본 영사 대리 谷信近은 청 인천상무서 이사 洪子彬에게 조회를 보내고, 谷信近과 홍자빈이 공동으로 범인 邵五를 심문했다.

이 안건은 사건 경위와 일본 영사와 청 영사의 공동명의로 된 구형서와 증인들의 공술서만 있어, 사건의 결과에 대해서는 알 수 없다. 이 사건 1886년 발생한 사건으로 허태신이 조선에 근무한 시기나 직책과 관련되는 것이 없다. 이 안건이 허태신 안건으로 분류된 이유는 알 수 없다.

7) 傅良弼: 訴訟

永聚長興李裕健蔘價轕葛案

館藏號	02-35-021-1
全宗	總理各國事務衙門
系列	駐韓使館保存檔案
宗	傅良弼: 訴訟案件 1
冊	永聚長興李裕健의 인삼대금 분규안(永聚長興李裕健蔘價轕葛案)
생산시기	光緖 23年(1897)~光緖 27年(1901)
총면수	36
수발자	傅良弼, 漢城判尹.

이 안건은 인삼 관련 업무를 담당하고 있던 한국 관리 李裕健과 同豊號, 成春福, 同興和 사이에 채무 상환 사건을 다루고 있다. 同豊號, 成春福, 同興和의 품과 비문, 同豊號, 永聚長의 회계 장부, 한성총영사서 光緖 29년(1903) 지출은량 목록, 총영사 傅良弼이 한성판윤에 보내는 조회문 등으로 구성되어 있다. 이 안건은 마정량: 소송 7(02-35-062-7)에 소송 결과가 일부 나온다.

안건의 주요 내용은 다음과 같다.

光緖 23년(1897) 9월에 대한제국에서 파견된 李裕健은 홍삼관련 업무를 담당했는데 홍삼을 담보로 은을 빌리고, 同豊號 監生 李恒立 등이 연대와 상해 등지를 오가며 홍삼을 대리 판매하여 홍삼 판매대금으로 원금과 이자를 상환하기로 약정했다. 그런데 이유건은 나중에 인삼을 교부하는 것을 거부하여 이항립의 의심을 사게 되었다.

이항립은 장부를 대조해보고 이유건이 官參 매상을 착복하여 이항립에게 받은 은으로 세금을 보충하려 한다는 것을 발견했다. 이로 인해 이유건이 조사를 받게 되었는데 갑자기 이유건은 이항립이 1만 여 원을 빌렸다고 말했다. 그러나 이항립은 빚이 있지만 장부를 아직 청산하지 않아서 생긴 일이고, 액수도 그렇게 많지 않기 때문에 이유건이 속이는 것이라고 주장했다.

光緖 27년(1901)에 한성총영사서에 成春福, 同興和의 상인 趙雲龍 등이 李裕健을 상대로 별도의 채무 소송을 제기했다. 품에 따르면 成春福, 同興和는 光緖 23년(1897) 겨울에 동업을 했는데 官參 업무를 담당하던 한국 관리 이유건이 은 8천 1백 량을 빌리고 관삼 5천 5백 근을 교부하여 대리상을 통해 판매하게 했다. 해당 은에 대한 이자는 매월 2분 5리를 지급하기로 하고 蔘을 판매하여 부채를 상환하는 것으로 결정했다. 다음해 이유건은 세무 때문에 은 1천 6백 48량을 더 빌렸고, 뒤에 또 1만 9백 50량을 빌려 부채는 총 1만 7천 38량 9전이었고, 홍삼을 담보로 했다. 그런데 뒤에 이유건이 책임을 회피하고 동풍호가 아직 홍삼 판매 뒤 잔금을 청산하지 않았기 때문에 동풍호가 잔금을 주면 상환하겠다는 것이다. 광서 27년(1901) 9월 한성총영사 부량필은 한성판윤에 조회하여 이유건이 부채를 상환하고 더 이상 연기하는 일이 없도록 해달라고 청했다.

取保各案

館藏號	02-35-021-2
全宗	總理各國事務衙門
系列	駐韓使館保存檔案
宗	傅良弼: 訴訟案件 2
册	각 안건의 보증서 모음(取保各案)
생산시기	光緒 27年(1901)~光緒 28年(1902)
총면수	58
수발자	傅良弼

이 안건은 光緒 27년(1901)부터 光緒 28년(1902) 사이의 각종 안건의 보증서만을 모아놓은 것이다. 모두 32건의 보증서가 수록되어 있다. 각각의 보증서만 가지고는 각 사건의 전말을 알 수 없다.

二宮街韓兵與華商交鬨毀屋傷人案

館藏號	02-35-021-3
全宗	外務部
系列	駐韓使館保存檔案
宗	傅良弼: 訴訟案件 3
册	二宮 거리에서 한국 병사와 화상이 서로 싸워 가옥을 훼손하고, 사람을 다치게 한 안건(二宮街韓兵與華商交鬨毀屋傷人案)
생산시기	光緒 27년(1901) 5월~동년 11월
총면수	82
수발자	許台身, 傅良弼, 朴齊純, 嚴俊源, 李漢英

이 안건은 한성 이궁가에서 한국 근위 병사와 화상 순포, 화상 사이에 다툼이 확대되어 양측이 집단으로 싸움을 벌여 화상 巡捕房이 이 훼손되고, 화상 다수가 부상을 입은 사건을 다루고 있다. 부량필의 품문, 허대신의 조회, 조복, 비답, 한국 외부와 한성부의 조회, 조복, 한성 총영사관에서 보낸 피해상황표로 구성되어 있다.

이 안건은 徐壽朋 訴訟 9(01−41−061−9)에 이어져 이 사건의 결과를 포함하고 있다. 아울러 許台身 訴訟 3(02−35−011−3) 1번 안건에도 관련 내용이 나온다.

안건의 주요 내용은 다음과 같다.

한국 병사 2명이 화상 傅聚盛과 말다툼을 벌이다 발로 차서 쓰러뜨린 뒤, 도망가려다 중국 순포 徐熙壽가 체포하려 하자 한국 병사가 총으로 서희수를 난자하고 중국 순포 王德興이 한국 병사 2명의 총을 빼앗았다. 한국 병사가 총을 빼앗기자 소리를 질러 한국 병사 여러 명이 가세했고, 곧 이어 한국 병사 수백 명이 二宮街에 모여들었다. 이들은 巡捕房를 부수고 총으로 중국인 여러 명에게 부상을 입히고 북쪽 화상 점포 여러 곳을 파손했다. 한성총영사가 한성부에 조회를 보내자 한성부 판윤은 중국인이 먼저 한국 병사 1명을 때려죽여 시신을 숨기고, 증거를 없애버렸다고 하는 상반된 조회를 보냈다. 중국 측에서 다시 반박하는 2건의 조복을 보냈다.

한국 외부에서 한국병사들이 수백 명을 불러 상가에 난입하고 중국인을 구타한 것은 의외의 일이지 교섭에 관한 일이 아니라고 발뺌하자, 중국 측은 사건을 엄하게 처리해줄 것을 한국 외부에 거듭 요구했다. 한국 외부대신 박제순은 양쪽의 의견이 상반되어 먼저 실수를 한 쪽에 책임이 있다고 보고 책임 소재를 따져야 한다고 대답했다. 이 안건의 후반에는 화상의 피해 상황을 자세히 기록한 표가 나온다. 이 사건은 11월 한성판윤 李漢英이 韓貨 3,000圓을 배상하겠다고 통보한 것으로 보아 한국 측에서 배상했던 것으로 보인다.

이 안건에는 도박장을 열어 사건의 원인을 제공했던 산동 福山縣 출신 姚德奎(姚老奎)를 처벌했다는 복산 현령의 移文도 포함되어 있다. 이 안건의 중간에는 허태신이 한국대신의 명의로 한성총영사 부량필에게 자금을 모아 4방 상인들의 회관을 건립하라는 批文이 포함되어 있다. 이 批文은 9월 10일 작성되어 시기가 비슷해서 끼워 넣은 것으로 보인다.

張德福被人槍斃劫財案

館藏號	02-35-021-4
全宗	外務部
系列	駐韓使館保存檔案
宗	傅良弼: 訴訟案件 4
冊	총에 맞아서 죽고 재물을 빼앗긴 張德福 안건(張德福被人槍斃劫財案)
생산시기	光緒 27년(1901) 9월~光緒 28년(1902) 5월
총면수	80
수발자	傅良弼, 李漢英, 權用國

이 안건은 총에 맞아죽고 재물을 빼앗긴 張德福 사건을 다룬 것이다. 피살자의 형이 漢城總領事 傅良弼에게 올린 稟文, 傅良弼이 漢城判尹 李漢英에게 보내는 照會의 초안, 李漢英이 傅良弼에게 보낸 照覆과 公函, 開城府尹 權用國이 傅良弼에게 보낸 公函, 屍親·피의자 및 관련자들의 供招 등으로 구성되어 있다.

안건의 주요 내용은 다음과 같다.

光緒 27년(1901) 9·10·12월에 張茂林이 漢城總領事 傅良弼에게 다음과 같은 내용의 稟文을 올렸다. 그의 형 張德福은 韓人 張志用·林尙天의 의견에 따라 松都로 가서 土貨를 구입할 계획이었고, 수중에는 韓洋 700원과 紙票洋 1,100원을 휴대하고 있었다. 張德福은 먼저 昌陵에 있는 林尙天의 집으로 간 다음 李永俊의 舢板을 타고 한강을 西行했다. 9월 17일 저녁, 張志用·林尙天이 먼저 배에서 내리더니 근처의 가게 주인에게 도적이 나타났다고 소리를 질렀다. 가게주인이 나와서 살펴보니 도적은 보이지 않고 張德福이 쓰러져 죽어 있었다. 검시결과 세 부위에 총상이 발견되었고 뼈가 부러진 부위도 있었다. 알고 보니, 林尙天은 李永俊과 동향인이었다. 이것은 張志用·林尙天·李永俊 세 사람이 사전에 모의하여 張德福을 총으로 쏘고 재물을 빼앗음을 말해주는 것이었다. 松都의 韓官은 세 사람을 구속하여 조사했는데, 林尙天이 張德福에게 韓錢 550吊을 받은 사실만을 확인했을 뿐이고 아직 자백을 받아내지 못한 상태였다. 따라서 이 문제는 韓署에 照會를 보내서 철저하게 조사하고 범인을 법에 따라 처벌하도록 해야만 죽은 사람의 억울함을 풀 수 있었다.

傅良弼은 漢城判尹 李漢英에게 照會를 보내서 開城府尹과 협력하여 피의자 세 사람을 漢城으로 압송하고 철저히 조사해달라고 요청했다. 피의자 3명과 참고인[피살자의 처 劉姓女]에 대한 조사는 漢城府 裁判所에서 진행되었다. 세 차례에 걸친 심문에서 피의자들은 자신들의 피의사실을 완강하게 부인했고, 張德福은 도적이 쏜 총탄에 맞고 죽은 것이라고 주장했다. 그 결과 사건은 해를 넘겨서도 해결되지 않게 되었다.

光緖 28년(1902) 5월에 張茂林은 아직 시신도 인도받지 못했다면서 韓官에게 照會를 보내서 속히 시신을 漢城으로 옮겨와서 장례부터 지낼 수 있게 해달라고 간청했다. 傅良弼은 照會를 보내겠다고 批答했다.

華商雲茂川被韓官騙充鐵道役夫案

館藏號	02-35-021-5
全宗	總理各國事務衙門
系列	駐韓使館保存檔案
宗	傳良弼: 訴訟案件 5
冊	華商 雲茂川이 철도 청부와 관련해 한관에게 속임을 당한 사건(華商雲茂川被韓官騙充鐵道役夫案)
생산시기	光緒 27年(1901)~光緒 29年(1903)
총면수	35면
수발자	傳良弼, 張華植, 閔景植, 李漢英

이 안건은 雲茂川이 韓官으로부터 철도 건축 청부를 맡는 과정에서 韓官이 위조된 증명서를 발급해 줌으로써 발생한 사건을 다룬 것이다. 품문과 비문, 한성재판소와 청국서리총영사관의 會審 문건 등으로 이 안건은 許台身 訴訟 3(02－35－011－3) 12번 안건에도 내용이 나온다.

안건의 주요 내용은 다음과 같다.

光緒 27년(1901) 겨울에 雲茂川은 度支參書官 李種玉과 金顯爕 등 韓官과 철도 건축을 청부하기로 결정하고 우선 증명서를 발급받기로 했는데 그 비용이 한은 1천 3백 원이었다. 당시 雲茂川은 무역업이 잘 안 되어서 자금이 여의치 않았기 때문에 자신이 거주하는 가옥을 저당잡히고, 독일인으로부터 이 비용을 빌렸고 매월 3분 5리의 이자를 지급하기로 했다. 한은 1천 3백 원을 한국 탁지부에 납부하자 참서 이종옥이 친필로 쓴 京釜鐵路慶南役夫會社總務 執照를 발급해 주었다. 이를 통해 경상도의 梁山, 密陽, 靈山 등 3곳에서 철도 공사를 청부받았다. 그런데 해당 지역 철도공사를 담당하고 있던 日人이 이 증명서(집조)가 위조된 것이라며 인정하지 않고 雲茂川과 철도 건축 청부 계약을 체결할 수 없다고 주장했다. 운무천은 즉각적으로 이종옥에게 가서 시비를 따졌지만, 이종옥은 여러 가지 핑계를 대고 돈을 돌려주지 않았다. 따라서 운무천은 자신의 돈을 돌려받게 해달라고 이종옥에 대해 소송을 제기하고 해당 증명서를 베껴서 첨부했다.

光緒 28년(1902) 10월 8일 부량필은 대한국한성부판윤에게 조회하여 이를 조사하고 신속하게 처리해달라고 청했다. 光緒 28년(1902) 11월 9일에 부량필은 한국 측에 조회하여 이 안이 위조 행위뿐이 아니라 수뢰행위도 있었기 때문에 한국 측이 이종옥 안을 철저하고 공평하게 조사하여 명예를 회복해야 한다고 주장했다. 운무천에 의하면 운무천은 김현섭에게 3만 량을 주었는데 이것은 철도 자본금이라는 것이다. 그중 李種玉과 金顯燮 등 관원이 각각 1만 량의 뇌물을 받았다는 것이다. 이 안에 대해 한성재판소와 청국 서리총영사관의 會審이 있었다. 그러나 판결이 어떻게 났는지 재판의 결과를 알 수 있는 문건은 남아 있지 않다.

邵培岡斃命事

館藏號	02-35-021-6
全宗	外務部
系列	駐韓使館保存檔案
宗	傅良弼: 訴訟案件 6
冊	邵培岡 사망 사건(邵培岡斃命事)
생산시기	光緒 28년(1902) 1월~동년 10월
총면수	137
수발자	傅良弼, 콜랭 드 프랑시(葛林德, Collin de Plancy), 맥그레비 브라운 (柏卓安, John McLeavy Brown)

이 안건은 중국 순포 邵培岡이 사망한 사건을 다루고 있다. 화상
李蘭亭 등의 품문, 傅良弼의 조회, 편지, 프랑스 공사 콜랭 드 프랑시
(葛林德, Collin de Plancy), 맥그레비 브라운(柏卓安, John McLeavy
Brown)의 조복, 편지, 조선 해관 총세무사 맥그레비 브라운(柏卓安, John
McLeavy Brown)의 중재판결문, 증인들의 공술서, 판결문, 피해 목록,
각서 등으로 구성되어 있다. 이 안건은 許台身 訴訟 3(02−35−011−3)
2번 안건에도 관련 내용이 일부 나온다.

안건의 주요 내용은 다음과 같다.

光緒 28년(1902) 1월 16일 밤 2시쯤에 한성 紅柵門[덕수궁 大安門
(이후 대한문) 건너편 목책] 부근에서 프랑스인 라벡(臘陪克, M. Rabec)
등 2명이 중국인들과 시비가 붙었다. 중국인에게 구타당한 라벡 등
이 중국인들을 추격하는 과정에서 한밤에 중국 영사서의 우측 쪽문

을 부수고 홍책문 근처의 중국인 점포의 문을 두드리고 창의 격자를 부수었다. 중국인들이 몰려오자 라벡은 총을 몇 발을 쏘았고, 이들을 막는 과정에서 중국인 1명이 부상을 당하고, 2명이 타박상을 입었다. 중국 순포와 한국 순포가 총소리를 듣고 이들을 쫓아갔다. 라벡 등은 大昌洋行으로 달아났는데 중국 순포 邵培岡이 대창양행 문 앞에서 들어가지 못하게 막자 라벡은 총을 발사했다. 총알이 邵培岡의 왼쪽 가슴에 명중하여 邵培岡이 그 자리에서 쓰러졌다. 邵培岡은 상태가 심각해서 한성병원으로 이송했으나 그날 하오 3시 사망했다.

이 사건은 청과 프랑스 사이에 사건의 진상을 놓고 서신이 오고 갔다. 청에서는 라벡의 처벌과 피해배상을 요구했고, 프랑스에서는 중국인이 먼저 시비를 걸었고, 한국인 하인도 심각한 부상을 입었다고 반박했으나, 화상들의 부상과 재산 피해가 분명했고 중국인이 사망했기 때문에 10월 프랑스 쪽에서 배상했다. 배상은 조선 총세무사(總稅務司) 영국인 브라운(柏卓安, John McLeavy Brown)이 중재하여 결정했다. 그 결과 라벡은 日銀 300圓을 배상하는 것으로 결정했다. 또한 배상금은 죽은 邵培岡이 다른 사람에게 채무가 있더라도 이 돈으로 지불하지 못하고, 오로지 가족의 부양을 위해 지출해야 한다고 규정했다.

이 사건의 배상금은 중재판결문에는 300원으로 결정했는데, 邵培岡의 동생 邵佩恩이 서명한 각서에는 일은 360원으로 기재되어 있다. 어떤 이유로 360원이 되었는지는 알 수 없다.

8) 陳本仁: 訴訟

革捕郝進元案

館藏號	02-35-028-1
全宗	外務部
系列	駐韓使館保存檔案
宗	陳本仁: 訴訟案件 1
冊	革職된 巡捕 郝進元 안건(革捕郝進元案)
생산시기	光緒 29년(1903) 6월
총면수	5
수발자	許台身, 陳本仁, 唐恩桐

이 안건은 革職된 巡捕 郝進元이 감옥에서 탈출한 사건을 다룬 것이다. 駐韓公使 許台身의 札文, 漢城總領事 陳本仁이 쓴 諭示 초안과 甑南浦(鎭南浦) 副領事 唐恩桐에게 보내는 札文의 초안 등으로 구성되어 있다.

안건의 주요 내용은 다음과 같다.

郝進元은 山東 曹州府 출신으로 甑南浦의 一號 巡捕에 충원되었다. 그는 公事를 독점하여 사적으로 수수료를 징수했고 私娼을 두고 노름꾼들을 끌어모았다. 甑南浦 副領事 唐恩桐은 그러한 사실을 조사하여 밝혀냈고, 郝進元을 革職했다. 하지만 郝進元은 여전히 잘못을 반성하지 않았고, 대담하게도 洋槍을 소지하고 무뢰들과 결탁했다. 唐恩桐은 그를 구속하여 심문한 뒤 일단 "棍徒例"[악당, 무뢰관련 律例]

에 따라 수감했다. 6월 13일, 郝進元은 捕房 뒤쪽에 구멍을 뚫고 담을 넘어 달아났는데, 종적을 알 수 없었다.

駐韓公使 許台身은 郝進元이 달아났다는 보고를 받고서 唐恩桐이 평소 성실하게 업무를 처리했고 영사관과 捕房이 멀리 떨어져서 防範이 쉽지 않았다면서 "記大過一次"[서면경고]의 관대한 처분을 내렸다. 아울러 간수가 뇌물을 받지는 않았는지 조사하여 보고하고 각 항구의 영사관과 협조하여 신속히 郝進元을 체포하고, 郝進元의 행적을 신고하여 체포하는 데 도움을 준 사람에게 洋10元의 상을 주도록 지시했다.

漢城總領事 陳本仁은 許台身의 札文을 받고서 捕弁을 시켜 漢城의 華僑商民에게 모두 지시에 따르고 주의를 기울이도록 했다. 그는 許台身이 영사관 사이의 협조를 통해 신속하게 郝進元을 체포하도록 했다. 그리고 捕弁은 현상금을 받을 수 없더라도 감시를 강화하고 체포하는 데 소홀해서는 안 된다는 내용의 諭示를 公所·領署·巡廳 등의 입구에 붙이도록 했다. 6월 23일, 陳本仁은 唐恩桐에게 郝進元을 체포하게 되면 심문하는 것 이외에 상황을 즉시 알려달라는 札文을 보냈다.

錢票僞造事

館藏號	02-35-028-2
全宗	總理各國事務衙門
系列	駐韓使館保存檔案
宗	陳本仁: 訴訟案件 2
册	錢票 위조 안건(錢票僞造事)
생산시기	光緖 29년(1903) 6월
총면수	3
수발자	陳本仁, 閔景植

이 안건은 위조 전표 사건을 다룬 것이다. 한성총영사 陳本仁이 漢城府尹 閔景植에게 보낸 照覆과 민경식의 照會로 구성되어 있다.

안건의 주요 내용은 다음과 같다.

華商 同順泰가 발행한 錢票 가운데 위조된 것이 발견된 적이 있었는데, 또다시 위조 전표가 발견되었다. 위조 전표를 사용한 조선인 朴錫圭, 李學柱, 金武吉 등 3명을 체포하여 漢城府로 압송해서 재판을 열었다. 심문 결과 범인들이 朴은 李에게 받았고, 李는 金에게 받았으며, 金은 淸商 劉豐德에게 받았다고 공술했다. 이 사건은 서로 위조의 책임을 전가하여 직접 대질하지 않으면 정황을 자세히 조사할 수 없었다. 사건의 전모를 파악하기 위해서는 중국 상인 유풍덕과 대질 심문이 필요하다고 여겨 한성부윤 민경식이 한성총영사 진본인에게 조회를 보내 사건의 개요를 설명하고 수요일 오전 11시에 대질 심문을 하려고 하니, 유풍덕이 이 시간에 와서 함께 대질심문을 받도록

명을 내려달라고 요청했다.

진본인은 照覆을 보내, 조약의 내용에 따르면 양국 인민이 관여된 소송 안건의 경우, 해당 안건은 피고가 소속된 국가의 관원이 본국의 법률에 따라 판결하고, 원고 소속 국가는 관원을 파견해서 재판에 참관할 수 있다고 주장했다. 그래서 이 안건은 중국 상인 유풍덕이 조선인의 위조 전표 때문에 연루된 사건으로 마땅히 진본인 자신이 판결해야 한다고 주장하면서, 오히려 한성판윤 민경식이 박석규 등 범인을 대동하고 청국 영사관으로 와서 대질심문 결과를 기다리는 것이 조약에 부합하고, 한성부에서 따로 재판을 열어 재론할 필요가 없다고 답변했다.

이 안건을 보면 청일전쟁 이후에도 중국인이 여전히 한국에서 치외법권을 누리고 있었고, 한국과 청의 관계에서 청이 우월적인 지위를 누리고 있었다는 것을 알 수 있다.

奉憲諭嚴拏奸商私販韓錢卷

館藏號	02-35-028-3
全宗	總理各國事務衙門
系列	駐韓使館保存檔案
宗	陳本仁: 訴訟案件 3
册	헌대의 유시를 받들어 한국 동전을 밀매한 간상을 엄히 체포하는 안건에 관한 卷宗(奉憲諭嚴拏奸商私販韓錢卷)
생산시기	불명
총면수	2
수발자	

이 안건은 중국 상인이 한국 동전을 밀매한 사건을 다룬 것이다. 한 장의 諭示文으로 구성되어 있다.

안건의 주요 내용은 다음과 같다.

중국 상인이 한국의 紫銅錢을 밀수하여 중국 연해에 와서 무지한 중국 향민들에게 팔았다. 이는 중국인에게 해가 될 뿐만 아니라 조선인에게도 장애가 되니 다시 멋대로 동전을 사는 것을 금지시켜달라는 품을 받은 憲臺는 해관 세무사에게 인천에서 자동전 밀수를 단속해 주도록 조회를 보냈다. 諭示를 내려 만약 동전 100매 이상을 밀수하다가 적발되면 幣票 100元의 벌금을 부과하고 1개월 동안 감금하도록 했다.

후반부는 훼손되어 내용을 확인할 수 없는데, 품을 올린 사람과 지시를 내린 사람이 누구인지 알 수 없다.

이 안건은 진본인 시기 당안이다. 진본인은 1903년 4월~1905년 9
월 사이 조선의 총영사로 재직했다. 이 안건의 날짜는 9월 9일로 되어
있다. 이것으로 미루어 볼 때, 諭示文의 작성시기는 1903년 또는 1904
년 9월로 추정된다.

華商廣昇號包辦韓國宮內工程帳款未淸案

館藏號	02-35-028-4
全宗	外務部
系列	駐韓使館保存檔案
宗	陳本仁: 訴訟案件 4
冊	華商廣昇號의 한국 宮內 도급공사 미수금 안건 (華商廣昇號包辦韓國宮內工程帳款未淸案)
생산시기	光緒 30년(1904) 4월~동년 11월
총면수	38
수발자	許台身, 陳本仁, John Jordan

이 안건은 華商 廣昇號가 한국 궁내시설을 도급공사한 뒤 받지 못한 미수금 문제를 다룬 것이다. 駐韓公使 許台身의 照會와 札文, 漢城總領事 陳本仁의 照會와 稟文, 華商 廣昇號의 稟文, 駐韓英國公使 John Jordan의 照會 등으로 구성되어 있다. 許台身 訴訟 8(02−35−011−8)과 曾廣銓 訴訟 2(02−35−037−2), 吳其藻 訴訟 2(02−35−043−2), 馬廷亮 訴訟 10(02−35−062−10)에도 똑같은 내용이 나온다.

안건의 주요 내용은 다음과 같다.

光緖 29년(1904) 6월에 華商 廣昇號는 영국 여의사를 통해 한국 황궁의 공사 1건과 남문 밖 관공서 1건에 대한 공사를 도급받았다. 공사비는 총 3만 807원이었다. 원래 공사를 끝내면 곧바로 공사대금을 전액 지불하기로 했지만, 12월에 공사가 끝났음에도 불구하고 이듬해 4월이 될 때까지도 대금을 받지 못했다. 결국 廣昇號는 공사를 하는 동안 자재를 구입하기 위해 빌린 돈에 대한 이자를, 다시 돈을 빌려 갚는 처지가 되었다. 그래서 漢城總領事 陳本仁에게 稟文을 올려 공사대금과 이자를 합쳐 모두 3만 4836.6원을 받게 해달라고 요청했다.

陳本仁은 駐韓英國公使 John Jordan에게 조회를 보내서 한국 궁내부에 대금지불을 재촉해달라고 요청했고, 한국 궁내부는 John Jordan 에게 요청한 액수대로 처리하겠다고 답신했다. 이렇게 일이 순조롭게 마무리되는 듯했다. 하지만 8월이 될 때까지 공사대금은 지불되지 않았다. 陳本仁은 한국 관리를 통해 일을 해결하려 했지만 뜻대로 되지 않았다. 駐韓公使 許台身은 陳本仁이 영국공사를 거치지 않고 한국 관리와 일을 처리하려 한 사실에 대해 강하게 질책했다. 그는 영국공사를 통해 현금을 여의사에게 주어 廣昇號에게 전달하도록 하고, 수령증을 반드시 받고 宮內府에 잔금을 재촉하라고 했다.

9월 24일에 한국 參理官 李必均이 陳本仁을 찾아와서 공사대금으로 1만 8,000원을 주면서 수수료 2,000원을 받은 것으로 하여 2만 원짜리 영수증을 써달라고 요청했다. 陳本仁은 2만 원짜리 영수증을 써주었다. 10월 14일, 陳本仁은 廣昇號 林擇成에게 공사대금 1만 8천 원을 건네주고 수령증을 받았다.

11월 12일, 許台身은 廣昇號가 올린 稟文을 받았다. 廣昇號는 여전히 받지 못한 공사대금이 이자를 포함했을 경우 절반이 넘는다면서, 궁내부에 조회를 보내서 남은 공사대금을 조속히 지불하게 해달라고 요청했다.

9) 曾廣銓: 訴訟

長淵郡海安坊夢金浦致死清人秦文波屍體檢查案

館藏號	02-35-037-1
全宗	外務部
系列	駐韓使館保存檔案
宗	曾廣銓: 訴訟案件 1
冊	長淵郡 海安坊 夢金浦에서 致死한 淸人 秦文波의 시체검사 안건 (長淵郡海安坊夢金浦致死淸人秦文波屍體檢查案)
생산시기	光緒 31년(1905) 6월~동년 10월
총면수	122
수발자	曾廣銓, 唐恩桐, 朴齊純, 朴始淳, 金炳夒, 金容岳

이 안건은 長淵郡 海安坊 夢金浦에서 일어난 상해치사사건을 다룬
것이다. 長淵郡 郡守 朴始淳·長連郡 郡守 金炳夒·安岳郡 郡守 金容岳
등의 檢屍와 사건에 대한 보고서, 외부대신 朴齊純의 照會, 甑南浦(鎭
南浦) 副領事 唐恩桐의 稟文 등으로 구성되어 있다.

안건의 주요 내용은 다음과 같다.

光緒 31년(1905) 6월 5일에 상해치사사건이 보고되었다. 청나라
선박이 夢金浦에 배를 정박하자, 항구의 船主들이 通詞 朴京振을 시켜
地稅를 내라고 했다. 배에 타고 있던 淸人들은 배에 실은 물건도 많
지 않고 곧 다른 곳으로 갈 예정이니 낼 수 없다고 했다. 결국 배에
타고 있던 淸人들이 일제히 몽둥이를 들고 내려서 시위했다. 그때 항

구에 있던 한인 선원들이 몰려와서 서로 몽둥이를 휘두르며 싸움을
벌였다. 그 과정에서 淸人 秦文波가 심하게 얻어맞았고, 다음 날 결국
죽게 되었다.

秦文波의 致死에 대해 三和監理署는 처음에 長淵郡 郡守 朴始淳에게
검시를 맡겼는데, 관련자들의 진술이 엇갈려서 범인을 확정하기 어려
웠다. 한인들은 서로 싸우다가 일어난 일이라고 했지만, 淸人들의 진
술은 달랐기 때문이었다. 監理署는 長連郡 郡守 金炳夒를 覆檢官으로 삼
아 다시 시체를 검시하고 사건을 조사하게 했다. 金炳夒는 南港淸領事
總巡 徐漢臣 및 監理署 巡檢 韓用健과 함께 秦文波의 시체를 검시했고,
秦文波가 탔던 孫希福 선박의 선원 宋吉盛를 심문했다. 하지만 여전히
범인을 확정할 수 없었다. 三檢官이 된 安岳郡守 金容岳은 조사를 거쳐
秦文波가 집단 난투과정에서 다친 것이 아니라는 사실을 밝혀내었다.

朴京振은 地稅를 받아내려고 洪道洛·金玉根·總角兒(總角漢) 등과
함께 秦文波를 유인하여 배에서 내리게 하여 金召史의 가게로 데리고
갔다. 그는 秦文波가 地稅를 내지 않겠다고 하자 崔千得·吳仁浩·李
承順 등을 시켜 秦文波를 구타했다. 이들의 범행은 秦文波와 함께 동
업을 하던 宋吉盛과 孫希福이 목격했다.

甑南浦 副領事 唐恩桐은 駐韓公使 曾廣銓에게 稟文을 올렸다. 그는 사
건의 처리가 신속하게 이루어지지 않았고, 長淵郡 郡守 朴始淳은 근무
지에 돌아오지 않고 있어서 孫希福의 배는 항구를 떠나지도 못하고
있다면서 한국 외부에 배상금 지불과 범인 처벌을 詰責해야 한다고
건의했다. 외부대신 朴齊純은 曾廣銓에게 조회를 보내서 朴京振의 경
우 우발적인 범행인 점을 감안하여 종신형, 종범들은 笞刑 100대에
처할 것이라고 알려주었다.

華商廣昇號欠款案

館藏號	02-35-037-2
全宗	外務部
系列	駐韓使館保存檔案
宗	曾廣銓: 訴訟案件 2
冊	화상 廣昇號 負債 안건(華商廣昇號欠款案)
생산시기	光緒 31년(1905) 6월
총면수	8
수발자	曾廣銓, 李載克, 李夏榮

이 안건은 화상 廣昇號가 한국 황궁 내 공사를 하고 받지 못한 공사대금 잔금 청산을 요구한 사건을 다루고 있다. 曾廣銓이 한국 궁내부 대신 李載克과 외부대신 李夏榮에게 보내는 편지와 李載克의 답신으로 구성되어 있다.

이 안건은 陳本仁 訴訟 4(02−35−028−4)과 許台身 訴訟 8(02−35−011−8), 吳其藻 訴訟 2(02−35−043−2), 馬廷亮 訴訟 10(02−35−062−10)에 똑같은 제목의 안건과 서로 연결되어 있다. 사건의 개요와 처리 결과는 陳本仁 訴訟案件에 자세히 나와 있다.

안건의 주요 내용은 다음과 같다.

曾廣銓이 한국 궁내부 대신 李載克에게 광승호의 공사대금 잔금 청산을 요구하는 편지를 보냈는데, 궁내부 대신 이재극은 궁내부와 陳本仁 총영사 사이에 이미 종결한 안건으로 전임 궁내부 대신 李容泰도 청산을 완료했다고 전임 許台身 공사에게 조복을 보냈으므로, 더 논의할 일이 없다고 답신을 보냈다.

曾廣銓은 새로 외부대신으로 취임한 李夏榮에게 편지를 보내면서 한국과 청 사이의 외교 현안으로 2가지를 거론했는데, 하나는 광승호 공사 잔금 청산 요구였고, 다른 하나는 청 전보국 線本 5만 1,075兩과 이자 청산 요구였다. 당시 광승호 문제는 한국과 청 사이의 외교 현안이었다. 하지만 곧이어 한일병합이 이루어져 이 사건은 이후 어떻게 종결되었는지 알 수 없다.

雲山郡曲面兩水站淸人石之良屍身檢査案

館藏號	02-35-037-3
全宗	外務部
系列	駐韓使館保存檔案
宗	曾廣銓: 訴訟案件 3
冊	雲山郡 曲面 兩水站에서 致死한 淸人 石之良의 시신검사 안건 (雲山郡曲面兩水站淸人石之良屍身檢査案)
생산시기	光緖 31년(1905) 3월~동년 10월
총면수	42
수발자	曾廣銓, 李夏榮, 梁鳳濟

이 안건은 雲山郡 曲面 兩水站에서 일어난 상해치사사건을 다루고
있다. 雲山郡 郡守 梁鳳濟의 檢屍와 사건에 대한 보고서, 외부대신 李
夏榮이 曾廣銓에게 보낸 照覆과 照會, 駐韓公使 曾廣銓이 山東巡撫 楊士
驤과 登萊靑膠兵備道에게 보내는 공문(하나의 문서이지만 받는 사람
이 다르기 때문에 각각 咨文과 照會로 사용됨)의 초안 등으로 구성되
어 있다.

안건의 주요 내용은 다음과 같다.

光緖 31년(1905) 3월 9일, 상해치사사건이 보고되었다. 2월 28일
밤, 淸人 7명은 雲山郡 曲面 兩水站의 李斗雲의 집에서 숙식을 하고 있
었다. 張俊義 등 淸人들이 들이닥치더니 숙식하고 있던 7명을 강도라
고 하면서 마구 구타하여 石之良을 살해했다.

雲山郡 郡守 梁鳳濟는 사건과 관련된 사람들을 조사했다. 石之良 등
은 5개월 동안 張俊義의 집에서 숙식을 하면서 금광에서 일했는데,

급료를 받은 뒤에 숙식비 130원을 지불하지 않고 달아났다. 張俊義는 곧바로 그들을 뒤쫓았고 李斗雲의 집에 있다는 사실을 알아냈다. 그는 혼자서 7명을 상대하기 힘들다고 여겨서 李斗雲을 통해 은화 10원을 주고 이웃 사람들을 고용했다. 李斗雲 등은 나머지는 달아났다면서 于克斌과 李太乂를 잡아왔다. 張俊義는 그 둘의 몸을 뒤져 은화 12원을 빼앗았다. 다음 날 石之良의 시신이 발견되었다.

외부대신 李夏榮은 사건이 처리되는 과정에서 駐韓公使 曾廣銓에게 照會를 보내서 경과를 알려주었다. 그는 인명사건이 발생한 것에 대해 유감을 표시했고 해당 관리에게 유사한 사건의 재발을 막도록 주의를 기울이게 할 것이라고 했다.

曾廣銓은 사건의 최종적인 처리를 위하여 山東巡撫 楊士驤과 登萊青膠兵備道(이름 불명)에게 각각 咨文과 照會를 보냈다. 우선 그는 사건의 경과를 서술하고 관련 인물들을 어떻게 처리할 것인지를 알렸다. 그 내용은 다음과 같다. 李斗雲의 경우 사람을 고용하여 石之良을 죽게 만든 首罪에 대해 한국에서 처벌할 것이고, 張俊義는 일을 사주한 죄를 벗어날 수 없었다. 于克斌은 비록 갑작스럽게 일이 벌어져서 어쩔 수 없었다고는 하더라도 사건이 난 뒤에 달아났고 평소에도 약속을 지키지 않았으니 앞으로 어떤 일을 할지 알 수 없다. 따라서 張俊義와 于克斌은 원적지로 돌려보내져 처벌받게 되었다.

韓民越界滋擾案

館藏號	02-35-037-4
全宗	外務部
系列	駐韓使館保存檔案
宗	曾廣銓: 訴訟案件 4
冊	韓民이 국경을 넘어 소란을 피운 안건(韓民越界滋擾案)
생산시기	光緖 31년(1905) 3월~동년 11월
총면수	39
수발자	許台身, 曾廣銓, 李夏榮, 朴齊純, 廷杰, 趙爾巽, 富順

이 안건은 청나라와 대한제국 사이의 국경에서 양 국민들이 국경을 넘어와서 소란을 일으킨 사건을 다룬 것이다. 외부대신 李夏榮·朴齊純이 駐韓公使 曾廣銓에게 보낸 照會, 吉林將軍 富順이 駐韓公使 許台身에게 보낸 咨文, 許台身이 曾廣銓에게 보낸 咨文, 盛京將軍 廷杰·趙爾巽이 曾廣銓에게 보낸 咨文 등으로 구성되어 있다.

안건의 주요 내용은 다음과 같다.

光緖 31년(1905) 3월과 4월에 외부대신 李夏榮은 駐韓公使 曾廣銓으로부터 韓民들이 국경을 넘어와서 소란을 일으키는 일이 없도록 해 달라는 照會를 받고서, 함경도와 평안도의 관리에게 주의를 기울이도록 했다. 그런데 9월에 평안북도 강계군으로 淸匪 100여 명이 들어와서 個民 10명을 잡아가고 강을 건너던 船戶를 위협하여 물건을 빼앗는 일이 벌어졌다. 11월에는 무장한 淸匪 40여 명이 자성군으로 들어와서 재물을 약탈하고 個民 23명을 잡아갔다. 외부대신 朴齊純은 사건을 曾廣銓에게 照會를 보내서 淸匪를 하루빨리 소탕하지 않으면 큰 화가 될 것이라면서 본국에 공문을 보내 변방에 대한 경계를 강화해달라고 요청했다.

한편, 光緖 31년(1905) 3월, 吉林將軍 富順은 駐韓公使 許台身에게 咨文을 보냈다. 咨文에 따르면, 光緖 30년 11월에 茂山 韓民들이 崇華社 華民 吳起에게 상해를 입혔는데 茂山郡守는 제대로 조사를 하지 않았고, 사냥을 하던 華民 蔡東俊 등을 韓民 沙炮手가 붙잡아서 총을 빼앗았는데 韓員[간도관리사] 李範允은 사건의 처리에 미온적이었다. 咨文을 받은 許台身은 후임자 曾廣銓에게 한국 외부로 照會를 보내서 사건을 신속히 처리하도록 요청하게 했다.

光緖 31년 6월, 盛京將軍 廷杰은 曾廣銓에게 두 차례 咨文을 보냈다. 咨文에 따르면, 韓民 鄭吉樹·姜鳳善·崔德山·洪力喜가 懷仁縣에서 蕭頂子·王洛大에게 洋40元을 빼앗고 인질로 삼아서 돈을 요구하다가 蕭頂子 아버지의 고발로 체포되었다. 廷杰은 韓民이 국경을 넘어와서 문제를 일으키고 있음에도 韓官은 상황을 조사하여 금지하지 않고 있는데, 이것은 華韓海口通商約章에 어긋난다고 여겼다. 그는 曾廣銓에게 한국정부에 照會를 보내서 변경관리를 엄하게 질책하고 다시는 유사한 일이 발생하지 않도록 하라고 요청하게 했다.

光緖 31년 9월과 10월에 盛京將軍 趙爾巽은 曾廣銓에게 咨文을 보냈다. 咨文에 따르면, 구속 중에 탈주하여 日兵에게 쫓기던 徐慶發이 臨江縣 長生保로 흘러들어 비적이 되었고, 주민들은 피해배상을 요구하고 있었다. 趙爾巽은 曾廣銓이 한국 외부에 照會를 보내 배상금 華平銀 2만여 량을 속히 지급하게 하여 해당 주민들의 불만을 잠재워야 한다고 요청했다.

10) 吳其藻: 訴訟

龍山軍用道侵占華商産業及賠款卷

館藏號	02-35-043-1
全宗	外務部
系列	駐韓使館保存檔案
宗	吳其藻: 訴訟案件 1
冊	용산 군용도로의 華商産業의 侵占 및 그 배상에 관한 卷宗 (龍山軍用道侵占華商産業及賠款卷)
생산시기	光緒 31년(1905) 11월~光緒 32년(1906) 6월
총면수	48
수발자	吳其藻, 朴義秉

이 안건은 일본군사구역에 있던 청나라 상인들의 집과 瓦場 등 배상건을 다루고 있다. 漢城府尹 朴義秉이 駐漢城總領事 吳其藻에게 보낸 照會, 吳其藻가 朴義秉에게 보낸 照會의 초안, 청나라 상인들이 올린 稟文과 배상금 수령증 등으로 구성되어 있다.

안건의 주요 내용은 다음과 같다.

光緒 31년(1905) 11월에 封雲發·王文潭·鐘桐音·田洪成이 연명으로 駐漢城總領事 吳其藻에게 품문을 올렸다. 封雲發 등은 瓦署와 梨台元 일대의 窯廠에서 기와를 굽는 것을 생업으로 하고 있었는데, 일본군이 군용도로를 만들면서 공장과 가옥들을 철거하겠다고 통보했다. 그들은 영세한 상인으로 돈을 빌려 자본금을 마련했기 때문에 일을 못하게 되면서 빚 독촉에 시달리고 있었다. 駐漢城總領事 吳其藻는 일본 측에 보상금을 지불해달라고 요청했으나, 배상금은 지불되지 않았고 공사는 시작되었다.

光緖 32년(1906) 1월에 漢城府尹 朴義秉과 吳其藻 사이에 조회가 오갔다. 朴義秉은 가옥·분묘·瓦場의 상황을 조사하여 알려주는 일이 늦어지면서 보상금의 지불 일정도 제대로 진행되지 못했고, 일본군 사령부는 漢城府를 독촉하고 있다고 했다. 한편, 吳其藻는 공터는 1평당 1.5圓, 草屋은 1칸당 10원, 瓦場은 1평당 200원의 보상금을 지불해야 한다고 했다. 그러자 朴義秉은 공터의 地價는 1평당 0.3원을 넘지 않는데 일반적으로 매매되는 값보다 수배나 높은 값을 요구한다고 했다. 그는 당사자들이 날짜를 정하여 漢城府로 와서 보상금을 수령해가는 것이 일을 조속히 매듭짓는 길이라고 했다.

光緖 32년(1906) 3월, 封雲發 등은 강제로 가옥과 瓦場 등이 철거되고 오랫동안 장사를 하지 못하여 버틸 수 없게 되었다. 그래서 吳其藻에게 稟文을 올려 신속하게 일을 처리해달라고 간청했다. 閏4월, 封雲發 등은 차례로 漢城府로 가서 보상금을 받았고, 일이 마무리되었다. 참고로 당시 封雲發의 경우 토지 558평, 가옥 11.7칸, 瓦場 1개 등에 577원의 보상금을 수령했다.

外國交涉幷廣昇工程案

館藏號	02-35-043-2
全宗	外務部
系列	駐韓使館保存檔案
宗	吳其藻: 訴訟案件 2
冊	외국교섭 및 廣昇號 도급공사 안건(外國交涉幷廣昇工程案)
생산시기	光緒 31년(1905) 2월~동년 12월
총면수	21
수발자	吳其藻, 錢明訓, Dr. Ney

이 안건은 華商 廣昇號의 도급공사 미수금 및 독일·중국 상인 사
이의 분쟁을 다룬 것이다. 廣昇號가 駐漢城總領事 吳其藻에게 올린 稟
文, 吳其藻·錢明訓의 공문 초안, 궁내부대신의 공사비 확인 電文, 독
일공사 Dr. Ney가 吳其藻에게 보낸 照會 등으로 구성되어 있다. 許台
身 訴訟 8(02－35－011－8), 陳本仁 訴訟 4(02－35－028－4), 曾廣銓
訴訟 2(02－35－037－2), 馬廷亮 訴訟 10(02－35－062－10)에도 똑같
은 내용이 나온다.

안건의 주요 내용은 다음과 같다.

光緒 31년(1905) 2월에 廣昇號는 駐漢城總領事 吳其藻에게 품을 올
려 어려움을 호소했다. 光緒 32년(1906)에 廣昇號는 영국공사의 중재
를 거쳐 한국 궁내부로부터 도급공사의 미수금을 지불한다는 약속
을 받았다. 하지만 당시 漢城總領事 陳本仁과 參理官 李弼均이 중간에
끼어들어서 정해진 약속대로 일이 진행되지 못했다. 당시 미수금 3

만 4,836.6원 중에서 겨우 1만 8천 원만을 받은 상태라서 생활하기가 어려웠다. 廣昇號는 영국공사와 함께 한국 외부를 독촉하고 궁내부로 하여금 잔금을 지불하게 해야 한다고 요청했다. 吳其藻와 錢明訓은 廣昇號의 요청에 대해 조속한 처리를 요청하는 공문을 작성했다.

한편, 1905년 12월(이하 날짜는 양력, 영문문서), 독일 상인 A. Gorschalki는 주한독일공사 Dr. Ney에게 많은 사람들이 오가는 거리에서 모욕을 당했다면서 당사자들을 반드시 처벌해달라고 호소했다. A. Gorschalki는 공사관으로 가기 위해 집을 나섰는데, 도중에 중국인 도급업자 辛瑞山과 맞닥뜨렸다. 辛瑞山은 인부 4명, 중국인 巡捕, 영어를 할 줄 아는 樂秀華 등과 함께 있었는데, A. Gorschalki의 팔을 붙잡으면서 한국어로 돈을 내놓으라고 소리쳤다. A. Gorschalki는 樂秀華에게 자신의 집으로 가서 문제를 상의하자고 했다. 하지만 인부들이 막무가내로 그의 목과 팔 다리를 잡고서 吳其藻 앞으로 끌고 갔다. 상황을 보니 辛瑞山이 吳其藻에게 지난 4월의 계약을 지키지 않는다고 A. Gorschalki를 고소했고, 吳其藻는 그를 기다리고 있었다.

Dr. Ney는 독일공사로서 자국민을 보호해야 할 의무가 있기 때문에, A. Gorschalki에 대한 중국인들의 가혹행위를 묵과할 수 없다고 했다. 그는 당사자들을 처벌해야 하고 巡捕도 중국인의 잘못된 행위를 방관했기 때문에 서울에서 중국관청을 대변할 자격이 없으니 해임시켜야 한다고 요구했다. 이 문제는 이듬해까지도 해결되지 않았다. 1906년 1월, 樂秀華는 A. Gorschalki의 집으로 찾아가서 辛瑞山과 그 인부들이 벼르고 있으니 해가 저문 뒤에는 밖으로 나가지 말라고 주의를 주었다. Dr. Ney는 다시 吳其藻에게 照會를 보내서 당사자들을 처벌하고 그 결과를 알려달라고 요청했다.

韓民欠債逃逸案

館藏號	02-35-043-3
全宗	外務部
系列	駐韓使館保存檔案
宗	吳其藻: 訴訟案件 3
冊	韓民이 빚을 남긴 채 달아난 안건(韓民欠債逃逸案)
생산시기	光緖 31년(1905) 7월~동년 12월(양력)
총면수	13
수발자	朴義秉, 吳其藻

이 안건은 청나라 상인에게 빚을 남긴 채 달아난 사건을 다룬 것이다. 漢城判尹 朴義秉이 駐漢城總領事 吳其藻에게 보낸 照會, 청나라 상인 周福齡이 吳其藻에게 올린 稟文, 吳其藻의 照會 초안 등으로 구성되어 있다.

안건의 주요 내용은 다음과 같다.

光緖 31년(1905) 7·8·10월에 청나라 상인 周福齡은 駐漢城總領事 吳其藻에게 稟文을 올려 자신의 어려움을 해결해달라고 요청했다. 5월, 周福齡는 韓商 朴熙楠과 經紀[중개인] 申碩이 韓貨 8,000원어치를 도매로 구입해주면 1달 뒤에 20%의 이자를 붙여 갚겠다는 말을 믿고 물건을 샀다. 6월이 되자, 周福齡는 빨리 日貨를 구매하여 귀국하려는 생각으로 원금과 이자를 돌려달라고 재촉했다. 그러나 朴熙楠은 사정이 어려워서 힘들다고 여러 차례 상환을 미루었고, 7월 말까지 韓貨대신에 日貨 4,000원어치로 갚을 것이라면서 집문서를 잡혔다. 그는 기한이 되어서도 연락이 없었고, 집으로 찾아갔더니 종적이 보이지 않았다.

8월이 되어서도 朴熙楠의 소식이 없었고, 周福齡은 稟文을 올려 자신이 갖고 있던 집문서로 집과 집기를 처분하게 해달라고 요청했다. 하지만 漢城府는 朴熙楠의 집과 상품을 경매 처분할 수 없게 딱지[封條]를 붙였다. 더구나 周福齡은 또 다른 채권자인 韓人이 10월 말까지 그 집과 상품을 경매 처분한다는 소식을 들었다.

吳其藻는 漢城判尹 朴義秉에게 여러 차례 照會를 보내서 문제의 해결을 요청했다. 하지만 朴義秉은 周福齡이 무리한 요구를 계속한다고 비판했다. 조사해보니, 朴熙楠은 한인 金漢에게 銅貨 2,000원의 채무가 있었고, 집은 이미 또 다른 한인 朴圭秉에게 銅貨 400원에 저당을 잡힌 상태였다. 따라서 朴熙楠의 집과 그 집안에 있는 상품은 마땅히 경매가 끝나면 맨 먼저 朴圭秉의 돈을 갚는 데 사용되어야 했다. 그런데 마음이 급해진 周福齡은 밤에 몰래 朴熙楠의 집으로 가서 그 집안에 있던 紙貨를 자신의 거처로 옮겼다. 결국, 朴義秉은 더욱 강경한 태도로 더 이상 문제를 거론하지 말라고 했다.

11월, 周福齡은 다시 품문을 올려 어려움을 하소연했다. 당시 그가 저당 잡은 집에 이웃하고 있던 일본인 橋本第一가 집을 확장하면서 저당 잡은 집을 반 이상 침범했다. 다급해진 周福齡는 華商總會의 巡長官에게 日本 巡捕와 함께 질책해달라고 요청했지만 답변이 없었다.

秦文波案

館藏號	02-35-043-4
全宗	外務部
系列	駐韓使館保存檔案
宗	吳其藻: 訴訟案件 4
册	秦文波 안건(秦文波案)
생산시기	光緒 31년(1905) 7월~동년 12월
총면수	12
수발자	曾廣銓, 錢明訓, 프랑스인 外交顧問

이 안건은 이미 조사가 끝나서 종결된 秦文波 사건의 사후처리문제를 다룬 것이다. 漢城華商總會와 漢城總領事府 사이의 공문, 德盛興號의 보증서, 프랑스인 외교고문이 駐韓公使 曾廣銓에게 보내는 영문 公函 등으로 구성되어 있다.

안건의 주요 내용은 다음과 같다.

光緒 31년(1905) 6월에 일어난 秦文波 사건은 이미 주범과 종범들에게 각각 종신형과 태형이 선고되었다. 피살자인 秦文波가 지니고 있던 물건과 그의 시신을 어떻게 처리해야 하느냐는 문제가 남게 되었다.

光緒 31년(1905) 9월에 漢城華商總會는 총회 명의의 공문을 漢城總領事府에 보내 秦文波 사건의 사후처리 상황을 보고했다. 원래 總領事府는 한국 외부에 照會를 보내 범인을 체포하여 법률에 따라 처벌하고 피해자에게 위로금[撫卹銀兩]을 지급해달라고 요청했다. 그러자

總會는 미리 위로금 洋30원을 秦文波의 屍親 于連成에게 지급했고, 그 돈을 가지고 귀국하여 家屬에게 전달해주도록 했다. 또한 같은 배를 타고 있던 사람들에게 10원, 屍親에게 10원을 지급하여 棺木用으로 사용하게 했다. 3개월 뒤에 于連成이 漢城으로 돌아왔을 때, 船戶 孫福順는 사건과정에서 잃어버렸다고 보고한 銀의 액수가 사실과 다르다는 사실이 발각되어 領事의 衙門에 수감되었다.

한편, 漢城總領事府는 漢城華商總會에 공문을 보냈다. 總領事府는 위로금과 관련하여 일단 孫喜福에게 紙票로 洋50원을 지급하여 일단 속히 棺과 함께 귀국하게 했고, 정확한 계산은 漢城으로 다시 돌아온 뒤에 하면 될 것이라고 했다.

3개월 뒤, 秦文波의 부친은 나이가 많아서 한국으로 갈 수 없다면서 孫喜福에게 자신을 대신해서 위로금 400원을 받아와 달라고 했다. 孫喜福이 속한 德盛興號는 보증서를 제출했다.

1905년 12월(양력), 프랑스인 외교고문[이름 불명]은 曾廣銓에게 영문 公函을 보냈다. 公函의 내용은, 그가 曾廣銓과 한국 외부 사이에 秦文波의 사건을 놓고 이루어진 조율에 따라서 400원을 전달하게 되었으니, 돈을 받고 수령증을 써달라는 것이었다.

외교고문의 公函은 錢明訓이 받았고, 요청에 따라 수령증을 써주었다.

11) 錢明訓: 訴訟

與日人糾紛事

館藏號	02-35-050-1
全宗	外務部
系列	駐韓使館保存檔案
宗	錢明訓: 訴訟案件 1
冊	일본인과 분쟁을 벌인 일(與日人糾紛事)
생산시기	光緒 31년(1905) 2월~동년 11월
총면수	87
수발자	曾廣銓, 錢明訓, 朴義秉, 三增久米吉

이 안건은 청나라의 상인·일반인들과 일본인들 사이에 일어난 각종 분쟁을 다룬 것이다. 그兼理總領事 錢明訓이 일본사령부와 領事府로 보낸 공문 초안, 華商들이 錢明訓에게 올린 稟文, 漢城判尹 朴義秉이 錢明訓에게 보낸 公函, 駐漢城日本領事 三增久米吉과 漢城總領事 錢明訓에게 보낸 照會, 분쟁 중인 토지의 소유상황과 간단한 그림 설명도 등으로 구성되어 있다.

안건의 주요 내용은 다음과 같다.

兼理總領事 錢明訓은 光緒 31년(1905) 2월에 일본 司令部로 보내는 공문에서 함경도의 華商들이 元山을 출발하여 鎭興·永興으로 가는데 허가증을 발급해달라고 요청했다. 3월에는 영사부로 보내는 공문을 통해 漢城 수표교 근처에서 일본 병사 두세 명이 칼을 휘둘러 華民

楊卓에게 상해를 입혔으니 조사를 해달라고 요청했다.

光緖 31년(1905) 5에 陳仲林은 일본이 車路공사를 하면서 자신의 窰場에 차도를 설치해서 청나라와 일본 인부들 사이에 마찰이 생기고 생산에도 지장을 받고 있으니, 일본공사에게 照會를 보내서 문제를 해결해달라고 稟文을 올렸다. 7월과 8월에는 각각 德義和號와 吉盛號가 일본인에게 받지 못한 물품대금을 받게 해달라고 稟文을 올렸다.

光緖 31년(1905) 8월에 瓦署村에서 瓦場을 운영하던 鐘桐音·田洪成·王文潭과 龍山에서 같은 일을 하던 孫仁瑞는 일본의 도로공사 때문에 장소를 옮기지 않을 수 없었는데도 일본이 보상금을 제대로 지급하지 않았으며 稟文을 올려 억울함을 호소했다. 錢明訓은 朴義秉에게 公函을 보내서 일본으로부터 보상금과 이전비용을 받는 데 도움을 달라고 요청했다. 10월, 朴義秉은 錢明訓에게 公函을 보내 이전비는 瓦家 1칸에 17원, 草家 1칸에 10원, 지가는 평당 7전으로 할 것이라고 알려주었다. 그리고 자신과 度支部 고문보좌관의 입회 아래 漢城府 아문에서 상인들에게 이전비·보상금을 지불한다는 사실을 통지해달라고 요청했다.

한편 교섭과정에서 駐漢城日本領事 三增久米吉은 錢明訓에게 조회를 보내서 청나라 상인들의 토지·건물 소유상황을 확인해달라고 요청했다.

韓民越界滋擾案

館藏號	02-35-050-2
全宗	外務部
系列	駐韓使館保存檔案
宗	錢明訓: 訴訟案件 2
冊	韓民이 국경을 넘어 소란을 피운 안건(韓民越界滋擾案)
생산시기	光緒 31년(1905) 11월~동년 12월
총면수	8
수발자	錢明訓, 外務部 관계자, 스티븐스

이 안건은 한국이 외교권을 상실한 이후 韓民들이 국경을 넘어가 소란을 피운 사간을 다룬 것이다. 漢城總領事 錢明訓이 외무부로 올리는 稟文과 한국 외부로 보내는 照會의 초안, 외무부에서 錢明訓에게 보내는 箚文 등으로 구성되어 있다.

안건의 주요 내용은 다음과 같다.

光緒 31년(1905) 11월에 漢城總領事 錢明訓은 외무부로 稟文을 올려 세 가지 사안을 알렸다. 먼저 당시 한국에서 외부를 폐지하는 논의가 이뤄지고, 각국공사관도 영사관으로 바꾸는 계획이 마련되고 있었다. 공사관체제가 영사관체제로 바뀌는 동안 외교 사무는 당분간 스티븐스와 처리하기로 했는데, 그는 한국 외부에서 일하고 있었지만 일본이 추천했던 사람이었다. 둘째, 국경을 넘어온 韓人들이 奉天省 臨江縣 長生堡 주민들에게 끼친 손해에 대해 한국에 손해배상을 요구해야 하지만, 統監府가 아직 설치되지 않은 상황에서 스티븐스를 통해 일본공사나 통감으로 내정된 伊藤博文에게 상황을 알렸다. 셋째, 駐韓公使 曾廣銓이 떠난 뒤에 일본·미국·독일 등도 차례로 공사를 철수했고 총영사를 파견했다.

光緖 31년(1905) 12월에 錢明訓은 일본공사와 한국 외부의 고문관에게 照會를 보내서 奉天省 臨江縣 長生堡에서 일어난 일을 알리고 처리를 요청했다. 光緖 29년(1903)에 長生堡에는 국경을 넘은 韓兵들이 여러 차례 생명과 재산상의 피해를 야기했다. 양국 변경의 官弁은 함께 조사하여 한국이 배상금으로 庫平銀 2만 8천 량을 내기로 약속했지만, 지켜지지 않았다. 또한 安東縣 四道溝에 있는 張世英의 葦塘에서 韓民 朴尙熱이 멋대로 작물을 탈취했고, 義州의 관리 申氏도 그런 행동을 했다. 安東縣에서는 義州郡守에게 조회를 보내서 더 이상 같은 일이 벌어지지 않게 해야 하고 손해를 배상하라고 요구했다.

11월, 외무부는 이미 錢明訓에게 箚文을 보냈다. 箚文에서 韓民과 관리가 제멋대로 국경을 넘어서 작물을 탈취하면 華民의 생계를 어떻게 보장할 수 있겠느냐면서 한국 측에 엄격한 금지와 신속한 처리를 요구하도록 지시했다.

12) 馬廷亮: 訴訟

打架鬪毆卷(一)

館藏號	02-35-062-1
全宗	外務部
系列	駐韓使館保存檔案
宗	馬廷亮: 訴訟案件 1
冊	打架와 鬪毆 안건에 관한 卷宗(打架鬪毆卷)(1)
생산시기	光緒 32년(1906) 윤4월~光緒 34년(1908) 01월
총면수	149
수발자	蔡(欽命登萊靑膠道東海關監督), 馬廷亮, 張國威, 錢廣禧, 劉鳳錫, 馬連和, 兪鎭明, 鶴原定吉, 三浦彌五郎, 桐原彦吉

이 권종은 光緒 32년(1906) 윤4월~光緒 33년(1907) 12월 사이에 발생한 14건의 打架·鬪毆 관련 안건으로 구성되어 있다.

안건의 주요 내용은 다음과 같다.

번호	사건발생시기	사건당사자		사건 내용	면수
		원고	피고		
1	光緒 32년	譚殿楹	譚孟交	譚孟交가 길에서 칼로 譚殿楹을 찌름	11면
2	光緒 32년	李씨	劉씨	이발사 조수 劉씨가 이발사 李씨를 구타	1면
3	光緒 32년	宋金義	王振懋	王振懋가 도박빚 때문에 宋金義를 구타	9면
4	光緒 32년	李元主 등	劉日通	劉日通이 객점에서 한국인 李元主 등을 구타	6면
5	光緒 32년	중국 工人, 미국인		雲山金鑛의 중국 工人이 미국인들과 대치	8면

6	光緒 32년	일본인 工廠의 한국인	李東山의 工人	華商 李東山의 工人들이 일본인 工廠의 한국인들과 싸움	3면
7	光緒 32년	金興信	李國淸·王祖德	李國淸·王祖德이 한국인 金興信을 구타	9면
8	光緒 33년	宣士元	董居鴻	董居鴻이 한국인 宣士元을 구타	25면
9	光緒 33년	汪華榮	向榮壽	向榮壽가 채권자 汪華榮을 구타	11면
10	光緒 33년	車福同	于汪小	于汪小가 한국인 車福同을 구타	6면
11	光緒 33년	姚培林	한국인 3명	姚培林이 한국인 3명에게 구타 당함	12면
12	해당 문서 없음				
13	光緒 33년	王三元·楊運水	新島榮三郎 등 3명	王三元·楊運水 등 2명이 일본인 新島榮三郎 등 3명에게 구타 당함	5면
14	光緒 33년	姚殿甲	한국인 4명	姚殿甲이 한국인 4명에게 구타 당함	39면

1. 譚孟交가 길에서 칼로 譚殿楹을 찌른 사건: 光緒 32년(1906) 윤4월 10일에 譚孟交(산동 萊州府 濰縣 사람, 22세)가 남대문 길가에서 지나가는 譚殿楹의 목을 찔렀다가 巡弁 宋德淸에게 체포되었다. 다행히 담전영의 상처는 크지 않았다. 遊民 담맹교는 아무런 원한관계도 없는 담전영을 찌른 것이다. 欽命登萊靑膠道에서 徐春來를 파견하여 담맹교를 압송하려고 하니 허락했다. 光緒 33년(1907) 4월 孫汝賢, 戴隆德, 譚鴻恩 등 6인의 상인이 담맹교에 대한 具保狀을 제출했다.

2. 이발사 조수 劉씨가 이발사 李씨를 구타한 사건: 光緒 32년(1906) 윤4월 18일에 李씨성의 이발사와 劉씨성의 조수가 말다툼을 벌이다가 조수 劉씨가 이발사를 손바닥으로 구타했다가 체포되었다.

3. 王振懋가 도박 빚 때문에 宋金義를 구타한 사건: 光緒 32년(1906)
   5월 2일에 가게 점원 王振懋(산동 昭延縣 사람)가 宋金義를 구타
   하여 체포되었다. 왕진무는 송금의와 도박을 하다가 20여 원을
   빚지게 되었다. 송금의가 여러 차례 도박 빚을 받으러 와 재촉
   을 하다가 孫見敏(산동 昭延縣 사람)과 말싸움을 하게 되었고,
   왕진무가 병으로 송금의의 머리를 내려쳐 1寸 반 정도 찢어지
   는 15일 치 상처를 입혔다. 5월 7일 具保狀을 제출하여 認可되
   었다.

4. 劉日通이 객점에서 한국인 李元主 등을 구타한 사건: 光緒 32년
   (1906) 5월 15일에 용산에서 趙會文(산동 沂州府 사람, 57세)이
   운영하는 작은 객점에서 청국인 劉日通이 한국인 李元主(37세)
   와 말다툼을 벌이다가 싸웠는데, 劉日通이 이원주의 대퇴부를
   쇠몽둥이로 구타했고, 이원주가 데려온 한국인 金龍云도 劉日通
   에게 양손 엄지손가락을 다쳤다. 劉日通은 체포되었는데 5월 16
   일 具保狀이 제출되어 承認되었다.

5. 雲山金鑛의 중국 工人이 미국인들과 대치한 사건: 光緒 32년(1906)
   5월 29일에 鎭南浦領事館에서 미국인이 운영하는 운산금광에서
   일하는 중국 工人들의 실태를 조사·보고했다. 중국 공인들은,
   石池 축조가 끝나서 華工 140여 명을 흩어 보내려고 하는데 이
   로 인해 소요가 일어날까 염려스럽다는 점, 중국인들이 많아서
   좋은 사람과 나쁜 사람이 섞여 있어 보호가 필요하다는 점, 佟
   씨성의 工人이 서양인을 죽이고 현재 도주 중이라는 점, 金이나

폭약을 훔쳤다가 잡힌 2명(陳勝國, 孫學唐)이 5개월간 拘禁되어 있는데 이들에 대해 訊辦을 요청한다는 점, 중국인 가운데 도박 장이나 煙館을 개설한 자가 많은데 이를 금지시킬 것 등의 5가 지 사항을 요청했다. 또 중국 관리가 華工을 보호해주지 않아 서양인이 華工들을 마음대로 대하고 있다는 점도 지적했다. 마 정량은 진승국, 손학당을 데려올 것과 巡捕를 파견할 것 등을 지시했다.

6. 華商 李東山의 磚窯廠 공인들이 일본인 工廠에서 일하는 한국인 들과 싸운 사건: 光緒 32년(1906) 6월 11일에 華商 李東山이 운 영하는 용산의 瓦署에서 일하는 工人 李芳洪·傅德淸 두 사람이 河渠에 세수하러 갔다가 朴씨성의 한국인이 욕을 하자 가서 구 타했다. 이에 박씨성의 한국 工人은 일본인 工廠으로 달려가 한 국인 40여 명, 일본인 5~6명을 데리고 李東山의 磚窯廠으로 달 려와 양측 공인들 사이에 패싸움이 벌어졌다.

7. 李國淸·王祖德이 한국인 金興信을 구타한 사건: 光緒 32년(1906) 4월 8일에 桃培林菜園에서 일하는 李國淸(榮城縣 사람, 23세)과 王祖德(寧海州 사람, 21세)이 분뇨통을 들고 가다가 大峴村 거리 에서 한국인 金興信을 만나 싸움이 벌어졌다. 김흥신에 따르면 서로 옆을 지나다가 분뇨가 자신의 옷에 튀어서 싸웠고 자신이 나무 곤봉으로 머리를 맞아 10일간 치료를 받아야 한다며 진단 서를 첨부했다. 大韓警務廳警務西署長 警務官 劉鳳錫은 한국총영 사부 경무관 馬連和에게 공문을 보내 이들을 체포했음을 알리

고, 김흥신에게 損害金 6兩과 치료비 30兩을 요구했다. 하지만 중국 巡捕가 조사한 바에 따르면, 이국청·왕조덕이 분뇨통을 들고 지나는데 김흥신의 형제 세 사람이 먼저 돌로 이국청의 오른쪽 어깨를 가격함으로써 싸움이 발생했고, 왕조덕도 가슴에 상처를 입었다고 했다. 마정량은 유봉석에게 이러한 사실을 알리고 두 사람의 석방과 금액 요구의 철회를 요청했다.

8. 董居鴻이 한국인 宣士元을 구타한 사건: 光緒 33년(1907) 4월 15일 磚窯廠의 執事人 董居鴻(산동 永城縣 사람, 37세)이 조선인 脚夫의 소 4두를 쓰는 것과 관련하여 한국인 宣士元과 金錢 관계가 명백히 정산되지 못해 언쟁을 벌이다가 선사원의 왼뺨을 구타했다가 체포되었다. 동거홍은 또한 田地를 산 뒤 정해진 경계 밖에 있는 蔡聖默의 땅까지 무리하게 넓게 차지하고 標를 세운 것에 대해서도 함께 조사를 받았다.

9. 向榮壽가 빚 때문에 채권자 汪華榮을 구타한 사건: 光緒 33년(1907) 6월 12일에 向榮壽(湖北 사람, 47세)가 빚을 독촉하는 汪華榮(호북 사람, 34세)의 왼쪽 이마를 구타했다가 체포되었다. 왕화영은 향영수를 사촌형이라고 부를 정도로 가깝게 지냈는데, 향영수에게 1904년부터 1906년 4월까지 162원을 빌려주었고, 또 1906년 겨울부터 108원 5각을 더 빌려주었다. 왕화영의 부모님이 병이 나서 쪼들리게 되자 빚을 갚으라고 독촉했고, 그 과정에서 향영수가 왕화영을 구타했다. 6월 16일 具保狀이 제출되어 승인되었다.

10. 于汪小가 한국인 車福同을 구타한 사건: 光武 11년(1907) 양력
    5월 9일에 우왕소가 한국인 車福同과 큰 소리를 내면서 싸우
    다가 쇠몽둥이로 구타하여 치명적인 상처를 입혀 체포되었다.
    마정량은 주한청국영사관 측에서도 함께 조사할 수 있도록
    해줄 것을 총독부 총무장관 鶴原定吉에게 요청했다.

11. 姚培林이 한국인 3명에게 구타당한 사건: 光緖 33년(1907) 7월
    27일에 阿峴의 菜園에 혼자 있던 姚培林이 갑자기 나타난 조선
    사람 3명에게 아무 이유 없이 곤봉으로 구타를 당해 全身에
    통증이 생기고 입 오른쪽이 맞아서 구멍이 나서 피를 흘리는
    중상을 당했다. 巡警 金生玉·姜湛然이 추적·조사를 했으나
    누구인지 찾지 못했다. 범인들은 각각 50여 세, 40여 세,
    15~6세 정도의 남자였다. 2주가 넘도록 범인을 잡지 못했는
    데, 마정량은 범인 가운데 한 사람이 金壽千으로 추측된다면서
    한국 경찰이 빨리 범인을 추적·체포해줄 것과, 피해자의 상
    처가 커서 그동안의 약값 5원 20전, 雇工 비용 21원 20전을
    지급받을 수 있도록 해줄 것을 조선통감부 理事官 三浦彌五郎
    에게 요청했다.

12. 문서가 없음.

13. 王三元·楊運水 등 2명이 일본인 新島榮三郎 등 3명에게 구타당
    한 사건: 光緖 33년(1907) 10월 15일에 火夫 왕삼원이 일본인 3명
    에게 구타를 당해 머리에 상처가 생기고 머리카락이 뜯겼으며,

보고를 받고 조사를 하던 巡將 양운수도 일본인 3명에게 이유 없이 구타를 당해 머리, 겨드랑이, 대퇴부에 통증이 생기고 양 손 엄지손가락이 골절되었다. 이들의 병원비가 합쳐서 4원 7각이었다. 마정량은 일본인 범인 가운데 한 명이 新島榮三郎이므로 신속히 체포하여 조사할 것 등을 三浦彌五郎에게 요청했다.

14. 姚殿甲이 한국인 4명에게 구타를 당한 사건: 光緒 33년(1907) 12월 16일에 소공동의 華商 義順館 火食鋪 주인 姚殿甲(산동 維縣사람, 26세)이 한국인 崔仲錫, 柳仁植, 金在榮, 崔在成 등 4명에게 구타당했다. 통감부 경찰 측에서는 한국인 4명이 요전갑에게 구타당했다고 주장했으나, 한국인 4명이 술에 취해 가게를 잘못 들어와 요전갑에게 욕을 하니까 이들을 끌어내다가 싸움이 발생했고 유리와 가구 등이 파손되었다. 요전갑은 머리를 맞아 피를 흘렸는데, 한국인은 김재영과 최중식이 눈썹 옆에 가벼운 상처를 입었을 뿐이다.

이 안건 뒤에는 光緒 34년(1908) 2월 27일 술에 취한 한국인 申雲敬이 가게에 들어와 姚殿甲에게 욕을 하면서 煙竹으로 요전갑의 이마를 때려 피가 났고 둘 다 巡査에게 체포되었다는 안건이 첨부되어 있다.

打架鬪毆卷(二)

館藏號	02-35-062-2
全宗	外務部
系列	駐韓使館保存檔案
宗	馬廷亮: 訴訟案件 2
冊	打架와 鬪毆 안건에 관한 卷宗(打架鬪毆卷)(2)
생산시기	光緒 34년(1908) 1월~동년 11월
총면수	149
수발자	馬廷亮, 石塚英藏, 三浦彌五郎, 唐恩桐, 桐原彦吉, 馬連和

이 권종은 앞의 권종을 이어 光緒 34년(1908) 1월~11월 사이에
발생한 10건의 打架·鬪毆 관련 안건으로 구성되어 있는데, 15~24
까지의 번호가 붙여져 있다.

안건의 주요 내용은 다음과 같다.

번호	사건발생시기	사건 당사자		사건 내용	면수
		원고	피고		
15	光緒 34년	李左賢	呂慶堂	呂慶堂이 술에 취해 李左賢을 구타	4면
16	光緒 34년	高元樹	時吉才藏 등 3명	일본인 時吉才藏 등 3명이 요리집 同香園에서 중국인 高元樹 등을 구타	20면
17	光緒 34년	劉星坦	王馨田	王馨田이 劉星坦에게 돈을 요구하며 구타	14면
18	光緒 34년	張河俊	王玉章	王玉章이 張河俊 등을 구타	2면
19	光緒 34년	吳榮齋·吳順友	大戶喜代造 등 5명	일본인 大戶喜代造 등 5명이 吳榮齋·吳順友를 구타	6면
20	光緒 34년	趙墨西·金生玉	한국인 2명, 일본인 4-5명	한국인 2명과 일본인 4-5명이 趙墨西·金生玉을 구타	8면

21	光緒 34년	李小候· 田由亮 등	王讓三· 王鼎三· 鄭福卿 등	王讓三·王鼎三·鄭福卿 등 3명이 李 小候·田由亮 등을 구타	12면
22	光緒 34년	李忠勝	于守亭	于守亭이 李忠勝을 구타	9면
23	光緒 34년	周廷弼	于德華	于德華가 周廷弼을 구타	9면
24	光緒 34년	孫盛仁	李培興	李培興이 孫盛仁을 구타하고 돈을 갈취	5면

15. 呂慶堂이 술에 취해 李左賢을 구타한 사건: 光緒 34년(1908) 1월
    3일에 東門 內에 있는 전기회사의 巡更인 呂慶堂(福山縣 사람,
    30세)이 수표교 부근 상인 李左賢과 小笠洞에 있는 조선인 朴興
    老의 술집에서 술을 먹다가 만취하여, 술집 주인과도 말다툼
    을 벌이며 이좌현을 구타했다가 체포되었다. 여경당 자신도
    머리 정수리를 다쳤고, 모자, 金洋 9원 餘, 귀마개, 마고자 등
    을 분실했다.

16. 일본인 時吉才藏 등 3명이 요릿집 同香園에서 중국인을 구타한
    사건: 光緒 34년(1908) 2월 22일 밤에 일본인 光武又工門·西村
    彌太郎·時吉才藏 등 3명이 요릿집 同香園에서 여러 요리를 시
    켜 먹고 계산할 때 술과 야채가 적다며 음식값 1원 6分을 1원
    5分으로 깎아달라고 하다가 중국인 점원들과 싸움이 벌어졌
    다. 청나라 측에서는 술에 취한 중국인이 시비를 걸면서 다투
    다가 光武又工門은 계단에서 굴러 머리를 다쳤고, 西村彌太郎은
    도망가다 왼손을 유리에 다쳤으며, 도망가지 못한 時吉才藏은 작
    은 칼을 들고 위협을 해서 점원 王顯謨(산동 福山縣 사람, 25세)
    가 칼을 들고 싸워 붙잡았는데, 이 과정에서 高元樹(산동 蓬萊

縣 사람, 23세)가 일본인에게 병으로 머리를 맞았다고 주장했다. 반면 일본 측에서는 음식 값을 깎아달라고 하는 과정에서 중국인이 먼저 구타를 했고, 光武又工門은 맞아서 계단에서 굴러떨어진 것이고 西村彌太郎은 王顯謨의 칼에 찔린 것이며, 치료비와 衣服費 등을 포함 37圓 75錢을 배상하라고 요구했다. 이에 청나라 측에서는 다시 일본인이 먼저 구타를 했다고 하면서 파손된 同香園의 기물 값이 6元 91錢이라고 했다. 경찰서에서 西村彌太郎은 高元樹에게 음식 값으로 1원을 지불했다. 해당 일본인들은 일본 경찰서에 구속되었고, 마정량은 三浦彌五郎은 이들을 엄하게 처벌해줄 것을 요청했다.

17. 王馨田이 劉星坦에게 돈을 요구하며 싸운 사건: 光緒 34년(1908) 3월 24일에 王馨田이 劉星坦의 집에 가서 아편을 피우면서 돈을 요구하며 싸우다가, 신고를 받고 온 경찰에게 체포되었다. 한국에 온 지 15년 된 劉星坦(北京 宛平縣 사람, 50세)은 林候氏(산동 사람, 44세)와 혼인하여 살고 있었다. 林候氏의 전 남편 林克英이 3女 1男을 남겨두고 旅順에서 病死하자, 劉星坦과 林候氏는 부부의 연을 맺게 되었다. 林候氏의 큰딸과 결혼한 王馨田은 목수일을 하고 있었는데, 한국으로 들어온 뒤 劉星坦과 林候氏에게 돈을 요구했고, 주지 않으면 집에서 나가지를 않았다. 3월 24일에는 집에 와서 소리를 지르고 鴉片을 피우며 돈을 달라고 요구하면서 劉星坦과 싸우다가 체포되었다. 마정량은 仁川領事 唐恩桐에게 인천으로 압송하고, 특히 도망가지 못하도록 조심하라고 지시했다.

18. 光緖 34년(1908) 4월 6일 王玉章이 張河俊 등을 구타한 사건:
    王玉章이 張河俊과 한국인 수레꾼 張德重 등을 구타하여 상해
    를 입혀 南部警視廳에 체포되었다. 張河俊에게는 金洋 4元 2角
    을 배상하고, 아울러 한국인 상인 李鍾夏에게 2元, 수레꾼 千云
    敬에게 1원, 楊成玉에게 1원, 木頭에게 2각 등 총 4원 2각을 배
    상하게 했다.

19. 吳榮齋·吳順友가 일본인 大戶喜代造 등 5명에게 구타당한 사
    건: 光緖 34년(1908) 4월 25일에 남부 소공동의 잡화점 恒盛和
    에서 주인의 처 兪氏(19세)와 花生糖을 사려던 한국인이 지불
    한 白銅錢을 둘러싸고 말싸움이 벌어졌는데, 술이 취해 지나
    가던 일본 工人 大戶喜代造 등 5명이 욕을 하며 점포 안에 들
    어와 吳榮齋와 吳順友를 구타했다. 吳榮齋는 머리를 다치고 코
    뼈를 맞아 코피를 흘렸으며, 점원 吳順友는 왼손 엄지손가락
    을 다쳤다. 도망가던 일본인 가운데 大戶喜代造(28세, 인천 勢
    運田出張所) 1명이 잡혔다. 茶壺, 木提盒 등 점포 안의 물건이
    많이 파괴되어 4元 7角 5分의 피해가 났고, 吳榮齋·吳順友의
    치료비·약값 등이 6원 5각 5분이었다. 마정량은 三浦彌五郎
    에게 大戶喜代造 이외의 다른 일본 범인을 속히 체포하여 엄벌
    을 주고, 피해 금액을 배상할 것을 요구했다.

20. 趙墨西·金生玉이 한국인 2명과 일본인 4~5명에게 구타당한
    사건: 光緖 34년(1908) 6월 22일에 南部 石井洞에서 한 청나라
    사람이 자전거를 타고 가는데 길가의 한국인 여인이 자전거

를 피하다가 개천으로 빠졌고 개천에서 나와 욕을 했다. 근처
에 있던 또 다른 한국인이 우산을 들고서 자전거 탄 중국인을
욕했는데, 근처에서 관망하고 있던 趙墨西의 눈을 찌르고 욕
하면서 두 사람이 趙墨西을 구타했다. 근처에 있던 金生玉이
趙墨西를 끌고 南部出張所로 도망가는데, 갑자기 일본인 양복
점 淸水喜一店에서 일본인 4~5명이 뛰어나와 두 사람을 양복
점 안으로 끌고 들어가 문을 잠그고 곤봉으로 구타했다. 趙墨
西은 중상이 아니었지만, 金生玉은 오른쪽 귀 고막이 파열되는
상해를 당했다. 馬連和가 경성 남부경찰서장 桐原彦吉에게 두
사람을 폭행한 한국인과 일본인들을 체포하여 조사해줄 것을
요청하고, 진단서를 첨부하여 치료비를 청구했다.

21. 王讓三·王鼎三·鄭福卿 등 3명이 李小候·田由亮 등을 구타한
    사건: 상인 王讓三(湖北 사람, 51세, 왕정삼의 兄), 王鼎三(호북
    사람, 46세), 鄭福卿 등 3인이 중국인 李小候를 도와 田由亮을
    설득하여 땅을 독일공사관에 팔아 이익금 1천 400원을 남기
    고, 公司를 설립하기로 했는데, 그 과정에서 光緒 34년(1908) 8
    월 7일 王讓三, 王鼎三, 鄭福卿 등이 서로 짜고 李小候·田由亮
    등을 속이고 구탁하여 돈을 빼앗았다.

22. 于守亭이 李忠勝을 구타한 사건: 光緒 34년(1908) 8월 29일에
    오류동 철로 공사장의 工頭 于守亭(登州府 사람, 35세)이 工人
    李忠勝(산동 봉래현 사람, 29세)과 工錢을 놓고 다툼을 벌이다
    가 于守亭이 다른 工頭 2명과 함께 李忠勝에게 구타를 하고 사

사로이 형벌을 주면서 李忠勝의 돈 3원을 빼앗고, 남은 工錢 2원 8각도 주지 않았다. 이충승이 영사관에 신고를 하자, 뺏기고 받지 못한 工錢 5원 8각과 상해 배상비를 포함하여 총 11원 8각을 지불할 것을 명령했다. 光緒 34년(1908) 9월 7일 具保狀이 제출되어 승인되었다.

23. 于德華가 우유 값을 둘러싸고 周廷弼을 구타한 사건: 東大街 中部에서 天成興을 운영하는 잡화상 于德華(福山縣 사람, 35세)가 매일 아침 東部 孝橋의 火食舖 주인 周廷弼(直隷 順天府 冀州 사람, 38세)에게 우유를 배달해 주었는데, 우유값은 한 甬당 3角이었다. 光緒 34년(1908) 9월 27일 아침에 파괴된 우유 통 2개가 포함되어 있었는데, 周廷弼은 2개 값 6각을 제외한 3원을 지급한 반면 于德華는 2개 값을 포함한 3원 6각을 달라고 말다툼을 하다가 결국 于德華가 周廷弼를 구타하고 周廷弼의 집 안까지 들어가 유리창을 깨고 貨物을 파손했다. 周廷弼에게 약값 4원을 지급했고, 具保人 李寶山이 벌금 4원을 내고 具保狀을 제출했다.

24. 李培興이 孫盛仁을 구타하고 돈을 빼앗은 사건: 光緒 34년(1908) 10월 20일에 孫盛仁이 돈 40원을 전대에 넣고 돌아가는 길에 東興號 주인 李培興의 문 앞을 지나가는데, 이배흥이 갑자기 아들과 점원들을 불러 손성인을 구타하고 돈 40원을 빼앗았다가 체포되었다.

打架鬥毆卷(三)

館藏號	02-35-062-3
全宗	外務部
系列	駐韓使館保存檔案
宗	馬廷亮: 訴訟案件 3
册	打架와 鬥毆 안건에 관한 卷宗(打架鬥毆卷)(3)
생산시기	宣統원년(1909) 1월~宣統2년(1910) 04월
총면수	177
수발자	馬廷亮, 藥師川常義, 三浦彌五郎, 黎子祥, 蔡(元山領事), 徐(山東登萊靑膠兵備道)

이 권종은 宣統원년(1909) 1월~12월 사이에 발생한 10건의 打架·鬥毆 관련 안건으로 구성되어 있다.

안건의 주요 내용은 다음과 같다.

번호	사건발생시기	사건 당사자		사건내용	면수
		원고	피고		
1	宣統 원년	金性培·廉在憲	曲邦傑 등	淸國人 曲邦傑 등 8명이 交河헌병대 보조원 金性培·廉在憲을 구타하고 총기를 탈취	63면
2	宣統 원년	高義淵·李啓澤	王四勳·高鳳山	王四勳·高鳳山이 韓人 高義淵·李啓澤을 구타	10면
3	宣統 원년	宋元植	李培芝	李培芝가 韓人 宋元植을 구타	4면
4	宣統 원년	金亨烈·金永甫	胡賢雲·馬社林	胡賢雲·馬社林이 구걸을 하다가 韓人 金亨烈·金永甫을 구타	33면
5	宣統 원년	張奉根·朴昌根·張雲慶	王汝州	王汝州가 韓人 張奉根·朴昌根·張雲慶 3명을 차례로 구타	4면
6	宣統 원년	島津直一	隋金全	隋金全이 일본인 島津直一을 구타	9면
7	宣統 원년	한국인	李玉琢 등	李玉琢·王有山·斷心城·趙忠才 등 4명이 한국인을 구타	4면

8	宣統 원년	한국인	孫松齋	孫松齋가 蔬繩 가격을 둘러싸고 말싸움을 하다가 韓人을 구타	9면
9	宣統 원년	李致瑞	馬東山	馬東山이 시장 상인 李致瑞에게 총을 발사	34면
10	宣統 원년	李丕燕	馮守信	馮守信이 李丕燕을 칼로 찌름	5면

1. 淸國人 8명이 도박을 하다 交河헌병대 보조원을 구타하고 총기를 탈취한 사건: 宣統원년(1909) 1월 9일에 청국인 8명이 경기도 파주군 春日川里에 있는 吳相根의 집 酒店에 청나라 도박기계를 가져다 도박을 하다가, 도박을 금지하러 온 파주군 교하헌병대 헌병보조원 金性培와 廉在憲을 곤봉과 흉기로 온몸을 구타하여 중상을 입혔다. 도망하던 이들은 1월 23일 고양군에서 검문에 걸려 총기를 버리고 도주하다가 체포되었다. 범인은 曲邦傑(산동 登州府 寧海州 사람, 34세), 王士潭(東武定府 斌州 사람, 44세), 崔和年(東武定府 斌州 사람, 13세), 董鎭有(奉天 袖陽 사람, 44세), 李坤年(黃縣 사람, 43세), 崔同相(산동 東武定府 斌州 사람, 25세), 陳順(關東 懷仁 사람, 29세), 王鳳先(文登 사람, 34세)이고 8명 모두 雜貨 상인이다. 헌병대에서는 春日川里에 사는 李文燮, 黃永基, 朴景云, 吳相根·李召文 부부, 洪泰雲, 李春三, 崔根植 등의 사건 관련 증언을 받았다.

2. 王四勳·高鳳山이 韓人 高義淵·李啓澤을 구타한 사건: 宣統원년 (1909) 3월 16일에 淸國人 王四勳(25세)·高鳳山(23세)이 韓人 高義淵(35세)과 李啓澤을 구타하여 체포되었다. 高義淵은 잡화상 金敎鴻이 소유한 북부 성 밖 토지의 관리인이었는데, 2월 15일

(양력) 淸國人 郭辛公에게 일 년에 60원을 내고 토지를 대여하여
農作을 하도록 했다. 그런데 이들이 農作 이외에 가옥 등을 축
조하자, 4월 25일 가서 이를 금지시키니 王四勳과 高鳳山이 가
지고 있는 농기구로 高義淵을 구타했고, 구하러 달려온 李啓澤
도 함께 구타했다. 이들은 북부경찰서에 체포되었다가 淸國 경
찰관에게 인도되었다.

3. 李培芝가 韓人 宋元植을 구타한 사건: 宣統원년(1909) 3월 26일
   에 청나라 사람 李培芝가 韓人 宋元植을 구타했다가 체포되었다.
   이배지는 落花生을 파는 상인으로 北署 花開洞에서 한국인에 몇
   명에게 落花生을 팔고 있었는데, 韓人 宋元植이 장난으로 落花生
   몇 개를 꺼내는 것을 보고 맨손으로 송원식을 구타했다. 송원
   식도 또한 이배지를 구타하여 함께 경찰서로 체포되어 왔다.
   이배지는 싸움으로 인해 의복도 찢어지고 돈 15원도 잃어버렸
   다. 京城 理事廳 理事官 三浦彌五郎은 마정량에게, 송원식은 충분
   히 타일러서 내보냈으며, 이배지는 성질이 급하고 품행이 불량
   해서 올해 2월에도 한국인들과 떠들고 말싸움을 했다고 하면
   서 이배지를 인도받은 뒤에 충분하게 처분할 것을 요청했다.

4. 胡賢雲 · 馬社林이 구걸을 하다가 韓人 金亨烈 · 金永甫을 구타한 사
   건: 宣統원년(1909) 4월 1일에 淸國人 胡賢雲(奉天 通化縣 사람, 46세)
   과 馬社林(산동 萊州府 사람, 31세)이 韓人 金亨烈(43세)의 집에 가
   서 구걸을 하다가 김형렬과 金永甫(53세)를 구타했다. 일본 경찰
   의 조사에 따르면, 김형렬이 두 사람에게 5釐를 주자 胡賢雲 · 馬

社林이 액수가 너무 적다며 銀貨를 요구했으나 김형렬이 주지 않
자 화를 내며 구타했고, 胡賢雲은 조선식 부엌칼을 휘둘러 눈가
에 상처를 입혔고, 김영보가 달려오자 馬社林이 품 안에서 작은
칼을 커내 휘둘러 두 사람이 상해를 당했다. 많은 한국인이 쫓아
오자 두 사람은 달아나다 붙잡혀 경찰에 인도되었다. 三浦彌五郎
은 청나라 측에 증거품과 함께 두 사람을 인계했다.

청나라에서 이들을 조사한 결과 알려진 사건의 내용은 달랐다.
마정량은 三浦彌五郎에게 통지하기를, 병이 든 데다 돈이 떨어
진 胡賢雲·馬社林 두 사람이 구걸을 하러 김형렬의 집에 갔는
데, 돈은 주지 않고 술에 취한 김영보가 오히려 자신들을 구타
하고 자신들의 옷을 찢어 싸움이 벌어졌으며, 조선식 부엌칼은
자신들 것이 아니라 누가 옆에다 갖다 놓은 것이므로, 강도라는
오명을 뒤집어쓴 것이라고 했다. 아울러 두 사람의 치료비·약
값으로 6圓 40錢을 지불해줄 것을 요청했다.

5. 王汝州가 韓人 張奉根·朴昌根·張雲慶 3명을 차례로 구타한 사
   건: 宣統원년(1909) 5월 7일에 인력거꾼 張奉根이 한 청나라 사
   람과 인력거 운임을 가지고 말다툼을 벌이다 청나라 사람 가슴
   과 허리를 구타했는데, 사탕상인인 朴昌根이 둘 사이를 중재하
   고 있었다. 옆의 修英樓에서 청국인 7~8명이 나오다가 이 광경
   을 보고서는, 그들 중 王汝州가 3척 길이의 곤봉으로 말리던 박
   창근의 머리를 가격하여 심하게 피를 흘렸다. 왕여주는 또한
   그때 그 부근을 지나던 酒商 張雲慶도 구타했다. 일본 경찰 측
   에서는 왕여주를 인도하지 않겠다고 통지했다.

6. 隋金全이 일본인 島津直一을 구타한 사건: 宣統원년(1909) 5월 29일에 新王城建築所 左官 하청 업무에 종사하는 島津直一이 일을 끝내고 건축소 바깥에 서 있는데, 같은 건축 하청인 淸國人 張時英의 雇人 大工業 隋金全(산동 등주부 사람, 49세)이 2층 난간에서 島津直一의 어깨로 소변을 보자 島津直一이 나무랐다. 수금전과 또 다른 2명과 내려와서는 자신이 가지고 있던 陶器로 앞이마를 가격했고, 이름을 알 수 없는 한 사람은 대패대로 오른쪽 어깨를 타격했으며, 또 다른 한 사람은 두 손을 눌러 裂傷을 가해서 島津直一이 큰 중상을 입었다. 三浦彌五郎은 마정량에게, 범인들을 조속히 체포하고 치료비 등에 소요된 26円을 배상 청구했다.

7. 李玉琢·王有山·斷心城·趙忠才 등 4명이 한국인을 구타한 사건: 宣統원년(1909) 6월 1일에 元山領事 黎子祥이 한국인과 패싸움을 벌이다 체포된 淸國人 4명의 호송에 대해서 품부했다. 근래 청진에 들어오는 중국인이 점점 증가하여 1천 2~300명에 이르러 여러 문제가 생겨나고 있는데, 양력 7월 2일 李玉琢·王有山·斷心城·趙忠才 등 4명은 곤봉을 휘두르며 韓人들을 구타하여 중상자 2명, 경상자 4명이 발생했고, 지난 5월 15일에는 한국인 200여 명과 淸國人 50여 명이 집단 패싸움을 벌여 청국인도 중상자 3명 등 부상자가 발생했다고 아뢰었다. 이어서 중국 산동이나 煙台 등지로 한국에서 범죄를 저지른 죄인을 호송하는 길에 대해 건의를 했다.

8. 孫松齋가 蔴繩 가격을 둘러싸고 말싸움을 하다가 韓人을 구타한
   사건: 宣統원년(1909) 6월 10일에 어떤 한국인 한 사람이 청나
   라 상인 孫松齋에게 蔴繩 2束을 사면서 가격을 흥정하다가 싸움
   이 벌어져, 청나라 사람 雷玉精에게 심하게 구타를 당했다. 마
   침 그곳을 지나가던 일본인이 뇌옥정을 끌어낸 뒤 한국인을 데
   리고 나갔다. 곧이어 일본인 4~5명과 청국인 5~6명이 서로
   구타를 하여 부상자가 생겼다.

9. 馬東山이 총으로 시장 상인을 쏜 사건: 宣統원년(1909) 11월 11일
   에 馬東山(산동 登州府 榮城현 사람, 28세)이 시장에서 생선을 산
   뒤 생선 기름을 옆에 있던 具周白의 옷에 닦았다가 싸움이 생겨
   서로 치고받았다. 이에 馬東山이 권총을 꺼내 쏘았는데 잘못 나
   가 근처의 韓人 李致瑞의 겨드랑이를 스쳤으나 다행히 가벼운
   상해만 입혔다. 체포된 마동산은 청나라로 압송되었다.

10. 馮守信이 李丕燕을 칼로 찌른 사건: 宣統원년(1909) 12월 23일
    에 馮守信이 烏山의 박씨성 주인의 점포에서 도박을 하다가 말
    싸움을 하게 되었고 다시 싸움으로 번져 집 밖에 있던 칼로
    李丕燕을 찔러 피가 많이 났다. 宣統2년(1909) 1월 23일에 具保
    狀이 제출되었다.

打架鬥毆卷(四)

館藏號	02-35-062-4
全宗	外務部
系列	駐韓使館保存檔案
宗	馬廷亮: 訴訟案件 4
冊	打架와 鬥毆 안건에 관한 卷宗(打架鬥毆卷)(4)
생산시기	宣統2년(1910) 4월~동년 12월
총면수	78
수발자	馬廷亮, 三浦彌五郎, 高橋康世, 張國威, 有吉忠一

이 안건은 宣統 2년(1910) 4~12월 사이에 발생했던, 5건의 打架·鬥毆 관련 사건을 다룬 것이다. 1. 京城理事廳 理事官 三浦彌五郎이 馬廷亮에게 사건의 개요를 적어 보낸 문건, 王來賓의 供招, 楊成山의 供招, 馬廷亮이 三浦彌五郎에게 보낸 문건, 三浦와 馬廷亮 사이에서 주고받은 문건으로 구성되었다. 2. 京城理事廳 理事官 代理 判理事官 高橋康世가 馬廷亮에게 사건의 개요를 적어 보낸 문서와 첨부한 진단서, 약값 비용을 적은 문서, 袁廣仁의 供招, 袁廣七[隋]·袁廣仁의 甘結 문서, 馬廷亮이 三浦彌五郎에게 보낸 문서로 구성되었다. 3. 李秉萬의 供招, 劉其泰의 供招, 陳兆祥의 具保狀으로 구성되었다. 4. 京城理事廳 理事官 三浦彌五郎이 馬廷亮에게 사건의 개요를 적어 보낸 문서와 첨부한 損害金請求書, 創傷檢案書, 의사 山本喜重郎의 證明書, 王星五의 供招, 馬廷亮이 三浦彌五郎에게 보낸 문서, 王星五의 殘金 지불 각서, 三浦彌五郎이 馬廷亮에게 보낸 문서와 첨부한 영수증으로 구성되었다. 5. 鎭南浦 領事 張國威의 稟文, 馬廷亮이 張國威에게 내린 문서, 馬廷亮이 朝鮮總督府 總務部長 有吉忠一에게 보낸 문서, 有吉忠一이 馬廷亮에게 보낸 문서로 구성되었다.

안건의 주요 내용은 다음과 같다.

번호	사건발생시기	사건 당사자		사건내용	면수
		원고	피고		
1	宣統 2년	李周興	王來賓·楊成山	王來賓 등이 구걸을 하다가 韓人 李周興과 爭鬪	8면
2	宣統 2년	朴東植	袁廣七·袁廣仁	袁廣七 등이 韓人 朴東植과 爭鬪	8면
3	宣統 2년	劉其泰	李秉萬·劉其泰 등 3명	李秉萬·劉其泰 등 3명이 劉其泰와 鬪毆	6면
4	宣統 2년	蔡基顯	王星五	王星五가 討賬으로 인해 韓人 蔡基顯과 鬪毆	14면
5	宣統 2년	洪振邦	韓人	平安北道 朔州郡에서 入中國籍人 洪振邦이 韓人에게 毆傷을 입어 사망함	41면

1. 王來賓 등이 韓人과 싸운 사건: 宣統 2년(1910) 4월 19일에 山東
省人 王來賓(36세)과 楊成山(38세)이 京畿道 交河郡 부근 韓人의
집에 들어가 구걸을 하다가 韓人을 구타했다. 본래 石匠이었던
王來賓은 일이 완료되어 일거리가 없자 楊成山과 함께 乞食을
하게 되었다. 交河郡 石串面 東牌里의 李周鎬의 집에 들어가 구걸
을 하니, 겁을 먹은 家人이 쌀 소량을 한 사람에게 주었다. 사람
이 2명인데 한 사람에게만 주었다고 무례하다고 생각하던 차
에, 이주호의 동생 李周興이 나갔다가 돌아와 두 사람에게 바로
나가라고 하니 두 사람이 화를 내며 가지고 있던 곤봉으로 이
주흥의 왼쪽 머리를 때려 휴업 5일, 치료 10일간의 상처를 입
혔다. 이주흥이 面長 柳根應에게 알리니 면장은 얼마 전 淸國人
이 자기 신발을 훔쳐갔다며, 人民을 모아 두 사람을 잡았다. 交

河巡査駐在所 巡査 島田五一에게 인도했고, 다시 巡査部 巡査 富田
重吉가 파견되어 조사를 한 뒤 開城警察署에서 경기지방 재판소
검사국으로 두 사람의 신병을 관련 서류, 물품 등과 함께 호송
했다. 양력 5월 31일 이들이 强盜未遂毆打創傷罪로 잡혀왔다는
내용의 문건을 三浦彌五郎이 馬廷亮에게 보냈다.(馬廷亮은 음력 4
월 23일 접수).

4월 25일, 26일에 王來賓과 楊成山의 공초를 받았는데, 두 사람
은 일거리가 없어 乞食을 했다고 하면서 韓人들이 먼저 때려 어
쩔 수 없이 대응해서 싸웠다고 주장했다.

4월 27일에 馬廷亮은 두 사람이 일자리가 없어 乞食한 것은 불
쌍하지만 韓人 집에 들어가 욕하고 때린 것은 잘못이라면서 엄
히 처벌해야 한다는 문서를 三浦에게 보냈다.

양력 6월 10일에 三浦는 경성지방재판소의 보고를 받았는데,
참고상 이런 죄에 대한 청나라의 형벌법규가 어떠한지 회답해
달라는 문서를 馬廷亮에게 보냈다(5월 4일 접수).

5월 29일에 馬廷亮은 흉기를 들고 다른 사람을 毆打한 경우 傷
害를 입히지 않았으면 笞 30, 傷害를 입혔으면 笞 40이라고 하
면서, 苦工이었던 두 사람이 잘못을 뉘우치고 있으니 정상을 참
작하여 벌을 줄이거나 석방해주도록 요청하는 문서를 보냈다.
두 사람에 대한 처벌이 어떻게 되었는지는 이후 문건이 없어
알 수가 없다.

2. 袁廣七・袁廣仁이 오이를 따간 韓人과 싸운 사건: 明治 43년(1910)
   6월 22일(양력)에 오후 4시경, 山東省 寧濟州 출신으로 京城 東部

崇信坊 敦岩里에 거주하는 청나라 농민 袁廣七(32세)과 袁廣仁(23세)이 밭에서 오이[黃瓜]를 따고 있었는데, 장례식을 마치고 돌아가던 韓人 20여 명 가운데 한 사람인 崇信坊 城北洞의 金鳳鶴(41세)이 袁廣七에게 오이 하나를 달라고 했다. 袁廣七이 못 준다고 답하자 승강이가 벌어졌다. 옆에 있던 城北洞 朴東植이 중재하여 쌍방을 중지시켰는데, 당사자인 金鳳鶴이 바로 도주를 하자, 袁廣七·袁廣仁이 밭에 두었던 天秤棒과 가래[鍬]를 가지고 가서 朴東植의 허리, 왼팔, 왼쪽 다리를 구타하여 부상을 입혔다. 보고를 받은 東小門 派出所 巡査 崔永淳은 가해자와 피해자를 조사하고, 피해자를 병원에서 치료하게 했는데, 휴업 2주, 全治 4주의 진단이 나왔다. 청나라 巡警廳에 관련 사실을 통보하고, 파견된 청나라 巡警 胡顯虫에게 가해자 2명과 구타에 사용된 天秤棒과 가래 등의 증거품을 인도했다.

6월 27일(양력)에 京城理事廳 理事官 代理 判理事官 高橋康世가 이 사건의 개요와 진행 상황을 기재한 문서를 馬廷亮에게 보내며, 피해자의 휴업 일수에 해당하는 日當과 전치 4주 간의 약값을 요구하고 大韓病院 醫官 鶴田善重의 진단서와 날짜별 약값 비용을 적은 문서를 첨부했다(음력 5월 21일 도착).

5월 23일에 袁廣仁이 다음과 같이 供招했다. 韓人 6명이 자신의 菜園에 왔는데, 그중 한 韓人이 오이 몇 개를 따겠다고 해서 안 된다고 했으나, 다른 韓人이 마음대로 6개를 따서 실랑이를 벌이면서 家兄 袁廣七에게 소리쳤다. 袁廣七이 와서 袁廣仁에게 자초지종을 듣고 韓人에게 이미 의견이 합치되지 않았다며 오이를 따지 못하게 하자, 韓人이 자신의 호미[鋤頭]를 들고 袁廣七

을 때렸으나, 袁廣七이 도리어 호미를 빼앗아 韓人의 몸과 넓적
다리를 각각 한 차례씩 구타했다. 韓人이 곧 도주하여 조선 巡
捕에게 알려 체포되어 인계되었다. 韓人이 따지 말라고 했음에
도 자신의 오이를 땄기 때문에 이런 사건이 발생했다고 했다.
같은 날, 袁廣七[隋]과 袁廣仁이 日金 5元을 내어 약값에 보충하도
록 하면서 再犯을 저지르지 않겠다고 다짐하는 甘結書를 올렸다.
5월 30일에 馬廷亮은 三浦彌五郞에게 문서를 보내, 양쪽이 모두
죄가 있는 듯한데, 袁廣仁에게 벌을 주었고, 韓人의 약값으로 참
작한 비용 2円을 첨부하니 해당 韓人이 받아가게 하라고 했다.

3. 李秉萬 등 3인이 劉其泰와 싸운 사건: 宣統 2년(1910) 6월 4일,
山東省 등주부 출신으로 海關에서 요리사를 하고 있던 李秉萬(32
세)이 法國人 韓法興會社 馬夫 劉其泰(22세, 天津人)가 同順樓飯館
뒤편의 妓女屋에서 큰 소리로 욕하는 소리를 들었다. 당시 유기
태는 同順樓飯館에서 친구와 식사를 마치고 돌아가려던 즈음에
기녀옥에서 미국과 영국 양국의 요리사였던 張守信, 陳文珠가
소란을 피워 급히 妓女屋으로 가서 두 사람과 말다툼을 벌였다.
이 사건은 결국 張과 陳 두 사람의 동료인 李秉萬과 유기태의
말다툼으로 비화했다. 6일 劉其泰는 李秉萬을 만나 다시 말다툼
을 하다가 이병만을 구타했다. 7일 이병만은 유기태가 칼을 들
고 자신을 구타했다고 신고하여 유기태가 순사청에 연행되었
다. 유기태는 칼을 휘두르지 않았고, 이병만이 장수신과 친하
기 때문에 자신에게 불리한 진술을 한다고 주장했다. 양쪽의 공
술서만 있어서 이 사건의 진상은 알 수 없다. 6월 10일 陳兆祥이

劉其泰가 다시는 李秉萬·張守信·陳文珠 등 3인과 싸우지 않게 하겠다는 보증서를 제출하고 유기태는 보석으로 석방되었다.

4. 王星五가 王星五가 외상대금 상환문제로 싸우다가 채기현에게 부상을 입힌 사건: 明治 43년(1910) 7월 16일(양력)에 京城理事廳 理事官 三浦彌五郎이 馬廷亮에게 중국인 王盛五가 韓人 蔡基顯를 구타한 사건에 대해 다음과 같은 문서를 보냈다(음력 6월 10일 도착).

양력 7월 8일[음력 6월 2일] 淸國 山東省 登州府 출신으로 京城 西部 積善坊에 사는 雜貨商 王盛五(33세)가 京城 北部 昌城洞 거주 韓人 蔡基顯(25세)의 집에 가서 외상 물품 대금을 재촉했는데, 代金을 지불하지 않으면 妻를 넘기라고 위협하면서 끌고 가 왼팔로 채기현의 왼팔을 잡고서 오른팔로 채기현의 가슴과 입술을 구타하여 앞니 한 개를 脫落시켜, 평생 씹는 기능에 장애가 올 수 있는 부상을 입혔다는 사건 내용과 損害請求書 등을 京城 地方裁判所 檢事正이 보고했는데, 손해청구서와 의사의 진단서 증명서를 따로 첨부하니 조사해서 어떻게 처분했는지를 알려 달라는 내용이었다.

채기현은 북부 경찰서장 앞으로 제출한 손해금청구서에서 향후 25년간 음식의 자유를 잃어버렸으므로 1년에 12圓씩 합계 300圓과 빠진 앞니의 치료 및 入齒 비용 12圓 70錢을 청구했다. 또 의사 山本喜重郎가 작성한 創傷檢案書에는 평생 씹는 기능에 장애가 있다는 내용이 기재되어 있고, 증명서에는 앞니가 빠졌음을 증명하는 내용이 기재되어 있었다.

王盛五는 다음과 같이 供招했다. 8년 전에 韓國에 와서 西部 夜珠街에서 잡화점인 永增福을 개설했다. 4월에 채기현이 夏布 20尺과 白洋紗布 5尺을 외상으로 사면서 이틀 뒤에 꼭 갚겠다고 했다. 그러나 이틀 뒤에 오지 않았고, 길에서 만났을 때 다시 며칠을 연기했으나 또 오지 않았다. 5월 5일에 채기현 집에 갔으나 20일 뒤에나 돌아온다고 해서 허탕치는 등 여러 차례 집에 찾아갔으나 만나지 못했다. 6월 2일 채기현의 叔父로부터 그가 돌아왔다는 소식을 듣고 찾아가 외상값을 갚으라고 했으나 채기현은 돈이 없다고 했다. 왕성오가 北部 巡捕房에 가서 조사를 받아보자고 그의 옷소매를 잡고 끌고 가려고 하자, 채기현이 입으로 왕성오의 손을 물었다. 너무 아파 손으로 채기현의 얼굴을 쳐서 자기 손을 빼는 과정에서 채기현의 이빨이 빠졌다. 일본 경찰에게 잡혔다가 淸國 巡捕 胡顯忠에게 인도되었는데, 의도적으로 그의 이빨을 脫落시킨 게 아니고 그가 약속한 기일을 넘기고 외상값을 갚지 않아서 생긴 일이라고 진술했다.

6월 16일에 馬廷亮은 三浦彌五郎에게 채기현이 외상값을 갚지 않은 데다가 먼저 왕성오의 손을 물었기 때문에 구타사건이 일어났다고 하면서, 두 사람 모두 상해를 입었는데 채기현이 손해금을 청구한 것은 無理이고 또 가소로운 일이며, 왕성오는 빈궁하게 생업을 유지하고 있어서 韓人에게 배상할 수 없고, 鬪毆한 것에 대해서는 법에 따라 엄히 다스려 처분하는 것이 마땅하다고 했다.

양력 8월 17일에 三浦彌五郎은 馬廷亮에게, 왕성오의 처지는 알

겠지만 채기현의 앞니가 빠지고 평생 씹지 못하게 되었으니, 손해청구서에 상당하는 조치를 취하고, 왕성오를 법률에 의거하여 처벌해주도록 다시 요청했다(7월 13일 도착).

8월 4일에 馬廷亮은 三浦彌五郎에게 채기현이 요청한 12元 70錢 가운데, 외상 대금 2元 44錢을 제외한 10元 26錢을 지급하도록 했으며, 왕성오가 지금은 돈이 없으므로 음력 8월 16일을 기한으로 지급하겠다는 내용의 문서를 보내고, 왕성오의 지급보증 각서를 첨부했다.

양력 9월 20일에 京城地方裁判所檢事局에서 10원 26전을 영수했다는 領收證을 淸國總領事府 앞으로 보냈다.

5. 中國籍을 가진 한국인 洪振邦이 韓人에게 맞아 사망한 사건: 宣統 2년(1910) 8월 12일에 鎭南浦 領事 張國威이 다음과 같은 稟文을 올렸다.

7월 22일 平安道 朔州郡 新安洞에서 韓人들이 술에 취해 행패를 부리면서 중국인을 구타하여, '원래는 韓人이었으나 入中國籍한' 洪振邦(47세)이 이틀 뒤 사망했고, 중국인 3명이 부상을 당했으며, 華商의 家財와 貨物이 피해를 당했다. 朔州憲兵分遣所에서는 사망자 가족에게 19元 50錢에게 장례비용을 지불했을 뿐, 韓人들이 逃散했다고 하면서 華商의 피해 貨物에 대해서는 아무 조치를 취하지 않았다.

8월 14일 馬廷亮이 일본 관리에게 따져 물으라는 문서를 張國威에게 내렸다.

8월 28일 張國威는 稟文을 올려, 馬廷亮이 8월 19일에 보낸 '日

韓合倂으로 治權을 회수하여 각국 교민의 생명과 재산이 일본의
일률적인 보호 아래 들어간다'는 訓示를 접했다고 하면서, 부상
자가 모두 17명이고, 약탈당한 華商은 15家로 잃어버린 貨物의
가치는 모두 379元 96錢이며, 또 다툼 중에 잃어버린 華商의 貨
帳의 액수가 모두 3,081元 3角 5分이라고 보고했다. 朔州憲兵分
遣所의 巡査는 겉으로는 막는 척하면서 실제로는 조선인을 부
추겼다고 했다. 여기에 華商의 貨物財産損失名單 1종과 조선인이
중국 상점에 변제하지 않고 있는 貨物 代金 내역서 1종을 첨부
했다.

9월 4일 張國威는 稟文을 올려, 洪振邦을 죽인 것은 조선인 姜致
煥이며 홍진방에 대해서 더 조사하겠다고 보고하면서, 8월 27
일 新義州 理事廳 理事官 深川傳次郎이 이번 사건을 조사해서 알
려주겠다는 문서를 초록해서 첨부했다.

9월 9일 마정량은 朝鮮總督府 總務部長 有吉忠一에게 이번 사건
을 잘 조사해달라고 부탁하는 문서를 보냈다.

장국위는 9월 18일에 홍진방의 동생 洪振福(32세)이 나타나 심
문을 했는데, 형 홍진방은 홍진복이 13세 때 아버지 洪迪九를
따라 함께 중국으로 갔다가 辮髮改服하여 중국 사람이 되었다
고 하면서 헤어진 지 19년이 되었다고 稟文을 올렸고, 9월 19
일에는 가해자인 조선인은 金廠 官房의 苦力(쿨리)이고, 피해자
인 華商들은 모두 소매상인이라고 稟文을 올렸다.

明治 44년(1911) 양력 1월 19일 有吉忠一은 '朝鮮人爭鬪의 件'이
라는 문건을 보내, 平安北道 警務副長 永間春明의 조사 보고서에
따르면, 淸측의 주장이 사실과 다른 점이 있다고 했다.

첫째, 홍진방은 조선인이라는 점

둘째, 당시 朔州憲兵分遣所의 上等兵 2명과 보조원 2명은 출장 중이어서 그 자리에 없었기 때문에 조선인을 부추겼다는 것은 잘못이라는 점

셋째, 청국인 피해자는 3명이며 피해도 輕微하다는 점

넷째, 조선인 피해는 사망자 1명, 중상자 1명, 경상자 2명이라는 점

사건의 경위는 坑夫 康有坤이 상점 앞에서 淸人 2명과 돼지고기를 요리하고 있던 畢序鴻의 도마 끝을 밟고 지나가자 시비가 붙었는데, 지나가던 조선인 坑夫들이 구경하려고 모여들자 장작을 들고 휘둘러, 이를 말리던 조선인 賢國珍의 머리를 때려 조선인과 싸움이 붙었다. 畢序鴻이 중국인 10여 명을 부르고, 조선인 坑夫가 백여 명으로 늘어나 싸움이 커졌다. 따로 처리 결과는 알 수 없다.

仁川釜山華商私運制錢來韓案卷

館藏號	02-35-062-5
全宗	外務部
系列	駐韓使館保存檔案
宗	馬廷亮: 訴訟案件 5
冊	仁川과 釜山의 華商이 私私로이 制錢을 운반해서 大韓帝國으로 온 안건
생산시기	光緖 33년(1907) 9월~宣統2년(1910) 8월
총면수	28
수발자	馬廷亮, 唐恩桐, 賈文燕

이 안건은 중국 制錢을 한국으로 밀반입하다가 적발된 두 개의 사
건으로 구성되어 있다. 두 사건이 따로 구분되어 있지 않으나 내용
상 두 개의 사건으로 구분하였다.

안건의 주요 내용은 다음과 같다.

번호	사건발생시기	사건 당사자		사건 내용	면수
		원고	피고		
1	光緖 33년		公源厚 · 興源號	公源厚 · 興源號가 중국 制錢을 부산과 마산으로 밀반입했다가 적발됨	23면
2	宣統 2년		李發興 · 永福盛	李發興 · 永福盛가 중국 制錢을 싣고 가다 적발됨	4면

1. 公源厚 · 興源號가 중국 制錢을 부산과 마산으로 밀반입한 사건:
   馬廷亮이 光緖 33년(1907) 9월 15일 統監府의 外事課長 小松綠으
   로부터, 鐵道管理局이 청나라 상인이 중국 엽전을 운반하다가
   잡혔다는 報告를 전해 받은 뒤, 인천 영사 唐恩桐과 부산 영사

賈文燕에게 조사와 처리를 지시했다.

仁川의 淸國 租界 中興運送公司가, 西曆 10월 15일 오후 7시 20분에 馬山浦에 가는 기차에 중국 엽전 762斤을 실어 馬山 居留 淸商 和興號에게 운반해 건네주다가 일본 巡檢에게 잡혔다. 9월 20일 마정량은 중국 制錢을 私販하고 出境한 것은 엄한 범죄이므로 은밀하고 자세히 조사하여 보고하도록 당은동에게 지시했다. 9월 27일에 당은동은 인천의 公源厚·興源 두 상점 주인을 불러 조사했다. 公源厚는 客人 姜復興 등을 대신하여 부산 永增源과 마산포 和興號에게 2차에 걸쳐 중국 制錢 3,640량을 운반해주었고, 興源號는 객인 孫金浦를 대신하여 마산포 瑞祥號에게 2차에 걸쳐 2百6千有零을 운반해주었으나, 모두 죄를 인정한 데다 남긴 이윤이 별로 없고 다른 상인들이 보증을 선다고 하므로, 선처를 호소하는 稟文을 올렸다. 마정량이 다시 조사를 지시하자, 10월 18일 당은동은 公源厚·興源號는 모두 초범이고 衙署 수리비 480원을 내겠다고 했으므로 다시 선처를 호소하는 稟文을 올렸다.

10월 21일 마정량은 부산 영사 賈文燕에게 부산 永增源과 마산포 和興號·瑞祥號를 조사할 것을 지시했다. 10월 28일 賈文燕은 永增源과 和興號·瑞祥號가 洋錢 750원을 衙署 수리비로 내겠다고 했고, 永增源·瑞祥號·和興號에게 각각 洋錢 450원, 200원, 100원의 벌금형을 부과했다고 보고했다. 이어 12월 12일 和興號에 남아 있던 制錢 一百千文을 중국 烟台로 가는 山東 丸輪船에 실어 중국으로 돌려보냈다고 보고했다.

2. 중국 李發興·永福盛 2척의 범선이 중국 制錢을 싣고 가다 적발
   된 사건: 宣統2년(1910) 8월 賈文燕은, 봄에 군산 해관에서 중국
   범섬 李發興·永福盛 2척이 실고 가던 중국 制錢을 획득했고, 船
   伙 8인, 私錢을 은닉한 華商 13인 등을 인천으로 돌려보냈고 群
   山 日本理事廳에서 알리자, 연행자들을 보석으로 풀어주고 私錢
   은 중국으로 돌려보냈다고 보고하면서, 아울러 그동안의 총 소
   요비용 884元 6角 9分의 내역을 첨부했다.

私製販賣紅蔘案

館藏號	02-35-062-6
全宗	外務部
系列	駐韓使館保存檔案
宗	馬廷亮: 訴訟案件 6
冊	사사로이 紅蔘을 제조하여 판매한 것에 대한 안건(私製販賣紅蔘案)
생산시기	光緒 32년(1906) 4월~光緒 33년(1907) 10월
총면수	154
수발자	馬廷亮, 三浦彌五郎, 李完鎔, 鶴原定吉, 尹宗求, 高瀨經德, 山田平之(?), 楠本茂作, 石塚英藏

이 안건은 光緒 32년(1906) 4월~光緒 33년(1907) 10월에 발생한 水蔘 구매, 紅蔘 私製 등과 관련된 13건의 사건을 다루고 있다. 문서 끝에 2호, 3호의 高汝樹 관련 문서가 잘못 첨부되어 있다.

안건의 주요 내용은 다음과 같다.

번호	사건발생시기	사건 당사자		사건내용	면수
		원고	피고		
1	光緒 32년		郭謂臣·許鎭水	郭謂臣·許鎭水 등이 구매한 홍삼을 나포당함	2면
2	光緒 32년		高汝樹·曲懷增	高汝樹·曲懷增이 水蔘을 潛買, 紅蔘으로 私製하여 독일인에게 공급	2면
3	光緒 32년		高汝樹·曲懷增	高汝樹·曲懷增에 대한 조사와 처리	13면
4	光緒 32년		孫照泰	孫照泰가 盜掘한 紅蔘을 운반하다 적발됨	6면
5	光緒 32년		王雲圃	王雲圃가 홍삼을 구매했다 체포된 사건	2면
6	光緒 32년		張汀南	張汀南이 홍삼을 구입했다 체포된 사건	4면

7	光緒 32년		孫希忠 등 5명	孫希忠 등 5명이 사사로이 홍삼을 제조	27면
8	光緒 33년		高崑山	高崑山이 사사로이 水蔘을 구매	11면
9	光緒 33년		王少堂	王少堂이 사사로이 水蔘을 구매하여 人蔘을 제조	13면
10	光緒 34년		謝世昌	謝世昌이 홍삼을 몰래 구매	18면
11	光緒 34년		初復禮 등	개성경찰서에서 홍삼을 사사로이 제조한 初復禮 등 3인을 이송	11면
12	光緒 33년		立德昌公司	立德昌公司이 중개 수수료의 지급을 요청	2면
13	光緒 33년		陶寅保	상해 職商 陶寅保가 한국 官蔘 판매 시도 과정에서의 수수료를 청구	32면

1. 郭謂臣・許鎭水 등이 구매한 홍삼을 나포당한 사건: 光緒 32년(1906) 4월에 곽위신 등은 光緒 31년(1905) 9월 5일 松都에서 매입한 홍삼 21근을 516元을 사가지고 나오다가 송도 서문 밖에서 蔘政課 巡捕에게 빼앗겼는데, 똑같이 홍삼을 빼앗긴 일본 상인들은 9월 7일 日本理事館을 통해 구입가격 그대로 賠償을 받았지만, 자신들은 아직도 賠償을 받지 못했다고 하면서 홍삼 값을 되돌려 받을 수 있게 해달라고 간청했다. 馬廷亮은 京城 理事廳의 三浦彌五郎에게 이러한 사실을 알리고 홍삼 값을 되돌려 받을 수 있게 협조를 요청했다.

2. 高汝樹・曲懷增이 水蔘을 潛買, 紅蔘으로 私製하여 독일인에게 공급한 사건: 경기도 파주 納老里場市에서 행상을 하는 淸國人 고여수(45세)는 光武 9년(1906) 7월에 水蔘賊 玄仁甫의 집에서 水蔘 30근가량을 4천 냥에 潛買하고, 光武 10년(1906) 5월에는 馬東明・현인보 등에게 또 수삼 30근가량을 2,250냥에 潛買하여 독일인

梅理慈에게 판매했다. 또 兎山郡에서 행상하는 곡회증(37세)도 1906년 5월에 水蔘 두 자루를 鄭基玉·현인보에게 7천 냥에 潛 買하여 紅蔘으로 제조한 뒤 독일인 梅理慈에게 판매했다. 長湍郡 守 尹宗求가 마동명·현인보와 함께 고여수·곡회증을 체포하 여 압송했다. 光武 10년(1906) 9월 1일에 京畿道 觀察使 署理 水 原郡守 李完鎔이 마정량에게 이 사실을 통지하고 이들을 조사· 처분할 것임을 알렸다.

3. 高汝樹·曲懷增에 대한 조사와 처리 사건: 고여수·곡회증은 압 송되어 조사를 받았다. 光緖 32년(1906) 7월 13일 마정량은 統 監府 總務長官 鶴原定吉에게, 이들은 수삼을 구매한 것이고 수삼 과 홍삼은 같지 않으므로 이들이 홍삼을 潛買했다는 것은 말이 되지 않으며, 長湍郡의 巡捕들이 요구한 380원 가운데 180원이 모자라자 곤봉으로 마구 구타를 하여 두 사람이 傷害를 당했다 고 하면서 장단군수의 巡捕들을 엄중히 조사하도록 요청하면서 巡捕들이 뇌물을 요구한 것을 알렸다. 상회 德盛興 등이 具保狀 을 제출했고, 마정량은 장단군수에게 180원을 우편으로 지불했 음을 알렸다. 11월 23일 德盛興이 고여수·곡회증에 대한 벌금 80圓을 지불하여 보증을 받았다.

4. 孫照泰가 盜掘한 紅蔘을 운반하다 적발된 사건: 손조태가 紅蔘을 운반하다 적발된 사건에 대한 사건이다. 光緖 32년(1906) 7월 20일에 마정량은. 손조태가 그 홍삼이 盜掘한 것인지 모르고 일 본 상인의 요청으로 80원의 가격으로 운반을 했던 것이고 私蔘

을 판매하려 한 것은 아니라면서. 承認을 받은 具保狀을 첨부하
여 三浦彌五郎에게 잘 조사·처리해줄 것을 요청했다.

5. 王雲圃가 홍삼을 구매했다 체포된 사건: 산동 寧海州 사람 왕운
   포(51세)가 홍삼 157뿌리[枝]를 샀다가 체포되었다. 光緒 32년
   (1906) 9월 17일에 초범인 데다가 具保狀을 제출하며 석방을 호
   소하자 9월 23일 승인이 내려졌다.

6. 張汀南이 홍삼을 구입했다 체포된 사건: 절강성 사람 장정남(58
   세)이 松都를 지나다가 좋지 않은 精力을 보충하고자 30원을 주
   고 홍삼 3근을 구입했다가 체포되었다. 光緒 32년(1906) 9월 12
   일과 18일에 禁令을 알지 못했다는 내용의 具保狀을 제출하여
   19일 승인이 내려졌다.

7. 孫希忠 등 5인이 사사로이 홍삼을 제조한 사건: 光緒 32년(1906)
   9월 8일에 萊州府 사람 손희충(29세)과 牟吉祥, 孫希奎, 牟傳楹 등
   이 사사로이 홍삼을 제조하다 체포되었다. 具保狀을 받고 光緒
   33년(1907) 2월 14일 保釋이 認可되었다.

8. 高崑山이 사사로이 水蔘을 구매한 사건: 光緒 33년(1907) 8월 16일
   에 松都에서 잡화점을 하고 있던 산동 福山縣 사람 高崑山(35세)이
   근처의 한국인 全性年이 가져온 水蔘 4근을 紙票 14元에 구매하
   여 몰래 인삼을 제조하다가 巡檢 金德鎬·金容善에게 체포되었
   다. 光緒 33년(1907) 8월 20일 具保狀을 받고 保釋이 승인되었다.

9. 王少堂이 사사로이 水蔘을 구매하여 人蔘을 제조한 사건: 光緒 33
년(1907) 8월 26일에 왕소당(또는 王佑宗, 산동 蓬萊縣 사람, 56
세)이 인삼을 제조하다 체포되었다. 왕소당은 조선에서 10여
년 산 뒤 산동 烟台로 돌아갔다가 올해 다시 개성에 들어온 지
한 달 반 정도 되었다. 한국인 孫宗煥(41세)에게 10차에 걸쳐 水
蔘 20여 근을 구매하여 사사로이 홍삼을 제조하다가 巡檢 朴鍾
夏·馬箕英 등 3인에게 체포되었다. 光緒 33년(1907) 9월 2일 具
保狀을 제출하고 벌금 20원을 납부하여 保釋이 인가되었다.

10. 謝世昌이 홍삼을 몰래 구매한 사건: 사세창(浙江省 寧波府 사람,
37세)은 漢城의 水標橋 부근에서 약방을 하고 있었다. 光緒 34
년(1908) 3월 11일에 개성으로 가서 한국인 李照淵(45세)으로
부터 홍삼 4근과 尾蔘 11근을 46원에 몰래 구입하여 일본인 丸
山重吉의 집에 숨겨두었다. 3월 14일 일본 巡査 君山佐次郎 등 3
인의 巡捕에게 숨겨놓은 홍삼이 발견되어 체포되었다. 3월 18
일 청나라 측에 인도되었고, 光緒 34년(1908) 3월 18일 具保狀
을 제출하고 벌금 20원을 납부했다.

11. 개성경찰서에서 홍삼을 사사로이 제조한 初復禮 등 3인을 이
송한 사건: 光緒 34년(1908) 8월 18일에 개성경찰서 巡査 金學
鉉·金斗煥·金秀衍 등 3인이 개성군 북부에 있는 清國人 王砂
堂의 집에서 人蔘을 蒸造한다는 것을 認知했다. 인삼 제조는 정
부만이 하는 것이고 내외국인을 막론하고 私製는 불법행위이
므로 왕사당의 집을 찾아 들어갔으나, 왕사당은 도주했고 인

삼을 제조하고 있던 청나라 사람 初福禮(山東 寧海州 사람, 34
세), 孫志翰(산동 사람, 22세), 初殿元(奉天 金州 사람, 19세) 등
3인을 체포했다. 이들 말에 따르면, 주인 왕사당이 3~4일 전
에 34~35세 가량의 한국인에게 5원을 주고 蔘을 구매하여,
일당 50錢을 주고 홍삼을 만들도록 했다고 한다. 宣統 원년
(1909) (양) 3월 8일, 이들은 개성경찰서로부터 淸國領事館으로
이송되었다.

12. 상해 華商 立德昌公司의 중개 수수료에 대한 사건: 상해의 華商
    立德昌公司가 한국 宮內府 經理院 蔘政監理 趙慶濬을 도와 한국
    官蔘의 판매를 도우며 발생했던 중개 수수료를 받지 못하자,
    光緖 33년(1907) 6월 27일에 마정량이 統監府 總務長官 鶴原定
    吉에게 수수료를 지급해줄 것을 요청했다.

13. 상해 職商 陶寅保가 한국 官蔘 판매 시도 과정에서의 수수료를
    청구한 사건: 상해 立德昌公司 職商 도인보(江蘇 鎭江府 丹徒縣
    사람, 54세)는, 光緖 31년(1905) 8월에 한국 궁내부 경리원 蔘
    政監理 趙慶濬이 상해로 건너와 官蔘 6만 7천 근을 6,700圓에
    판매하는 것을 중개했는데, 그 과정에서 여비 등 4,500원을
    포함하여 수수료 1만 1,200원이 소요되었다. 그런데 官蔘 판
    매는 성사되지 못했고, 도인보는 중개 수수료를 받지 못하게
    되었다. 도인보는 여러 차례 한국으로 건너와 經理院卿 崔暨,
    監督 劉臣赫을 만나 光武皇帝가 직접 서명한 인준서를 보이며
    수수료 지급을 요청하는 한편, 마정량을 통해 통감부에도 자

세한 내역을 설명하면서 수수료 지급을 요청했다. 統監府 參與官 石塚英藏은, 조경준과 도인보 사이에 중개수수료에 대한 어떠한 계약도 없었고 官蔘 판매도 성사되지 못하여 수수료를 지급할 필요는 없으나, 韓清 양국의 종래 관행을 따르고 또 도인보가 官蔘 판매 시도 과정에서 盡力한 공로를 인정하여 지급한다는 度支部 臨時財産整理局長의 보고에 따라, 宣統원년(1909) 3월 6일 第一銀行 수표로 1만 1,200원을 지급했다.

館藏號	02-35-062-7
全宗	總理各國事務衙門
系列	駐韓使館保存檔案
宗	馬廷亮: 訴訟案件 7
冊	금전 貸借에 관한 소송에 관한 卷宗(錢債案卷) (1)
생산시기	光緒 32年(1906)~光緒 32年(1907)
총면수	152
수발자	馬廷亮, 三宅長策, 京城覆審 법원 민사 제1부 재판장, 唐恩桐, 三浦彌五郎

이 안건은 마정량 시기의 금전 대차에 관한 9건의 소송 사건을 다루고 있다. 1. 畢仁然의 품에 대해 총순경청에서 조사한 사항을 馬廷亮에게 올린 보고서와 마정량의 批文으로 구성되어 있다. 2. 한관 李裕健과 華商 同豊號가 인삼 매매를 둘러싸고 일어난 사건에 대해 마정량이 일본이사관에 보낸 조회로 구성되어 있다. 3. 曲隨宜가 陳信과 동업을 하다가 회계장부 처리가 불분명하여 이를 해결해 줄 것을 청한 안건으로, 이를 해결하기 위해 올린 품과 이에 대한 마정량의 비문, 총순경청에서 조사하여 올린 보고서, 조사 문서, 서약서 등의 문건으로 구성되어 있다. 4. 동순태가 마정량에 올린 품문과 마정량의 비문, 마정량과 일본 이사청 이사관 미우라 야고로(三浦彌五郎)가 주고받은 조회와 답신, 그리고 孫景文의 상속인 孫承在가 譚傑生에 대해 고소한 품과 孫承在의 변호를 맡은 일본인 변호사가 작성한 공소장 등으로 구성되어 있다. 5. 왕개순의 품에 의거하여 조사한 문서, 공술, 서약서, 이에 대한 마정량의 비문과 한성화상총회 董事의 품과 이에 대한 비문 등으로 구성되어 있다. 6. 袁敬之가 장덕복에게 받지

못한 미상환금을 죽은 張德福의 부인이 부채를 책임지고 상환하는 과정에서 올린 품과 이에 대한 마정량의 비문, 張劉氏에 대한 조사문서, 장유씨의 품과 이에 대한 비문 등으로 구성되어 있다. 7. 인천 唐領事의 보고서와 劉金銘의 동생 劉文元이 소지하고 있던 짐 속의 장물 목록, 東昌恒 등이 馬廷亮에 올린 품문, 劉金銘이 東昌恒 등 6家에 외상 거래한 화물대금 품목, 마정량의 비문으로 구성되어 있다. 8. 劉乾元의 품문, 陳兆麟의 품문, 총영사관의 소집 전단, 조사문서, 劉乾元과 陳兆麟의 공술, 진조린이 품문형식으로 올린 서약서, 마정량의 비문으로 구성되어 있다. 9. 孫維庚의 품문과 마정량의 비문으로 구성되어 있다.

안건의 주요 내용은 다음과 같다.

번호	사건 발생시기	사건 당사자		사건내용	면수
		원고	피고		
1	光緒 32년	畢仁然	姜日文	동업자 간 회계 분쟁	3
2	光緒 26년	同豊號	李裕健	한국 관리 李裕健과 중국상인 사이의 인삼 매매를 둘러싼 채무 분쟁	4
3	光緒 32년	曲隨宜	陳信	동업자 간 회계 처리를 둘러싼 분쟁	9
4	光緒 32년	孫允弼 孫承在	譚傑生	同順泰와 조선인 孫承在 사이의 부채 청산을 둘러싼 분쟁	50
5	光緒 32년	王開潤	王開順	형제간 재산 분쟁	24
6	光緒 32년	袁敬之	張德福 張劉氏	남편 미상환 부채의 미망인 승계를 둘러싼 분쟁	15
7	光緒 32년	東昌恒 등	劉金銘	외상거래 후 미상환 도주 사건	26
8	光緒 32년	劉乾元	陳兆麟	유건원과 陳兆麟 사이의 부채를 상계 처리하는 안건	15
9	光緒 32년	孫維庚	李茂功	동업자 간 불화 및 영업정리	4

1. 동업자 간 회계 분쟁: 원고 畢仁然은 미장공이고 被告 姜日文은 紅砂門내에서 목공업을 하는 사람으로, 畢仁然이 姜日文의 영업 장에서 노동을 했는데 두 사람 사이에 회계가 명확하지 않아 사건이 발생한 것이다. 총순경청의 보고에 의하면 光緒 30년 (1904)부터 31년(1905) 사이의 두 사람의 회계 장부를 조사하 려고 했지만 남아 있는 것은 光緒 31년(1905) 장부뿐이었다. 畢 仁然은 자신이 저축한 돈이 8원이라고 했는데 장부상에 10원의 가불금이 기록되어 있었다. 필인연의 말은 주식이 122원 있었 다고 말하는데 믿을 수 없고, 사건을 명확하게 처리할 수 없다 는 것이다. 따라서 강일문이 5원을 주고 그를 면직시켜 사건을 마무리하려고 하자 필인연이 이에 불복하여 光緒 32년 4월 마 정량에 품을 올린 것이다. 이에 대해 마정량은 총회 각 동사에 게 전하여 처리하도록 지시했다.

2. 한국 관리 李裕健과 중국상인 사이의 인삼 매매를 둘러싼 채무 분쟁: 한국 관리 李裕健이 光緒 26년(1900) 華商 同豊號를 총영사 관에 고소했다. 당시 公使는 徐公使였는데 심문을 해본 결과 李 裕健이 同豊號를 사취했다는 판결을 했다. 그 후에 이유건은 숨 어 나타나지 않고 있다가 서수붕 공사가 귀국하자 다시 품을 올려 동풍호를 고소했다. 그러자 전임 서공사가 사람을 파견하 여 여러 차례 심문조사를 하여 이유건이 사기친 전모를 드러냈 다. 그런데 光緒 28년(1902) 이유건이 天津의 北洋大臣 直隷總督 衙門에 와 다시 고소했고 袁世凱 總督은 芝罘道臺에게 조사하여 처리하라고 지시했다. 이에 해당 道臺가 회계장부를 조사하자

이유건은 할 말이 없게 되었다. 이유건은 光緖 31년(1905) 갑자기 일본 변호사 高橋章의 도움으로 동풍호의 빚을 해당 변호사가 분할하여 대신 받기로 했다고 말했다. 그러자 吳其藻 總領事가 11월27일 심문하여 판결하기를 동풍호는 이미 영업을 하지 않고 회계장부도 이미 자본주 虞晴溪가 중국으로 가져갔다고 하며 이유건에 대해 반박했다. 이 안은 이미 吳其藻에 의해 안이 기각된 상태였다.

그런데 마정량은 일본 이사관으로부터 동풍호의 채무를 關繁太郎이 대신 받기로 했다는 조회문을 받게 되었다. 光緖 32년 윤4월 25일 마정량이 三浦彌五郎에게 조회를 보냈다. 그 내용은 이유건이 동풍호의 채권을 關繁太郎에게 일부를 양도했다고 하는데 채권 양도에는 반드시 원 채권자가 허락했다는 확실한 증거가 있어야 비로소 신뢰할 수 있다. 또한 동풍호가 이미 휴업한 지 오래되었고 이유건이 동풍호의 주인도 아니니 이유건의 청을 허락할 수 없다는 것이다. 그 이후의 일은 알 수 없다.

3. 동업자 간 회계 처리를 둘러싼 분쟁: 曲隨宜는 光緖 30년(1904) 같은 북방상인 陳信과 동업하여 방앗간 영업을 했다. 曲隨宜가 目不識丁이라 장부의 금전출입은 陳信이 담당했는데 그가 회계장부를 속이는 일이 여러 번 있었다. 이에 곡수의는 진신에게 장부를 정리하여 각자 영업을 하자고 했는데 갑자기 어느 날 도둑을 맞았다고 하고 여러 가지 의심스러운 정황이 있었다. 따라서 곡수의가 光緖 32년 윤4월에 품을 올려, 진신을 소환심문하고 공정한 판결을 내려주기를 청했다. 이에 총순경청이 조

사를 해보니 점포내의 모든 매매 장부는 모두 陳信 혼자 관리
했다는 것이 확실하고 상품은 모두 진신의 입에서 주문이 나갔
고 도둑을 맞은 일도 분명하지 않다고 보고했다. 총순경청에
따르면 곡수의는 일금 57원 7각과 노새 한 마리를 받고, 지분
은 3:7로 나누어서 사건을 종결하기를 청했다고 보고했다. 이
에 대해 마정량은 방앗간 장부는 모두 陳信의 손으로 정리했는
데 그가 조심하지 않아서 4, 5백 원을 도둑맞았다고 하고 지금
남은 것은 지폐 57원 72분이라고 하는데, 곡수의가 이 돈과 노
새 한 마리를 받고, 부채를 3:7로 나누고 서약서를 작성하여 사
건을 종결할 것을 지시했다. 이에 곡수의의 서약서를 받고 안
건을 종결했다.

4. 同順泰와 조선인 孫承在 사이의 부채 청산을 둘러싼 분쟁: 광서
   12년(1886) 9월 동순태호는 조선 松都府人 孫景文과 그의 동생
   孫允弼 및 한성인 玄聖一과 함께 한성에 객잔을 개설했다. 이 객
   잔은 3년 동안 큰 탈이 없었는데 1889년 11월 28일 밤 孫允弼
   이 야반도주해서 조사해보니 집에 남은 물건이 없었고, 동순태
   를 비롯해서 20여 명에게 빚을 졌다. 그 가운데 동순태의 채권
   이 가장 컸다. 한 달 여쯤 지나서 손윤필 등이 다시 무역을 하
   기 위해 한성에 돌아와서 조선 관원 金宗源에게 부채의 조정을
   요청하고 저축 장부와 자신의 가옥 4곳을 내놓았다. 집과 돈을
   모두 내어놓아도 여전히 7천 6백 77吊 90문의 빚이 남아 있었
   는데 손윤필은 계속해서 갚겠다고 약속했다. 그러나 갚지 않고
   집문서는 유실되어 알 수가 없었다. 10여 년이 지나 집값이 오

르자, 광서 32년(1906) 손경문의 아들 孫承在가 일본 변호사를
통해 가지고 있던 집문서를 근거로 동순태호 譚傑生을 고소했
다. 손승재는 손윤필 등이 파산하여 도주하자, 담걸생이 이 기
회를 이용해서 불법으로 자신들의 4채의 집과 가산을 빼앗고
상점을 개설했다고 고소했다. 그 뒤 손경문이 자신의 재산으로
동생 손윤필의 부채를 갚았으나, 동순태는 부채를 모두 상환하
지 않았다는 이유로 가산과 가구를 돌려주지 않았다고 주장했
다. 이에 손윤필과 손승재는 담걸생이 객주의 부채 10萬 1千 4
百 9兩 중 반액을 손윤필에게 변제해야 한다고 청구했다. 이에
동순태 담걸생은 마정량에게 품을 올려, 손윤필이 옛 집문서를
건네주고 18년 동안 쌓인 부채의 원금과 이자 일금 17만 4백
63원 91錢을 전부 상환할 수 있도록 해달라고 요청했다.

5. 형제간 재산 분쟁: 王開順과 王開潤은 형제인데 王開潤은 光緒 28
   년(1902) 志興東 잡화점을 개설했다. 동생인 王開潤이 노모를 부
   양했고, 왕개윤의 동생 王開仁도 지흥동에서 일을 하며 급료를
   받고 있었다. 왕개윤은 부모와 3형제가 함께 살았고 집이 3채
   였다. 한 채는 친형 왕개순에게 빌려주어 살게 했고, 다른 한
   채는 음식점으로 세를 주었는데, 매년 1百吊의 수입이 있었다.
   임대료는 왕개순이 대신 받았는데, 이를 동생 왕개윤에게 주지
   않았다. 왕개순은 광서 31년(1905) 8월에는 왕개윤에게 돈 1百
   吊을 빌려갔고, 부모가 죽었을 때도 왕개윤이 장례비 6百餘吊을
   부담했다. 그러나 왕개순은 동생의 재산이 부모에게 받은 것을
   더 크게 확장시킨 것이라 믿고 왕개윤에게 점포 출자금을 받아

내려는 소송을 했다. 소송 결과 왕개윤이 형 왕개순에게 여비로 40원을 지급하라는 것이었다. 그 대신 왕개순은 돈을 받고 고향으로 돌아가 다시 한성에 오지 않겠다고 서약을 했다. 그러나 광서 32년 6월 왕개순이 또 다시 동생을 찾아와서 왕개윤의 머리를 잡아채어 난동을 부리고 욕을 했다. 셋째 동생 왕개인이 참지 못하고 이를 막다가 신발로 왕개순의 이마에 상처를 입히게 되자 왕개순이 또 다시 품을 올려 소송을 했다. 마정량이 북방상회에 넘겨 처리하도록 명하였으나 북방상회가 품을 올려 이 안건은 집안일이고 원고, 피고 양쪽 모두 말을 듣지 않아 처리하기 곤란하다는 것을 알려왔다. 마정량은 이들이 본적지에 가서 친척들에게 처리를 부탁하도록 지시를 내렸다. 그리고 왕개윤은 왕개순에게 15원을 주도록 하고 왕개순은 다시는 한성에 오지 않겠다는 서약서를 제출했다. 그러나 왕개순은 광서 33년 8월 세 번째로 왕개윤의 지흥동에 와서 점포 출자금을 분할해 줄 것을 요구하며 다시 품을 올렸다. 董商 張時英 등이 이 사건을 조사한 결과 왕개윤의 재산은 형과는 무관하고 왕개윤이 독립하여 경영에 힘써 일궈낸 것이었다. 왕개윤이 형제의 의리로 왕개순에게 410원을 주고, 왕개순은 더 이상 한국에 와서 소란을 피우는 일이 없도록 하여 사건을 종결했다.

6. 남편 미상환 부채의 미망인 승계를 둘러싼 분쟁: 袁敬之는 광서 27년(1901) 7월 湖南人 張德福에게 집문서 1장을 담보로 일본돈 5백원을 빌려주고 매달 1백원과 2分半의 이자를 받기로 했으며 장덕복은 그해 11월에 원금과 이자를 모두 청산하기로 했다.

또한 만약 기한을 넘겨 상환하지 않으면 집을 원경지에게 넘겨
주기로 했다. 얼마 후 장덕복이 내지에서 영업을 하다가 죽고
그의 처가 부채를 책임지게 되었다. 그러나 기한이 지나도록
부채를 상환하지 않자 광서 32년 5월 袁敬之가 품을 올려 부채
상환을 독촉해 주기를 청했다. 이에 장덕복의 張劉氏는 갚을 돈
이 없으니 원경지가 담보로 맡긴 집을 사서 빚을 청산하고, 남
는 돈이 있으면 장유씨가 자식을 양육할 수 있도록 해달라고
했다. 이에 마정량이 집을 팔아 빚을 청산하라고 지시했다.
하지만 장유씨가 여전히 빚을 갚지 않자, 광서 33년 6월 원경
지가 다시 품을 올려 다음과 같이 청했다. 광서 27년 7월부터
광서 32년 7월까지 윤달 2달을 합하여 모두 74개월 동안 매월
1백원에 이자 2元 5角을 계산하면 원금과 이자가 1,425원인데
해당 가옥을 시가로 계산하면 일본 돈 1,000원 정도밖에 되지
않으니 여전히 425원이 부족했다. 따라서 장덕복의 약속대로
장유씨가 가옥을 넘겨주어 부채를 청산할 수 있게 해달라고 청
했다. 그러자 장유씨가 다시 품을 올려 총서에서 자신의 집을
팔아 부채를 상환하라고 판결했지만 과부가 어린 자식을 데리
고 살기가 힘드니 불쌍히 여겨달라고 청했다. 마정량은 장유씨
가 돈을 상환할 능력이 없으니 집을 판 돈 천원 중 5백원은 원
경지에게 갚고, 나머지 5백원은 원경지와 장유씨가 균등하게
분할하라고 판결했다. 이 사건은 광서 34년 10월 남방 동사 黃
月亭의 중재로 원경지가 일본돈 3백50원을 받고 저당 잡힌 집
문서는 장유씨에게 돌려주어 종결되었다.

7. 외상거래 후 미상환 도주 사건: 山東 榮城人 劉金銘 등은 漢城 東
  王宮街에서 協增字號 잡화점을 개설했는데, 東昌恒 등 6개의 점
  포와 화물대금을 외상거래 했다. 이는 돈으로 환산하면 7백여
  원 정도였다. 광서 32년(1906) 6월 유금명이 화물을 가지고 도
  주하자, 동창항 등이 인천에 가서 순찰의 도움으로 同增泰 범선
  에 숨어있던 유금명의 동생 劉文元을 체포했다. 그러나 화물은
  찾지 못하고 劉文元이 가지고 있던 짐 두 개와 10원 이외에 동
  증태 선주 王合盛을 추궁하여 추가로 밝혀낸 짐 5개만 회수했
  다. 여기서 획득한 물건은 임시로 동창항 점포 내에 보관하고
  유문원은 순찰에게 넘겨 관리하게 했다. 東昌恒 등은 유문원과
  선주 王合盛이 동향이고 서로 공모하고 있는 것 같고, 말로는
  10원밖에 없다고 했지만 사실이 아닌 것 같다고 하며 광서 32
  년 6월 마정량에 품을 올려 처리해 줄 것을 요청했다. 이에 마
  정량은 유금명 점포에 남아있는 화물은 해당 상호들이 승계하
  고 점포에 있던 가구 등은 북방상회가 돈으로 바꾸어 각 상호
  에게 배분하라고 판결했다.

8. 유건원과 陳兆麟 사이의 부채를 상계 처리하는 안건: 河南人 유
  건원은 天津人 에게 외상으로 생아편 6백 90원어치를 받아 판
  매했다. 판매대금으로 외상을 갚았는데, 市洋 1백 70원 2각을
  상환하지 못했다. 한편 진조린은 유건원을 보증인으로 장유씨
  에게 2백 40원을 빌렸다. 진조린이 이 돈을 상환하지 않자 광
  서 32년(1906) 7월 유건원이 총영사 마정량에게 품을 올려 진
  조린이 빚을 상환하도록 조치를 취해 달라고 청했다. 이에 마

정량은 유건원이 진조린에게 갚아야 할 외상대금 市洋 1백 71
원 6각을 상계 처리하고, 나머지 市洋 68원 4각을 진조린이 유
건원에게 갚으라고 지시했다.

9. 동업자 간 불화 및 영업정리: 光緖 31년(1905) 9월 孫維庚은 李
   茂功, 李慶功 형제와 동업으로 天義樓 음식점을 개설했다. 당시
   손유경은 市洋 4백원을 투자하고 李茂功은 시양 2백원을 투자
   했다. 光緖 32년 2월 손유경이 귀국한 틈을 타서 이무공 형제가
   마음대로 점포의 문을 닫고 근처 상점들로부터 외상값도 받지
   않았다. 光緖 32년 8월 손유경이 품을 올려 이 사건을 처리해줄
   것을 청했다. 마정량은 북방동사에게 孫維庚이 올린 품문의 내
   용이 사실인지 여부를 확인하고 해당 장부를 조사하여 공평하
   게 처리하라고 지시했다. 光緖 32년 9월 손유경이 다시 품문을
   올려 처리해 줄 것을 요청했는데, 처리 결과는 알 수 없다.

錢債案卷(二)

館藏號	02-35-062-8
全宗	總理各國事務衙門
系列	駐韓使館保存檔案
宗	馬廷亮: 訴訟案件 8
册	금전 貸借에 관한 소송에 관한 卷宗(錢債案卷) (2)
생산시기	光緒 32年(1906)
총면수	126
수발자	馬廷亮, 三浦彌五郎, 統監府 總務長官, 唐恩桐

이 안건은 앞의 錢債案卷 1에 이어 금전 貸借에 관한 9건의 소송사
건을 다루고 있다. 10. 成興永 孫緒義가 毛永順을 상대로 채무 상환을
하지 않는 건에 대해 구명하고 처벌해 주기를 간청하며 올린 품과
이에 대한 마정량의 비문, 조사문서, 서약서, 보증서, 영수증, 화물목
록 등으로 구성되어 있다. 11. 화상 高鳴岐의 품과 중국 순찰청이 마
정량에 올린 청원서로 구성되어 있다. 12. 상호 怡泰의 품과 순찰청
이 마정량에 올린 청원서, 寶泰昌의 채무 목록, 조사문서, 보증서 등
으로 구성되어 있다. 13. 苑景春과 香泉居 逢寶珠에 대한 조사문사 및
공술, 苑景春의 서약서, 마정량의 비문으로 구성되어 있다. 14. 서성
춘의 품과 이에 대한 마정량의 비문, 高源臣의 부채장부, 마정량이
일본 이사관 三浦彌五郎에게 보낸 조회, 고원신의 점포에 남아 있는
화물 목록 등으로 구성되어 있다. 15. 西公順이 올린 품과 이에 대한
마정량의 비문, 마정량이 일본 총무장관에게 보내는 조회와 마정량
이 인천 영사에 보내는 서신 등으로 구성되어 있다. 16. 孫培滿, 樂春
盛, 袁木堂, 李兆順이 마정량에 올리는 품과 증빙 문서, 마정량이 일

본 이사관 三浦彌五郎에게 보내는 조회 등의 문건으로 구성되어 있
다. 17. 화상 閻廣善의 품문, 마정량이 일본이사관 三浦彌五郎에게 보
내는 조회, 통역 張上達의 품, 마정량의 비문, 화상 裕豊德과 天成德의
품, 계약서 등으로 구성되어 있다. 18. 陳老鐵의 공술과 耿玉安의 공
술, 마정량의 비문으로 구성되어 있다.

안건의 주요 내용은 다음과 같다.

번호	사건 발생시기	사건 당사자		사건내용	면수
		원고	피고		
10	光緒 32년	成興永, 員春盛, 永盛利	毛永順	成興永 등이 毛永順의 부채 상환을 독 촉하는 소송	32
11	光緒 32년	高鳴岐	禹致公	韓人 禹致公이 화상 高鳴岐에게 환전을 빙자해 사기를 친 사건	2
12	光緒 32년	怡泰	姜培桂	점포 임대료 체납 안건	6
13	光緒 32년	香泉居	苑景春	苑景春이 香泉居에 진 빚 상환문제	7
14	光緒 32년	林育成, 瑞盛春 등	高源臣	華商 廣和順 등이 한인 高源臣이 부채를 상환하지 않고 도망가자 고원신의 물건 을 처분하여 부채를 상환하게 해달라는 청원	38
15	光緒 32년	西公順	金漢俊, 崔喜黙	西公順이 韓人 金漢俊에게 구입한 집문 서의 진위에 관한 안건	7
16	光緒 32년	孫培滿, 樂春盛, 袁木堂 등	藤勝組	목공 孫培滿 등의 임금 체불 안건	5
17	光緒 32년	閻廣善	中原鐵臣	화상 閻廣善이 일본인 中原鐵臣에게 공 사대금 지급을 요청하는 안건	25
18	光緒 32년	陳老鐵	耿玉安	외상대금 상환을 재촉하자 칼로 위협하 고 자해한 사건	3

10. 成興永 등이 毛永順의 부채 상환을 독촉하는 소송: 山東 萊州府

人 毛永順은 충청도 청주에서 상점을 개설했는데, 화상 成興永에 거액의 부채를 지고 갚지 않자 光緒 32년(1906) 8월 성흥영이 소송을 제기했다. 마정량이 모영순에게 부채를 상환하라고 명령을 내렸으나 모영순은 억지를 부리고 갚지 않았다. 수차례 소송에도 모영순은 부채를 갚지 않고 각지를 돌아다니면서 불법으로 영업을 해서 돈을 벌었다. 모영순은 가난하지 않고 여유가 있는데도 갚지 않아, 光緒 32년 12월 성흥영 등이 다시 부채 반환 소송을 제기했다. 이에 마정량은 成興永, 員春盛, 永盛利를 總署에 소환하여 모영순과 대질 심문을 한 결과, 모영순이 교활하고 간악하며 그가 사람을 속였다는 것이 분명하다고 결론을 내렸다. 그래서 순찰 楊運水에게 원고들과 함께 모영순을 데리고 직접 청주에 가서 모영순의 집을 봉인하고 집안의 모든 물건을 검사하라고 지시를 내렸고, 모영순의 재산을 처분한 뒤 채권 상인들에게 채권비율에 따라 공평하게 나누어주라고 총상회에 지시했다.

11. 韓人 禹致公이 화상 高鳴岐에게 환전을 빙자해 사기를 친 사건: 高鳴岐는 駱洞에서 火食점포를 했는데, 光緒 32년(1906) 8월 평소에 알던 韓人 禹致公이 와서 자신에게 일본 돈이 약간 있는데 은화로 바꾸어 달라고 했다. 高鳴岐는 禹致公에게 은화 40원을 주고 일본 돈 20원을 받기로 했다. 우치공이 은화 40원을 가지고 가면서 즉시 일본 돈으로 바꾸어 주겠다고 해서 고명기는 우치공의 집 앞에서 몇 시간을 기다렸다. 그러나 날이 저물어도 우치공이 나오지 않자 집으로 들어가 물으니, 동생

이 그 돈을 가지고 이미 도망을 갔다고 했다. 고명기가 우치공을 조선 순찰에게 신고하여 체포했지만 여전히 돈을 돌려주지 않았다. 고명기가 마정량에 품을 올려 돈을 돌려받을 수 있도록 해줄 것을 청했다. 그 결과에 대해서는 관련 문건이 없어 알 수 없다.

12. 점포 임대료 체납 안건: 상호 怡泰는 남문대가의 기와집 한 채를 寶泰昌에게 세를 주고 매월 은 28원의 임대료를 받기로 계약을 했다. 그러나 光緒 32년(1906) 6월부터 3개월 동안 밀린 임대료가 모두 84원인데 여러 차례 재촉했지만 계속 미룰 뿐 갚을 기미를 보이지 않았다. 光緒 32년 8월 怡泰가 품을 올려 寶泰昌이 임대료를 모두 지불하고 점포를 비워 다른 세입자를 구할 수 있도록 해달라고 청했다. 마정량은 믿을만한 확실한 보증인을 세워 寶泰昌이 各家에게 진 빚을 갚을 방법을 강구하여 처리하라고 지시했다. 이에 따라 萬源興이 보증을 서고 구류되어 있던 寶泰昌의 姜培桂이 석방되었다.

13. 苑景春이 香泉居에 진 빚 상환문제: 光緒 32년(1906) 9월 苑景春이 香泉居에 진 빚 市洋 12원 9각을 계속 미루고 상환하지 않았을 뿐 아니라 戰萬杰과 내통하여 빚을 떼어 먹으려 했다. 香泉居의 逄寶珠가 품문을 올려 양자가 조사를 받게 되었다. 그러나 원경춘이 순찰의 권고에도 불복하자 5일의 기한 내에 市洋 12원 9각을 향천거가 모두 받을 때까지 원경춘을 署에 구류했다. 원경춘은 자신의 잘못을 시인하고 석방해 주면 다시

는 범법 행위를 하지 않을 것을 서약했다. 이후의 결과는 알
수 없지만 빚을 갚고 석방된 것으로 보인다.

14. 華商 廣和順 등이 한인 高源臣이 부채를 상환하지 않고 도망가
자 고원신의 물건을 처분하여 부채를 상환하게 해달라는 청
원: 한인 高源臣은 惠橋 中署에서 잡화점을 열고 영업을 했는데
평소에 華商 廣和順, 瑞盛春, 洪順福, 大成義, 裕泰春 등과 왕래가
잦아 상인들이 믿고 의심하지 않았다. 그런데 光緒 32년(1906)
8월 고원신이 갑자기 도망을 갔다. 고원신이 각 상호에게 갚
아야 할 돈은 瑞盛春에 일본 돈 187원 5각, 廣和順에 한국 돈
3,739원 5각, 洪順福에 한국 돈 2,145원, 大成義에 일본돈 777
원 8각, 裕泰春에 한국 돈 9, 908원이었다. 상인들이이 품을
올려, 한성부에 조회하여 고원신의 점포에 남아 있는 물건을
조사하게 하고 그를 체포해달라고 청했다. 이외에 고원신이
화상 林育成의 점포에서 松石油 24상자, 81원 6각 어치를 가져
간 뒤, 31원 6각을 갚지 않아 임육성도 품을 올려 빚의 상환
을 청원했다. 마정량은 일본 이사관에게 조회하여 한성부윤에
게 전하여 처리해달라고 요청했다.

光緒 33년 5월 廣和順 등이 다시 품을 올려 고원신 상점의 물
건을 담보로 잡고 봉인한지 9개월이나 지나 손해를 피할 수
없으니, 속히 고원신의 모든 화물을 셈하여 상인 등에게 돌려
주어 손실을 면하게 해주기를 청했다. 마정량이 일본 이사관
三浦彌五郎에게 조회를 보내, 고원신의 부채안을 조사하여 화
물을 봉인한 것이 10개월이 되었는데, 한국 관리가 자꾸 처분

을 연기하여 상인들이 손해를 보고 있으니 고원신이 화상들에
게 진 채무를 5월까지 청산하게 해 줄 것을 요청했다. 만일
기한을 넘기면 총영사가 사람을 파견하여 처리할 것임을 통보
했다. 마정량은 일본 고원신이 남긴 화물을 공매하면 모두 日
金 1,020원인데, 고원신이 여섯 상호에 빚진 부채는 4,155원
40전이기 때문에 4분의 1밖에 되지 않는다는 사실을 전했다.
그래서 華商이 큰 손해를 입었으니 三浦彌五郎은 한성부윤에 전
하여 고원신이 이외에 가산이 없는 지 조사해달라고 요청했다.

15. 西公順이 韓人 金漢俊에게 구입한 집문서의 진위에 관한 안건:
海州 韓人 金漢俊은 西公順에게 日金 6백원의 채무가 있었는데,
돈이 없어 황해도 海州城의 집 한 채를 7천 5백량에 서공순에
게 팔아 채무를 변제했다. 金漢俊은 원래의 집문서를 잃어버려
사본만 있다고 했다. 서공순은 해주 지방관에 품을 올려 이러
한 사실을 분명히 해 줄 것을 요청하고, 원래의 주인 金昌一에
게 확인하고 당시 官契를 근거로 계약을 했다. 반년 후에 한인
崔喜黙이라는 자가 이 집의 주인이라고 하며 자기 마음대로
이 집을 세 주었다. 서공순은 해주 관찰사에 이를 기소했다.
그런데 서공순이 김한준에게 산 집은 모두 6칸인데 최희묵의
집문서에는 4칸뿐이었다. 韓官과 최희묵이 여러 면에서 애매
하고 분명하지 않다고 판단하여 서공순은 光緖 32년(1906) 10
월 품을 올려, 한성부에 조회해서 사실을 규명하여 집을 돌려
달라고 청했다. 마정량은 統監府의 總務長官에게 한국 해당 관
청에 조회하여 공평하게 처리해 주고 집을 화상에게 돌려주

기를 요청했다. 총무장관은 海州는 인천 이사관의 관할이고 이미 이 일을 처리했으니 청국 영사와 해당 이사가 직접 교섭하라고 답변했다. 마정량은 인천 영사에게 원래 품의 사본과 총서에 도착한 통감부의 서신 사본을 가지고 인천 이사청과 교섭한 후 보고하라고 지시를 내렸다. 결국 光緖 32년 12월 서공순이 總署로부터 집문서 2장을 돌려받았다.

16. 목공 孫培滿 등의 임금 체불 안건: 북방 목공 孫培滿, 樂春盛, 袁木堂, 李兆順은 일본인 藤勝組의 일을 해주고 매일 급료로 1원씩 받기로 하고 모두 233일 반을 일했다. 藤勝組는 임금 가운데 39원 4각을 지불했고 205원 7각 5분을 체불했다. 목공들이 돈을 달라고 재촉했지만 지불하지 않자 光緖 32년(1906) 10월 孫培滿 등이 품을 올려, 理事府에 조회하여 임금을 받을 수 있도록 해주기를 청했다. 마정량은 일본 이사관 三浦彌五郎에게 조회를 보내 藤勝組를 법정에 서게 하고 밀린 임금을 전부 지불하하도록 해달라고 요청했다. 三浦彌五郎은 藤勝組가 통감부 건축 공사장에서 중국 목공들에게 임금을 줄 수 없었던 것은 일본인 청부업자 禾田이 도망했기 때문이라는 것임을 알려왔다. 마정량은 다시 三浦彌五郎에게 조회를 보내 禾田을 체포하여 법정에 세워 목공들의 임금을 청산 받을 수 있도록 해주기를 요청했다.

17. 화상 閻廣善이 일본인 中原鐵臣에게 공사대금 지급을 요청하는 안건: 光緖 32년(1906) 3월 閻廣善은 일본 俱樂部 中原鐵臣에게

건물 건축을 청부받았다. 이 공사는 일본인 松尾와 中島傳治郞 두 사람이 중개했는데, 松尾는 1,050원을 中島는 950원을 중개료로 받기로 하고 공사대금 金洋 45,000원은 3차례에 나누어 받기로 했다. 염광선이 제1차 공사대금을 받기도 전에 中原鐵臣이 귀국해 버려 공사가 중단되었다. 공사가 중단되었음에도 불구하고 松尾가 중개료를 받으려 하자, 閣廣善은 光緖 32년 9월에 총영사에 품문을 올려 中原鐵臣으로부터 공사대금을 받을 수 있도록 해줄 것을 요청했다.

18. 외상대금 상환을 재촉하자 칼로 위협하고 자해한 사건: 直隷人 耿玉安이 陳老鐵의 점포에서 외상으로 120여 원어치 물건을 가져간 뒤 상환하지 않았다. 陳老鐵이 계속 耿玉安에게 상환할 것을 촉구하자 耿玉安은 칼을 가지고 사람들을 위협하고 자신의 몸을 자해했다. 光緖 32년(1906) 12월 마정량은 耿玉安이 칼을 가지고 사람을 다치게 하고 자신의 수족에 상처를 냈으니 곤장 200대의 책임이 있으나 耿玉安을 석방하고 칼은 창고에 보관하라고 지시했다.

錢債案卷(三)

館藏號	02-35-062-9
全宗	總理各國事務衙門
系列	駐韓使館保存檔案
宗	馬廷亮: 訴訟案件 9
冊	금전 貸借에 관한 소송에 관한 卷宗(錢債案卷) (3)
생산시기	光緒 34年(1908)~宣統2年(1910)
총면수	206
수발자	馬廷亮, 高橋康世, 三浦彌五郞

　　이 안건은 금전 대차에 관한 14건의 소송사건을 다루고 있다. 1.
元春興 등이 韓商 朴大植이 파산하여 진 빚을 청산하게 해달라고 청
한 품을 비롯하여 총순경청이 마정량에게 올린 보고서, 朴大植의 채
무 목록 및 마정량에 일본 이사관에 보내는 조회 등 문건으로 구성
되어 있다. 2. 상인 鄧其芬이 마정량에 올린 품과 마정량의 비문, 仁
科三也의 한성 本町通增田의 거래 내역, 마정량이 일본 이사관 三浦彌
五郞에 보내는 조회 등 문건으로 구성되어 있다. 3. 元春茂 등이 마정
량에 올리는 품, 마정량의 비문, 李鐘臺의 채무 목록, 총순경청이 마
정량에게 올리는 보고서, 마정량이 일본 이사관에 보내는 조회 등의
문건으로 구성되어 있다. 4. 총순경청이 마정량에게 올리는 보고서
1건과 德生泰의 품문, 楊錫光의 공술 등으로 구성되어 있다. 5. 韓商
高聖煥이 元春興 등에게 부채를 지고 도주한 사건에 대한 총순경청의
마정량에 대한 보고서로 구성되어 있다. 6. 永盛合, 德增祥 등이 한상
朴柄祐, 林炳圭 등에게 부채를 상환 받는 과정에서 발생한 각종 품과
비문, 조사문서, 마정량이 일본 이사관에 보내는 조회와 이에 대한

답변 등의 문건으로 구성되어 있다. 7. 한인 金公善이 德生泰 杜雲亭에 물건 값을 빚지고 갈등이 일어난 사건에 대한 조사문서, 마정량의 비문, 재판과정에서 전달문서, 보증서, 마정량이 일본 이사관 三浦彌五郎에 보내는 조회, 총순경청에서 마정량에게 올리는 보고서 등 문건으로 구성되어 있다. 8. 田渭安의 품문과 마정량의 비문, 조사문서와 전달문서, 田渭安과 周瑞夫가 계약한 임대계약서, 마정량이 山東登萊靑膠兵備道 徐에게 보내는 移文 등의 문건으로 구성되어 있다. 9. 劉瑾臣이 마정량에 올린 품, 이에 대한 批文, 조사문서, 雷珣이 마정량에 올린 품과 비문 등으로 구성되어 있다. 10. 黃月亭의 품과 함께 올린 임차지 계약서와 마정량이 일본 이사관에 보내는 조회로 구성되어 있다. 11. 북방 농민 王成金, 于遵海이 일본인 渡邊章의 채소밭에 고용되어 밀린 임금을 받는 과정에서 오고 간 품과 마정량이 일본 이사관에 보내는 조회로 구성되어 있다. 12. 德興號 鄭元輝가 친필로 쓴 증서 한 장으로 구성되어 있다. 13. 戴益三이 마정량에 올린 품과 마정량이 일본 이사관에 조회하는 서신으로 구성되어 있다. 14. 同順泰號의 품과 마정량의 비문, 조사문서, 마정량이 일본 이사관에 보내는 조회 등 문건으로 구성되어 있다.

안건의 주요 내용은 다음과 같다.

번호	사건 발생시기	사건 당사자		사건내용	면수
		원고	피고		
1	光緒 34년	元春興	朴大植	韓商 朴大植이 외상대금을 갚지 않고 도주한 사건	7

2	光緒 34년	鄧其芬	仁科三也	일본인 仁科三也의 외상대금 상환을 재촉하는 안건	4
3	光緒 34년	元春茂, 同順興 등	李鐘臺	韓商 李鐘臺가 외상대금을 갚지 않고 도망간 안건	16
4	光緒 34년	德生泰	孫壽永	韓人 孫壽永의 외상대금 청산에 관한 안건	11
5	光緒 34년	元春興	高聖煥	韓商 高聖煥의 채무 청산 안건	4
6	光緒 34년	永盛合, 德增祥 등	朴柄祐, 林炳圭	한인 林炳圭의 채무 청산에 관한 소송 안건	26
7	光緒 34년	德生泰	金公善	한인 金公善과 화상 杜丕松의 채무 상환에 관한 분쟁	19
8	光緒 34년	田渭安	周瑞夫	화상 周端夫의 집세 미납에 대한 처리 안건	35
9	光緒 34년	劉瑾臣	雷珣	雷珣이 채무를 상환하지 않고 자신의 채무를 劉瑾臣에게 전가한 사건	21
10	光緒 34년	黃月亭	相川彥市	일본 상인 相川彥市에게 세 준 토지를 반환해달라는 청원	4
11	光緒 34년	王成金, 于遵海	渡邊章	日人 渡邊章의 임금 체불 안건	3
12	光緒 34년	德興號 各股東	鄭元輝	鄭元輝의 德興號 전용자금 상환 각서	2
13	光緒 34년	戴益三	李漢英	2품 職官 李漢英의 양복 대금 미납 안건	4
14	光緒 34년	同順泰, 楊吉貞	劉貴臣	북방 상인 劉貴臣의 채무 처리 안건	46

1. 韓商 朴大植이 외상대금을 갚지 않고 도주한 사건: 韓商 朴大植은 小廣橋에서 잡화점 영업을 했는데, 光緒 33년(1907) 12월 박대식은 元春興 등 상인에게 외상대금 日金 1천여원을 갚지 않고 도산한 뒤 종적을 감춰버렸다. 元春興 등 상인들이 日韓 경찰에 보고하고 동시에 중국 경찰 楊運水와 함께 점포에 가서 물건들을 조사하고 봉인했다. 光緒 34년 정월 元春興은 박대식의 채무 목록과 함께 마정량에 품을 올려 처리해줄 것을 청했다. 마정량은 일본 이사관에 조회를 보내 박대식을 체포하고 화물을 팔아 빚을 청산할 수 있게 해달라고 요청했다.

2. 일본인 仁科三也의 외상대금 상환을 재촉하는 안건: 상인 鄧其芬
   은 인천에 安興公司를 개설했는데 光緒 33년(1907)에 일본인 仁
   科三也가 呂宋烟 궐련 179원 4분어치를 외상으로 가져갔다. 이
   가운데 145원은 지불했고 34원 4분은 지불하지 않았다. 여러
   차례 갚으라고 독촉했지만 갚지 않았을 뿐 아니라 모습도 보이
   지 않았는데, 알고 보니 仁科三也가 전 해부터 한성의 本町通增
   田 서양 가구점 내에서 무역을 하고 있었다. 鄧其芬이 인천과
   한성을 왕래하며 빚을 재촉하기 불편하여 光緒 34년 2월 마정
   량에게 품을 올려, 한성 일본 이사관에 조회하여 일본인 仁科三
   也를 체포해서 외상대금을 상환할 수 있도록 해주기를 청했다.
   마정량은 일본 이사관 三浦彌五郎에 조회를 보내 仁科三也가 기
   한 내에 화상에게 진 빚을 상환하도록 해주기를 청했다.

3. 韓商 李鐘臺가 외상대금을 갚지 않고 도망간 안건: 韓商 李鐘臺
   는 남대문 水橋에 거주하며 영업을 했다. 元春茂 등 상인과 교
   역하며 누적된 빚이 모두 日金 3,743원 7각 4분 9리이었다. 光
   緒 34년(1908) 3월 이종대가 갑자기 점포를 버리고 도망을 갔
   다. 元春茂 등이 이종대의 점포에 가서 남아 있는 물건들을 조
   사해 보니 칠목기 80여개와 일체의 기물, 가구들이 있었다. 이
   종대는 평소 밀린 부채가 없었고 단지 잠시 숨었다가 돌아와서
   외상대금 상환 기한을 연기해 달라고 할 수도 있기 때문에 원
   춘무 등 상인들은 해당 점포의 모든 칠목기는 이종대가 돌아오
   면 처리하기로 했다. 이 물건은 점포 주인이 영원히 나타나지
   않으면 각 채권주가 균등하게 나누어야 했다. 그런데 갑자기

日韓 경찰대가 한인을 데리고 와서 해당 점포의 칠목기를 가져
가 버렸다.

光緖 34년 3월 元春茂 등 상인들이 채무 목록과 함께 품을 올려,
사건을 처리해주도록 청하고, 마정량은 일본 이사관에게 조사
를 보내 사건을 처리해주기를 요청했다. 光緖 34년 4월에 元春
茂 등 상인들이 보증서 한 장과 함께 다시 품을 올려, 이종대의
동생 李鍾瀚과 이종사촌 동생 李鍾綺가 빚 보증인이 되어 日金
2천원을 갚았고, 별도로 어음을 발행하여 15개월을 시한으로
매월 납부해서 채무 변상을 모두 끝내기로 했으니 사건을 종결
해 주기를 청했다. 마정량은 일본 이사관 三浦彌五郎에 조회를
보내 한성부윤에 이 사실을 전달하여 사건을 종결해 줄 것을
청했다.

4. 韓人 孫壽永의 외상대금 청산에 관한 안건: 光緖 34년(1908) 2월
   華商 德生泰號가 韓人 孫壽永에게 太和 細布를 팔고 총 金洋 428
   원을 받기로 하고 손수영은 德生泰에게 약속어음 2장을 써주었
   다. 한 장은 1백 8원짜리로 2월 20일을 기한으로 했고, 다른 한
   장은 3백 20원짜리로 2월 10일을 기한으로 했다. 기한이 되어
   德生泰의 점원 孔金南이 손수영의 집에 가서 돈을 요구했더니,
   손수영의 집안 사람이 말하기를 자신의 집은 여자가 출산을 하
   면 한국의 관례에 따라 돈을 흥정하는 것을 금하니 나중에 다
   시 오라고 했다. 그 후 그의 모친이 나와서 3월 10일에 반을 상
   환하고 15일에 나머지를 모두 상환할 것이라고 했다. 그 중간
   과정은 알 수 없으나 두 달 후인 光緖 34년 5월 德生泰가 孫壽永

이 빚진 돈 4백 28원을 모두 갚았다고 마정량에게 감사의 품문
을 올린 것으로 보아 안건이 종결된 것으로 보인다.

5. 韓商 高聖煥의 채무 청산 안건: 光緒 34년(1908) 2월 한성 서부
   靑坡에 거주하고 있던 韓商 高聖煥은 元春興 등 중국 상인에게
   진 빚이 너무 많아 갚기 어려워 도망갔다. 高聖煥이 집을 다른
   한인에게 전매하여 그 한인이 집을 비우라고 독촉했기 때문에
   元春興은 집안에 남아 있는 고성환의 화물의 처리를 위해 각 상
   호와 의논했다. 그 결과 고성환의 집 안 가구를 공매하고 채권
   주가 균등하게 나눌 것을 정했다. 원춘흥이 총순경청에 보고했
   고, 총순경청은 光緒 34년 5월 마정량에게 보고했다. 총순경청
   은 고성환의 가옥 내의 물건을 공매하여 각 상호의 채권액에
   따라 동일하게 분배했다고 마정량에게 보고했다.

6. 한인 林炳圭의 채무 청산에 관한 소송 안건: 한인 朴柄祐의 동업
   자 林炳圭는 光緒 34년(1908) 봄 洪順福 등 중국 상인들의 비단,
   포목, 모피 등 11,825원 7각 5분어치 貨物을 사고 어음을 주었
   다. 4월 林炳圭가 상점을 폐업하고 도피했는데 점포 내의 화물
   이 별로 없었다. 해당 점포의 점원 羅俊哲에 상황을 물어보니
   그의 말이 모든 물건은 임병규와 박병우의 친형 박병일이 부산
   과 평양에서 팔고 돈과 나머지 물건은 모두 박병우 집에 있다
   고 했다. 이에 洪順福 등 피해 상인들은 마정량에게 품을 올려
   사건의 처리를 청원하여, 채권 상환을 위해 박병우 집의 물건
   을 차압했다.

박병우는 임병규와 동업 사실을 부인했다. 하지만 德增祥 등 중국 상인들은 박병우는 임병규와 동업했고, 상인들에게 외상으로 가져간 화물의 어음은 대부분 박병우의 서명이나 도장이 찍혀 있었다고 증언했다. 임병규가 도주한 뒤 현재 박병우가 상점을 책임지고 있는 것도 두 사람이 동업했다는 증거이며, 박병우가 임병규와 합작한 것이 아니라 돈 6천원을 빌려주었다고 했는데 중국 상인들은 이 말도 믿을 수 없다고 했다. 하지만 한국 쪽은 전혀 다른 의견을 보였다. 한성부윤이 이 사건을 조사한 결과를 일본 이사관을 통해 마정량에게 전달했는데, 임병규과 박병우가 동업한 것이 아니라는 사실이 명백하고 거간 등의 증언에서도 관계가 없다는 것이 분명하니 중국 상인들에게 차압한 박병우의 화물을 속히 돌려달라는 내용이었다. 사건은 중국 쪽과 한국 쪽 의견이 전혀 달랐는데, 관련 문건이 없어 사건이 어떻게 해결되었는지 알 수 없다.

7. 한인 金公善과 화상 杜조松의 채무 상환에 관한 분쟁: 杜조松은 일정한 거처가 없이 德生泰의 점포를 빌려 杜雲亭을 열어 영업을 했다. 光緒 34년(1908) 5월 평소에 알고 지내던 조선인 梁柱八과 金相雲의 중개로 藥峴에서 점포 개설하고 있던 한인 金公善에게 1疋에 한국 돈 41吊, 지폐 6백원씩 계산해서 潮州 夏布(모시) 90疋을 외상으로 주었다. 4월 10일까지 옷감 값을 모두 갚겠다고 김공선이 친필로 어음을 쓰고 양주팔과 김상운 두 사람이 보증을 섰다. 기한이 되어 두비송이 김공선에 집에 가서 돈을 요구했더니 김공선은 돈이 없다고 하고 그의 부친 金桂植은

대신 돈을 갚을 수 없다고 했다. 양주팔과 김공선 두 사람이 의논하여 바깥에서 돈을 구하겠다고 했지만, 한 푼도 갚지 않았고 양주팔과 김공선이 함께 도망을 갔다. 두비송이 양주팔을 찾아서 김공선의 아버지 金桂植와 南署에 갔는데 남서의 순찰이 이곳은 돈 문제는 처리하지 않으니 재판소에 가서 소송을 하라고 했다. 그 때가 이미 밤 12시였기 때문에 두비송은 김계식을 양석광의 점포에 데려가서 감금을 시키고 金桂植을 때렸다. 어떤 경우에도 사사로이 감금하거나 구타하는 것은 불법이었기 때문에 마정량은 두비송을 구금시켰다. 보증인 福吉祥이 杜조松은 평소에 아무 불법을 저지르지 않았으니 석방해 해달라고 청하여 석방되었다. 얼마 뒤 杜조松이 다른 사건에 연루가 되어 다시 조사를 받았고, 마정량은 두비송이 다시 범죄를 저질렀으니 구류시키라고 지시했다. 김공선의 채무 상환 처리 결과에 대해서는 관련 문건이 없어 알 수 없다.

8. 화상 周端夫의 집세 미납에 대한 처리 안건: 光緒 32년(1906) 10월 田渭安은 西署 석정동에 있는 앞면 4칸, 곁채 1칸의 기와집과 뒷면 5칸의 초가집을 산동인 元增祥 周端夫에게 세를 주었다. 周端夫는 주점을 개설했는데 밀린 집세가 100원이었다. 게다가 주단부는 전위안의 허락 없이 임의로 점포 일부를 일본인과 한국인에게 세를 주어 이익을 얻고 있었다. 여러 차례 독촉해도 임대료를 주지 않자, 光緒 34년 5월 田渭安은 이 문제를 처리해 줄 것을 마정량에게 품청했다. 주단부가 여러 차례 상환 요구에도 응하지 않고 자기 마음대로 세를 놓아 이익을 취했기에

董事를 통해 조정하게 했으나 불복하여 기소가 되었다. 마정량은 주단부의 가옥을 봉인하고 조사해서 처리하라고 지시했다. 그러나 주단부는 이를 무시하고 고의로 시간을 끌고 집을 비우지 않아 밀린 집세는 130원으로 불어나 있었다. 光緒 34년 (1908) 7월에 전위안은 두 차례 더 품을 올려 칙을 내려 주단부가 집을 비우고 빚을 청산할 수 있도록 해주기를 청했다. 마정량은 1주일 내에 주단부의 주점과 빈대떡집, 일본 약국 모두 전위안에게 일률적으로 넘겨주라고 지시했다. 그럼에도 불구하고 주단부가 여전히 집세를 내지 않고 계속 기일을 끌어 그가 얻는 이익은 더욱 많아지고, 전위안의 손해는 더욱 커지게 되었다. 이에 마정량은 주단부의 집을 봉인하고, 가구 등을 돈을 바꾸어 부채를 상환하게 했다. 그리고 경찰을 보내 주단부를 체포하여 원적지인 山東 菜陽縣으로 보내 다시 한국에 들어와 소란을 피우지 못하게 하라고 지시했다. 山東 登萊靑膠兵備道가 주단부를 잘 감시하고 있다고 회신을 보내왔다. 마정량은 주단부를 원적지로 호송하는 과정에서도 주단부를 잘 감시하라는 批解를 보냈다.

9. 雷珣이 채무를 상환하지 않고 자신의 채무를 劉瑾臣에게 전가한 사건: 光緒 33년(1907) 겨울 북방 상인 劉瑾臣은 산동인 雷珣에게 국수집 개업 자금 215원 3각을 빌려주었다. 이후 뇌순에게 여러 차례 돈을 갚으라고 했지만 뇌순은 미루고 갚지 않았다. 光緒 34년 5월 뇌순이 慶仙館 국수집을 닫고 영업을 중지하자, 宋殿鳳, 天茂居, 香家局 등 각 점포에서 유근신에게 와서 외상값

을 달라고 했다. 뇌순은 이들에게 국수집이 유근신과 동업한
것이라고 말하고 다녔기 때문이다. 유근신은 각 점포에게 국수
집은 뇌순 혼자 개업한 것이고 자신은 국수집 영업에 일체 관
여하지 않았다는 점을 밝혔다. 光緖 34년 6월 유근신은 이를 처
리해달라고 품을 올렸고, 북방·남방 동사가 조사한 결과 유근
신이 점포주라는 근거가 없다고 결론을 내렸다.

이에 뇌순도 품을 올려 유근신이 경선관 국수집의 출자자라는
것을 교묘하게 회피하고 배상하지 않으려고 한다고 하며 다시
조사해주기를 청했다. 총서에서 다시 조사한 결과 雷珣이 유근
신에게 돈을 빌리고 각 점포에 각종 채무 200여원이 있으며,
유근신을 점포 자본주라고 모함하여 각 채권자가 유근신에게
가서 채무를 상환받으라고 독촉하도록 했다는 사실이 밝혀졌
다. 마정량은 뇌순을 체포해서 각 점포가 법정에 나와 대질심
문을 하도록 하라고 지시했다. 결국 뇌순은 자신의 죄를 인정
했다.

10. 일본 상인 相川彦市에게 세 준 토지를 반환해달라는 청원: 光緖
    32년(1906) 8월 黃月亭은 小西門 내의 위치한 車橋 空地를 일본
    상인 相川彦市에게 세를 주었는데, 매월 임대료는 8원으로 하
    고 임대계약서를 썼다. 임대 당시 만약 세입자가 공지에 가옥
    을 건축하거나 임대주 본인이 이 땅을 사용하려면 3개월 이전
    에 반드시 세입자에게 이사 가라고 말 할 수 있다는 사실을
    명기했다. 光緖 34년 2월 초 黃月亭은 세입자 相川彦市에게 해
    당 토지를 사용하겠으니 이사 가달라고 말했는데 기한을 넘기

고도 이사를 가지 않을 뿐 아니라 계속 건물을 지었다. 光緖
34년(1908) 5월 황월정은 임차 계약서와 함께 품을 올려 일본
인 相川彦市에게 세 준 토지를 회수하게 해달라고 청했다. 마
정량은 일본 이사관에게 조회를 보내 일본 상인 相川彦市가 임
차한 토지를 황월정에게 반환하게 해주도록 청했다.

11. 日人 渡邊章의 임금 체불 안건: 光緖 34년(1908) 북방 농민 王成
金, 于遵海은 京城 남단 日人 渡邊章의 채소밭에서 일했다. 매일
50전씩 받기로 하고 모두 120일을 일했기 때문에 임금 60원
을 받아야 되는데, 휴식한 날과 국수 값을 제외하고 23원 75
전이 체불되어 있었다. 渡邊章은 王成金, 于遵海 등 농민과 함
께 중국 순경청에 가서 순경 주임 楊運水 앞에서 8월 6일에 전
부 갚겠다고 언명했으나 기한이 다 되었는데도 渡邊章은 한
푼도 지불하지 않았다. 光緖 34년 8월 王成金, 于遵海가 품을
올려 임금체불을 처리해달라고 청했다. 마정량은 일본 이사관
에 조회를 보내 渡邊章이 법정에 나와 심문을 받고 왕성금 등
에게 임금 23원 75전을 지불하게 해주도록 요청했다.

12. 鄭元輝의 德興號 전용자금 상환 각서: 光緖 34년(1908) 6월 德興
號 鄭元輝가 점포 자금을 전용하고 상환하지 않았는데 점포
주주들 논의를 거쳐 매년 나누어 청산하겠다는 증서를 작성
했다.

13. 2품 職官 李漢英의 양복 대금 미납 안건: 戴益三은 漢城 貞洞에

양복점을 개설했다. 光緖 32년(1906) 정월에 2품 職官 李漢英이
韓人 閔泳璇과 함께 戴益三의 점포에 와서 양복을 맞추고 133
원 50전을 지불하기로 했다. 이한영이 날짜를 조금 연기해주
면 전부 갚겠다고 하고는 핑계를 대며 지불하지 않았다. 光緖
34년(1908) 6월 戴益三이 품을 올려, 이한영을 엄히 추궁하여
양복대금을 지불하게 해달라고 청했다. 마정량은 일본 이사관
에 조회를 보내 처리해 줄 것을 요청했다.

14. 북방 상인 劉貴臣의 채무 처리 안건: 光緖 33년(1907) 9월 同順
    泰號는 孫芹塘의 중개로 북방 劉貴臣에게 1,500원을 빌려주고
    水漂橋에 있는 벽돌집 한 채의 한성부 關契 1장을 담보로 설정
    했다. 원금은 光緖 34년 3월 11일까지 모두 상환하고 이자는
    1분 7리로 매월 지불하기로 했다. 이밖에 劉貴臣이 인천에 개
    설한 協興棧도 同順泰號에 4칸을 임대했는데 1칸에 매월 25원
    씩 주기로 했다. 하지만 유귀신이 임대료를 내지 못해 채무액
    과 임대료 미납액이 모두 日金 2,278원 5각이었다. 여러 차례
    요구해도 상환하지 않자. 光緖 34년(1908) 6월 동순태가 품을
    올려, 유귀신이 임대료를 상환할 수 있게 해달라고 청했다.
    부산 상인 楊吉貞은 유귀신이 광동인 傅普英에게 大洋 7백원,
    복건인 葉錫圭에게 1,000원을 빌리는데 중개를 해주었다. 유귀
    신은 葉錫圭에게 돈을 빌리면서 白契 1장을 담보를 했다. 유귀
    신의 부채가 원금이 1,700원인데 3년이 지나도록 원금과 이자
    를 아직 갚지 않았기 때문에 楊吉貞이 매년 이자를 대신 내고
    있었다. 이에 楊吉貞도 품을 올려 유귀신의 부채문제를 해결해

달라고 청했다.

총서에서 동순태와 유귀신, 유귀신과 양길정을 조사하고 대질 심문하여 마정량이 다음과 같이 결론을 내렸다. 유귀신이 關契와 수표교 가옥을 저당 잡혔음에도, 白契로 애매모호하게 저당 잡히고, 쓸모없는 임대차 계약과. 임차증서를 양길정에게 주어 대강 마무리하려고 했으니 교활하게 속이려는 것이다 유귀신의 부채가 거액이고 현재 수표교에 상점 한 채가 있으니 임대차 계약이 끝나기를 기다려서 해당 가옥을 공매하여 환금한 뒤 다시 심사하여 결정하라고 지시했다.

한성 화상 총회에서 중재에 나서 유귀신의 수표교 가옥 가격을 일금 1,300원으로 정했는데, 유귀신이 동순태에 진 빚이 워낙 커서 부채를 다 갚을 수가 없었다. 한성 화상 총회 4방 商董은 동순태에게 인천에서 밀린 임대료 600원과 이자 일금 566원 1각 2분을 줄여달라고 요청했다. 동순태가 이를 받아들이고 부채 원금 1,500원에서 다시 200원을 감해주어 수표교의 해당 가옥을 동순태에게 돌려 귀속시키도록 했다. 동순태는 옛정을 고려해서 유귀신에게 60원을 주어 유귀신의 처지를 위로했다. 4방 상동은 유귀신이 양길정에게 진 부채는 유귀신 자신이 어떻게 처리할지 방법을 강구해야 하는 것이니 동순태와는 전혀 관련이 없다고 결론내리고, 이 안건은 종결되었다. 마정량: 소송안건 11(02-35-062-11) 7번 안건에도 이와 관련된 내용이 나온다.

錢債案卷(四)

館藏號	02-35-062-10
全宗	總理各國事務衙門
系列	駐韓使館保存檔案
宗	馬廷亮: 訴訟案件 10
册	금전 貸借에 관한 소송에 관한 卷宗(錢債案卷) (4)
생산시기	光緒 34년(1908)
총면수	143
수발자	馬廷亮, 石塚英藏, 高橋康世, 三浦彌五朗

이 안건은 앞의 錢債案卷 4에 이어 금전 대차에 관한 10건의 소송 안건을 다루고 있다. 15. 王新川이 올린 품과 마정량이 일본 이사관 三浦彌五郎에게 보낸 조회로 구성되어 있다. 16. 廣昇號의 품, 마정량이 통감부 대리 總務長官 石塚英藏에게 보내는 조회와 이에 대한 답신, 영수증, 승낙서, 임금 목록, 임금에 대한 조사 결정서 등의 문건으로 구성되어 있다. 17. 瑞盛春 등이 올린 품과 마정량의 비문, 한상 金鳳鎭이 각 화상에게 상환해야 하는 부채 목록, 총순경청이 마정량에게 올리는 보고서, 金鳳鎭의 점포에 남아 있는 물품 목록, 마정량에 일본 이사관에게 보내는 조회 등의 문건으로 구성되어 있다. 18. 북방상호 瑞盛春, 洪順福, 元春盛, 大成義가 올린 품과 마정량의 비문, 총순경청이 마정량에게 올리는 보고서, 潘斗煥의 각 상호에 대한 부채목록, 마정량이 일본 이사관 三浦彌五郎에게 보내는 조회 등의 문건으로 구성되어 있다. 19. 鄭福卿이 마정량에 올리는 품과 마정량이 일본 이사관 三浦彌五郎에게 보내는 조회로 구성되어 있다. 20. 叢文炳이 마정량에 올리는 품과 지불 청구서와 보증인의 보증서 등의 문

건으로 구성되어 있다. 21. 義盛恒이 마정량에게 올리는 품, 마정량
이 일본 이사관 三浦彌五郎에게 보내는 조회와 답신으로 구성되어 있
다. 22. 甘華峰의 품문과 영문 서신으로 구성되어 있다. 23. 西公順이
마정량에 올리는 품과 이에 대한 비문, 마정량에 일본 이사관에게
보내는 조회, 金明哉의 약정서 등의 문건으로 구성되어 있다. 24. 同
順樓가 마정량에 올리는 품과 이에 대한 비문, 마정량이 일본 이사관
에게 보내는 조회와 이에 대한 답변, 총순경청이 마정량에게 올리는
보고서, 재판 판결문, 공술, 서약서 등의 문건으로 구성되어 있다.

안건의 주요 내용은 다음과 같다.

번호	사건 발생시기	사건 당사자		사건내용	면수
		원고	피고		
15	光緒 34년	王新川	山下英爾	일본인 山下英爾의 건물 임대료 체납 안건	4
16	光緒 34년	廣昇號	孫氏 부인	廣昇號 황궁 수리공사 미지급 대금 청산에 대한 안건	64
17	光緒 34년	瑞盛春, 同和東, 聚成, 義盛恒, 洪順福 등	金鳳鎭	한상 金鳳鎭의 외상대금 청산에 관한 안건	13
18	光緒 34년	瑞盛春, 洪順福, 元春盛, 大成義 등	潘斗煥	한상 潘斗煥의 외상 대금 미상환에 관한 안건	9
19	光緒 34년	鄭福卿	佐佐木兆治	일본인 佐佐木兆治의 집세 미납에 대한 안건	4
20	光緒 34년	叢文炳	徐坤生	徐坤生의 공사 잔금 청산에 관한 안건	7
21	光緒 34년	義盛恒	林聖潤	韓人 文明守와 林聖潤이 결탁한 사기 사건에 대한 안건	5

22	光緒 34년	甘華峰	稅關長	인천 세관 직원 甘華峰이 휴가로 받지 못한 급료 지급 요청에 대한 안건	6
23	光緒 34년	西公順	金明哉	韓人 金明哉의 외상 대금 미청산에 대한 안건	8
24	光緒 34년	同順樓	朴遇用	외상 음식대금 미지불	22

15. 일본인 山下英爾의 건물 임대료 체납 안건: 王新川은 소서문에 건물이 하나 있었는데, 光緒 33년(1907) 9월 일본인 山下英爾에게 세를 주고 매월 임대료 75원을 선불로 지불하기로 계약했다. 山下英爾는 이 건물에 경성신문사를 개설하게 했는데, 光緒 34년 5월에 임대료가 너무 높다고 임대료를 내려달라고 청하여, 왕신천은 그가 오래된 세입자이고 평소에 임대료를 잘 지불했기 때문에 이를 허락하여 매월 임대료를 65원으로 하고 6월 10일 이전에 지불을 끝내기로 했다. 그러나 山下英爾가 임대료를 내지 않고 다시 절반으로 내려달라고 하면서 임대료도 내지 않고 이사도 나가지 않았다. 光緒 34년 8월에 왕신천이 품을 올려 공평하게 판결해 줄 것을 청했다. 마정량은 일본 이사관 三浦彌五郎에게 조회를 보내, 65원의 임대료는 절대 삭감할 수 없으니 만약 임대료가 너무 높다고 생각되면 즉시 밀린 임대료를 청산하고 다른 곳으로 이사를 가도록 해야 한다는 뜻을 전하고 이에 대해 답변을 줄 것을 청했다.

16. 廣昇號 황궁 수리공사 미지급 대금 청산에 대한 안건: 廣昇號는 양력 1902년부터 1905년 사이 孫氏부인의 중개로 한국 황궁을 수리하는 일을 맡아 궁내 각처를 수리 정돈했는데, 임금

7,789원 8각을 받지 못했다. 임금 목록을 작성하여 여러 차례 지불할 것을 독촉했으나 해결해주지 않았다. 광승호는 光緒 34년(1908) 8월 임금 청구 목록 27장과 함께 품을 올려 임금 7,789원 8각을 모두 지불하도록 해달라고 청했다. 마정량은 統監府 代理 總務長官 石塚英藏에 조회를 보내 이 문제를 처리 해 줄 것을 청했다. 石塚英藏이 청구자의 상업장부, 孫澤孃(孫氏 부인)의 증언 등을 조사해보니 공사 대금이 미지급 된 것을 확인했다. 모든 정황을 고려해서 감정해보니 5,452원 86전을 지불하는 것이 타당하다고 결정했다. 광승호도 이를 받아들여 宣統 원년 3월 廣昇號 林澤成이 공사 대금을 받아 사건이 종결 되었다.

17. 한상 金鳳鎭의 외상대금 청산에 관한 안건: 한상 金鳳鎭은 南署 貞洞 30統 3號에 포목점을 개설하여 영업을 했는데 북방 상호 同和東 등과 거래했다. 光緖 34년(1908) 여름~가을 사이 외상 으로 日金 3,115원 6각 1분어치 화물을 가져간 뒤, 9월 야반도 주했다. 한인 經紀(매매 대리인)가 문을 열고 조사해보니 옷이 나 옷감 등은 이미 옮겨갔고 남아 있는 것은 자질구레한 貨物 들 뿐이었다. 同和東 등 피해 상인들은 光緖 34년 10월 김봉진 이 화상 각 점포에 상환해야 할 부채 목록과 함께 품을 올려, 김봉진 점포의 화물은 약 1천여 원의 가치가 있는데, 화상들 이 입은 손해를 보충하기에는 부족하지만 이 화물의 목록을 만들고 화물을 잠시 북방 동사관에 옮겨 보관하게 해달라고 청했다.

마정량은 일본 이사관 三浦彌五郎에게 조회를 보내 한성부윤
이 김봉진을 법정에 세워 채무를 상환하도록 하게 해달라고
요청했다. 그러나 김봉진이 도주한 상태에서 사건 해결이 이
루어지지 않은 듯하다. 光緒 34년 12월 마정량은 다시 일본 이
사관에게 조회를 보내, 사건이 일어난 지 한 달이 넘었는데
김봉진은 도피하여 잡히지 않고, 새해가 되어 각 상인들이 자
금이 필요하고 급한 상황이라 김봉진이 점포에 남겨둔 화물을
환금하여 각 상호에게 분배를 하고 나머지 남은 부채는 김봉
진을 잡은 다음에 상환하게 해달라고 요청했다.

18. 한상 潘斗煥의 외상 대금 미상환에 관한 안건: 북방상호 瑞盛
春, 洪順福, 元春盛, 大成義가 한상 潘斗煥에게 물건을 외상으로
주고 받지 못한 대금이 서성춘 323원 7각, 홍순복 1,705원,
원춘성 660원, 대성의 164원으로 모두 2,851원 7각이었다. 여
러 차례 독촉했지만 潘斗煥이 상환하지 않고 도망가서 어디
있는지 알 수 없었다. 반두환을 대신해서 총순경청에 잡아두
었던 經紀 曺連成도 도망가서 행방을 알 수 없었다. 북방상호
瑞盛春, 洪順福, 元春盛, 大成義가 光緒 34년(1908) 10월 마정량
에게 품을 올려 사건을 처리해주기를 청했다. 마정량은 일본
이사관에게 조회를 보내 潘斗煥을 법정에 세워 화상 서성춘
등의 화물 대금을 청산하여 상업을 유지할 수 있게 조치를 취
해달라는 요청을 한성부윤에게 전해달라고 청했다.

19. 일본인 佐佐木兆治의 집세 미납에 대한 안건: 鄭福卿은 한성의

長谷川町 소공동에 있는 집을 光緒 34년(1908) 5월 일본인 佐佐木兆治에게 세를 주고 음력으로 매월 上旬 집세 35원을 받기로 계약했다. 7월이 되자 佐佐木兆治은 돈을 일시에 변통할 수 없다고 하며 8월분 집세는 먼저 25원을 내고 나머지 10원은 며칠 늦게 다시 내겠다고 말했다. 평소에 다른 착오가 없었기 때문에 그렇게 하도록 허락했는데, 이후에도 10원을 내지 않았을 뿐 아니라 9월부터 12월 말까지 4개월 동안 집세도 한 푼 내지 않아 밀린 집세가 모두 150원이 되었다. 여러 차례 독촉을 했지만 변명만하고 상환하지 않고, 연말연시에 돈이 필요했던 鄭福卿은 光緒 34년 12월 품을 올려 사건을 해결해주기를 청했다. 마정량은 일본 이사관 三浦彌五郎에게 조회를 보내 佐佐木兆治가 속히 밀린 집세 1백50원을 화상 鄭福卿에게 상환하고 미루지 말게 하도록 요청했다.

20. 徐坤生의 공사 잔금 청산에 관한 안건: 光緒 34년(1908) 5월 북방 공인 叢文炳이 上海縣人 徐坤生의 하청을 받아 한국인 기와집 11칸을 수리해주고 수리 대금으로 1,050원을 받기로 했다. 계약에는 5월 6일부터 일을 시작하여 55일 동안 작업하고 우천시 바깥에서 하는 작업은 멈추기로 했다. 공사 대금은 선수금으로 400원, 중도금으로 200원을 받고 나머지는 공사 완공 뒤 3일 이내에 모두 받기로 했다. 만약 서곤생이 기한을 넘겨 공사 대금을 지불하지 않으면 매일 벌금으로 2원을 지불하기로 했다. 기한 내에 받기로 한 금액 600원 가운데 410원만 받고 190원은 받지 못하고 140일이 지나 벌금이 280원이었다.

이를 모두 합하면 470원이었다. 光緖 34년 12월 叢文炳은 마정
량에게 품을 올려 徐坤生이 밀린 공사 대금을 청산하게 해주
기를 청했다. 12월 28일에 서곤생이 총문병에게 70원을 지불
하기로 합의해서 사건이 종결되었다.

21. 韓人 文明守와 林聖潤이 결탁한 사기 사건에 대한 안건: 북방
상호 義盛恒의 變郁檀은 南署 廣橋에 포목점을 개설하고 영업
을 하고 있었는데, 光緖 34년(1908) 9월 韓人 文明守와 林聖潤
이 결탁하여 義盛恒에 와서 현금으로 洋布 30필을 사기로 했
다. 하지만 물건을 가져가고는 물건 값 183원은 지불하지 않
고 속이고 도망을 갔다. 그들이 의성호에서 가져간 洋布 10필
은 이미 다른 포목점에서 팔고 돈을 챙겨 달아난 상황이었다.
그들의 행방이 묘연하여 임성윤의 형 임택윤의 집에 가서 그
들의 행방을 물어도 모른다고 했다. 그러나 義盛恒의 變郁檀은
임성윤과 문명수가 임성윤의 형 임택윤과 공모하여 일을 벌
이고 있는 것이 확실하고, 임성윤이 가져간 양포 20필도 몰래
임택윤의 집에 숨겨 놓았다가 다른 곳으로 운반하여 급히 팔
았다는 것이 확실하다고 생각했다. 光緖 34년 12월 變郁檀은
품을 올려 임성윤과 문명수가 잡힐 때까지 그 형 임택윤을 감
금하고, 만약 잡히지 않으면 임택윤이 대신 갚도록 해달라고
청했다.

마정량은 일본 이사관에게 조회를 보내 사건의 처리를 요청
하자, 일본 이사관은 한성부윤에게 이첩하여 처리하게 했고,
경성 이사청 이사관 대리 부이사관 高橋康世가 이 사실을 마

정량에 답신했다. 그 내용은 林聖潤이 본래 부랑자에 속하고 문명수도 현재 해당 주소지에 살지 않아 조사하기가 어려워 부득이 임성윤의 형 林宅潤을 소환하여 대신 상환하라는 칙령을 내렸다. 그러나 임택윤은 자본이 없고 자신의 집은 동생 임성윤의 부채를 갚느라 화상 德增祥에게 빼앗긴지 이미 오래되었으며, 동생의 부채를 형에게 상환하게 하는 것도 어려우니 임성윤을 체포하여 상환하게 해야 한다는 것이다. 이후 관련 문건이 남아 있지 않아 어떻게 처리되었는지 알 수 없다.

22. 인천 세관 직원 甘華峰이 휴가로 받지 못한 급료 지급 요청에 대한 안건: 인천 세관 직원 甘華峰은 1900년 인천 세관에 들어와서 9년 동안 휴가를 내지 않았다. 아버지의 사망으로 1907년 10월 6일 휴가를 내고 고향에 돌아갔다. 稅關章程을 보면 7년에 1년 휴가를 받으면 薪金은 원래 받는 액수의 3분의 2를 받고 반년 휴가를 받으면 전액을 받도록 되어 있었다. 그런데 감화봉은 휴가로 인해 일을 제대로 하지 못했다는 이유로 12월 말에 勤勞金 10원만 받았다. 甘華峰은 光緖 34년(1908) 10월 세관의 밀린 급료를 받을 수 있게 해달라고 마정량에 품청했다. 그 결과에 대해서는 알 수 없다.

23. 韓人 金明哉의 외상 대금 미청산에 대한 안건: 商號 西公順은 인천에 잡화점을 개설했는데, 光緖 34년(1908) 11월 韓人 金明哉가 韓人 張輔衡을 대신하여 서공순에서 잡화 등 926원 40전 어치를 외상으로 가져가고 돈을 갚지 않았다. 그 후 西公順이

알아보니 金明哉는 또다시 張輔衡을 대신하여 韓人의 大米 약 4,000여 원 어치를 샀는데, 張輔衡이 은행과 내왕하여 大米에 대한 보증금을 자신이 착복했다. 이 때문에 대미를 팔았던 한인이 돈을 받을 길이 없자 한성 南署에 가서 고발했다. 남서에서 김명재와 장보형 두 사람을 추궁하여 대미 값을 갚도록 하여 갚았는데, 서공순의 돈은 아직 갚지 않았다. 光緒 34년 12월 서공순에서 품을 올려 김명재와 장보형을 추궁하여 상환 외상대금을 받을 수 있도록 해주기를 청했다. 이에 김명재는 서공순에 분할 상환하겠다고 약속하고 매월 50원씩 상환하기로 약정했다. 서공순은 품을 올려 김명재가 이미 상환을 약속을 했으니 안을 소멸해 줄 것을 청했다.

24. 북방 상호 同順樓는 西署 石井洞에서 요리집 영업을 했는데, 光緒 34년(1908) 정월과 2월 韓人 朴範九가 동순루에 와서 먹은 음식비와 빚진 돈이 모두 115원이었다. 박범구의 아버지 朴遇用이 2월 16일에 어음을 쓰고 6월 그믐날 모두 갚기로 했는데, 날짜가 지난 지 오래 되었고 여러 차례 상환 요구를 했지만 갚지 않았다. 光緒 34년 11월 同順樓의 孫盛和가 품을 올려 이 안건을 처리해 줄 것을 청했다. 마정량은 일본 부 이사관에게 조회를 보내 한성부윤에게 칙을 전하여 박우용이 화상 동순루의 외상대금 115원을 속히 상환하도록 해주기를 청했다. 同順樓 회계 孫盛和가 경성 재판소에 기소하여 처리한 결과 박우용이 동순루에게 진 빚을 4개월로 나누어 상환하는 것으로 판결이 났다. 그런데도 박우용이 여전히 음식 대금을 상환하

지 않자 동순루의 회계 손성화가 박우용을 자택에 감금하여 박우용으로부터 100원을 받아냈고, 남은 음식 대금 20원은 박씨가 차용증을 쓰고 10월 말에 모두 갚겠다고 약속했다. 孫盛和가 사사로이 박우용을 감금한 것에 대해 일본이사관 三浦彌五郎이 마정량에게 조회를 보내 사건의 조사를 의뢰했다. 마정량은 손성화를 심문 조사한 뒤 다음과 같이 답변했다. 한인 박우용이 同順樓에서 며칠 머물렀는데 비록 동순루의 王慶宣과 孫盛和 등이 고의로 구금하지는 않았다고 해도 한인을 머물게 한 것은 불법에 속하니 마땅히 벌을 내려야 한다고 판결했다. 따라서 王慶宣에게 한 달간 노동을 하게하고 법에 따라 벌금을 부과했다. 아울러 한국 측에게는 박우용에게 칙을 내려 아직 갚지 않은 동순루의 음식 대금과 소송비용을 모두 상환하게 하고 다시 미루지 못하도록 해주기를 요청했다. 이후 동순루 王慶宣이 私的으로 한인을 감금한 것에 대해 뉘우치고 다시는 범죄를 저지르지 않겠다고 서약함으로써 사건이 종결되었다.

* 제24호 안건 뒤에 華商 廣昇號가 한국 宮內 공사를 하고 받지 못한 잔금 1만 1,585圓 73錢 5厘를 지불한 영수증과 화상 陶寅의 官蔘 판매 수수료와 여비 1만 1,200圓을 지불한 영수증이 있다. 華商 廣昇號의 궁내 공사 대금 미청산에 관한 내용은 陳本仁 訴訟 4(02-35-028-4)과 許台身 訴訟 8(02-35-011-8), 曾廣銓 訴訟 2(02-35-037-2), 吳其藻 訴訟 2(02-35-043-2)에 똑같은 제목의 안건과 서로 연결되어 있다. 사건의 개요와 처리 결과는

陳本仁 訴訟案件에 자세히 나와 있다. 許台身, 曾廣銓, 吳其藻 소송
안건에는 청산하지 않은 잔금에 대한 청산을 요구하는 내용이
있고, 본 안건에는 1909년 일본 統監府에서 미청산 잔금을 청
영사관에 지불한 내용이 나온다.

錢債案卷(五)

館藏號	02-35-062-11
全宗	總理各國事務衙門
系列	駐韓使館保存檔案
宗	馬廷亮: 訴訟案件 11
册	금전 貸借에 관한 소송에 관한 卷宗(錢債案卷) (5)
생산시기	宣統 元年(1909)
총면수	212
수발자	馬廷亮, 三浦彌五郎, 石塚英藏, 總巡警廳

　　이 안건은 금전 대차에 관한 17건의 소송 사건을 다루고 있다. 1. 장시영의 품문, 통감부 參贊 石塚英藏의 회신, 압록강변 삼림 벌채권 및 판매권 이전 顚末書 등으로 구성되어 있다. 2. 林澤成이 마정량에게 올리는 품, 가옥 임대 계약서, 마정량이 일본 이사관에게 보내는 조회와 답신, 영수증 등의 문건으로 구성되어 있다. 3. 마정량이 일본 이사관에게 보내는 조회와 답신, 총순경청에서 마정량에게 올리는 보고서로 구성되어 있다. 4. 徐存海와 윤용식이 각각 올린 품과 마정량이 일본 이사관에게 보내는 조회, 각종 공술과 보증서, 청원서, 보증서 등의 문건으로 구성되어 있다. 5. 大成義 등의 품, 마정량이 일본 이사관에게 보내는 조회와 그에 대한 답변으로 구성되어 있다. 6. 일본이사관 三浦彌五郎이 마정량에게 보내는 답신, 鍾成玉에 대한 조사 문서, 鍾成玉의 공술, 마정량의 비문, 閔永雨와 鍾成玉의 계약문서, 閔永雨가 한성부윤에 올리는 청원서, 증명서, 吉村彌三郎의 보증서, 종성옥의 품문, 종성옥의 청원서, 민영우와 종성옥의 답변서로 구성되어 있다. 7. 마정량이 부산 영사에게 보내는 서신, 부산 영

사의 公函, 마정량의 답신으로 구성되어 있다. 8. 王文清의 품문, 마정량의 비문, 북방 동사의 품문으로 구성되어 있다. 9. 辛瑞山의 품, 마정량이 일본 이사관에게 보내는 조회와 이에 대한 답신으로 구성되어 있다. 10. 張劉氏의 품과 비문, 마정량이 일본 이사관에게 보내는 조회와 답신으로 구성되어 있다. 11. 黃月亭의 품문 1건으로 구성되어 있다. 12. 상인 譚占魁의 품과 비문으로 구성되어 있다. 13. 劉漢亭, 孫培華, 姚培龍, 姜品蘭이 올린 품, 마정량의 비문, 조사문서로 구성되어 있다. 14. 鄭寶田의 품과 비문, 마정량이 일본 이사관에게 보내는 조회와 답신, 보증서, 조사문서, 공술 등으로 구성되어 있다. 15. 王瑞亭의 품문과 마정량의 비문, 왕서정의 영수증으로 구성되어 있다. 16. 袁敬之의 품과 마정량의 비문, 마정량이 진남포 영사에게 보내는 칙과 답신 등으로 구성되어 있다. 17. 田由申의 품과 이에 대한 비문, 마정량이 북방 동사에게 보내는 칙으로 구성되어 있다.

안건의 주요 내용은 다음과 같다.

번호	사건 발생시기	사건 당사자		사건내용	면수
		원고	피고		
1	宣統 1년	張時英	志崎信太郎	압록강 일대 삼림 벌채 사업권을 둘러싼 분쟁	26
2	宣統 1년	林澤成	辻源吉	일본인 辻源吉의 가옥 임대료 체납 안건	28
3	宣統 1년	羅光善	元增盛	華商 元增盛이 채무 미상환을 이유로 한인 羅光善 불법 감금한 사건	4
4	宣統 1년	尹秀暎	徐存海	한인 尹秀暎과 화상 徐存海 사이의 출자금 반환을 둘러싼 분쟁	18
5	宣統 1년	大成義, 洪順福, 永茂盛	鄭鍾源	한국 상인 鄭鍾源의 외상 대금 변제에 관한 안건	6

6	宣統 1년	鍾成玉, 閔永雨		중국인 鍾成玉와 한인 閔永雨 사이의 계약 파기를 둘러싼 분쟁	29
7	宣統 1년	楊吉貞	劉貴臣	화상 劉貴臣의 채무 상환에 관한 안건	6
8	宣統 1년	王文淸	天利號	京幇 天利號의 공사대금 미지급 안건	4
9	宣統 1년	辛瑞山, 狩谷大三郎	閔丙學, 李德植, 安敎庠	한국인 李德植 등이 화상 辛瑞山과 일본인 狩谷大三郎에게 이중으로 목재를 판매한 사건	7
10	宣統 1년	張劉氏	尹龍植 (尹秀暎)	한인 尹秀暎이 중국인 과부 張劉氏에게 진 빚을 청산하는 문제에 관한 안건	18
11	宣統 1년	黃月亭	王定欽	화상 王定欽의 집세 미납 안건	3
12	宣統 2년	譚占魁	申文鐸	상인 申文鐸이 임대한 집을 비워달라는 안건	4
13	宣統 1년	孫培華, 姚培龍, 姜品蘭	劉漢亭	중국 농민 孫培華 등이 과도하게 납부한 토지 임대료를 반환해달라는 소송	24
14	宣統 1년	鄭寶田	徐度相	화상 鄭寶田이 외상 대금 상환을 재촉하려고 한인 徐度相을 불법 감금한 사건	12
15	宣統 1년	王瑞亭	蘇子海	蘇子海의 채무 상환을 재촉하는 안건	7
16	宣統 1년	袁敬之	王秀山	화상 王秀山의 부채 청산에 관한 안건	9
17	宣統 1년	田由申	董志鎬	董居洪의 부채 상환에 관한 안건	5

1. 압록강 일대 삼림 벌채 사업권을 둘러싼 분쟁: 光緒 29년(1903) 2월(明治 36년 3월) 북방 상인 張時英, 王化廷, 曲明允 등은 일본인 桃井以一等과 합자하여 日淸 義盛公司를 설립했다. 이들은 평안북도 압록강 일대의 삼림사업 전매권을 획득하고 한국 관리에게 허가증을 발급받았다. 일본인 志崎信太郎이 자본금을 내기로 하고 桃井以一等과 양도계약을 체결했는데, 志崎信太郎이 자본금을 내지 않은 상태에서 股權을 선점해 버렸다. 이후 일본군

이 삼림을 모두 점유했다. 그때까지 모든 삼림은 日韓 營林廠이 감독 관리해왔는데, 중국 상인들은 원래 맺은 계약이 무효가 되었고, 벌목인부의 급료 수만원을 보상받을 길이 묘연해졌다. 宣統 원년(1909) 2월 張時英이 총영사 마정량에게 품을 올려 일본정부에 자본금을 보상받을 수 있도록 해달라고 청했다. 마정량의 조회에 대해 일본 통감부가 회신한 내용은 압록강변의 벌목권은 당초 日韓 營林廠이 관리한 것으로 日韓 정부는 관계자의 손해에 대해서는 책임을 질 의무가 없고, 계약 자금의 불입 문제는 순전히 개인의 일이기 때문에 요청을 받아들일 수 없다고 회신했다. 이 후의 결과는 알 수 없다.

2. 일본인 辻源吉의 가옥 임대료 체납 안건: 광동상인 林澤成은 일본인 辻源吉에게 가옥을 임대해주고 매월 임대료 50원을 받기로 계약했다. 辻源吉이 光緖 34년(1908) 4월부터 宣統 원년(1909) 2월30일까지 11개월치 임대료 550원 가운데 450원을 지불하고 2개월치 임대료 1백원을 미납했다. 독촉을 해도 여러 차례 연기하여 지불하지 않고 이사를 나가지도 않자, 林澤成은 宣統 원년 2월 품을 올려 辻源吉이 임대료 100원을 지불하고 즉시 이사 가도록 해주기를 청했다.
마정량은 일본 이사관에게 조회하여 처리해 줄 것을 요청했지만 해결되지 않았다. 임택성은 이후 계속해서 宣統 원년 윤2월, 5월, 6월 세 차례나 더 품을 올려 처리해 줄 것을 청했다. 그러나 辻源吉의 밀린 임대료는 더욱 불어났으며 이사도 나가지 않았다. 마정량도 일본 이사관에게 조회를 보내 이 안건을 처리해 줄 것을 계속 요청했다. 음력 6월15일 辻源吉이 다른 곳으로 이사를 갔으나 밀린 임대료 275원은 상환하지 않았다. 임택성은 宣統 원년 12월에 마정량에 다시 품을 올려 임대료를 모두 상환 받게 되기를 청했다. 일본 이사청에서는 辻源吉이 영업에 실패하여 일시에 275원을 갚을 방법이 없으니 매월 5원씩 상환하겠다고 했다는 답변을 보냈다. 임택성이 이를 받아들였다.

3. 華商 元增盛이 채무 미상환을 이유로 한인 羅光善 불법 감금한 사건: 남대문 내 華商 元增盛은 한인 羅光善에게 26원(27원으로 되어 있는 문건도 있음)을 지급하겠다는 약속어음을 받았는데 기일이 지나도 갚지 않자 원증성은 宣統 원년(1909) 2월부터 1개월 가량 한인 羅光善을 자신의 집에 감금하여 취사를 시키는 등 불법행위를 저질렀다. 일본 이사관 三浦彌五郎은 서부 경철서장의 보고를 받고 원증성의 행위는 불법이므로 속히 나광선을 석방하고 원증성은 상응한 처벌을 받아야 한다고 마정량에게 조회를 보냈다. 마정량은 총순경청의 보고를 받고 다음과 같이 답변했다. 사사로이 사람을 구류하는 것은 본래 금지되어 있는 일이기 때문에 마땅히 법률에 따라 징벌해야 하지만 윤2월 元增盛은 상호를 裕增盛으로 바꾸고 점포 주인도 서로 다르기 때문에 간섭할 수 없다는 것이다. 이후에 사건이 어떻게 해결되었는지는 알 수 없다.

4. 한인 尹秀暎과 화상 徐存海 사이의 출자금 반환을 둘러싼 분쟁: 한인 尹秀暎은 光緖 34년(1908) 7월 집을 담보로 1천원을 공동

출자하여 화상 徐存海와 잡화점을 개설했다. 영업은 서존해가 담당했는데 처음에는 2백원의 이익이 생겼다. 그런데 이것은 아편을 팔아서 생긴 이익이었고 서존해는 영업이 어렵다며 尹秀暎에게 5백원의 출자금을 더 요구했다. 윤수영은 불법으로 이익을 얻는 것이라든지, 점포를 개설할 때 의논도 한마디 하지 않는 서존해에 대해 불만을 품었다. 어느 날 우연히 점포 영업을 중지한 사실을 알게 되어 尹秀暎은 徐存海에게 이제까지 출자한 출자금을 돌려 달라고 요구했다. 서존해는 영업이 되지 않아 손해가 누적되어 영업을 그만두게 되었다고 말했다. 윤수영은 처음에 출자한 1천원을 전부 돌려받기를 원했지만 서존해는 손해액 日金 2,060원을 4명의 출자자가 나누어 출자자 한 명당 515원씩 손해 보기로 했다면서 515원을 제외한 나머지 485원만 돌려주었다. 윤수영이 불복하고 융희 3년(1909) 12월 漢城府尹 張憲植에게 청원서를 제출하여 서존해가 515원도 돌려주도록 명해달라고 청했다. 宣統 원년(1909) 윤2월 서존해도 마정량에게 품을 올려 윤수영이 사실을 날조했으니 억울함을 풀어달라고 청했다.

마정량은 이를 조사하고 일본 이사관에게 다음과 같이 조회를 보냈다. 서존해와 윤수영이 점포를 정리하면서 손해액 2,060원을 4명의 출자자가 분담하기로 했으므로 윤수영에게 515원을 제외하고 485원을 돌려 준 것에는 조금도 착오가 없다는 것이다. 이에 대해 일본이사관이 마정량에게 답변을 보내, 윤수영의 출자금 중 받지 못한 515원도 서존해가 돌려주어야 하고, 이를 증명하기 위해서는 윤수영과 서존해를 법정에 소환하여 심문하여 처리해야 한다는 뜻을 전했다. 이후 이 안건이 어떻게 처리되었는지 알 수 없다. 이 안건은 아래 10번 안건과 내용이 연결되어 있다.

5. 한국 상인 鄭鍾源의 외상 대금 변제에 관한 안건: 華商 大成義, 洪順福, 永茂盛 등은 南署 倉內에서 잡화점을 운영하는 한국 상인 鄭鍾源과 여러 해 동안 거래를 했다. 光緖 34년(1908) 여름 鄭鍾源이 한국 經紀(매매 대리인) 朱景烈, 李明煥, 李鎬錫 등을 통해 화상에게 외상으로 가지고 간 뒤 갚지 않은 미수금이 일금 266원이었다. 光緖 34년 7월 鄭鍾源이 상점 문을 닫고 도피했다가 돌아와서는 經紀를 통해 중국 상인들에게 갚아야 할 외상 대금을 9월부터 5개월 동안 분할 상환하게 해 달라고 청하여 계약서를 쓰고 經紀가 보증을 섰다. 그런데 정종원이 9월 29일 밤 해당 점포에 남아 있던 화물을 모두 봉인하고 도피해 버렸다.

大成義 등은 즉시 청 순경청에 보고하여 巡長 楊運水과 韓國 警視廳 部長 川越疇平, 巡察 劉吉洙 등이 조사한 뒤 해당 점포의 화물 목록을 지방 재판소에 보냈다. 한편 한인 朴慶鎬도 정종원에게 받을 돈이 있었는데, 정종원이 도망가자 한국 경시청과 회동하여 해당 점포의 화물을 자신의 집으로 옮겼다. 宣統 원년(1909) 윤2월 大成義 등은 마정량에 품을 올려 재판소를 거쳐 박경호의 집에 봉인되어 있는 정종원의 화물을 日官이 공평하게 처리해 주도록 해달라고 청했다. 마정량은 일본 이사관에게 조회를 보내 지방 재판소에 전하여 남아 있는 물건을 각 채권자들에게 공평하게 분배할 수 있게 해주기를 청했다. 이에 대해 공평하

게 처리할 것이라는 일본 이사관의 답신을 받았다.

6. 중국인 鍾成玉와 한인 閔永雨 사이의 계약 파기를 둘러싼 분쟁:
   光緖 34년(1908) 10월 중국인 鍾成玉은 남대문 청파지역 채소밭
   과 과수원을 매년 1백원씩 주고 10년 동안 임대하기로 한인 閔
   永雨와 계약했다. 당시 계약서에 감나무 밭의 잡목이나 死木은
   베어버리라는 조항을 부기했다. 鍾成玉은 감나무의 성장에 방
   해가 된다는 이유로 감나무를 제외하고 다른 나무를 베어버렸
   다. 그러자 땅 주인 민영우가 종성옥이 무단으로 밭 가운데 과
   일나무를 베어버렸다고 배상을 하라고 요구했다. 鍾成玉이 벗
   나무 1백50그루, 감나무 2그루, 복숭아나무 2그루를 베어버렸
   으니 이에 대해 매 그루 5원으로 쳐서 770원과 위약금 1천원
   등 총 1,770원을 배상하라고 요구했다.
   민영우는 별도의 청원서를 漢城府尹 張憲植에게 올려 억울함을
   호소했다. 종성옥의 대리인 지전 상회 주임 吉村彌三郎은 官立
   漢城高等學校長 洪奭鉉에 의뢰하여 감나무 밭에 있는 나무 가운
   데 감나무를 제외하면 모두 잡목으로 보는 것이 무방하다는 증
   명서를 제시했다. 계약서에 잡목이나 사목을 베어도 좋다는 문
   구가 있기 때문에 종성옥은 잘못이 없다는 것을 증명했다. 宣統
   원년(1909) 종성옥은 마정량에 품을 올려 계약서에 잡목이나
   사목은 베어도 좋다는 명문이 있는데 민영우가 자꾸 계약을 위
   반했다고 억지를 부리니, 계약을 해지하려면 밭 가운데의 가옥
   수리비, 채소씨앗, 비료, 공사비용 등의 비용과 임대료 1백원,
   향후 10년 동안의 이익금을 모두 계산하여 배상을 하면 계약을

파기할 수 있다고 주장했다. 원고와 피고의 답변서가 남아 있지만 결론은 알 수 없다.

7. 화상 劉貴臣의 채무 상환에 관한 안건: 劉貴臣은 수표교 가옥의 官契 1장을 同順泰에 채무 담보로 했음에도 부산 永發東 상인 楊吉貞에게 동일한 가옥의 白契를 가지고 애매모호하게 또 다시 저당을 잡힌 바 있다. 마정량은 유귀신에게 해당 가옥의 소유권을 동순태에 넘겨주어 부채를 상환하라고 지시했고, 유귀신이 양길정에게 진 부채는 별도로 처리해야 한다는 판결을 내려 부산영사에서 처리하도록 지시한 바 있다. 부산영사는 宣統 원년(1909) 3월 7일, 9월 29일, 11월 12일 총 3차례에 걸쳐 마정량에 보고했다. 그 내용은 부산 상인 양길정을 조사한 결과 양길정이 유귀신을 대리하여 傅晉英에게 부채를 진 것을 확인했지만 여러 차례의 요구에도 유귀신이 상환하지 않고 있으니 한성 총영사가 유귀신이 빚을 청산하도록 추궁해 달라는 것이었다. 마정량은 현재 담걸생이 상해에 갔으니 한성에 오면 그 때 일을 처리하자고 부산영사에 전하라고 지시했다. 이 안건은 유귀신의 유일한 재산이었던 수표교의 가옥이 이미 同順泰 譚傑生의 소유로 넘어 갔고, 유귀신이 양길정에 대한 채무를 상환할 길이 없자, 이후의 일은 알 수 없다. 마정량 소송 9(02-35-062-9) 14번 안건에도 이와 관련된 내용이 나온다.

8. 京幇 天利號의 공사대금 미지급 안건: 王文清은 보수공사업을 했는데, 光緒 29년(1903) 4월 京幇 天利號와 건물을 수축하기로 계

약했다. 공정이 완공되었는데도 공사비 2,252원 2분을 받지 못
했다. 王文淸이 상환하라고 독촉을 했지만 5년이 넘도록 상환하
지 않았고, 매번 독촉을 할 때마다 天利號는 돈이 없어서 집이
팔릴 때를 기다리지 않으면 갚을 수 없다 했다. 宣統 원년(1909)
윤2월에 王文淸은 품을 올려 빚을 청산 받을 수 있도록 해달라
고 청했다. 마정량은 天利號가 현재 돈이 없다고 하고 집이 팔
리기를 기다려서 상환하겠다고 하니, 미루는 것인지 아니면 정
말 돈이 없는 것인지 북방동사가 이 문제를 공평하고 타당하게
처리하여 분쟁을 종식시키라고 지시했다. 북방동사는 양 상인
과 보증인 등을 소집해서 공평하게 처리하고, 소송의 진행
상황을 보고하겠다고 답신했다.

9. 한국인 李德植 등이 화상 辛瑞山과 일본인 狩谷大三郎에게 이중
   으로 목재를 판매한 사건: 화상 辛瑞山은 光緒 34년(1908) 4월
   한인 李德植과 安敎庠에게 廣州 慶安面 松亭里 소나무 100그루
   350원어치와 소나무 1그루 30원어치를 구매하고 대금을 모두
   지불했다. 그 후 상인 辛瑞山이 목재를 해당 장소에 모두 놓아
   두고 辛瑞山이라는 이름을 써넣었다. 그런데 뜻하지 않게 光緒
   34년(1908) 3월 용산철도 관사의 日人 狩谷大三郎이 辛瑞山이 산
   대들보 16건과 판재 3건을 용산으로 운반해 갔다. 狩谷大三郎은
   이덕식, 안교상이 이 목재를 자신에게 팔았다고 했다. 품문이
   남아 있지는 않지만 신서산이 품을 올려 해결해 줄 것을 청한
   듯하다.
   마정량은 일본 이사관에게 조회를 보내 사건의 진상을 파악해

달라고 요청했다. 일본 이사관은 宣統 원년 1월 일본인 狩谷大
三郎이 한인 閔炳學에게 日金 1,600원을 주고 나무를 사서 용산
으로 운반했고, 이덕식과는 관계가 없다는 답신을 보내왔다.
마정량은 狩谷大三郎과 나무를 판매한 閔丙學, 安敎庠, 李德植을
대질 심문시켜 사실 여부를 밝히고 용산에 운반된 목재를 화상
辛瑞山에게 반환하여 현안을 해결해주기를 일본 이사관에게 요
청했다.

10. 한인 尹秀暎이 중국인 과부 張劉氏에게 진 빚을 청산하는 문제
    에 관한 안건: 과부 張劉氏는 徐存海를 통해 한국인 尹龍植(尹秀
    暎)에게 光緖 34년(1908) 7월부터 집을 담보로 日金 1,600원을
    빌려주고 매월 2분의 이자를 받기로 했다. 두 달을 기한으로
    계약했는데 상환하지 않고 여러 달이 지나자, 장유씨가 고소
    하여 먼저 5개월의 이자를 지불하고 宣統 원년 3월을 기한으
    로 부채를 모두 갚으라는 판결을 받았다.
    여전히 상환하지 않자 宣統 원년 3월 張劉氏는 윤수영을 다시
    고소했다. 마정량은 일본 이사관에게 조회를 보내 이 안건을
    한성부윤에게 전해 처리해 줄 것을 청했다. 이에 윤수영은 청
    원서를 제출했는데, 그 내용은 윤수용이 집을 담보로 돈을 빌
    릴 때 중국인 서존해와 각각 1천원의 출자금을 내어서 동업을
    하기로 하고 서존해가 보증을 서서 장유씨에게 1,600원을 빌
    렸다. 서존해가 운영하던 점포는 손해를 보고 영업을 정지하
    게 되어 윤수영이 서존해에게 출자금 1천원을 돌려 줄 것을
    요구했지만 서존해는 영업에서 손해를 본 것이기 때문에 손해

분담금 515원을 제외하고 나머지 485원만 돌려주었다. 그러
자 윤수영이 서존해를 상대로 고소했는데 사건이 해결되지 않
았다. 윤수영은 서존해에게 돈을 받으면 즉시 장유씨의 돈을
갚겠다고 했다.

마정량은 한성부에서 윤수영이 장유씨에게 돈을 빌린 것과 윤
수영이 서존해에게 돈을 받으려는 것을 하나의 안건으로 처리
하려고 하지만, 서존해와 윤수영의 안건은 따로 처리해야 한
다고 답신했다. 더욱이 장유씨는 빈궁한 과부이기 때문에 자
꾸 미루는 것을 감당할 수 없으니, 일본 이사관이 한성부윤에
게 전해 윤수영이 장유씨의 원금과 이자를 속히 청산하게 해
주기를 요청했다. 일본 이사관은 한성부윤에 전하여 그렇게
처리하도록 했다고 답신했다. 이 안건은 위의 4번 안건의 내
용과 연결되어 있다.

11. 화상 王定欽의 집세 미납 안건: 黃月亭은 光緖 34년(1908) 3월
    석정동에게 있는 8칸짜리 집을 王定欽에게 세를 주었다. 王定
    欽은 이 집에 春香樓라는 술집을 개설했다. 王定欽은 매달 日金
    30원을 집세로 선불로 지급하기로 계약했다. 光緖 34년 말까
    지는 매달 집세를 냈지만, 宣統 원년(1909) 정월부터 3월 말까
    지 4개월치 집세는 계속 미루고 한 푼도 내지 않았다. 黃月亭
    은 宣統 원년 3월에 품을 올려 해당 점포의 재산을 봉인한 뒤
    공매하여 밀린 집세를 받을 수 있게 해달라고 청했다.

12. 상인 申文鐸이 임대한 집을 비워달라는 안건: 宣統 원년(1909)
   상인 譚占魁는 기와집 1곳을 宣統 2년 3월 15일까지 申文鐸에
   게 세를 주었다. 申文鐸은 이곳에 源豊盛 술집을 개설했는데,
   宣統 2년 초 申文鐸이 갑자기 고향으로 돌아간 뒤 점포를 처리
   하지 않고 있었다. 申文鐸이 보내온 편지에는 영업은 그만두지
   만 점포 물건들은 옮기지 않겠다는 앞뒤가 맞지 않는 말을 했
   다. 宣統 2년 3월 20일 譚占魁는 품을 올려 申文鐸이 이사를 나
   가서 다시 세를 놓게 해줄 것을 청했다. 이에 마정량은 화상
   총회에 유칙을 내려 조사해서 공평하게 처리하라고 지시했다.

13. 중국 농민 孫培華 등이 과도하게 납부한 토지 임대료를 반환
   해달라는 소송: 중국 농민 孫培華, 姚培龍, 姜品蘭 등 12가구는
   한성 서문 밖 馬位地를 임대하여 경작했다. 光緒 34년(1908)
   한성 재무서와 정식으로 임대 계약을 체결하고 매년 임대료
   로 日金 167원 3각을 내기로 했다. 孫培華 등은 글자를 알지
   못하고 한국말도 하지 못해 이들을 대신해서 劉漢亭이 재무서
   세무 촉탁인 吳禎善에게 부탁하여 임대에 관한 사무를 대신
   처리해주도록 했다. 그런데 임대료가 원래 일 년에 167원 3각
   인데도 중간에서 유한정이 364원을 거두어 갔고, 강제 수거금
   150원도 따로 거두어 가면서 내지 않으면 해당 토지를 회수
   하겠다고 했다. 宣統 원년(1909) 3월 孫培華 등이 품을 올려,
   유한정이 사기를 쳤으니 징계해주기를 청했다. 유한정도 품을
   올려 자신이 사기를 쳤다는 것은 억울한 일이라고 하며 해결
   해 주기를 청했다.

劉漢亭은 孫培華 등이 한국말을 몰라 자신에게 대신 처리해 달
라고 부탁했는데, 자신도 역시 한국어를 몰라 그들의 일을 제
대로 못해줄 것을 걱정하여 韓官 吳禎善에게 부탁했다고 주장
했다. 그런데 오정선은 평소에 알고 지내는 한인 李樂贊이 중
국말을 잘해서 그 사이에서 일체의 말을 전달하게 하자고 했
다고 주장했다. 양쪽이 품을 올려 고소한 각 사항과 상신서,
청원서와 계약서 등을 조사한 결과, 한인 金君寶, 李樂贊이 중
간에서 돈을 가로챘고 오정선도 돈을 받은 것으로 확인되었
다. 마정량은 일본 이사관에 조회를 보내 吳禎善, 金君寶, 李樂
贊 3인을 소환하여 조사해 달라고 요청했다. 그 결과 세무를
부탁받은 오정선이 중국 농민 孫培華 등에게 받은 토지 임대
료 364원 가운데 재무부서에 납부한 임대료 167원 30전을 제
외한 나머지 136원 70전은 손배화 등에게 돌려주게 했다. 마
정량: 소송안건 12(02－35－062－12) 46번에도 孫培華가 같은
지역의 토지 임대료 문제로 소송을 제기한 안건이 나온다.

14. 화상 鄭寶田이 외상 대금 상환을 재촉하려고 한인 徐度相을 불
    법 감금한 사건: 鄭寶田은 한성에서 福興德 잡화점을 열어 영
    업을 했다. 한인 徐度相이 외상으로 가져간 물품대금 29원을
    기한이 되어도 상환하지 않자, 光緒 34년(1908) 겨울 鄭寶田은
    서도상의 집 바깥을 지키고 있다가 徐度相을 잡아서 자신의
    점포에 불법으로 4일 동안 감금을 시켰다. 徐度相의 친구 조씨
    가 한국 경찰에 신고하여 한국 순찰이 鄭寶田을 체포했다. 정
    보전은 서도상을 점포 내에 잠시 머무르게 하여 빚을 갚으라

고 재촉한 것은 잘못이라는 사실을 인정했다.

마정량은 다음과 같이 판결하여 일본 이사관에 조회를 보냈다. 정보전이 외상 대금 29원을 갚지 않았다는 이유로 서도상을 점포에 감금한 것은 불법이다. 그러나 근래 수 년 동안 매번 한인이 화상 점포에서 외상으로 물건을 가져갈 때는 좋은 말로 유혹하여 약속을 했지만, 자꾸 상환을 연기하고 채권자가 갚을 것을 재촉하면 도주했다. 심지어 스스로 채권자의 거처에 머물며 바깥에서 돈을 마련하겠다고 속였지만, 해당 화상들은 사사로이 평민을 감금한 것이 죄가 된다는 사실을 알지 못하고 있다가 나중에 한인이 순찰에게 신고하면 중국인이 처벌받는 상황이 되었다. 이렇게 되면 한인이 빚을 진 사실은 오히려 희석되고 핑계거리가 되어 갚지 않고 멀리 도망갈 수도 있으니 경계해야 한다는 것이었다. 마정량은 정보전을 법에 따라 2주일 감금하여 처벌할 것이니, 일본 이사청도 서도상이 정보전의 부채를 속히 상환하도록 해달라고 요청했다.

15. 화상 蘇子海의 채무 상환을 재촉하는 안건: 光緒 34년(1908) 송도에서 무역을 하던 王瑞亭은 한인 張聖壽에게 두 차례에 걸쳐 모두 120원을 빌려주었다. 기한이 되자 장성도는 홍삼으로 대신 갚겠다고 했지만 왕씨가 허락하지 않았다. 王瑞亭은 홍삼 판매 화상 蘇子海를 찾아가 張聖壽와 蘇子海의 홍삼의 매매를 중개해 주고 장성도에게 외상 대금을 받으려고 했다. 그 과정에서 왕서정은 홍삼 대금 일부를 소자해에게 잠시 빌려주었다. 모두 228원을 빌려주었는데, 왕서정이 소자해에게 돈을

갚으라고 요구하자 소자해는 핑계를 대고 갚지 않았다. 왕서
정은 소자해가 자신을 속였다고 생각하고 宣統 원년(1909) 4
월 마정량에 품을 올려 돈을 돌려받을 수 있도록 해달라고 청
했다.

마정량은 소자해가 귀국했으니 한국에 돌아온 후 다시 조사하
여 처리하도록 지시했다. 宣統 원년 6월 왕서정은 다시 품을
올려 소자해가 빚을 진지 오래되었지만 아직 상환하려 하지
않고, 자신은 생활이 곤란하고 부친마저 중병이 들었으니 더
이상 지연하기를 원치 않는다고 하며 신속하게 판결해 줄 것
을 요청했다. 마정량은 소자해를 법정에 출두시켜 소자해가
40원을 상환하는 것으로 이 안을 종결하도록 지시했다. 왕서
정이 40원을 받았다는 영수증이 있는 것으로 보아 그렇게 처
리되어 안이 종결된 것으로 보인다.

16. 화상 王秀山의 부채 청산에 관한 안건: 光緒 32년(1906) 10월
    평양 화상 王秀山이 黃月亭의 보증으로 袁敬之에게 日金 1,500
    원을 빌렸는데 이자는 매월 30원으로 정했다. 하지만 光緒 33
    년 정월에 이자 90원을 지불했을 뿐 계속 상환하지 않았다.
    袁敬之가 상환을 재촉하니 돈이 나올 곳이 없다고 했다. 袁敬
    之는 王秀山이 鎭南浦 領事署에 압송되었다는 말을 듣고 宣統
    원년(1909) 4월 품을 올려 왕수산이 속히 원경지의 돈을 갚게
    해달라고 청했다.

    마정량은 진남포 영사에게 칙을 내려 왕수산이 속히 원경지
    에게 빌린 돈을 모두 청산하도록 하라고 지시했다. 진남포 대

리영사 錢廣禧은 왕수산이 원경지에게 빌린 돈이 소액이 아니
어서 엄하게 추궁해도 청산할 방법이 없고 단지 가옥을 돈으
로 대체하는 방법 밖에 없다고 답했다. 마정량은 黃月亭이 남
포에 도착하는 대로 왕수산의 평양의 집을 팔아 부채를 청산
하라고 지시하여 안을 종결시켰다.

17. 董居洪의 부채 상환에 관한 안건: 田有亮이 董居洪에게 빌려준
돈 160원을 상환하라고 추궁하자 서로 싸움이 붙어 동거홍이
전유량과 함께 한강 물속에 들어가는 바람에 두 사람이 모두
익사했다. 동거홍이 비밀 창고에 기와 10여만 장을 남겼고 그
가치는 日金 1천여원이 되는데, 동거홍이 죽은 뒤 그의 堂兄
董志鎬이 관리했다. 董志鎬가 董居洪이 田有亮에게 빌린 돈을
상환하려 하지 않자, 宣統 원년(1909) 4월 田有亮의 동생 田由
申이 품을 올려 부채를 상환 받을 수 있도록 청했다. 마정량은
북방동사에 칙을 내려 북방 동사가 조사하여 처리하게 하고, 董
志鎬에게 칙을 내려 명령을 받들고 임의로 꾸미거나 미루지 않도
록 하라고 지시했다. 이 안건은 마정량 소송 12(02-35-062-12)
39번 안건의 내용과 연결되어 있다.

錢債案卷(六)

館藏號	02-35-062-12
全宗	總理各國事務衙門
系列	駐韓使館保存檔案
宗	馬廷亮: 訴訟案件 12
冊	금전 貸借에 관한 소송에 관한 권종(錢債案卷) (6)
생산시기	宣統 元年(1909)~宣統 2年(1910)
총면수	182
수발자	馬廷亮, 三浦彌五郎, 賈文燕, 徐(山東登萊靑膠道)

    이 안건은 금전 貸借에 관한 17건의 소송 사건을 다루고 있다. 안건은 제37호~제53호로 이루어져 있다. 37. 許午가 마정량에 올리는 품과 비문, 마정량이 일본 이사관에게 보내는 조회 등으로 구성되어 있다. 38. 賴文藻의 품과 비문으로 구성되어 있다. 39. 董界信, 孫仁江, 宋芝遠의 품, 田有亮과 董居洪 부채안 후속처리에 관한 문건으로 구성되어 있다. 40. 劉書仁의 품과 석재 청구서, 약정서, 마정량이 일본 이사관에게 보내는 조회로 구성되어 있다. 41. 張炳長의 품문, 마정량과 일본이사관 三浦彌五郎 사이에 주고받은 조회와 답신으로 구성되어 있다. 42. 일본 이사관 三浦彌五郎과 마정량이 주고 받은 조회 문서와 일본 상인 森分龜吉이 제시한 차용증서, 대금 청구서 등으로 구성되어 있다. 43. 王仁升의 품과 張有三, 耿全發에 대한 조사문서, 마정량의 비문으로 구성되어 있다. 44. 余匯川 등의 품과 그에 대한 비문으로 구성되어 있다. 45. 楊錫光의 품문 1건과 이에 대한 명세서로 구성되어 있다. 46. 孫培華의 품문, 마정량과 일본 이사관 사이에 왕래한 조회, 소작권자 張臺鎭과 도작인 孫培華(孫宗慶)의 계약서 등

으로 구성되어 있다. 47. 殷鳴岡의 품과 마정량이 일본 이사관에게 보내는 조회와 답신, 殷鳴岡의 시말서, 영수증, 청원서 등으로 구성되어 있다. 48. 李弘基에 대한 聽取書와 일본 이사관이 마정량에 보내는 조회로 구성되어 있다. 49. 鄭福卿의 품과 마정량이 일본 이사관에게 보내는 조회와 답신 등으로 구성되어 있다. 50. 劉華棠의 품문, 마정량의 비문, 譚德寬의 서약서로 구성되어 있다. 51. 마정량과 일본 이사관 三浦彌五郞 사이에 주고받은 조회와 답신 각각 2통으로 구성되어 있다. 52. (문서가 없음) 53. 京幇商人 陳兆祥의 품문, 조사문서, 王星文 등 보증인의 서약서, 三幇董事의 품문, 順利號 채권자 鄭崇德의 품문, 陳兆祥의 토지 임대 계약서, 마정량이 인천 영사 賈文燕에 보내는 移文과 답신, 마정량이 山東登萊靑膠道 徐에게 보내는 移文과 답신, 京幇董事와 北方董事가 마정량에 올리는 품문 등으로 구성되어 있다.

안건의 주요 내용은 다음과 같다.

번호	사건 발생시기	사건 당사자		사건내용	면수
		원고	피고		
37	宣統 1년	許午	李圭恒	한인 李圭恒의 밀린 임대료 청산에 관한 안건	9
38	宣統 1년	賴文藻	張瑾廷	張瑾廷이 임시로 관리 맡은 상점의 돈을 횡령한 사건	8
39	宣統 1년	董界信, 孫仁江, 宋芝遠	早川組, 川口芳三	苦力 宋芝遠 등의 임금 체납에 관한 안건과 董居洪의 부채 상환에 관한 안건	13
40	宣統 1년	劉書仁	福井龜太郎, 井上作藏	석공 劉書仁의 체납 임금 지불을 청원하는 안건	7

41	宣統 1년	張炳長	大東洋行	석공 張炳長의 체납 임금 지불을 청원하는 안건	6
42	宣統 1년	森分龜吉	龐孝序, 宋展楓	화상 龐孝序의 밀린 집세를 보증인 宋展楓이 대신 상환하는 문제에 관한 안건	11
43	宣統 1년	王仁升	張有三, 耿全發	張有三과 王仁升의 토지에 대한 권리를 둘러싼 분쟁	6
44	宣統 1년	德源順, 和聚公, 公源利, 洪順福, 大成義 등	孫墨林	仁升永 執事 孫墨林의 채무 상환에 관한 안건	4
45	宣統 1년	楊錫光	王香山, 王靖軒	德生泰 경리 王德新의 횡령 도주에 관한 안건	3
46	宣統 1년	孫培華	張世憲	중국 농민 孫培華가 재무서 파견원을 사칭한 張世憲에게 준 임대료를 돌려받게 해달라는 청원	8
47	宣統 2년	殷鳴岡	星野耕作, 服部時次	일본인 星野耕作과 服部時次의 미납 목재 대금 청산에 관한 안건	15
48	宣統 2년	元春茂	李弘基	元春茂의 미납 외상 대금을 거간 李弘基의 담보 가옥을 처분하여 상환하는 문제에 관한 안건	22
49	宣統 2년	鄭福卿	矢橋商會	일본 矢橋商會의 임대료 미납에 관한 안건	5
50	宣統 2년	劉華棠	譚德龍	譚德龍의 채무 청산에 관한 안건	4
51	宣統 2년	王明軒	李殷五	중국인 王明軒이 한국인 李殷五의 돈과 煙嘴을 훔친 사건	6
52		錢債案卷 목차에는 있지만 실제로 안건이 존재하지 않음.			
53	宣統 2년	陳兆祥	綦耀秀	동업자 간 채무 분쟁	53

37. 한인 李圭恒의 밀린 임대료 청산에 관한 안건: 光緒 34년(1908) 10월 許午가 한성 昭義門 내 대로에 위치한 가옥을 進興會社 사장인 韓人 李圭恒이 임대해주고 매월 임대료 日金 50원으로 계약했다. 그런데 3개월의 임대료를 겨우 내고 이후 5개월분 임대료는 날짜를 넘겨 40원만 지불했다. 5월 중순에 許午가 건물을 비워 달라고 하자 李圭恒은 종이 담배 두 상자 90원어치

와 어음 100원을 담보로 맡겼다. 李圭恒은 허오의 건물을 5개
월 기한으로 계속 임대하고 임대료는 7월말부터 10월말까지
청산하기로 하고, 허오에게 250원의 어음을 써주었다. 그러나
5월에서 8월까지 3개월의 임대료를 지불하지 않았을 뿐만 아
니라 7월 20일 기한의 약속어음 210원도 갚지 않았다.
宣統 원년(1909) 9월 許午는 품을 올려 이규항이 지불해야 할
약속어음 210원과 밀린 임대료 150원을 모두 청산하게 해달
라고 청했다. 마정량은 일본 이사청에 조회를 보내 이규항이
밀린 가옥 임대료 전액을 청산하고 임의로 연기하지 않도록
해주기를 청했다.

38. 張瑾廷이 임시로 관리 맡은 상점의 돈을 횡령한 사건: 賴文藻
는 부모님을 보러 고향에 가게 되어 상점 내 모든 일을 協興棧
의 執事인 張瑾廷 經理에게 맡겼다. 하지만 張瑾廷은 나쁜 마음
을 먹고 금고 속에 있는 돈 171원 9각 2분을 몰래 훔쳤다. 또
한 임의로 장부를 조작하여 120원을 몰래 사용했고, 70원 7각
5분을 가불했다. 장근정이 源成公 假櫃字號에서 빌린 돈 10원
까지 합하면, 張瑾廷이 갚아야 할 돈은 총 373원 6각 7분이었
다. 장근정이 불량한 마음을 가지고 몰래 남의 명의를 도용하
고 상인의 규칙을 지키지 않아 용서할 수 없다고 생각한 賴文
藻는 宣統 원년(1909) 9월 품을 올려, 장근정이 몰래 빼돌린
돈을 돌려받을 수 있게 해주기를 청했다. 장근정이 돈을 돌려
주지 않자 賴文藻는 宣統 원년 10월 다시 품을 올려, 장근정을
엄히 추궁하여 성실하게 돈을 상환하도록 해주기를 청했다.

마정량은 피고 장근정에게 칙을 내려 돈을 마련하여 부채를 상환하도록 하고, 현금 75원, 의복과 물건을 환산한 25원 등 100원을 원고 賴文藻에게 상환하라고 지시했다. 또한 보증인 李東山을 세워 확실한 보증을 서게 하고 안을 종결시킬 것을 지시했다.

39. 苦力 宋芝遠 등의 임금 체납에 관한 안건과 董居洪의 부채 상환에 관한 안건: 苦力 宋芝遠, 孫仁江, 董界信 등은 임진강에서 일본인 早川組, 川口芳三의 雇工으로 일했는데 宣統 원년(1909) 8월부터 체불된 급료가 301원 5각 8분 2리였다. 宋芝遠 등이 早川組에게 여러 차례 지급을 요구했지만 임금은 川口芳三이 지급해 준다고 책임을 미루었다. 川口芳三도 재차 미루고 한 푼도 지급하지 않았다. 더 기다릴 수가 없고 한 푼도 지급하지 않는다면 생명을 유지하기도 힘들다고 생각하여 宋芝遠 등은 宣統 원년 9월 품을 올려 이 일을 처리해달라고 청했다. 마정량은 일본 이사관에게 조회를 보내 신속하게 임금 지급문제를 해결하여 중국 노동자를 구휼해달라고 요청했다. 일본 이사관의 답신 내용은 관할 개성 경찰서의 보고에 의하면 임시 노동자가 간접적으로 고용되어 일했을 경우 임금과 기타 비용은 하청업자가 책임을 지고, 직접 고용되어 일했을 경우에는 工頭가 지불하기 때문에 미지급한 일이 전혀 없다는 것이다. 이와 관련된 더 이상의 문건이 없기 때문에 早川組와 川口芳三가 어떤 관계인지, 결론이 어떻게 났는지 알 수 없다.
한편 宣統 원년(1909) 9월 董居洪의 아버지 董士珍이 품을 올려

죽은 아들을 대신하여 부채를 상환하려고 하는데 동거홍이
남긴 도기장과 벽돌을 처분한다 해도 부채를 다 갚을 수 없으
니, 처분한 금액으로 분할 상환할 수 있게 해달라고 청했다.
마정량은 북방 동사에게 명하여 각 채권자에게 부채를 분할
상환하는 문제를 설명하라고 지시했다. 이 안건은 마정량 소
송 11(02−35−062−11) 17번 안건의 내용과 연결되어 있다.

40. 석공 劉書仁의 체납 임금 지불을 청원하는 안건: 劉書仁은 산
동 登州府 文登縣人으로 북부 水基洞과 玉川洞 두 곳에서 일본
인 福井龜太郎, 井上作藏의 석재 일을 해주기로 계약했다. 급료
는 한 달에 한번 계산하기로 했는데 劉書仁이 석재 노동으로
받아야 할 돈은 954원 1각 5분이었다. 받은 돈 673원 9각 1분
을 제외하고 280원 2각 4분을 받지 못했다. 여러 차례 독촉해
도 지불하지 않자 宣統 원년(1909) 10월 劉書仁이 품을 올려
이를 받을 수 있도록 해주기를 청했다. 마정량이 일본 이사관
三浦彌五郎에게 조회를 보내 이 일을 처리해 줄 것을 청했다.

41. 석공 張炳長의 체납 임금 지불을 청원하는 안건: 張炳長은 일
본 상회 大東洋行의 석공 일을 청부 맡아 일을 끝냈지만 임금
36원을 받지 못했다. 설이 다가오고 고향에 돌아가야 했기 때
문에 더 이상 기다릴 수가 없어서 宣統 원년(1909) 7월 품을
올려 속히 보상받을 수 있도록 해달라고 청했다. 마정량은 이
안건을 처리해 달라고 일본 이사관 三浦彌五郎에게 조회를 보
냈다. 三浦彌五郎은 大東洋行이 형편이 어려워 일시에 청산하기

가 힘드니 세 차례에 걸쳐 상환할 수 있도록 해달라고 답신을 보냈다. 중간 과정은 문건이 없어 알 수 없으나 이후 張炳長은 明治 43년(1910) 정월과 2월 두 달 동안 日金 22원을 받고 영수증을 써 주었으며, 3월분 15원은 장병장이 지방에 가서 總署에서 대신 받고 사건은 종결되었다.

42. 화상 龐孝序의 밀린 집세를 보증인 宋展楓이 대신 상환하는 문제에 관한 안건: 宣統 원년(1909) 일본 상인 森分龜吉이 南署 石井洞 華商 잡화점 美盛春號의 龐孝序에게 日金 50원을 빌려주고 매일 1원씩 60일 동안 원금과 이자 60원을 상환받기로 했다. 龐孝序는 겨우 3원을 상환하고 점포의 문을 닫고 도주했다. 보증인 德和號 宋展楓이 해당 상인의 화물을 팔아 상환하겠다고 森分龜吉에게 알렸다. 그러나 龐孝序의 화물을 공매해도 부채가 너무 많아 모두 상환하기에는 부족했다. 森分龜吉은 손해를 볼 수 없다고 하며 보증인 송전풍이 해당 상인의 부채를 모두 상환해야 한다고 주장했다.

마정량은 일본 이사관에게 조회를 보내 송전풍은 궁핍하고 돈이 없어 전부를 대신 갚기가 곤란하니 방효서가 나타나기를 기다려서 스스로 갚도록 하거나 죄 값을 치르게 하는 것이 마땅하다. 그러나 그것은 불가능하고, 송전풍이 23원 5각을 상환했으니 森分龜吉이 署에 와서 수령하고 안을 종결지을 것을 청했다. 일본 이사관 三浦彌五郎은 채무자가 도주했지만 보증인 송전풍이 그 의무를 다해야하기 때문에 방효서의 채무를 모두 상환해야 한다고 답신을 보냈다. 이 후의 일은 알 수 없다.

43. 張有三과 王仁升의 토지에 대한 권리를 둘러싼 분쟁: 화상 王仁
升은 志興洞 잡화점을 운영하고 있었는데, 志興洞이 있는 땅은
원래 張有三이 국수집을 하다가 불타 버린 곳이다. 張有三은
그 땅을 되돌려 달라고 王仁升에게 요구했다. 그러자 왕승인은
장유삼의 요구가 부당하다고 품을 올려, 張有三이 다시는 소란
을 피우지 말라는 판결을 받은 바 있다. 그럼에도 張有三이 耿
全發과 志興洞에 와서 유리창과 기물을 부수는 등 소란을 일으
키자 宣統 원년(1909) 11월 王仁升이 다시 품을 올려 이 안건
을 처리해 줄 것을 청했다. 총서에서 장유삼과 경전발을 소환
하여 심문했는데 두 사람의 말이 서로 일치하지 않았다. 장유
삼은 소란을 피우는 과정에서 지흥동의 유리창과 기물을 부순
것은 자신이 아니고 耿全發인데, 耿全發이 자신에게 250원을
빚지고 있기 때문에 耿全發이 자신을 대신해서 그렇게 한 것
이라고 주장했다. 마정량은 이 안건이 오래 전의 일이고 원고
와 피고 중 누구의 말이 사실인지 알 수 없으니, 화상 총회에
서 공동으로 조사해서 처리하라고 지시했다.

44. 仁升永 執事 孫墨林의 채무 상환에 관한 안건: 東大街 綢洞 仁升
永號의 執事 孫墨林이 각 상호에게 외상으로 가져간 화물이 많
았는데, 宣統 원년(1909) 12월 9일 밤에 부채를 피해 도망갔
다. 德源順 등 채권자들이 이 소식을 듣고 회동하여 仁升永에
가서 회계한테 물었더니 孫墨林이 나간 지 이미 여러 날 되었
고 아직 돌아오지 않았으며 어디에 있는지도 모른다고 했다.
德源順 등 상인들은 품을 올려, 仁升永에 남아 있는 화물과 침

대 집기들을 환금하여 仁升永의 빚을 채권자들에게 분할해서
상환하게 하려는데 이것이 가능한지 판결해달라고 청했다. 마
정량은 이 안건을 북방동사에게 맡겨서 처리하게 하라고 지시
했다.

45. 德生泰 경리 王德新의 횡령 도주에 관한 안건: 楊錫光은 宣統 원
    년(1909) 東街에서 德生泰 잡화점을 개설했는데, 天成永 주인
    王香山과 王靖軒의 추천으로 王德新을 경리로 고용했다. 楊錫光
    이 일이 있어 고향에 돌아가게 되자 점포 내 모든 일을 王德新
    經理에게 맡겼다. 王靖軒 등이 왕덕신을 꾀어 오입질과 도박으
    로 돈을 낭비하게 하여 점포 내의 화물을 텅 비게 했고 왕덕
    신은 도주했다. 양석광은 왕덕신이 낭비한 것은 돈으로 환산
    하면 500원이 넘었고, 왕덕신이 도망한 것은 王靖軒 등이 시켰
    기 때문이라고 생각했다. 宣統 원년(1909) 12월 楊錫光은 품을
    올려 총서에서 왕정헌 등을 심문하여 商界의 나쁜 풍토를 징
    계할 수 있도록 해줄 것을 청했다.

46. 중국 농민 孫培華가 재무서 파견원을 사칭한 張世憲에게 준 임
    대료를 돌려받게 해달라는 청원: 孫培華는 한국인 吳景院이 경
    영하는 馬位官地 일부를 임대하여 매년 임대료로 46원을 지불
    했다. 光緒 34년(1908) 10월에 한국인 張世憲이 자신은 재무서
    의 파견원인데 모든 馬位官地를 관리하게 되었으니 자신에게
    토지 임대료를 내라고 했다. 孫培華는 吳景院과 임대계약을 체
    결하고 임대료를 모두 지불했다고 설명을 하자, 장세헌은 吳

景院에게 준 토지 임대료를 도로 회수하여 자신에게 임대료 70원 지불해야 하며 그렇게 하지 않으면 임대를 철회할 것이라고 했다. 이에 孫培華는 그의 요구대로 임대료를 주었다. 그런데 재무서의 특파원이 와서 임대료를 독촉했다. 孫培華는 張世憲에게 이미 주었다고 하자 재무서의 파견원은 모르는 일이라고 했다. 宣統 원년(1909) 12월 孫培華는 마정량에게 품을 올려 張世憲이 재무서 파견원을 사칭하여 받은 임대료를 상환받을 수 있도록 해달라고 청했다. 그러나 결과는 알 수 없다. 이 안건은 마정량 소송 11(02-35-062-11) 13번에도 孫培華가 같은 지역의 토지 임대료 문제로 소송을 제기한 안건이 나온다.

47. 일본인 星野耕作과 服部時次의 미납 목재 대금 청산에 관한 안건: 宣統 원년(1909) 10월 일본인 星野耕作과 服部時次 등이 殷鳴岡이 경영하는 南洋運木公司의 목재를 구매하고 목재대금 日金 875원 4각을 갚지 않았다. 宣統 2년(1910) 정월 殷鳴岡은 품을 올려 이 일을 처리해주기를 청했다. 마정량은 일본 이사관에게 조회를 보내 星野耕作과 服部時次 등이 南洋運木公司에 일금 875원을 속히 청산해주도록 해달라고 요청했다. 星野耕作과 服部時次는 청원서를 제출하여 목재 대금을 분할하여 상환할 수 있도록 해달라고 청했고, 이러한 사실을 일본 이사관 三浦彌五郎이 마정량에 전달했다.

48. 元春茂의 미납 외상 대금을 거간 李弘基의 담보 가옥을 처분하

여 상환하는 문제에 관한 안건: 한국인 李弘基는 거간으로 元春茂號의 王受益과 수년간 거래를 해왔는데, 綢緞布木 대금 가운데 미지급액이 2萬円 있었다. 만일 기한 내에 채무상환이 이행되지 못하면 元春茂가 거간 李弘基의 가옥을 임의로 처분할 수 있다는 계약을 한 바 있다. 원춘무의 왕수익은 채무가 상환되지 않자 거간 이홍기에 대해 소송을 제기했다. 품문이 남아 있지 않기 때문에 元春茂에서 누구를 상대로 소송을 제기했는지 알 수 없으나 남아 있는 문건이 모두 거간 이홍기에 대한 聽取書인 것으로 보아 元春茂에서 소송을 제기한 상대는 이홍기인 듯하다. 이홍기는 채무 상환이 이행되지 않았을 때 거간에게 강제로 징수하는 것이 부당함으로 주장했지만, 이미 원춘무와 이홍기가 그렇게 계약을 맺은 상태였기 때문에 이홍기는 자신의 가옥을 넘겨줄 수밖에 없었다. 이홍기는 자신의 가옥에 대한 평가액을 정해서 외상 대금을 상환하고 나머지 돈은 환급받기로 했다.

49. 일본 矢橋商會의 임대료 미납에 관한 안건: 鄭福卿은 光緒 32년 (1906) 9월 한성 소공동에 있는 가옥 2칸을 일본인이 경영하는 矢橋商會에 37원의 임대료를 받기로 하고 임대해 주었다. 矢橋商會는 이 건물에 석탄무역회사를 차렸다. 宣統 원년(1909) 12월부터 宣統 2년 3월말까지 4개월간 임대료 日金 148원을 내지 않았다. 점포 안에 물건은 하나도 없었고 장식이나 집기만 남아 있었다. 宣統 2년 3월 鄭福卿은 품을 올려 이 일을 해결해 달라고 청했다. 마정량은 일본 이사관에게 조회를 보내

이 안건의 신속한 해결을 요청했다. 일본 이사관은 矢橋商會는
이미 폐업을 했고 遠山金三郎이 이 건물에 계속 거주했는데,
지금 그 자도 소재가 불분명하니 그가 돌아오면 취조하여 결
과를 알려주겠다고 답신을 보냈다.

50. 譚德龍의 채무 청산에 관한 안건: 청국 欽署에서 일하는 譚德龍
    이 한국 총세무사 관할 花園에서 일할 때 알게 된 山東人 劉華
    棠에게 돈 80원을 빌렸다. 劉華棠은 원래 여행경비로 쓰려고
    이 돈을 남겨두었는데, 譚德龍이 평소에 착한 사람이라고 여겨
    돈을 빌려주었고 두 달 후에 이자 없이 원금만 받기로 했다.
    그러나 기한이 지나도 갚지 않고 譚德龍이 얼버무렸으며, 심지
    어는 몽둥이를 들고 劉華棠에게 모욕을 주었다. 劉華棠이 경찰
    에 이 사실을 신고했는데, 譚德龍은 경찰의 훈도마저 듣지 않
    고 돈을 빌린 사실도 부인했다. 宣統 2년(1910) 劉華棠은 품을
    올려 빌려준 돈을 상환을 받게 해달라고 청했다. 마정량은 譚
    德龍에 전하여 상환하라고 명했다. 이후의 처리 과정은 문건
    이 없어서 불분명하나 보증인의 보증서가 남아 있다. 그 내용
    은 譚德龍이 부채 가운데 먼저 30원을 상환하고 나머지 50원은
    2월 말에 25원, 3월 15일에 25원을 상환하겠다고 서약했다.

51. 중국인 王明軒이 한국인 李殷五의 돈과 煙囑을 훔친 사건: 한국
    인 李殷五는 중국인 王明軒에게 물품 구입대금 1円 98錢을 빚
    지고 있었다. 어느 날 李殷五가 인력거장에서 누워서 잠을 자
    다가 煙囑 1대와 돈 1円 20錢을 잃어버렸다. 다음날 李殷五는

한국인 음식점에서 王明軒이 가지고 있는 煙嘴이 자신이 잃어
버린 물건인 것 같다고 하자 王明軒은 한국 사람에게 4錢에 구
매했다고 했다. 李殷五는 이를 믿지 않고 경찰청에 신고하여
王明軒을 조사해달라고 했다. 李殷五는 王明軒이 자신의 돈을
훔쳐 갔다고 주장했고 王明軒은 공술에서 煙嘴은 훔쳤지만 돈
은 훔치지 않았다고 진술했다. 宣統 2년(1910) 6월 마정량은
일본 이사관에게 조회를 보내 李殷五가 王明軒에게 빚진 물품
구입대금이 1엔 98전인데 王明軒이 훔쳤다고 주장하는 1엔 20
전을 제외하더라도 나머지 78전은 마땅히 상환해야 하니 이
를 처리해 달라고 청했다. 王明軒이 李殷五의 煙嘴과 돈을 훔친
것을 인정한 듯하고 그대로 처리된 것 같다.

52. 문서가 없음

53. 綦耀秀의 채무 상환에 관한 안건: 光緒 31년(1905) 京幇商人 陳
兆祥과 山東 平度州 東南鄕人 綦耀秀는 漢城 紅柵門 안에 興茂居
간장점포를 개설했는데, 陳兆祥은 2,440원을 출자했고 綦耀秀
는 執事로 영업을 담당했다. 다음 해인 光緒 32년 1,300원을
출자하여 인천 三里寨에 天泉居 간장점을 개설했다. 그런데 갑
자기 綦耀秀가 인천 天泉居 간장점의 자본금을 다 날려 남은
것이 없다고 말했다. 이에 陳兆祥이 고소하겠다고 하자 綦耀秀
는 宣統 2년(1910) 단오절에 1,500元을 상환하고, 12월에 744
元 4角 7分을 상환하겠다는 어음 2장을 써주고, 王星文, 姚振才,
衛德玉, 杜永亮, 徐存海, 陳述卿 등 6명을 보증인으로 세웠다.

그러나 기한이 되도 돈을 상환하지 않았고 보증인도 책임지지 않았다. 宣統 2년 7월 陳兆祥이 綦耀秀를 고소했다. 원고, 피고, 보증인을 심문 조사한 결과 마정량은 綦耀秀 대신 보증인 6명이 원금과 이자 1.500원을 상환하라고 판결했다. 여전히 부채를 상환하지 않자 마정량은 綦耀秀를 잠시 산동으로 보내어 부채를 상환할 방법을 강구하게 하고 인천 天泉居의 가구를 팔아 우선 부채를 상환하라고 지시했다. 아울러 영사 賈文燕에게 칙을 내려 인천 天泉居를 봉인하고 인천 商董에 이를 공매하여 환금하라고 지시했다. 인천 三幇董事는 마정량에 품을 올려 天泉居를 공매하더라도 인천 채권자들에게 상환할 돈이 부족하다며 처리방침을 알려달라고 청했다. 그 사이 산동으로 돈을 구하러 간 綦耀秀는 기한을 넘기고도 한국에 돌아오지 않았고 그 아들도 점포를 포기하고 도주했다. 마정량은 山東登萊靑膠道에게 알려, 綦耀秀의 원적지 山東 平度州에 綦耀秀의 행방을 수소문했고, 綦耀秀 원적지의 부동산을 공매하여 부채를 상환하도록 하라고 지시했다.

山東登萊靑膠道 徐는 綦耀秀의 고향에는 처 王氏만 있었고, 방 세 칸짜리 초가집과 토지 2畝 2分의 재산밖에 없었다는 사실을 알리고, 綦耀秀의 재산을 처분해서 庫平銀 125원을 보내니 처리해 달라고 답신을 보냈다. 마정량은 인천 영사에게 명을 내려, 庫平銀 1백25원을 각 채권자들에게 공평하게 분배하고 안을 종결하라고 지시했다.

命案卷(1)

館藏號	02-35-062-13
全宗	外務部
系列	駐韓使館保存檔案
宗	馬廷亮: 訴訟案件 13
冊	人命 안건에 관한 卷宗(命案卷)(1)
생산시기	光緖 32년(1906) 07월~光緖 33년(1907)년 12월
총면수	102
수발자	李鎬奭, 李敎獻, 沈炳儒, 馬廷亮, 鶴原定吉, 石塚英藏

이 권종은 人命 살해와 관련된 5건의 안건으로 구성되었다.

안건의 주요 내용은 다음과 같다.

번호	사건발생시기	사건 당사자		사건 내용	면수
		원고	피고		
1	光緖 32년	秦文波		秦文波에게 상금 400원 발급(前任 人命案)	4면
2	光緖 33년	王世彭	張導之	張導之가 금전관계로 청국인 王世彭을 살해	46면
3	光緖 33년	唐明經	일본인 강도	일본인 강도가 唐明經 집에 침입하여 총상을 입히고 살인	3면
4	光緖 33년	于東洲	한국 亂民(土匪)	한국 亂民(土匪)이 于東洲를 총으로 살해	8면
5	光緖 33년	張文綺	王文彩	王文彩이 張文綺을 구타해 살해한 사건	38면

1. 秦文波에게 상금 400원 발급한 안건: 前任 人命案에 따라 韓國政府가 배상한 400원을 진문파에게 발급하였다. 관련된 자세한

내용은 분명하지 않다.

2. 張導之가 금전관계로 청국인 王世彭을 살해한 사건: 光緒 32년
   (1906) 윤 6월 30일 未時(오후 1~3시)에 산동성 萊州府 출신 張
   導之가 금전관계로 청국인 王世彭을 살해한 사건이다. 청국인
   施鳳山은 王世彭과 함께 張導之의 물건을 매입했고, 그것들을 팔
   기 위하여 울산으로 가는 길이었다. 그런데 갑자기 장도지가
   말을 타고 뒤쫓아 와서 자신의 돈을 내놓으라며 험한 말을 했
   다. 왕세팽이 화를 내며 장도지에게 대나무 장대를 휘두르자,
   장도지가 칼을 꺼내 왕세팽을 찔러 죽였다.
   장도지의 진술에 따르면, 그는 숙소에서 자신의 돈이 사라진
   것을 발견했고, 시봉산과 왕세팽에게 어떻게 된 일인지를 묻기
   위해 그들을 뒤쫓았으며, 울산으로 향하는 길에서 그들을 만나
   서 승강이를 벌였는데, 왕세팽이 화를 내며 장대를 휘두르자
   소지하고 있던 과도로 그를 찔렀다는 것이다.
   이 사건은 울산군수 李鎬爽이 보고하여 사건을 관할하고 있는
   東萊監理 李教獻이 조회했고, 釜山領事 沈炳儒에게 통지되었다.
   馬廷亮은 부산 영사 심병유에게 사건을 보고 받은 뒤에 장도지
   가 계획적으로 범행을 저질렀다고 판단하고 장도지의 출신지
   관리인 山東省 登萊靑膠 兵備道에게 신병을 인도하고 사건을 처
   리하도록 했다.

3. 淸國人 唐明經 집에 일본인 강도가 침입하여 총상을 입히고 살
   인을 한 사건: 光緒 33년(1907) 7월 19일 오후 3시에 淸國人 唐

明經 집에 강도가 침입하여 총상을 입히고 살인을 한 사건이다.
唐明經은 동생 唐相經과 함께 인천항 교외의 東馬里에서 채소농
사를 생업으로 했다. 8월 27일에 당명경의 집에 강도가 들었다.
강도는 당명경의 가슴에 총상을 입혔고, 목·어깨·등을 칼로
찔렀으며, 일본 紙票 180원을 훔쳐 달아났다.

그날 한국인 어린아이가 양복을 입은 일본인처럼 생긴 두 남자
를 목격했다. 그중 한 명은 언덕에 서 있었다. 그리고 다른 한
명은 당명경의 집으로 들어가더니, 잠시 뒤에 밖으로 나와서
동쪽으로 갔다. 언덕에 서 있던 남자도 잠시 뒤에 자리를 떠났
다. 하지만 총소리는 들리지 않았다.

일본인 및 조선인 巡捕가 조사를 했고, 인천 일본 理事官과 인
천 韓國 府尹이 사건을 관할했다. 범인 인도 여부와 처리 절차
는 알 수 없다.

4. 한국의 亂民(土匪)이 于東洲에게 총상을 가해 살해한 사건: 光緒
   33년(1907) 8월 21일에 清國人 于東洲가 한국의 亂民(土匪)에게
   총상을 입고 사망한 사건이다. 于志淸의 族祖 于東洲는 春川 泉田
   의 장터에서 장사를 하며 살았다. 9월 18일에 토비들이 나타났
   고, 우동주는 등에 총을 맞아 죽고 말았다. 현장에 있던 우동주
   의 동업자 李學海는 다행히 목숨을 건졌는데, 그는 서울로 와서
   우지청에게 우동주의 억울한 죽음을 알렸다. 우지청은 華商總會
   의 龍山華商 北幇 책임자에게 품문을 올렸다. 그는 한국 관청이
   범인을 체포하여 처벌하고 화상에게 배상해야 한다고 요청했
   다. 龍山華商 史新堂은 우동주 사건을 계기로 여주에서 폭도들

이 자신의 창고에 불을 질러 피해를 입힌 사건까지 한국관청이 배상해야 한다고 요구했다.

이 사건의 처리절차를 알 수 없지만, 화상들은 자신들의 요구를 관철시킬 수 있었을 것으로 보인다. 사신당은 8월 12일 그리고 9월 27일에 폭도들이 여주의 창고에 난입하여 피해를 입힌 사건까지 배상해달라고 요청했다.

5. 王文彩이 張文綺을 구타해 살해한 사건: 光緒 33년(1907) 11월 17일, 華商總會의 전임 巡捕 王文彩의 구타로 인해 청국인 張文綺가 사망한 사건이다. 장문기는 1907년 10월부터 한성화상총회의 巡捕로 있다가 12월 29일 관할구역 밖에서 문제를 일으켜서 파면된 상태였다. 그는 1907년 12월 31일 갑자기 죽었다. 장문기의 형 장문순은 자신의 동생이 巡捕 王文材가 휘두른 쇠채찍에 맞아서 양쪽 옆구리에 치명상을 입고 목숨을 잃었다고 여겼다. 그는 京城理事廳에 동생의 억울함을 풀어달라며 왕문재를 고발했다.

漢城(京城)理事廳의 관할 아래, 증인 孔慶琳를 불러서 조사했고, 일본 이사청 의원 富久尾湊와 北幇公正商董의 파견 관원이 함께 회동하여 조사했다. 조사 결과, 피해자 측에 불리한 증언이 이어졌다. 첫째, 경성이사청의 촉탁의원 富久尾湊는 시신을 부검한 결과 외상에 의한 사망이 아니고, 질병에 의한 사망이라고 결론을 내렸다. 그는 시신에 외상이 없고 팔다리에 보이는 보라색 반점은 장문기가 죽은 뒤에 피가 응고되어 생긴 것이라는 소견을 제시했다. 둘째, 증인 孔慶琳도 장문기와 왕문재가 서로

말다툼하는 것을 보았을 뿐이고, 흉기를 휘두르는 것을 보지는
못했다고 증언했다. 더구나 나중에 장문순과 장문숙은 공경림
을 원망했다는 증언을 보탰다. 즉 그들은 왕문재가 당시 쇠채
찍을 가지고 있었다고 증언해주기를 바랐다는 것이었다. 셋째,
왕문재의 진술은 이랬다. 장문기가 왕문재의 집에 부탁했던 남
포면바지(藍布棉褲)를 찾으러 왔는데, 집에 아내만 있는 것을
보고서 손을 잡으려 하다가 욕을 먹고 도망쳤다. 그날 밤에 왕
문재가 귀가하자, 그의 아내는 울면서 낮에 있었던 일을 말했
다. 왕문재는 화를 내며 곧장 장문기의 가게로 가서 그의 멱살
을 잡아끌고 자신의 집으로 향했다. 중학다리 근처에 이르렀을
때, 장문기가 요새 자주 과거에 앓던 병이 재발한다며 길에 주
저앉았다. 그때, 義合東舖의 공경림이 와서 친구끼리 잘 지내라
며 화해를 권유했다. 그리하여 그들은 각자의 집으로 돌아갔다.
넷째, 장문기는 1월 2일 香園酒店에서 볶음면 한 접시를 먹고
황주를 마셨다. 심한 상처를 입은 사람이 사흘 뒤에 술을 먹을
수 있었다는 것은 말이 안 된다. 이상의 정황으로 장문기가 쇠
채찍에 맞아서 죽게 된 것이 아니라, 원래 앓던 병이 악화되어
죽으로 판단했다.
장문기의 출신지는 산동성 登州府 寧海州였다. 순포를 보내 기
차편으로 장문순의 품문, 일본인 의원의 검시원문과 번역문,
피고 왕문채, 증인 공경림, 장문순, 장문숙, 장문기의 시신 등
을 순포를 보내 기차편으로 인천으로 보냈다. 그리고 다시 윤
선에 태워 산동 등래 병비도에게 사건을 이송했다.
병비도는 외무부와 산동순무부에 사건을 보고하는 이외에도

품문, 진술서, 검시원본과 번역본, 人犯 왕문재·시신·사망자
의 혈친 장문순과 장문숙, 증인 공경림 등을 병비도의 아문으
로 이송했다. 그리고 사건의 재심과 시신의 재검 여부 등을 다
시 논의하여 억울함이나 의심이 없도록 했다.

命案卷(2)

館藏號	02-35-062-14
全宗	外務部
系列	駐韓使館保存檔案
宗	馬廷亮: 訴訟案件 14
册	人命 안건에 관한 卷宗(命案卷)(2)
생산시기	光緒 34년(1908) 5월~宣統원년 (윤)02월
총면수	167
수발자	馬廷亮, 唐恩桐, 賈文燕, 張國威, 石塚英藏, 菊池武一, 李松亭, 松本重壽, 向田幸藏, 沈(奉天東邊兵備道)

이 권종은 人命 살해와 관련된 5건의 안건으로 구성되었다. 안건
의 번호는 命案卷(1)에 이어 6~10으로 정리되어 있다.

안건의 주요 내용은 다음과 같다.

번호	사건발생시기	사건 당사자		사건 내용	면수
		원고	피고		
6	光緒 34년	孫文通	孫役灝	孫役灝이 孫文通을 총으로 살해	67면
7	光緒 34년	姚德榮	韓人 金龍俊	중국 선원 姚德榮이 韓人 金龍俊과 싸우다 익사	27면
8	光緒 34년	張性敏	卜京章	卜京章 등이 한인 張性敏을 구타·살해	11면
9	光緒 34년	姜文祿	姚貴春	巡捕 姚貴春이 민간인 姜文祿을 총으로 살해	55면
10	光緒 34년	趙淸臣	韓人 黃龍西	韓人 黃龍西 등이 淸國人 趙淸臣을 살해	6면

6. 孫役灝이 孫文通에게 총상을 입혀 살해한 사건: 光緒 34년(1908)

5월 9일(양력 6월 7일)에 임금 체불에 따른 분쟁과정에서 임진강 일본철도공사장에서 살인사건이 발생했다. 副工頭 孫文通이 總工頭 孫役灦에게 총을 맞고 사망했다. 손역현은 3월에 80명을 모집하여 이틀에 한번 임금을 주고 닷새에 한 번 정산을 하겠다고 했다. 그런데 한 달 동안 임금을 주지 않았다. 손문통이 손역현에게 좋은 말로 경고했다. 하지만 손역현은 말을 듣지 않았다. 그는 오히려 욕을 하면서 손문통에게 총알 네 발을 발사했다. 손문통은 복부와 왼쪽다리에 관통상을 입고 죽었다. 손문통의 아들 孫培華는 서울에서 茶園을 하고 있었는데, 소식을 듣고 급히 임진강으로 갔고 일본인 의사의 검시서를 받았다. 그리고 아버지의 억울함을 풀기 위하여 시신을 한성으로 운반해왔다.

경기도 總巡警廳의 순경 楊運水가 순포를 데리고 현장을 조사했다. 于仁盛을 비롯한 10명은 다음과 같이 증언했다. 모두 60명이었던 산동성 登州府 萊州府 출신자 60명은 증기선을 타고 煙台를 출발하여 인천을 거쳐 서울에 도착했다. 그들은 장사거리를 찾다가 임진강에서 華工을 모집한다는 소리를 들었다. 원래 손문통은 하루품삯이 5角이고, 총공두 손역현이 밥값으로 2각을 제할 것이라고 말했다. 그들은 처음 한국에 왔는데 일자리와 밥을 먹을 수 있는 것만으로 괜찮다고 여겨서 그곳으로 갔다. 그런데 한 달이 지나도록 총공두 손역현은 품삯을 지불하지 않았다. 손역현과 부공두는 손문통과 화공들의 항의에 아랑곳하지 않았고, 오히려 욕설을 퍼붓는 행패를 부렸다. 6월 7일, 손문통은 품삯을 지불하라고 더욱 강력하게 요구했고, 손역현은 그에게 총알 네 발을 발사했다.

손역현의 진술은 다음과 같다. 光緖 33년(1907) 12월에 송도에서 터널공사를 시공했는데, 쿨리 수십 명이 자신을 묶고 은 20여 원과 총을 빼앗아 달아났다. 光緖 34년(1908) 3월에 임진강 철로공사의 총공두를 맡고는 만일의 사태를 대비하여 일본양행에서 소총을 구매했다. 그는 사건 당일 술에 취해 집에 돌아왔고, 술김에 손문통과 말다툼을 벌였다. 손문통이 자신의 변발을 붙잡고 문밖으로 나갔고, 밖에 있던 화공들과 함께 자신을 구타했다. 그는 품속의 총을 꺼내 손문통에게 발사했고, 손문통은 죽고 말았다. 지금은 자신의 행동을 후회하고 있다.

사건을 보고받은 마정량은 인천영사 唐恩桐에게 범인을 원적지로 이송하도록 했다. 손역현은 본국으로 이송되기 위해 인천에서 보내졌다. 당시 영사는 폭풍을 만나 거문도에 표류해온 중국 난민들을 구제해야 했기 때문에 배편이 여의치 않았고, 폭우가 쏟아졌다. 1908년 6월 27일, 손역현은 감시가 소홀하고 날씨가 험한 틈을 이용해 탈출했다.

마정량은 統監府 分行 韓內部 및 警視廳에 공문을 보냈다. 그는 각 道 치안담당자들에게 범인을 검거하는 데 협조를 얻고자 했다. 1908년 7월 25일까지 잡히지 않았고, 결국 미해결 사건이 되었다.

7. 중국 선원 姚德榮이 韓人과 싸우다 익사한 사건: 光緖 34년(1908) 5월 18일(양력 6월 16일), 중국 선원 姚德榮이 韓人과 싸우다 익사한 사건이다. 漁戶 李正恩의 어선이 바람을 피해 부두로 들어

갔는데, 정박을 하다가 배의 방향타가 韓人 金龍俊의 그물에 걸리고 말았다. 그러자 김용준의 배로부터 돌이 날아들었다. 중국 선원 姚德榮, 鄒連發 2명은 그물을 배상해줄 테니 돌을 던지지 말라고 했다. 하지만 한인 6명은 이정은의 어선에 올라와서 몽둥이와 돌멩이로 요덕영과 추연발을 구타했다. 요덕영은 머리를 맞고 바다로 빠졌고, 물 밖으로 건져 올렸을 때는 이미 사망한 뒤였다. 추연발은 중상을 입었다.

김용준 등은 오히려 水産會社에 한인 1명이 華人에게 맞아서 물에 빠져 죽었다고 무고했다. 수산회사의 일본인은 그 말을 이상하게 여겨 상세히 추궁했고 사실을 밝혀내었다. 그는 김용준의 배를 압류했고 김용준을 定州 경찰로 넘겼다. 정주 경찰은 사람을 보내 김용준의 아들 金大監을 잡아들여 자세히 조사했다. 김용준을 비롯한 피의자들은 艾島에 살았다. 애도는 嘉山郡에 속했고 신의주 이사청이 관할했다. 그런데 사건이 일어난 장소는 平壤 理事廳 관할이었다. 평양 이사청의 일본 理事는 巡捕 李松亭을 보내 사건을 조사하게 했고, 新義州 이사청을 통해 정주 경찰에 공문을 보내서 사건을 엄하게 처리하도록 했다. 범인 인도와 사건 처리 결과는 알 수 없다.

8. 卜京章 등이 한인 張性敏을 구타하여 살해한 사건: 光緒 34년 (1908) 6월 14일에 평북 용암포 근처 용주부 양하면 5리의 중국인 한인 공동경영 이탄(泥炭) 채굴지에서 중국인 卜京章(山東 沂州人) 외 2명이 목욕일(水浴事) 때문에 한인과 시비가 붙었다. 그들은 몽둥이로 한인 張性敏과 그 아들 張元道을 구타했는데,

다음 날 새벽 장성민은 죽었다. 용암포 警署은 순포를 보내서 당일 현장에 있던 張吉南의 진술을 통해 중국인 5명을 가해자로 체포했다.

甑南浦 副領事 張國威는 즉시 순포를 용암포로 보내서 사건을 조사하고 5명을 데려와서 자세히 심문했다. 그들은 원래 두 班으로 나뉘어 각각 채굴과 운반을 맡았다. 사건 당일 비가 와서 이탄을 운반할 수 없었다. 滕日申, 변경장, 譚氏 등 3명은 목욕을 하러 갔는데, 등일신이 한인과 시비가 붙어 폭력을 휘둘렀다. 다음 날 한인 100~200명이 몰려왔고, 순경이 와서 22명을 용암포 순경청으로 끌고 갔다. 하지만 용의자 滕日申은 이미 달아난 뒤였다. 결국 현장에 있었던 변경장(원문에는 범인 변경장)을 奉天 東邊道로 압송하기로 했다. 宣統원년(1909) 윤2월 4일(양력 3월 25일) 마정량이 장국위의 의견을 받아들였다.

9. 巡捕 姚貴春이 민간인 姜文祿에 총격을 가해 살해한 사건: 光緒 34년(1908) 9월 14일(양력 10월 8일) 巡捕 姚貴春이 민간인 姜文祿에 총격을 가하여 사망한 사건이 발생했다. 姜文(奉天省 鳳凰廳 岫巖州)은 1903년 신의주에 방앗간 개설했다. 그는 64세의 아버지 姜文祿을 모셨고, 방앗간에는 쿨리 30여 명이 함께 거주했다. 1908년 10월 8일 새벽 1시, 쿨리 7명이 도박을 하고 있었다. 그 때, 순포 姚貴春이 와서 쿨리가 도박을 해서는 안 된다고 하자, 강문이 初董事도 허락했는데 왜 안 되느냐고 따졌다. 요귀춘은 20원의 벌금을 내든가 軍棍 40대를 맞아야 한다고 말했고, 태도가 불손하다면서 권총[小洋鎗]을 겨누었다. 아버지 강

문록은 그것을 저지하다가 배에 요귀춘의 총을 맞고 쓰러졌다. 요귀춘이 달아나자, 강문은 쿨리 2, 30명을 데리고 뒤쫓았다. 그들은 신의주 華商公會의 會房을 포위한 채 初允祥(山東 登州府 蓬萊縣) 副董事에게 문을 열라고 요구했다. 초동사는 한참 만에 검을 든 채 문을 열고 나오더니, (도둑으로 오인하여) 다짜고짜 강문의 오른쪽 어깨를 찔렀다. 잠시 뒤, 초동사는 강문의 말을 듣고서 사건현장으로 가서 상황을 살폈다. 그는 요귀춘을 일본 아문으로 데리고 갔고, 일본인 의사의 부검을 요구했다. 15일 강문은 초동사와 함께 증남포로 와서 사건을 고발했다.

피고 요귀춘(奉天 鳳凰廳)의 진술은 이랬다. 그는 安東縣 馬隊에서 마병을 지냈다. 4월, 신의주 화상공회의 순포가 되었다. 사건이 나던 날, 그는 일본 순포와 순찰을 돌고 있었다. 강씨 방앗간에서 도박하는 소리가 들려서 안으로 들어가려 했다. 그런데 강문이 험한 말을 하면서 안으로 들어오지 못하게 막자, 요귀춘은 馬棒으로 그를 내리쳤다. 강문은 재빨리 마봉을 잡았고, 강문록은 요귀춘의 목을 조르면서 쿨리들을 불렀다. 쿨리들이 몰려들자, 요귀춘은 당황한 나머지 총을 쏴서 그들을 흩어지게 하려했는데, 그만 잘못해서 강문록이 총에 맞고 말았다.

강문은 처음에 신의주 華商公會에 사건을 稟申했다. 화상공회는 일본 이사청으로 가서 사건조사를 의뢰했다. 이사청은 다시 甑南浦 副領事 張國威에게 사건을 보고했고, 장국위는 마정량에게 알렸다. 滕恩源 董事가 초윤상의 선처를 부탁했다. 1908년 12월 17일(光緖 34년 11월 24일) 사건을 봉천 東邊兵備道에 이송하고, 外務部 東三省 督務部黨 兼 撫院部에 보고했다.

10. 韓人 黃龍西 등이 돈 문제로 인해 淸國人 趙淸臣을 살해한 사건:
光緒 34년(1908) 6월 27일(양력 7월 25일)에 韓人 黃龍西 등이
돈 문제로 인해 淸國人 趙淸臣을 살해한 사건이 발생했다. 조
청신은 한국과의 국경지역인 哈溝 등에서 장사를 했다. 1908
년 9월 13일(음력 8월18일) 그의 아버지 趙明昇은 사촌동생 許
蘭光의 양아들 楊維春으로부터 아들의 소식을 전해 들었다.
양유춘이 한인 宋桂晃으로부터 들은 이야기는 다음과 같다. 조
청신은 빚을 받아내기 위하여 합구의 한인 송계황 집에서 밥
을 먹고, 한인 黃龍西와 劉靑山의 집에서 숙박하고 있었다. 조
청신은 이미 洋元 300~400원을 받아냈고, 소 4필과 백마 1필
을 황용서와 유청산의 집에 나누어 맡겨놓았다. 그런데 황용
서는 조청신에게 銀錢[돈]이 있다는 것을 알고서 그것을 차지
하려는 마음을 품었다. 1908년 7월 24일(6월 26일)은 황용서
의 모친 생일이었다. 조청신은 황용서의 집에 와서 생일을 축
하했다. 그는 밥을 먹은 뒤에 황용서에게 빚 50원을 갚으라고
했다. 황용서는 자신이 오히려 받을 돈이 있다고 반박했다. 둘은
서로 다투게 되었다. 황용서는 동생 黃龍大・黃龍二・黃龍三・
黃龍四, 그리고 劉靑山・韓利吉 등과 함께 조청신을 밧줄로 묶
고 구타・살해했다. 7월 25일, 그들은 조청신의 시신을 버렸
는데, 어디에 있는지 알 수 없었다. 9월 4일, 조명신은 현지로
와서 양유춘의 말이 사실임을 알게 되었다.
奉天 東邊 兵備道는 한국 江界所에 조회를 보내 범인들을 조사
하고 돈・소・말 등의 행방을 찾아달라고 했다. 또한 일본 영
사에게도 조회를 보내고 주한총영사 마정량에게는 咨文을 보

내서 한국 측과 교섭하게 했다. 마정량은 동변도에게 이렇게 조회를 보냈다. 1905년 한국은 일본의 보호국이 되었고 모든 한국에 주재하고 있는 각국과의 인명교섭 重案을 모두 통감부가 대신하게 되었다. 각국 총영사는 韓官과 직접 교섭할 수 없다. 輯安縣民 조청신이 한인 황용서 등에게 살해된 것은 무척 가련한 일이다. 마땅히 서둘러 범인을 잡아 처벌하고 장물의 행방도 밝혀야 한다. 이미 통감부에 조회를 보내서 韓官에게 일을 신속히 처리하게 하라고 요청했다. 또한 동변도는 일본 영사에게 모든 상황을 조회로 알려야 한다고 했다.

命案卷(3)

館藏號	02-35-062-15
全宗	外務部
系列	駐韓使館保存檔案
宗	馬廷亮: 訴訟案件 15
册	人命 안건에 관한 卷宗(命案卷)(3)
생산시기	宣統원년(1909) 1월~宣統2년(1910) 09월
총면수	132
수발자	張國威, 馬廷亮, 石塚英藏, 佐藤金助, 錢廣禧, 黎子祥, 中大路平雄, 菊池武一, 趙(興鳳等處 兵備道)

이 권종은 人命 살해와 관련된 5건의 안건으로 구성되었다.

안건의 주요 내용은 다음과 같다.

번호	사건발생시기	사건 당자자		사건 내용	면수
		원고	피고		
1	宣統 원년	金達祚·金法祥 등	劉鼎三·高成珠·劉景順	劉鼎三·高成珠·劉景順 등이 韓人 金達祚·金法祥 등을 총으로 살해·상해	27면
2	宣統 원년	閆德明, 閆牛, 劉永景 등	韓人 강도, 도적 童德財	閆德明의 아들 閆牛가 韓人 강도에게 살해당하고 劉永景 등이 도적 童德財에게 강도·상해를 당함	12면
3	宣統 원년	關明春	毛永順	毛永順이 關明春을 살해	27면
4	宣統 원년	田崎英三	劉振海	劉振海가 일본인 田崎英三을 살해	39면
5	宣統 원년	王茂忠	姜有春	淸國人 姜有春이 淸國人 王茂忠을 小刀로 살해	25면

1. 劉鼎三·高成珠·劉景順 등이 韓人들을 총으로 살해·상해한 사
　건: 宣統원년(1909) 1월 4일(양력 1월 25일에) 도박장에서 총격

사건이 일어나 韓人이 사망한 사건이 발생했다. 1909년 1월 25일(양력), 오후 5시 무렵 중국인 4명이 황주군 木面8리 長砂里 杜質誅의 집에 화회를 열어 도박했다. 평안남도 中和郡 下道面 1里 2洞의 한국인 金達祚 등 21명은 도박을 금지하기 위하여 그곳으로 갔다. 그런데 뜻밖에도 중국인들이 방 안에서 총을 발사했다. 김달조(59세)는 방으로 들어가다 오른쪽 옆구리에 총을 맞고 쓰러졌다. 그는 한 시간 뒤에 목숨을 잃었다. 그와 함께 간 하도면 1리 거주 金法祥(29세)도 오른쪽 다리에 총상을 입었다. 사람들이 다가서지 못하는 사이에 중국인 4명은 하도면 梁山 지방으로 달아났다. 사람들은 다시 그들을 쫓았고, 유정삼을 붙잡았다. 하지만, 나머지 3명은 기차를 타고 달아나버렸다. 탐문 결과, 그 3명이 밤기차를 타고 평양으로 간 것 같다는 말을 들었고, 평양 기차역에 연락하여 유경순과 고성주를 붙잡았다. 유정삼, 유경순, 고성주 등 3명은 평양순경청에 넘겨졌다. 유정삼은 원래 붙잡힐 때 중상을 입었고, 평양순경청은 그를 병원에 입원시켰는데 달아나버렸다. 유경순과 고성주 2명은 계속 범행을 부인했고 증거도 없었다.

駐甑南浦 副領事 張國威는 1909년 1월 25일에 중국인이 한인 金達祚를 살해했다는 보고를 받았다. 그는 3월 3일에 직접 평양으로 가서 평양 이사와 협의하여 사건에 연루된 劉鼎三·高成珠·劉景順 등을 조사했다. 3월 21일, 평양이사청은 병에 걸린 유정삼(平安 棧主 王秀山의 보증을 받았는데, 奉天으로 달아남)을 제외한 고성주·유경순 2명을 연남포로 이송했고, 장국위는 세밀하게 심문했다. 그들은 1909년 1월 11일에 황주로 와서 장사를

했을 뿐이라며 혐의를 부인했다. 결국 주범으로 여겨지는 유정삼이 교묘하게 보증을 통해 봉천으로 달아나면서 수사는 진척을 보지 못했다.

7월 9일에 錢廣禧는 다음과 같이 보고했다. 왕수산은 보증을 남발해서 옳지 않은 사람[匪人]을 놓치게 만들었다는 이유로 구금되어 조사를 받았다. 公會商董 등이 보석을 요청하자, 왕수산에게 벌금 100원을 받고 석방했다. 한편, 고성주와 유경순은 끝까지 자신들의 혐의를 부인했다. 결국 아무런 증거도 확보하지 못했지만, 다시 일을 일으킬까 염려하여 본국으로 돌려보냈다.

1910년 7월 28일에 장국위는 이렇게 보고했다. 東邊道에서 劉靑山이라는 자를 체포했다는 보고를 받고, 작년에 사건을 담당했던 순포를 보내서 확인하게 했지만 유정삼이 아니었다.

한편, 1909년 1월 22일에도 청국인이 한인에게 상해를 입히는 사건이 있었다. 사건 당일, 나재룡은 일을 마치고 돌아가는 길에 황주군 淸源坊 椿堂을 지나게 되었다. 그곳에서 한인 30여 명, 청국인 8명이 모여 도박을 했다. 청국인들이 돈을 크게 잃었는데, 나재룡이 한인들에게 판을 정리하자고 했다. 중국인들은 크게 화를 냈고, 그중 한 명이 권총을 꺼내 나재룡을 쏘았다. 현지의 순사가 즉시 출동했지만, 범인은 이미 달아난 뒤였다.

1909년 4월 19일에 韓國駐箚憲兵隊의 보고에 따르면, 청국인 4명이 한인순사 1명과 使丁에게 총격을 가해 사정 1명을 살해했다. 黃州駐在所에 근무하던 순사 李東三은 4월 10일 정오에 郡衙의 小使 3명과 함께 황주군 고정면 용정리의 방앗간에서 청국인들이 도박을 한다는 소식을 듣고 체포하러 갔다. 그곳에는 청국인 4명과 100여 명의 한인들이 도박판을 벌이고 있었다.
청국인은 순사들에게 권총을 쏘았다. 사정 朴達淳이 총에 맞아
죽었다. 청국인들은 총을 쏘며 달아났다.

錢廣禧의 보고(4월 13일)에 따르면, 평양 부근에 花會가 창궐하
고 사방에 만연했고, 장차 큰 사건[重大交涉]이 일어날 것이라
여겼다. 그런데 그 도박꾼들이 너무 많고, 주관하는 자들 중에
는 일본인이 있어 일을 처리하기가 쉽지 않았다.

2. 운산금광 閆德明의 아들 閆牛가 韓人에게 살해당하고 劉永景 등
   이 도적에게 강도·상해를 당한 사건: 宣統원년(1909) 6월 10일
   (양력 7월 16일)에 운산 금광에서 중국인 閆德明의 아들 閆牛(13
   세)가 韓人에게 살해당한 사건과 중국인 劉永景 등이 도적떼를
   만나 강도 상해를 당한 사건이 발생했다. 宣統원년(1909) 7월
   16일(양력)에 중국인 閆德明의 아들 閆牛(13세)는 일본인 집에서
   傭工이 되었다. 7월 6일, 오전 주인이 염우를 시켜 針藥 16병을
   배달시켰는데, 도중에 한인에게 끌려가서 살해당하고 물건을
   빼앗겼다. 염우의 시체는 다음 날 발견되었다.

   중국인 劉永景과 그의 아들 劉成江, 그리고 조카 劉成山 등은 본
   국인 14명과 함께 귀국하면서 은전 600여 원을 휴대했다. 7월
   8일에 금광 北鎭을 출발하여 50리를 걸어 昌城에 이르렀는데,
   중국 도적 8명, 한국 도적 2명과 부딪혔다. 유영경 등 17명은
   몽둥이를 들고 맞섰다. 하지만 도적떼는 권총을 쏴서 유영경과
   그 조카를 살해했고, 은전을 탈취하여 달아났다. 유영경의 아
   들은 겨우 북진으로 되돌아가서 신고했다. 지금 이 두 사건은

일본헌병경찰이 샅샅이 도적들을 찾고 있다.

8월 14일에 유성강은 남포 영사관에 가서 代理南浦領事 兼 管平壤商務事 錢廣禧에게 억울함을 호소했다. 그는 강도 우두머리 童德財가 평안남도 順安郡의 금광 부근에 은신하고 있다며 순포들을 보내 체포해달라고 간청했다. 동덕재를 체포하기 위해서는 평양 이사청의 도움을 받지 않을 수 없다. 하지만 평양 이사는 통감부의 허가가 나지 않아서 이사청 소속 순포들을 보낼 수 없고, 순안 금광은 미국인이 경영하는 지역 안에 있어서 치외법권이 적용되기 때문에 미국 영사관의 허가를 받아야 범인을 잡으러 들어갈 수 있다고 했다.

8월 23일에 전광희가 다음과 같이 품문을 올렸다. 장덕재는 소문을 듣고 이미 다른 곳으로 달아났다. 순포 王靑山 王純仁은 상황이 급박하다고 여겨 밤길을 달려 遂安 금광으로 갔다. 그들은 8월 14일 새벽 3시에 장덕재를 체포했고, 15일 오후 8시에 남포로 끌고 왔다. 장덕재는 교활하게 심문을 피해갔다. 장덕재는 그의 본적지인 안동도로 압송되었다.

9월 29일에 전광희가 사건의 경과 및 범인의 처리를 보고했다.

3. 毛永順이 도박장 개설을 둘러싸고 關明春을 살해한 사건: 宣統원년(1909) 6월 12일에 도박장 개설을 둘러싼 폭력이 발생하여, 淸國人 關明春이 사망하고 毛永順이 부상을 당한 사건이 발생했다. 1909년 7월 25일 평양 순포 王靑山이 황주에 출장을 다녀와서 다음과 같이 보고했다. 모영순(36세, 山東 萊州府 掖縣人)은 칼에 찔린 크고 작은 상처가 13군데나 되고 부상 정도가 심했

다. 일본의사 太田勤에게 치료를 받았지만 무더운 날씨에 황주에서 진남포까지 오기는 무리였다. 關明春의 패거리인 關明惠 關玉田도 이미 投署된 상태였다. 보고를 받은 甑南浦 副領事 兼 管平壤商務事 錢廣禧는 수일 내로 직접 황주에 가서 상황을 파악하고 모영순 등을 심문할 계획이었다.

1909년 7월 27일 사건의 경과를 보고했다. 7월 18일, 모영순은 關明春과 黃州의 성 밖 15리 되는 곳에 서로 자리를 차지하고 花會를 개설하려다 싸움이 벌어졌다. 단명춘이 먼저 단도로 모영순의 오른쪽 어깨를 찔러 허리와 옆구리에 상처를 입혔다. 모영순은 권총을 발사하여 관명춘의 오른손 바닥, 왼쪽 골반 등에 상처를 입혔다. 둘은 상처가 심해서 생사를 단정할 수 없는 상태였다. 7월 19일 새벽 단명춘은 사망했다.

평양순포에게 지시하여 즉시 황주로 달려가게 했고, 평양 이사청에는 황주경찰서로 전보를 쳐서 평양순포와 함께 兇手 모영순을 체포하여 도망가지 못하게 해달라고 요청했다. 조사 결과, 관명춘은 5명의 패거리와 함께 단도를 가지고 모영순과 싸웠다. 그 과정에서 관명춘은 죽고 모영순은 부상을 당했다. 도박무리들이 제멋대로 불법을 저지르다가 화를 입은 것이다.

한편 모영순은 이미 成興永號 孫緖義에게 1,505원을 갚지 않는다는 이유로 고발된 상태였다. 손서의는 모영순이 安州에 숨어 있다고 것을 알아냈고, 평양순경은 손서의와 함께 그곳으로 가서 모영순을 체포하여 조사했다. 모영순은 조사를 받던 중 싸움이 벌어졌고, 부상을 입어 조사가 어렵게 되었다. 모영순은 원적지를 관할하는 山東 福山縣으로 보내져서 법률에 따라 처벌

받게 되었다.

4. 劉振海가 일본인 田崎英三을 살해한 사건: 宣統원년(1909) 8월 5
   일(양력 9월 8일)에 중국인 劉振海가 일본인 田崎英三을 살해한
   사건이 발생했다. 1909년 9월 8일, 유진해(32세, 山東 沂州府 蘭
   山縣)는 咸北 鏡城郡 羅南 廣山洞에서 수박을 팔다가 일본인 田崎
   英三을 죽게 했는데, 청진으로 압송되던 중 순포의 칼을 빼앗아
   달아나다가 순포에게 손목을 찔렸고, 결국 청진에 도착했을 때
   손목을 잘라내야 했다. 10월 3일, 청진 이사청 이사는 일본인
   순포를 파견하여 유진해를 원산으로 이송했다.
   심문 결과가 다음과 같은 사실이 밝혀졌다. 유진해는 시장에서
   수박을 팔고 있었는데, 담배를 팔던 일본인이 3푼짜리 수박을
   2푼만 주고 가져가려 했다. 그는 일본인이 팔고 있던 담배 다
   섯 개비가 들어 있는 묶음을 빼앗아서 1푼을 채우려 했다. 화
   가 난 일본인은 수박을 바닥에 내동댕이쳤다. 유진해는 값을
   치러야 한다고 말했다. 田崎 부부와 생선장수가 그의 변발을 잡
   고 얼굴을 땅에 처박은 채 구타했다. 그는 너무 아팠고 뒤를 볼
   수 없는 상태에서 어쩔 수 없이 오이를 깎던 작은 칼[小刀]을
   등 뒤로 휘둘렀고, 잘못해서 일본인이 죽고 말았다. 그리고 청
   진으로 이송되던 중, 순포가 자신에게 칼이 얼마나 잘 드는지
   보여주겠다며 풀을 잘랐고 목을 베겠다고 말했다. 유진해는 그
   말이 두려워서 칼을 빼앗아 달아났는데, 얼마 못 가 팔이 찔리
   고 말았다.
   元山 副領事 黎子祥은 許台身이 인천영사로 있을 때의 일을 근거

로 관대한 처분을 요청했다. 당시 중국인이 일본인에게 살해되었고, 용의자는 인천영사에 의해 관대한 처분을 받게 되었다. 유진해는 3명에게 위협을 받았고 자신을 보호하려다가 사람을 죽게 했으며, 이미 손목이 잘린 상태였다. 따라서 더 관대하게 처리되어야 한다는 것이었다.

1909년 11월 11일, 마정량은 산동순무와 외무부에게 공문을 발송하여 유진해 사건의 내용을 알렸다. 그는 일본인이 한국에서 자주 폭력을 휘두르고 사람들을 능멸하는 일이 전에 없이 심하다고 말했다. 유진해 사건도 단 돈 1푼 때문에 일어난 일이었고, 압송되는 과정에서 위협을 가했기 때문에 순포의 칼을 빼앗아 달아났다가 결국 팔목을 잃게 되었다. 이상의 상황을 산동순무와 외교부에 알렸고, 범인, 범행에 쓰인 칼, 진술서 일본 이사관의 왕래 문서 사본 등을 첨부했다. 1910년 10월 18일, 산동에서 유진해가 어떻게 처벌했는가에 대한 공문을 받았다. 이 공문은 山東巡撫 孫寶琦가 沂州府 知府 李于鍇를 통해 蘭山縣 知縣 金榮桂가 유진해를 처리한 내용을 담고 있었다. 김영계는 등래도로부터 유진해에 관한 공문을 받았다. 그것은 주한국 총영사 마정량이 1909년 11월 18일(宣統원년 9월 26일)에 보내온 공문이었다. 마정량은 주한국 부영사 黎子祥이 일본인을 살해한 유진해를 체포했다는 보고를 받았다.

중국인이 한국에서 범법행위를 한 경우 중국영사관은 중국율례에 따라 심판하고, 한국인은 한국관리가 한국율례에 따라 심판했다. 일본이 한국의 재판권을 대신하게 되면서 일본관리가 대신하게 되었다. 더구나 田崎英三은 일본인이라서 일본관리가 조사를 했고 理事에게 처리를 명령했다. 유진해는 규정에 따라 11월 22일에 登萊道로 이송되었고, 다시 蘭山縣에서 조사를 통해 죄를 확정받았다.

5. 淸國人 姜有春이 淸國人 王茂忠을 小刀로 살해한 사건: 宣統원년(1909) 11월 5일에 평안북도 후창군에서 淸國人 姜有春이 淸國人 王茂忠을 小刀로 살해한 사건이 발생했다. 江界警察署에서 강유춘을 체포하여 조사했고 신의주 이사청으로 압송한 다음, 다시 甑南浦領事館으로 보냈다.

강유춘(35세, 山東 登州府 萊陽縣)은 10월 19일 왕무충을 따라 安東縣으로부터 한국에 벌목 일을 하러 왔다. 도중에 강유춘이 병에 걸려서 걷지 못하자, 왕무충이 마구 때렸다. 11월 5일 오후에 평북 후창군에 이르러 더 이상 걸을 수 없을 정도로 병이 심해졌다. 왕무충은 계속해서 강유춘을 다그쳤고, 둘은 서로 뒤엉켜 싸웠다. 그러다가 강유춘이 왕무충의 주머니에 있던 小刀를 꺼내 머리와 뺨을 찔러 왕무충이 사망했다. 증남포 영사관은 강유춘의 신병을 인도받아서 안동현으로 보낸 다음 처벌하게 했다. 그리고 12월 23일에 안동현으로부터 이미 강유춘을 구금하고 심문하여 처벌했다는 공문을 받았다. 죽은 사람과 범인은 모두 청나라 사람이므로, 공법조약에 따라 마땅히 청나라 官長이 심문하여 처리해야 한다. 당시 일본관리가 검시했고 親人이 찾아가도록 瓦房溝지방에 매장했다. 신의주 이사청에서 증남포 영사관으로 사건을 이송했고, 총영사관은 영사관의 보고를 받고 강유춘을 다시 안동현으로 이송하여 처벌하도록 했다.

命案卷(4)

館藏號	02-35-062-16
全宗	外務部
系列	駐韓使館保存檔案
宗	馬廷亮: 訴訟案件 16
册	人命 안건에 관한 卷宗(命案卷)(3)
생산시기	宣統원년(1909) 7월~宣統2년(1910) 09월
총면수	125
수발자	菅正音兵衛, 深川傳次郎, 張國威, 錢廣禧, 属德屋釗三, 馬廷亮, 久永三郎, 馬永發, 趙(興鳳等處 兵備道)

이 권종은 人命 살해와 관련된 4건의 안건으로 구성되었다. 안건의 번호는 命案卷(3)에 이어 6~9로 정리되어 있다.

안건의 주요 내용은 다음과 같다.

번호	사건발생시기	사건 당사자		사건내용	면수
		원고	피고		
6	宣統 원년	權基順	劉金有 · 張鳳鳴 등	劉金有 · 張鳳鳴 등이 韓商 權基順을 강도, 살해	85면
7	宣統 원년	方元俊	唐意足	唐意足이 韓人 方元俊을 살해	18면
8	宣統 2년	櫻井作太郎 등	陳廣致 등	陳廣致 등이 일본인 櫻井作太郎 등을 폭행	4면
9	宣統 2년	劉萬山	韓人	劉萬山이 韓人에게 살해당함	17면

6. 劉金有, 張鳳鳴, 劉玉臣, 候某 등이 韓商 權基順을 강도, 살해한 사건:
   宣統원년(1909) 7월 29일에 청국인 劉金有가 韓人을 강도, 살해한 사건이 발생했다. 1909년 7월 29일에 清人 劉金有, 張鳳鳴, 劉

玉臣, 候某 등 4명이 일을 찾아 떠돌다가 中江鎭 中下里 東谷嶺에
서 韓商 3명을 위협하여 모피와 돈을 빼앗았다. 韓商 3명 중 權
基順은 칼에 찔려 죽었고 河春夏, 宋在弘은 부상을 당했다. 하춘
하와 송재홍은 가까스로 달아나서 중하리 주민들에게 도움을
요청했다. 주민들은 범인들을 추적했고, 長土面 湖上里의 민가에
서 밥을 먹고 있던 劉金有, 張鳳鳴, 劉玉臣 등 3명을 붙잡았다.
나머지 범인 候某는 요행히 주민들을 피해 달아났다.

사건의 처리 절차는 다음과 같다.
1909년 7월 29일 江界警察署 巡査 崔昌河, 禹夏膺, 荻原精一이 범인
　　　　　신병 접수

　　　7월 30일 범인 劉金有, 張鳳鳴, 劉玉臣 등을 심문 및 조서 작성

　　　9월 10일 新義州理事廳 理事官代理 深川傳次郎이 사건을 정식
　　　　　접수

　　　9월 11일 深川傳次郎이 鎭南浦淸國領事 代理 錢廣禧에게 사건
　　　　　보고

　　　9월 12일 鎭南浦副領事 張國威가 범인 3명의 신병 접수

　　　10월 14일 張國威가 新義州理事廳에 대질심문을 위해 원고
　　　　　출두 요청

　　　11월 26일 深川傳次郎이 張國威에게 원고 출두를 위한 비용
　　　　　부담 요구

1910년 1월 24일 張國威가 淸國總領事 馬廷亮에게 사건을 보고

　　　2월 7일 馬廷亮이 奉天興鳳等處兵備道에게 사건을 보고

　　　2월 14일 奉天興鳳等處兵備道는 사건을 安東地方 審判廳에
　　　　　이송

7. 唐意足이 韓人 方元俊을 살해한 사건: 宣統원년(1909) 11월 22일
(양력 1910년 1월 3일)에 淸國人 唐意足이 韓人 方元俊을 살해하
여 압록강에 던져버린 사건이 발생했다. 1910년 1월 1일에 당
의족은 함경남도 삼수군 호재면 한국인 方元俊의 집에 빚을 받
으러 갔다. 방원준이 집에 없자, 당의족은 그의 아내 李召史를
인질로 데리고 가버렸다. 1월 3일, 방원준은 아내를 찾아오려
고 당의족의 집으로 갔다. 그런데 집을 나선 뒤에 종적이 묘연
해졌다. 방원준의 동생 方鳳俊이 惠山鎭 경찰서에 고발했다. 경
찰서는 이소사가 당의족에게 구금되었고 방원준을 모살한 혐
의가 있다고 밝혀내었다. 2월 11일, 당의족은 元山 理事廳으로
압송되었고, 원산 이사청에서는 당의족이 방원준을 살해하여
압록강에 던져버렸다는 자백을 받았다. 같은 날 원산 일본영사
관에 넘겨졌다.
이 일은 점에 대해 당의족의 출신지인 奉天省 長白府의 사법담
당 興鳳等處 兵備道 趙○○는 원산의 일본 영사관에 조회를 보
내서 문제를 제기했다. 萬國公例에 따르면 양국 민인이 죄를 저
질렀을 때 마땅히 각각 본국 관리들이 심문하고 처리해야 한다
는 것이었다. 당의족은 중국인으로 장백부에 거주하고 있었으
니, 마땅히 장백부로 이송하여 처리해야 한다고 했다. 당의족은
元山 淸國領事을 거쳐 수사 자료와 함께 장백부로 이송되었다.

8. 陳廣致 등이 일본인 櫻井作太郎 등을 폭행한 사건: 宣統2年(1910)
2월 16일(양력 3월 26일) 淸國人 陳廣致 등이 일본인 櫻井作太郎
등을 폭행한 사건이 발생했다. 1910년 3월 26일에 봉천성 장백

부 十九道溝 採木公司作業所에서 발생한 사건의 피해자 중 櫻井作
太郎이 있었다. 그는 품삯을 지불하지 않는다는 이유로 다수의
한인들에게 폭행을 당했고, 나머지 3명의 피해자는 櫻井作太郎
을 구하려다 폭행을 당했다. 가해자 陳廣致는 또 다른 3명과 함
께 피해자 4명을 묶어서 채목공사로 가서 순경사무소에 압송하
라고 했고, 그 사무소 기둥 아래 묶어 놓고 채찍으로 때려 인사
불성이 되게 만들었다. 그다음에 장백부 순경국으로 보내서 재
판을 받게 했다. 순경국에서 피해자들을 살인용의자라고 하여
구류시켰다. 그들은 이틀 동안 감방에서 지냈고, 3월 29일 정오
에 풀려났다.

갑산군 혜산진 경찰서장 小林警部는 장백부 순경국이 인민을 보
호해야 할 의무가 있음에도 불법적으로 감금했으니 법률에 따
라 처벌해야 한다고 주장했다. 그는 일본 영사관에 이 사실을
보고했고, 일본영사관은 청국영사관에 관련자의 처벌을 요청했
다. 사건의 처리 결과는 알 수 없다.

9. 惠山鎭 거주 淸國人 劉萬山이 韓人에게 살해당한 사건: 宣統2年(1910)
   5월 30일(양력 7월 10일) 惠山鎭에 거주하던 淸國人 劉萬山이 韓
   人에게 살해당한 사건이 발생했다. 혜산진에서 飯店을 열고 음
   식을 팔던 劉萬山이 침실에서 숨진 채 발견된 것이다. 혜산진
   일본 경찰서는 즉시 순포를 보내 사건을 조사했다. 유만산은
   성격이 좋아서 한인들과 잘 지냈고 늘 한인 남자나 여자가 반
   점에 기거하면서 일을 했다. 7월 6일에 22살가량의 한인 한 명
   이 머물렀는데 사건이 나던 날 저녁 무렵에 유만산이 그 한인

에게 장작을 패라고 했고 그 한인이 말을 듣지 않았다. 둘은 서로 험한 말을 했고, 유만산은 그를 내쫓았다. 한밤중에 유만산의 비명소리가 들려서 방으로 가보니 방에 쓰러져 죽어 있었다. 사건 뒤, 한인은 종적을 감췄다. 유만산은 원래 함께 기거하는 한인들의 성명을 묻지 않았고 '여보(約布)'라고 불렀다. 그래서 그 한인의 이름도 알 수 없었다. 순포는 조사를 마친 뒤 피해자의 유류품을 일일이 기록하고 현금은 경찰서로 가지고 왔으며, 현장에 못질을 하여 외부인의 출입을 금지했다. 현장에서는 그 한인의 網巾이 발견되었을 뿐이었다.

한편, 유만산은 直隷 滄州人으로 당시 48세였다. 법률에 따르면 현지에 있는 그의 가속에게 사건을 알리고 유산들을 가져가도록 했다. 그래서 天津 海關道臺에게 공문을 보내서 시신과 재산을 일을 처리하도록 했다. 1910년 11월 12일, 사건의 범인은 찾지 못한 채, 혜산진 헌병대에 보관되어 있던 유만산의 유품들은 모두 친족에게 전해주었고, 이것으로 사건이 종결되었다.

盜賊偸竊卷(一)

館藏號	02-35-062-17
全宗	外務部
系列	駐韓使館保存檔案
宗	馬廷亮: 訴訟案件 17
册	盜賊과 偸竊 안건에 관한 卷宗(盜賊偸竊卷)(1)
생산시기	光緖 32년(1906) 4월~34년(1908) 10월
총면수	68
수발자	馬廷亮, 唐恩桐, 大辻君子, 鶴原定吉, 三浦彌五郎, 楠本茂作

이 권종은 10건의 盜賊·偸竊 사건을 다룬 안건으로 구성되었다.
1. 劉元三의 盜竊 사건과 없어진 물품을 적은 呈文과 保狀으로 구성되
었다. 2. 唐文彬·陳洪顯·唐文全을 적은 點單, 3인의 供招, 具領狀, 馬
廷亮이 唐恩桐에게 처리를 지시한 문서와 唐文彬·陳洪顯의 사진으로
구성되었다. 3. 京城 西署의 大辻君子가 작성한 도난 물품 목록, 西署
摠巡 安慶善이 피고인 金聖賢의 供招를 토대로 작성한 聽取書, 피고 黃
阿狗 點單에 압송 명령을 적은 문서, 黃阿狗의 供招, 黃燧生의 具保狀에
승인한 문서로 구성되었다. 4. 馬廷亮이 鶴原定吉에게 2차에 걸쳐 각
각 보낸 문서로 구성되어 있다. 5. 馬廷亮이 鶴原定吉에게 보낸 문서
로 이루어졌다. 6. 呂庚臣의 절도 사건에 대한 呈文, 日本總領事 三浦彌
五郎이 보낸 문서, 馬廷亮이 三浦彌五郎에게 보낸 답서, 點單, 呂庚臣의
供招, 劉叔屛의 具保狀로 구성되었다. 7. 權銘會의 供招, 源源號의 稟文,
偸竊당한 물품 회수 문건, 權全光의 具保狀, 權銘會의 甘結로 구성되었
다. 8. 孫元의 稟文, 郭大經의 呈文, 孫조玉의 具保狀로 구성되었다. 9.
三浦彌五郎이 馬廷亮에게 보낸 공문, 楠本茂作의 품문과 도난 물품 목

록, 李昌信의 供招, 李昌信과 高繼堂 點單 등으로 구성되었다. 10. 高繼
堂의 품문, 馬廷亮이 三浦彌五郎에게 보낸 공문 등으로 구성되었다.

안건의 주요 내용은 다음과 같다.

번호	사건발생시기	사건 당사자		사건내용	면수
		원고	피고		
1	光緒 32년	姜一	劉元三	劉元三이 姜一의 麥麬, 당나귀 등을 훔침	4면
2	光緒 32년	羣英樓	唐文彬·陳洪顯	唐文彬·陳洪顯가 羣英樓에서 時計表, 燕菜, 안경 등을 훔침	7면
3	光緒 33년	영국인 普里司德	黃阿狗·李萬福	黃阿狗와 조선인 李萬福가 영국인 普里司德의 大坐布團, 위스키 등을 훔침	8면
4	光緒 32년	嘉州郡民	중국 해적	해적이 嘉州郡에 나타나 사람을 죽이고 상해를 입힘	3면
5	光緒 33년		胡天保 등	胡天保 등 3家가 韓人 梁泰實의 臟物 煙草를 구입	3면
6	光緒 33년	일본 여인	呂庚臣	呂庚臣이 일본 여인의 小袋를 훔침	8면
7	光緒 34년	源源號	權銘會	權銘會가 源源號에서 麵粉 6包를 훔침	5면
8	光緒 34년	房盛榮	孫元	孫元이 韓人 房盛榮의 은시계를 훔침	7면
9	光緒 34년	공장 冶田 吉方	李昌信	李昌信이 공장 冶田 吉方의 물품을 훔침	16면
10	光緒 34년	高繼堂	韓人 3인	韓人 3인이 高繼堂에 침입하여 貨物, 銀表, 金 등을 약탈한 사건	4면

1. 劉元三이 麥麬, 당나귀 등을 훔친 사건: 光緒 32년(1906) 4월 10
   일에 山東省 登州府 寧海州 사람 劉元三[41세]이, 姜一의 磑房에
   있는 麥麬 14包, 당나귀[驢子] 1頭 등을 훔쳐, 11일에 北幇會館
   王선생에게 넘겼다가 붙잡혔다. 11일에 같은 寧海州 출신인 楊

福堂이 선처를 바라는 保狀을 稟하자 보증을 허가했다.

2. 唐文彬·陳洪顯가 羣英樓에서 時計表, 燕菜, 안경 등을 훔친 사건:
   光緖 32년(1906) 11월 11일에 供仙 福山人 唐文彬(26세)과 陳洪顯
   (27세)이 唐文彬의 胞兄 唐文全이 廚夫로 있는 北幇商號 羣英樓에
   서 時計表 4掛, 燕菜 1匣, 眼境 1付, 金洋 29元 1角 1分, 市洋 31元
   8角 5分, 朝鮮表 2,500兩을 훔쳤다. 12일에 唐文全과 唐文彬·陳
   洪顯을 붙잡아 조사한 결과, 唐文全은 석방시키고, 唐文彬과 陳洪
   顯은 압송했다. 13일, 馬廷亮에게 領狀을 갖추고 범인들의 사진
   을 첨부하여 품부했다. 25일 2명의 범인을 烟台로 가는 輪船에
   태워 인천에서 驅逐하여 回國시키키도록 唐恩桐에게 지시했다.

3. 黃阿狗와 조선인 李萬福이 영국인 普里司德의 大坐布團, 위스키
   등을 훔친 사건: 光緖 33년(1907) 2월 9일에 黃阿狗(19세)는 조
   선인 李萬福과 함께 주인인 영국인 普里司德의 집에서 大坐布團
   4개를 훔쳐, 金聖賢을 시켜 팔아 나누어 가졌다. 또 며칠 뒤 洋
   酒(위스키) 1병을 훔쳐 金聖賢의 집에 가져다 두었다. 黃阿狗는
   1년 전인 光緖 32년(1906) 6월에도 普里司德의 집에서 남자 바
   지 1벌 등 양복을 훔치기도 했다. (양력) 3월 21~22일 同居 일
   본 여인이 京城 西署에 고소를 했고, 2월 13일 黃阿狗를 압송하
   여 공초를 받았다. 2월 18일 具保人 養父 黃燧生의 청으로 黃阿
   狗의 병을 치유하고 돌아오도록 승인했다.

4. 해적이 嘉州郡 지방에서 사람을 죽이고 상해를 입힌 사건: 光緖

32년(1906) 8월 26일, 8월에 嘉州郡 지방에 해적이 나타나 사람
을 죽이고 상해를 입힌 일에 대해 조사를 요청한 統監府 總務長
官 鶴原定吉에게 해적을 잡지 못했다는 내용의 문서를 보냈다.
총독부에서 다시 嘉州 해적 사건에 대한 공문을 보내자, 光緒
32년(1906) 10월 초○일 馬廷亮은 外務部에 보고하고 중국 연해
를 조사하여 해적을 拿捕하여 懲治해줄 것을 신청했다.

5. 胡天保 등 3家가 韓人 梁泰實에게 臟物인 煙草를 구입한 사건: 光
   緒 33년(1907) 9월 6일에 胡天保 등 3家가 韓人 梁泰實의 煙草가
   臟物인 줄을 모르고 샀다가 韓國 警察에게 잡혔는데, 잘 모르고
   한 일이므로 선처를 바란다는 내용을 統監府 總務長官 鶴原定吉
   을 보냈다.

6. 呂庚臣이 일본 여인의 小袋를 훔친 사건: 光緒 33년(1907) 11월
   3일에 呂庚臣(26세)이 南山 거리를 지나다가 일본 상점의 문 밖
   에서 놓여 있던, 일본 여인의 小袋를 훔쳤다. 小袋 안의 銀錢을
   모자 안에 숨겼다가 바로 일본인들에게 들켜 잡혔고, 일본 순
   사 安立五一에게 인계되었다. 11월 3일에 三浦彌五郎이 馬廷亮에
   게 본 偸竊 사건을 통보했다. 11월 6일에 呂庚臣은 小袋의 주인
   이 없는 줄 알았고, 小袋 안에 무엇이 들었는지는 몰랐다고 供
   招했다. 11월 10일에 具保人 劉叔屛이 석방을 간청하자, 11일에
   석방을 승인했다.

7. 權銘會가 源源號에서 麵粉 6包를 훔친 사건: 光緒 34년(1908) 3월

6일에 산동성 등주부 출신 權銘會가 二宮街의 源源號에서 麵粉 6
包를 훔쳐 4포는 南竹洞 天成福에 金洋 1元 8角에 팔고, 2포는 詩
洞 劉保田에게 팔았다가 3월 8일에 巡警 王德興, 宋錦淸에게 체포
되었다. 9일에 供招를 받았고, 훔친 6포도 회수했다. 9일에 具保
人 權全光이 具保狀을 올렸고, 權銘會가 再犯을 저지르지 않겠다
는 보증서를 올렸다.

8. 孫元이 韓人 房盛榮의 은시계 1개를 훔친 사건: 光緒 34년(1908)
   7월 8일에 산동 등주부 출신 孫元은 東門 밖에서 韓人 房盛榮의
   은시계 1개를 훔쳐 전기차 공장 안에 숨겼다가 잡혔다. 7월 22
   일에 등주부 출신 郭大經이 稟文을 올렸는데, 孫元과 于培章이
   자신의 金洋 98元짜리 皮夾 1개, 印章 1개, 200元짜리 期票 1장
   등을 훔쳐갔다고 했다. 孫조玉이 청나라로 돌아가 다시는 돌아
   오지 않겠다고 선처해달라는 具保狀을 올리자 허락했다.

9. 李昌信이 공장 冶田 吉方의 물품을 훔친 사건: 光緒 34년(1908) 8
   월 29일에 산동 등주부 출신의 松本電氣工場 직공 李昌信이 공장
   冶田 吉方의 도난물품을 가지고 있다가 붙잡혀 용산경찰서로 보
   내진 뒤 淸國에 신병이 인도되었다. 이창신은 일본인의 麵粉을
   훔쳐 高麻子의 만두가게에 팔기도 했다. 훔친 물품은 되돌려주
   었고, 훔친 麵粉인 줄 모르고 산 高麻子는 麵粉을 잃어버린 일본
   인에게 배상을 했다. 이창신은 1주일간 감금된 뒤 산동성으로
   돌려보내졌고 다시는 한국으로 오지 못하게 했다. 이 사실을 馬
   廷亮이 三浦彌五郎에게 통지했다.

10. 韓人 3인이 高繼堂에 침입하여 貨物, 銀表, 金 등을 약탈한 사건:
光緒 34년(1908) 10월 13일 韓人 3인이 횃불을 들고 高繼堂에
침입하여 칼로 위협하면서 貨物, 銀表, 金 등을 약탈한 뒤 도주
했다. 馬廷亮이 三浦彌五郎에게 공문을 보내, 이 사건을 전하면
서 대한제국의 官家에 알리고 범인을 체포하고 잃어버린 물품
을 찾을 수 있게 협조해줄 것을 요청했다.

館藏號	02-35-065-18
全宗	外務部
系列	駐韓使館保存檔案
宗	馬廷亮: 訴訟案件 18
冊	盜賊과 偸竊 안건에 관한 卷宗(盜賊偸竊卷)(二)
생산시기	宣統원년(1909) 2월~동년 7월
총면수	10
수발자	張國威, 馬廷亮, 錢廣禧, 石塚英藏

이 권종은 南浦 新義州에서 '土匪'가 청나라 상인의 상점을 부수고 물건들을 훔치고 강탈하며, 상인들에게도 傷害를 가한 사건을 다루고 있다. 新義州 華商公會를 받은 南浦 領事 張國威와 漢城의 總領事 馬廷亮이 피해 상황에 대해 주고받은 公文과, 실태조사와 대책에 대해 馬廷亮과 大韓帝國統監府 參與官 石塚英藏 사이에 주고받은 公文으로 구성되어 있다.

안건의 주요 내용은 다음과 같다.

宣統원년(1909) 2월에 南浦 領事 張國威가 품문을 올렸다. 2월 1일과 3일, 신의주 華商公會의 稟報를 잇달아 접수했는데, 정월 2일에 土匪 30여 명이 廣豊棧 창고문을 부수고 洋錢 190여 元, 洋布 22疋 및 쓰고 남은 衣服 등을 빼앗아 갔고, 同月 16일 和氣號 또한 土匪 35~6명을 만났는데, 각각 尖刀, 柴斧와 횃불을 들고 洋錢 200여 元, 깃털로 짠 貨物衣服 등을 빼앗아 갔으며, 華人 蘇延章 1명이 행상을 하며 길에 있다가 또한 (土匪를) 만나 약탈을 당하고, 목 왼쪽에 刺傷을 입었다. 馬廷亮은 작년에 漢城의 華商이 韓人에게 피해를 입었던 일과 같이 남포, 평양의 일도 일률적으로 처리하라고 하면서, 다시 사실을 조사하여 보고하라고 지시했다.

또 같은 해, 5월 26일 오전 1시에 화상 廣豊德이 칼, 창을 든 胡匪 10인에게 창고가 털렸는데, 점원 姜 모가 머리 정수리에 피해를 입고 厨夫는 창과 칼을 맞아 상해를 입었으며, 洋銀 70~80元 빼앗겼다. 錢廣禧가 巡捕를 파견하여 조사를 했으나 소득이 없었다. 신의주는 外人에게 개방하지 않아 관청을 설치할 수 없어, 華民으로 이곳에서 무역을 하는 자가 적지 않은데 피해가 자주 발생하여 華商들이 곤란해 하고 있다고 錢廣禧가 稟文을 올렸다. 馬廷亮이 統監府 參與官 石塚英藏에게, 정월 2일 사이에 있었던 華商의 피해와, 5월 26일의 피해, 즉 상품 및 점원 姜 모와 厨夫 등의 인명 피해를 알리고, 華商 商旅를 보호해줄 것을 요청했다.

7월 2일에 石塚英藏이 공문을 보냈다. 이 지방에서의 강도, 절도 사건이 빈번하게 있어, 내외 인민에 대한 충분한 보호가 필요하다. 해당 지방 관헌의 보고에 의하면 이 범죄의 과반수는 貴國 惡漢의 소행으로 이들은 安東지방에서 건너온 자들이므로, 淸國 안동지방 해당 관헌에게 이들 無賴惡漢이 건너오는 것을 막게 하면, 신의주 지방에서 淸國人 범죄수가 감소하고 내외 주민이 安堵를 하는 데 도움을 준다고 답변을 했다.

盜賊偸竊卷(三)

館藏號	02-35-062-19
全宗	外務部
系列	駐韓使館保存檔案
宗	馬廷亮: 訴訟案件 19
冊	盜賊과 偸竊 안건에 관한 卷宗(盜賊偸竊卷)(3)
생산시기	宣統3년(1911) 2월~동년 (윤)06월
총면수	176
수발자	馬廷亮, 徐(山東登萊靑膠兵備道), 張國威, 賈文燕, 小松綠, 衫村勇次郎, 明石元二郎, 馬永發

이 권종은 盜賊·偸竊에 관한 8개의 안건으로 구성되어 있다.

안건의 주요 내용은 다음과 같다.

번호	사건발생시기	사건 당사자		사건 내용	면수
		원고	피고		
1	宣統 3년	同益茂	楊蘊	楊蘊이 同益茂의 수표를 훔쳐 제일은행에서 자금 인출	7면
2	宣統 3년	德春盛號	Brochier	德春盛號가 독일인 Brochier 집의 수리비 청구	10면
3	宣統 3년	義和吉	한국 도적	義和吉이 한국 도적에게 貨物을 강탈당함	7면
4	宣統 3년	林魁廷	일본헌병	林魁廷이 강도로 誤認되어 일본 헌병에게 총을 맞아 숨짐	77면
5	宣統 3년		劉品之	청나라 범죄자 劉品之가 도망옴	2면
6	宣統 3년	金秋三	宋建員	중국 해적 宋建員이 조선 연해에서 金秋三에게 강도	14면
7	宣統 3년	蓋冠連·劉鴻訓	陳傳申·王云田 등	陳傳申·王云田 등 4명이 華商 蓋冠連·劉鴻訓을 강도·살해	14면
8	宣統 3년	王義增	국경 도적	華商 王義增이 한국 국경에서 도적에게 중상을 입음	43면

1. 楊蘊이 同益茂의 수표를 훔쳐 제일은행에서 자금을 인출한 사
   건: 宣統3년(1911) 1월 3일에 잡화점 同益茂의 점포 직원 楊蘊
   (산동 登州府 寧海州 사람)이 同益茂의 도장과 수표를 훔치고 元
   春茂號의 도장을 사사로이 새긴 뒤 일본 제일은행에 가서 1,500
   원을 속여 인출했다. 1월 7일에 양온은 同益茂 주인 李凌福(산동
   萊州府 掖縣 사람, 34세)에게 어머니가 위독하다고 속이고 달아
   났다. 이 사실은 元春茂와 제일은행이 장부를 대조하다가 발견
   되었다. 이릉복은 먼저 은행에 750원을 배상하면서, 양온의 본
   적지인 산동 영해주에 직접 가서 양온을 데려와 제일은행과 대
   질심문할 수 있도록 품의하면서 고소장을 제출했다. 山東登萊靑
   膠道에서는 양온의 본적지로 사람을 파견하여 이릉복 등과 합동
   으로 양온을 잡도록 지시했다. 양온을 체포했는지는 알 수 없다.

2. 德春盛號가 독일인의 집을 수리해주고 수리비를 받지 못한 사건:
   鎭南浦의 德春盛號가 宣統원년(1909) 10월 11일에 독일 神父 소
   개로 온 독일인 Brochier가 사는 조선 가옥의 창문과 담장을 수
   리해주고 201원을 받기로 했는데, 수리가 끝난 뒤 Brochier가
   貨物을 정리한다며 중국 왕경으로 가서 돌아오지 않았다. 德春
   盛號 상인 또한 귀국했다가 남포로 돌아왔는데, 宣統3년(1911) 2
   월 10일에 남포의 農工銀行이 그 가옥을 조선인에게 팔아 현재
   는 점포가 되었다는 사실을 알게 되었다. 은행 측에 문의한 결
   과 그 독일인은 650원에 그 집을 샀고 5개월 기한으로 매달 25
   원씩 갚고 나머지는 100원당 3錢 5釐의 이자를 내기로 했으나,
   독일인이 돌아오지 않아 그 집을 팔았다고 했다. 또 해당 가옥

의 주인은 은행이지만 수리비는 독일인과 약속한 것이니 은행은 가옥 수리비를 지불할 수 없다고 했다. 德春盛號가 독일인과 계약한 각서, 독일 교당의 신부가 쓴 증명서 등을 첨부하여 鎭南浦領事館에 아뢰었고, 副領事 張國威가 중국 북경의 독일총영사 商議辦理務使와 함께 조사하도록 해줄 것을 마정량에게 품부하니, 조사·보고하도록 지시했다.

3. 義和吉이 전주에서 남원으로 가다가 한국 도적에게 貨物을 강탈당한 사건: 宣統3년(1911) 1월 2일에 全州 華商 義和吉의 賈維均(27세)이 남원으로 가다가 한국 도적 30여 명에게 싣고 가던 貨物을 강탈당했는데, 피해물품은 花羽紬 12疋, 象色細布 10疋, 三字票粗布 4필, 藍鷹市布 22疋, 鎗粗布 4疋 등이었다. 전주경찰서에 신고하여 巡査 3인과 추적했으나 종적을 찾을 수 없었다. 마정량이 조선총독부에 신속하고 엄격한 조사를 요청했으나, 범인들의 행적은 찾지 못했다.

4. 林魁廷이 강도로 誤認되어 일본 헌병에게 총을 맞아 숨진 사건: 宣統3년(1911) 4월 23일에 평안남도 江東郡 楓岑面 廣石里에서 강도가 들었다는 신고를 받고 출동한 일본 憲兵에게 淸國人 林魁廷(산동 棲霞縣 사람, 38세)이 총을 맞아 숨졌다. 鎭南浦領事館이 조사한 결과, 임괴정은 평양에서 飯店을 하는 사람으로 이곳에 사는 王惠慶에게 빚을 받으러 왔다가 숨진 것인데, 이들은 강도가 아니라 이곳에서 금지된 도박판을 벌이고 있었다. 도박판을 벌인 사람은 왕혜경인데, 왕혜경과 같이 있었던 李璟林, 杜

文盛 등도 얼굴과 팔꿈치, 대퇴부 등에 상처를 입었다. 청나라 측에서는 강도가 아닌데도 무고한 사람을 죽였다고 하면서 上等憲兵 1인과 보조원 2인을 엄중처벌하고, 임괴정의 유족에게 배상금을 지급할 것을 요청했다. 하지만 일본 경찰은 무고한 양민이 죽었다는 점에서는 유감을 표시하면서도, 당시 청국인들이 먼저 권총을 쏘고 日本刀와 몽둥이를 휘둘렀기 때문에 어쩔 수 없이 정해진 규칙에 따라 대응 사격을 하다가 총에 맞아 사망한 것이기 때문에 일본 헌병과 보조원의 행위는 정당했고 그들에게 책임을 물을 수 없으며, 따라서 유족에 대한 배상금과 헌병 등에 대한 처벌은 없다고 통고했다. 일본 측에서 보내온 공문에는 해당 헌병대와 헌병, 주변 면장들의 각종 復命書, 始末書, 聽取書 등이 첨부되어 있다.

5. 청나라에서 도망 온 범죄자 劉品之 사건: 宣統3년(1911) 양력 6월 5일에 臨時 朝鮮總督府 總務部長官 事務取扱 小松綠이, 중국에서 海賊과 살인을 저지른 뒤 官憲을 피해 대련, 安東縣, 신의주를 거쳐 개성으로 들어온 劉品之(安東縣 사람, 27세)가 淸國人을 협박해 金錢을 탈취했다고 중국인들 사이에 소문이 있으므로, 그가 맞는지, 罪迹이 있는지 등에 대한 조사를 마정량에게 요청했다.

6. 중국인 해적 宋建員 등 사건: 중국인 송건원 등 10명이 조선 연해에서 조선인 金秋三에게 强盜를 했다는 혐의를 받고, 평양지방재판소 신의주지부에서 예심을 받았는데, 孫永名, 王文銀 등 5명은 증빙자료 불충분으로 석방되었고, 송건원, 姜有福, 趙祥, 梁洪

財 등 4명은 유죄가 인정되어, 宣統3년(1911) 7월 25일에 각각 징역 6년 판결을 받았고 6월 26일 공소권을 포기하여 형이 확정되었다. 마정량은 小松綠에게 범죄인을 便宜引渡해줄 것을 요청했으나, 小松綠은 현행 조약 및 법규상 근거가 없다는 이유로 거부했다.

7. 陳傳申·王云田 등 4명이 華商 蓋冠連·劉鴻訓을 강도·살해한 사건: 宣統3년(1911) 윤6월 1일에 華商 姜冠連·劉鴻訓 2명이 砂金과 일본지폐를 휴대하고 충청남도 예산에서 인천으로 가다가 五行山 지방에서 강도·살해를 당했다. 劉鴻訓(32세)은 현금 2,880여 圓과 금반지 1개 4匁 2分(시가 20원), 蓋冠連(32세)은 砂金 315匁(시가 945원)을 휴대하고 있었다. 경찰의 조사 결과 범인은 陳傳申(산동 樓霞縣 사람, 32세), 王云田(산동 榮縣 사람, 30세), 千人(산동 榮縣 사람, 30세), 姜汝德(산동 寧海州 사람, 35세) 등 4명이었다. 이후의 체포 여부는 알 수 없다.

8. 華商 王義增이 한국의 국경에서 도적을 만나 중상을 입은 사건 外: 宣統3년(1911) 3월 28일에 華商 왕의증이 洋銀 몇 백 원을 가지고 한국의 국경을 지나다가 도적의 공격을 받아 중상을 입었다고 惠山鎭 火床公會에서 알려왔다. 이후 이 사건의 진행 과정은 알 수가 없다.
왕의증 안건 뒤에는 1905년 6월에 한성에서 발생한 한국인 崔久奉 母 의 致死 사건에 淸國人 張紅海가 연루되었다는 조서 등 다른 안건들이 섞여 있다.

商人黃雨亭等採運檀木軸輞完稅案

館藏號	02-35-062-20
全宗	外務部
系列	駐韓使館保存檔案
宗	馬廷亮: 訴訟案件 20
冊	상인 黃雨亭 등이 檀木과 軸輞을 벌채·운반하고 세금을 납부한 데 대한 안건 (商人黃雨亭等採運檀木軸輞完稅案)
생산시기	光緖 33년(1907) 3월~光緖 34년(1908) 12월
총면수	162
수발자	小島好向, 馬廷亮, 鶴原定吉, 錢(奉天東邊道), 劉鳳亭, 吳光國, 時尾善三郞, 石塚英藏, 沈(奉天東邊兵備道)

이 안건은 평안북도에서 檀木을 벌채하여 軸輞을 만들어 운반하는 일을 했던 중국 상인 黃雨亭 등이, '을사조약'(1905. 11. 17.) 체결로 인해 일본의 통감부가 설치된 뒤 檀木과 軸輞의 보관 창고를 몰수당하고 세금을 이중으로 납부하게 사건을 다룬 것이다.

안건의 주요 내용은 다음과 같다.

奉天城 鳳凰廳 寬甸縣 사람인 黃雨亭은 京城에서 상점 雙和興號를 운영하면서 평안북도 沿江 일대에서 檀木을 벌채하여 수레의 軸과 바퀴[輞]를 만들어 운반해온 것이 20여 년이 되었다. 매년 봄 약 천여 명의 거느리고 산에 들어가 벌채를 하여 강 河口로 운반하면서 세금을 납부하는 것이 定例였다.

光緖 32년(1906) 가을에 檀木 軸 83,200여 根과 바퀴 76,450여 塊를 창고로 옮겨오고 세금도 납부했는데, 대한제국과 일본 사이에

'을사조약'이 체결된 뒤 갑자기 목재창고가 官辦이 되었다. 光緒 33년 (1907) 봄에 목재의 채벌이 금지되고 한국인 稅員이 철수했고, 대신 督辦이 임명되어 이 목재들을 軍用으로 삼는다고 하면서 반은 원가로 매입을 하고, 반은 公用으로 충당했다. 이 목재창고인 營林廠의 長은 일본 육군 소장 小島好向이었다. '을사조약'의 체결로 내외국인을 막론하고 林木을 벌채하여 수출하는 일은 전면 금지되었고, 한국과 일본 두 나라가 공동으로 林廠을 경영하기로 하기로 했다는 것이다. 통감부에는 '황우정, 李纘功 등 20여 명의 중국 상인들이, 經理院卿의 檀木 벌채와 수출에 대한 輪訓과 세금영수증 및 강계군수에게 발급한 벌채허가장을 휴대하고 벌목을 하면서 벽동군수의 제지를 듣지 않고 벌목을 하는 등의 불법을 저질렀다'는 내용의 보고가 들어와 있었다.

목재창의 몰수와 원가 매입으로 인해 피해를 당한 상인들은 昌城 4명, 碧潼 3명, 楚山 8명, 江界 6명, 渭原 11명 등을 포함하여 모두 31명이었고, 光緒 33년(1907) 3월에 이들은 피해 사실을 호소했다. 馬廷亮은 이들 상인의 피해 사실을 알리고 계속 벌채를 할 수 있게 해줄 것을 요청했다. 이에 따라 통감부 營林廠長은 황우정, 이공찬을 비롯한 중국 상인 22명에게 明治 40년(1907) 6월 14일부터 9월 3일까지, 평안북도 沿江 일대에서 檀木을 벌채하여 반출할 수 있는 認許를 특별히 내려주었다. 또 明治 40년(1907) 10월 5일에 수레 축의 벌채·반출에 대한 7개조의 규정을 따로 마련했다.

그런데 벌채·운반하는 과정에서 중국 상인들은 한국의 經理院에은 3,650여 兩을 납부한 것과는 별도로 檀木을 보관하는 營林廠에도 이중으로 세금을 납부하게 되었다. 황우정, 李纘功 등은 昌城, 碧潼,

楚山, 慈城, 江界, 渭原 등 한중 경계 지역의 지방관청별로 納稅官, 수레의 大軸, 小軸, 바퀴[輞] 등의 품목별 수량과 액수를 기록한 收稅表를 제출하면서 수레의 軸과 바퀴[輞] 값 3,491圓 9角 6錢을 청구했고, 결국 光緒 34년(1908) 12월 16일 일본 營林廠으로부터 금액을 반환받았다.

華商與西洋人錢債卷

館藏號	02-35-062-21
全宗	總理各國事務衙門
系列	駐韓使館保存檔案
宗	馬廷亮: 訴訟案件 21
冊	華商과 外國人 사이의 채무 관련 소송에 관한 卷宗(華商與西洋人錢債卷)
생산시기	光緒 32年(1906)~光緒 34年(1908)
총면수	80
수발자	馬廷亮, 三浦彌五郎, 鍾桐音, 大昌洋行, 譚占魁, 王新川, 陳珣

이 안건은 華商과 外國人 사이에 일어난 5건의 채무 관련 소송을 다룬 것이다. 1. 鍾桐音의 품문과 王文譚의 품문, 마정량의 비문 등으로 구성되어 있다. 2. 마정량이 南浦 領事에게 조사하여 추궁하라는 문서로 구성되어 있다. 3. 鍾桐音의 품과 마정량의 비문, 전기회사에서 마정량에 보낸 영문 서신 등으로 구성되어 있다. 4. 陳珣과 譚占魁의 공술, 譚占魁의 품문, 조사문서, 마정량의 비문, 보증서, 영수증 등으로 구성되어 있다. 5. 王新川의 품문, 丁道德, 王新川에 대한 조사문서와 공술, 마정량과 三浦彌五郎 사이에 주고받은 조회와 답신, 高率基의 거래 화물 목록, 朴昌鎬의 영수증 등으로 구성되어 있다.

안건의 주요 내용은 다음과 같다.

번호	사건 발생시기	사건 당사자		소송 내용	면수
		원고	피고		
1	光緒 32년	鍾桐音	王文譚, 王連玉	王連玉이 王文譚의 채무 상환 대금을 중간에 착복한 안건	4

2	光緒 33년	大昌洋行	永盛昌	화상 永盛昌이 大昌洋行에 상환해야 할 화물대금에 관한 지시	2
3	光緒 33년	鍾桐音	闆廣善	화상 鍾桐音이 闆廣善이 전기회사에 진 부채를 대신 청산하는 문제에 관한 안건	16
4	光緒 34년	譚占魁	陳珣	譚占魁가 프랑스 상인 Plaisan에게 빌린 돈을 중개인 田善귀이 전달하지 않고 돈을 가지고 도주한 사건	27
5	光緒 34년	王新川	丁道德	丁道德과 독일인 고샬기 사이 채무 상환을 둘러싼 분쟁	29

(華商與西洋人錢債卷 표지 1면과 錢債案卷 목차 1면을 포함하여 총 80면)

1. 王連玉이 王文譚의 채무 상환 대금을 중간에 착복한 안건: 光緒 31년(1905) 4월 王文譚은 王連玉의 중개로 鍾桐音의 집문서를 담보로 일본인 전기회사에서 돈을 빌렸다. 光緒 32년 윤4월 王文譚은 王連玉을 통해 빌린 돈을 상환하겠다고 했는데 王文譚이 담보로 맡긴 鍾桐音의 집문서를 찾아오지 않았다. 鍾桐音은 급히 집문서가 필요하여 王文譚을 추궁하여 전기회사에 빌린 돈을 갚으라고 했는데 67원이 부족하여 집문서를 찾아오지 못한다고 했다. 光緒 32년 7월 鍾桐音은 마정량에게 품을 올려 이를 처리해 줄 것을 청했다.

한편 王文譚도 마정량에게 품을 올려 사정을 호소했다. 그 내용은 王文譚이 빌린 돈은 원금이 500원이고 이자는 매월 1분 5리였다. 王連玉에 원금과 이자를 주었는데 王連玉이 중간에 전용하여 478원만 남아 있었다. 원금에서 모자란 22원과 6개월 동안의 이자를 합하면 모두 67원이 부족했다. 마정량은 王連玉을 소환하여 조사한 결과 王連玉이 돈을 전용한 것이 사실이니 일주일 내에 상환하라고 판결했다. 그러나 王連玉은 모두 상환하지 않았고 순찰청에서 王連玉에게 40원을 추징하여 鍾桐喜에게 넘겨주어 27원이 미해결 상태로 남아 있었다. 이후의 일에 대해서는 알 수 없다.

2. 화상 永盛昌이 大昌洋行에 상환해야 할 화물대금에 관한 지시: 光緒 33년(1907) 9월 17일에 大昌洋行이 올린 품에 따라 평양의 永盛昌이 대창양행에 상환해야 할 화물대금 248원과 관련하여 南浦 張領事에게 永盛昌을 조사하라고 지시했다.

3. 화상 鍾桐喜이 閻廣善이 전기회사에 진 부채를 대신 청산하는 문제에 관한 안건: 화상 閻廣善이 鍾桐喜의 집문서를 담보로 전기회사에 빚을 졌는데, 일부를 갚고 250원이 남았다. 閻廣善이 도망하고 집문서는 전기회사에 압류되었다. 光緒 33년(1907) 11월 鍾桐喜은 마정량에게 품을 올려, 자신이 먼저 閻廣善의 빚 250원을 대신 상환하여 집문서를 찾아오고, 閻廣善이 한국으로 돌아오면 자신에게 빚을 청산할 수 있도록 해달라고 청했다. 마정량은 이를 허락하고 鍾桐喜에게 문서를 작성하여 이후에 대조할 수 있도록 하라고 판결했다.

4. 譚占魁가 프랑스 상인 Plaisan에게 빌린 돈을 중개인 田善升이 전달하지 않고 돈을 가지고 도주한 사건: 譚占魁는 집문서를 담보로 400원을 빌리려고 이웃 점포인 恒盛和 吳榮齋의 중개로 大昌洋行 마부 田善升(田馬夫)에게 일을 맡겼다. 譚占魁가 집문서를 넘겨주었는데 돈을 받지 못했다. 吳榮齋를 통해 추궁을 했더니

서양 사람이 너무 바빠서 그렇다고 했다. 자꾸 시간이 지나는 것이 불안해서 譚占魁는 돈을 빌리지 않겠다고 자신의 집문서를 돌려줄 것을 요구했다. 얼마 뒤 光緖 34년(1908) 12월 8일에 吳榮齋는 전마부가 다음날 10시까지 400원을 보내준다고 알려왔다. 譚占魁는 한성의 商規대로 100원에 2원의 돈을 그들에게 중개비로 주었다. 그러나 전마부가 400원의 돈을 가지고 다음날 도주하여 행방을 감추었다. 이미 譚占魁와 吳榮齋는 계약서를 작성하여 집문서는 대창양행으로 넘어간 상태였다. 吳榮齋는 더 이상 상관하지 않겠다고 했다고 하며 譚占魁에게 전마부를 상대로 소송을 제기하라고 했다.

譚占魁가 품을 올려 소송을 제기한 것 같은데 그 품은 남아 있지 않다. 그러나 이 사건과 관련된 陳珦, 譚占魁, 吳榮齋의 공술이 남아 있다. 여기서 피고가 陳珦과 吳榮齋인 것으로 보아 譚占魁가 고소한 사람은 陳珦과 吳榮齋라는 것을 알 수 있다. 마정량은 이들을 심문 조사한 뒤 다음과 같이 판결했다. 吳榮齋은 대창양행 마부 田善升과 내통하여 譚占魁를 속이고 프랑스 상인 富來祥(Plaisan)에게 譚占魁의 집문서 넘겨주어 보증금 400원을 갈취했고, 陳珦은 譚占魁 대신 집주인을 사칭했으니 모두 불법이라는 것이다. 譚占魁는 우롱을 당하고도 알지 못하고 전마부가 도주한지 10일 지나도록 고소하지 않은 것은 잘못이라고 했다. 8일 내에 譚占魁는 200원을, 吳榮齋는 140원을, 陳珦은 60원을 준비하여 富來祥(Plaisan)에게 가서 譚占魁의 집문서를 찾아오도록 하고 이 안을 종결하라고 지시했다. 마부 田善升에 대해서는 그가 잡히는 대로 다시 심문하기로 했다.

5. 丁道德과 독일인 고샬기 사이 채무 상환을 둘러싼 분쟁: 丁道德은 건물 신축을 乾元興에 맡기고 乾元興의 閻光善에게 두 장의 집문서를 주어 공사가 완성될 때까지 공사비용으로 사용하도록 했다. 閻光善은 이중 한 장은 미국인에게 담보로 맡겼고, 다른 한 장은 王新川에게 담보로 맡겼다. 王新川은 이 집문서를 독일인 고샬기(Gorshalki)에게 주고 350원을 3분의 이자로 빌렸다. 그 뒤 閻光善이 도주하여 丁道德이 이 돈을 고샬기에게 상환해야 했다. 고샬기가 파견한 통역 朴昌鎬가 丁道德에게 매월 이자를 내라고 요구했는데 丁道德이 이를 거부했다. 이에 光緖 34년(1908) 9월 王新川이 소송을 제기하여 丁道德이 고샬기에게 채무를 상환하라는 판결을 받았다.

마정량은 일본 이사관 三浦彌五郎에게 조회를 보내, 丁道德이 고샬기에게 빌린 돈 350원을 총영사서에 맡겼으며, 독일인 통역인 한인 박창호가 이자는 필요 없다고 했기 때문에 원금 350원을 찾아가라고 전해줄 것을 요청했다. 그러나 한성부윤이 조사한 결과에 따르면 고샬기는 이자가 필요 없다고 한 적이 없다는 것이다. 三浦彌五郎은 丁道德이 당연히 이자도 지불해야 한다는 내용의 답신을 보내왔다. 丁道德이 이자를 지불하지 않자 고샬기가 丁道德의 점포에 와서 소란을 피우고 丁道德의 화물들을 가지고 갔다. 양측의 주장이 맞서면서 마정량과 일본 이사관 사이에 여러 차례의 조회문이 오고 갔다. 결국 박창호가 원금 350원을 수령하는 것으로 이 안이 종결된 듯하다.

日本學務處劉振淸挾資潛逃卷

館藏號	02-35-062-22
全宗	外務部
系列	駐韓使館保存檔案
宗	馬廷亮: 訴訟案件 22
册	日本 學務處의 劉振淸이 資金을 가지고 숨어 도망간 卷宗 (日本學務處劉振淸挾資潛逃卷)
생산시기	宣統원년(1909) 4월~宣統3년(1911) 10월
총면수	154
수발자	奕訢, 鐵良, 壽勳, 廬昌, 姚錫光, 馬廷亮, 胡惟德, 賈文燕, 馬永發, 鄭啓昌, 張明言, 管景銘, 馮寬

이 卷宗은 宣統원년(1909) 4월 2일 日本 學務處에 파견된 經理隨員
劉振淸이 資金을 가지고 도망간 사건과, 劉振淸을 체포하는 데 공을
세운 馬永發과 鄭啓昌 및 巡弁 張明言과 巡捕 6인에 대한 포상 건을 다
루고 있다.

안건의 주요 내용은 다음과 같다.

번호	사건발생시기	사건 당사자		사건 관련 내용	면수
		원고	피고		
1	宣統 원년		劉振淸	劉振淸이 공금을 횡령하여 도망	96면
2	宣統 원년	馬永發· 鄭啓昌 등		劉振淸 체포에 공을 세운 馬永發·鄭啓昌 등 에 대한 포상	56면

1. 자금을 가지고 도망한 劉振淸의 체포 사건: 直隷 遵化州 사람 劉
   振淸[32세]은 北洋 陸軍學堂을 졸업하고 陸軍部에서 근무를 하다

가 光緖 34년(1908) 6월에 일본에 파견되어 陸海軍監督隨員 兼 管理銀錢事務의 후임이 되었다. 업무로 인해 여러 번 피해를 당했는데, 금년 2월 또 감독자에게 핍박을 당하자 예결산 자금을 가지고 나가 도망을 갔다. 일본 은행의 수표 3장과 일본돈 및 서양돈 1만 5천 원을 가지고 도망갔다. 청나라는 인천, 부산 등지에 劉振淸이 들어오는지를 감시하라고 지시하면서, 말투, 얼굴 특징 등까지 표시한 劉振淸의 사진을 내걸고 수배를 했다. 劉振淸은 일본 神戶에서 1개월가량 지내다, 한국 인천으로 들어와 두 달가량 머물렀다. 李輝臣이라는 가명을 쓰며 인천의 天昌客棧에서 일하면서, 목포를 왕래하며 雜貨를 거래한다고 했다. 그런데 실수로 객잔에 2천 원 지폐를 떨어뜨렸다가 주인에게 발각되었고, 의아하게 생각한 주인이 巡捕에게 신고했다. 巡長 張明言이 취조를 하자 자신이 劉振淸임을 밝히고 오히려 (뇌물로) 변통을 써서 도망하려 했다. 장명언이 속는 척하면서 돈이 더 없지 않느냐고 하자, 기생 萬繡子의 처소에 숨겨두었다고 했다. 장명언이 巡捕 6명과 함께 劉振淸을 체포하고, 기생 萬繡子의 처소를 수색하여 일본 화폐 5,595元, 일본은행 수표 3장 합계 1,206元 9角 9玢, 미국 金錢 4개 합계 60元, 龍洋 2元 9角 및 각종 衣物 등을 압수했다(6월 14일 장명언의 보고). 그리고 조사 결과, 錦成東號, 天昌客棧 등에 있었던 돈이 모두 1만 9,731元 9分이었다. 6월 22일에 陸軍部는 한국 義州와 청나라 安東 사이의 東邊道를 통해 劉振淸을 압송했다.

2. 劉振淸 체포에 공을 세운 馬永發·鄭啓昌 등에 대한 포상 건: 宣

統원년(1909) 8월 30일에 陸軍部에서 劉振淸 체포에 공을 세운 代理仁川領事官 馬永發, 仁川領事館 3등 通譯官 鄭啓昌과, 유진청을 직접 체포한 巡弁 장명언과 巡捕 6인에 대한 포상이 논의되었다. 그 결과 宣統원년(1909) 10월 1일 代理仁川領事官[그 사이에 元山副領事로 부임] 馬永發과 仁川領事館 通譯官 鄭啓昌에게 은 307량이 상으로 내려졌고, 10월 24일 巡弁 장명언에게는 6품 공패가, 巡捕 劉春池, 李玉星, 孫丕棠, 金雲海, 管景銘, 劉元德 등 6인에게는 7품 공패가 각각 상으로 지급되었다. 宣統 3년(1911) 10월 10일 馬永發과 鄭啓昌에게 紀錄 2次等이 각각 지급되었다.

廣梁灣鹽場各案

館藏號	02-35-062-23
全宗	外務部
系列	駐韓使館保存檔案
宗	馬廷亮: 訴訟案件 23
冊	廣梁灣 鹽場 각 안건(廣梁灣鹽場各案)
생산시기	宣統원년(1909) 4월~宣統3년(1911) 09월
총면수	198
수발자	馬廷亮, 徐(山東登萊靑膠兵備道), 錢廣禧, 石塚英藏, 沈承俊, 秋本豊之進, 三浦彌五郎, 張國威, 蔡紹基, 陳夔龍, 明石元二郎, 小松綠, 水間春明

이 안건은 평안남도 鎭南浦 부근의 廣梁灣 鹽場을 건설하기 위해 중국에서 불러 모은 중국인 工人에 관한 3개의 안건으로 구성되어 있다.

안건의 주요 내용은 다음과 같다.

번호	사건발생시기	사건 당사자		사건내용	면수
		원고	피고		
1	宣統 원년	중국 工人	西山義成·有川萬吉	廣梁灣 鹽場에서 일하는 중국 工人이 학대를 당함	107면
2	宣統 2년	중국 工人	京城 理事廳	鎭南浦製鹽場에서 중국 工人을 招致	62면
3	宣統 3년	朝鮮總督府	馬廷亮	廣梁灣 鹽場의 중국 工人을 중국으로 호송한 비용 지불 요청	27면

1. 廣梁灣의 일본인이 鹽場을 만들던 중국인 工人을 학대당한 건: 일본인 西山義成과 有川萬吉 등은 평안도 진남포의 廣梁灣에 鹽

場을 건설하기 위해 중국 大連에서 모집한 工人들을 배로 이송
해왔다. 宣統원년(1909) 4월 15일에 488명, 23일에 320명 등 모
두 808명을 불러들였다. 당시 한국인들은 鹽場을 만드는 방법
을 몰랐기 때문에 경험이 있는 중국인 工人들을 모집한 것이다.
중국인 工人들은 하루 종일 진흙 뻘에서 나오지도 못한 채 鹽場
만드는 작업을 하면서 두 다리가 병에 걸렸고, 처음 약속한 3
元의 급료도 제대로 받지 못했으며, 머무를 건물도 없어서 비
바람을 맞아가면서 생활했을 뿐만 아니라, 먹을 것이 부족해
배를 채우지 못했고, 그릇이 없어서 손으로 음식을 집어먹는
지경에 이르렀다. 결국 가혹행위를 당한 많은 工人들이 鹽場에
서 사방으로 도망하여 평양 등지에서 遊離乞食하게 되었고, 이
러한 상황이 1909년 6월 9일자 「鎭南浦新聞」에도 게재되었다.
鎭南浦領事官 錢廣禧로부터 관련 내용을 보고받은 馬廷亮은 統監
府參與官 石塚英藏에게 廣梁灣 鹽場에서 일하는 중국인 工人에 대
한 보호와 배상 조치를 취해줄 것을 요구했다. 石塚英藏은 808
명 가운데 현재 160명이 일하고 있는데 이들에 대한 임금 지
불, 가옥과 음식 개선 등을 약속하고 복귀하는 자도 똑같이 대
우해줄 것이며, 향후 대련에서의 모집을 중지하겠다고 했다.
錢廣禧는 廣梁灣 鹽長主 度支部 臨時財源調査局 主事 長田義彦, 중국
인 工人을 모집한 西山義成 등과 염장에서 일하는 工人들의 工價,
도망 工人에게 귀국할 여비와 배상금 등에 대해 지속적으로 협
의했고, 광양만 工人을 보호, 구제할 6개조의 법안을 마련하여
통감부와 협의하려 했다. 石塚英藏은 도망 工人에게 귀국할 여비
를 제공하는 것은 그들을 불쌍히 여겨 救恤하는 것이지, 그들에

대한 保護賠償費의 성격을 가지는 것은 아니라고 선을 그었다.

2. 鎭南浦製鹽場에서 중국 工人을 招致한 일: 宣統2년(1910) 3월 15일
   에 京城 理事廳 理事官 三浦彌五郎은 天津, 之罘 등지에서 鹽場 건
   설 경험이 있는 중국 工人을 모집할 수 있도록 馬廷亮에게 요청
   하여, 이에 대한 각서를 체결했다. 중국 工人을 招致한 志岐信太
   郎측과 체결한 각서에는 1910년 3월 10일~10월 15일 사이에
   2,500인 이내의 工人을 招致하고, 1인당 1日 30錢씩 지급한다는
   등의 내용과 함께 노동시간, 임금 지급 방법, 작업공구의 대여,
   식료 지급과 식기 및 취사도구, 가옥 및 화장실, 의료와 투약,
   여비 등에 대한 내용이 포함되어 있다.
   그 결과 烟台에서 762명, 天津에서 1,015명, 奉天에서 373명 등
   총 2,150명의 중국 工人이 도착하여 일을 했는데, 400여 명이
   도망가는 등 남은 자가 360여 명밖에 되지 않았다. 巡長 畢鷺亭
   을 파견하여 위로하며 실태를 조사한 결과, 각서와는 달리 수
   용할 건물도 없었고 작업환경이 좋지 않았으며 일이 고되어 병
   이 난 환자가 많았는데 상반신은 發熱 증상이 있고 하반신은 寒
   氣를 느끼는 사람이 대부분이었으며, 임금도 각서대로 지급되
   지 않았다. 4월 2일에 志岐組 측 대리인 池田菊松 및 工人을 招致
   한 川烟竹馬와 중국인 工頭 6인이 鎭南浦領事館에 와서 작업 공
   정, 工錢, 작업환경 등에 대해 협의를 했으나, 상황은 여전히 나
   아지지 않았다.
   12월 4일에 鎭南浦領事官 張國威는, 일본인들이 청나라와 일본 두
   국가 간에 체결한 章程, 즉 각서도 제대로 지키지 않는 점과 중

국 工人을 보호하기 위한 경찰 업무도 어려움이 있다는 것을 언급하면서, 중국 工人을 보호하기 위해서는 일본과의 章程을 폐기하여 공인들을 모두 청나라로 돌려보내고 내년부터는 廣梁灣 鹽場에 중국 工人을 招致하지 못하게 할 것을 馬廷亮에게 보고했다.

3. 廣梁灣 鹽場의 중국 工人을 중국으로 호송한 비용에 대한 것: 宣統 3년(1911) 1월 20일 朝鮮總督府 警務總長 明石元二郎은 廣梁灣 鹽場에서 일하던 중국 工人 58명을 호송하여 신의주를 거쳐 중국까지 데려다 준 이송비를 변상해줄 것을 馬廷亮에게 요구했다. 처음 출발할 때의 인원은 98명이었으나 중간에 도망자 5명, 평안도 강서지역으로 간 24명, 평양으로 간 11명을 제외한 58명이 중국 땅으로 건너갔다. 일본 측은 1인당 지급한 여비 1원, 호송경찰 소요비용 등 104圓 99錢을 청구했고, 청나라가 지불하지 않자 재차 조선총독부 外事局長 小松綠 명의로 호송비 지불을 청구했다.

鎭南浦領事官 張國威는 중국 工人을 招致한 志岐組 측이 당연히 책임져야 하는 비용이고, 또 志岐組가 중국 工人을 招致하는 것을 승낙한 것은 조선정부이므로 귀국하는 工人의 보호 및 호송에 필요한 官憲의 비용을 청나라가 부담하기는 곤란하다고 평안북도 警務部長 水間春明에게 응답하는 등 비용 지불을 거부했다. 하지만 조선총독부측은 小松綠, 水間春明 등을 통해 계속 호송비를 청구했고, 결국 7월 20일 馬廷亮은 제일은행의 104圓 99錢권 수표를 보내 호송비를 지불했다.

和盛泰倒欠怡成各店貨金

館藏號	02-35-062-24
全宗	外務部
系列	駐韓使館保存檔案
宗	馬廷亮: 訴訟案件 24
冊	和盛泰가 怡成 등 各 점포의 물품 대금을 빚지고 도산한 안건 (和盛泰倒欠怡成各店貨金)
생산시기	宣統2년(1910) 4월~동년 12월
총면수	133
수발자	明石元二郎, 馬廷亮, 趙(奉天興奉道), 徐(山東登萊靑膠兵備道)

이 안건은 京城의 和盛泰號 주인 杜雲亭이 怡成號 등의 중국 상점과
일본인, 조선인들에게 물품 대금을 갚지 않고 도주한 사건을 다룬
것이다.

안건의 주요 내용은 다음과 같다.

山東 登州府 福山縣 사람인 杜百箪는 光緒 15년(1889)에 漢城 二宮街
에 雜貨 점포인 和盛泰를 개설했다가 光緒 30년(1904)에 산동으로 돌
아갔고, 和盛泰는 아들 두운정이 이어서 관리했다. 두운정은 宣統원년
(1909) 12월~宣統2년(1910) 3월 4차례에 걸쳐 怡成號로부터 5,900元
을 빌리는 등 중국인, 일본인, 한국인 상인들에게 물건 대금을 미납
하거나 자금을 빌린 뒤 제대로 갚지 않고 宣統2년(1910) 4월 도주해
버렸다.

漢城華商總會가 피해를 입은 상점과 피해 금액을 조사한 결과, 중
국 상인으로는 怡成號가 은행 대출금 5,200元, 烟台의 仁和福 대리인

元春茂가 貨銀 1,152兩 8錢 8分, 金洋 1,435元 7角 2分, 恒興號가 83원 8각 6분, 安合號가 15원 3각 5분, 吳營山이 6원, 源源號가 1원 1각 8분이었고, 일본인으로는 三久商店이 59원 8각 1분, 高瀨支店이 14원 7각, 高瀨支店 것으로 仁盛泰에 있는 14원 7각, 安盛商店이 1,021원 2각이었으며, 한국인으로는 卓基衍이 수표 700원과 집세 23원 등 총 8,642원 4각 2분이었다.

그 가운데 피해가 가장 큰 상점은 和盛泰를 대신해 일본 은행으로부터 대신 자금을 대출받아 빌려주었던 怡成號였다. 怡成號는 지난 3월 두운정이 중국으로 돌아가자 張鴻濟를 福山縣으로 파견했는데, 두운정과 그 집 사람들이 집안 소유의 田地 28畝 등으로 빚을 갚겠다고 하자 그 말을 믿고 함께 漢城으로 되돌아 왔으나, 두운정이 다시 도주해 버렸던 것이다.

한성화상총회는 피해 금액을 되찾고자 和盛泰의 현재 재산을 조사했는데, 화성태 소유 貨物 870원 3각 8분, 점방 60원 8각 8분, 간이 판자건물 60원, 仁盛泰가 소유하고 있던 貨物 210원 6각 6분, 仁盛泰에 있는 외상금 56원 1각 5釐 등 5개 항목 1,257원 5각 3분 5리였다.

피해를 당한 상인들이 복산현으로 가서 두운정을 찾았는데, 두운정은 재산을 처분한 뒤 숨어버렸고 그 아버지 두백사만이 남아 있었다. 교활한 두백사는 자신은 나이가 많아 아들의 일은 모르겠다고 시치미를 떼었다. 山東登萊靑膠兵備道 徐○○는 두백사, 두운정 부자 소유의 건물, 재산, 田畝 등을 조사하고 특히 따로 재산을 어디에 숨겨놓았는지 추적·조사할 것을 지시했다. 두운정을 체포했는지, 두운정이 숨겨 놓은 재산을 찾았는지의 여부에 대해서는 더 이상 알 수 없다.

박정현 ─────────────────────────────
고려대학교 아세아문제연구소 HK연구교수

권인용 ─────────────────────────────
고려대학교 아세아문제연구소 연구교수

배항섭 ─────────────────────────────
성균관대학교 동아시아학술원 HK교수

박찬흥 ─────────────────────────────
국회도서관 자료조사관

강경락 ─────────────────────────────
강남대학교 교양학부 교수

송규진 ─────────────────────────────
고려대학교 아세아문제연구소 HK교수

손승희 ─────────────────────────────
인천대학교 인문학연구소 HK연구교수

김희신 ─────────────────────────────
인천대학교 인문학연구소 HK연구교수

이영옥 ─────────────────────────────
성신여자대학교 사학과 조교수

중국 근대
공문서에 나타난
韓中關係

「淸季駐韓使館檔案」解題

초 판 인 쇄 | 2013년 6월 30일
초 판 발 행 | 2013년 6월 30일

지 은 이 | 박정현·권인용·배항섭·박찬홍·강경락·송규진·손승희·김희신·이영옥
펴 낸 이 | 채종준
펴 낸 곳 | 한국학술정보㈜
주   소 | 경기도 파주시 문발동 파주출판문화정보산업단지 513-5
전   화 | 031) 908-3181(대표)
팩   스 | 031) 908-3189
홈페이지 | http://ebook.kstudy.com
E - m a i l | 출판사업부 publish@kstudy.com
등   록 | 제일산-115호(2000. 6. 19)

ISBN   978-89-268-4396-3 93910 (Paper Book)
         978-89-268-4397-0 95910 (e-Book)